GÉNÉRAL DE PIÉPAPE

LE COUP DE GRACE

ÉPILOGUE DE LA GUERRE FRANCO-ALLEMANDE
DANS L'EST

(DÉCEMBRE 1870 — FÉVRIER 1871)

Ouvrage accompagné de sept cartes

PARIS
LIBRAIRIE PLON
PLON-NOURRIT ET Cie, IMPRIMEURS-ÉDITEURS
8, RUE GARANCIÈRE — 6^e
—
1906
Tous droits réservés

LE COUP DE GRACE

ÉPILOGUE DE LA GUERRE FRANCO-ALLEMANDE

DANS L'EST

(Décembre 1870 — Février 1871)

OUVRAGES DU MÊME AUTEUR

Le Patriotisme franc-comtois. Brochure. Besançon, Dodivers, 1877.

Henry IV à Fontaine-Française. Brochure. Besançon, Dodivers, 1879.

Histoire de la réunion de la Franche-Comté à la France. 2 vol. in-8°. Paris, Champion, 1880.
(Ouvrage couronné par l'Académie française)

Histoire militaire du pays de Langres et du Bassigny. Un vol. in-8°. Paris, Champion, 1884.

Charles de Bernard. *Sa Vie, ses OEuvres.* Notice. Paris, Calmann-Lévy, 1885.

Deux ministres de la Guerre francs-comtois sous Louis XVI. *Le Comte de Saint-Germain — Le Prince de Montbarrey.* Un vol. in-12. Besançon, Jaquin, 1888.

Turenne et l'invasion de la Champagne (1649-1650). Notice. Paris, Champion, 1889.

Les Gloires militaires de la Bourgogne. Brochure. Dijon, Darantière, 1901.

Discours pour la Croix-Rouge. Brochure. Dijon, Darantière, 1902.

Une Châtellenie du pays de Langres. Un vol. in-8°. Paris, Champion, 1903.

GÉNÉRAL DE PIÉPAPE

LE
COUP DE GRACE

ÉPILOGUE DE LA GUERRE FRANCO-ALLEMANDE

DANS L'EST

(DÉCEMBRE 1870 — FÉVRIER 1871)

Ouvrage accompagné de sept cartes

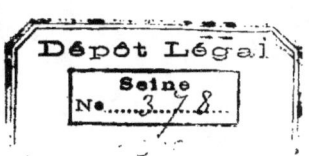

PARIS
LIBRAIRIE PLON
PLON-NOURRIT ET Cie, IMPRIMEURS-ÉDITEURS
8, RUE GARANCIÈRE — 6e

1906
Tous droits réservés

Tous droits de reproduction et de traduction
réservés pour tous pays.

Published 7 February 1906.
Privilege of copyright in the United States
reserved under the Act approved March 3d 1905
by Plon-Nourrit et Cie.

À LA MÉMOIRE DU DUC D'AUMALE

Monseigneur,

C'est vous qui m'avez inspiré ce livre. Vous avez bien voulu en encourager l'essai, quand j'en recueillais les premiers éléments sous vos auspices, à Besançon.

Dans vos entretiens quotidiens avec les officiers de votre état-major, vous aimiez à comparer nos armées de 1870 à celles de l'ancienne royauté et de la première République, aux phalanges napoléoniennes.

De vos enseignements lumineux, si hautement militaires, jaillissait un feu sacré que vous nous inspiriez à tous par la parole et par l'exemple. Il m'a aidé au début de ma tâche longtemps interrompue ensuite.

J'avais projeté de vous dédier le fruit de cette étude.

Daigne aujourd'hui votre grande mémoire en agréer le respectueux et posthume hommage !

GÉNÉRAL DE PIÉPAPE,
ancien officier de l'état-major du 7ᵉ corps d'armée.

Piépape (Haute-Marne), le 1ᵉʳ juin 1905.

PRÉFACE

Comment porter les yeux sur la page qui s'est déroulée en France pendant l'année terrible, sans que le cœur ne se sente à la fois pénétré d'un tressaillement, d'une pitié profonde pour le pays mutilé, d'un pieux respect pour tant de victimes du devoir, trahies par les fautes de préparation, trahies par les circonstances, par les éléments, par les surprises; trahies, c'est possible, par leurs facultés militaires... toujours françaises du moins par le patriotisme, et que des malheurs inouïs relèvent noblement aux yeux de l'histoire!

« On ne se reprend volontiers, dit le vicomte de Vogüé, qu'aux douleurs riches de quelque orgueil. On parle de leur malheur aux veuves des héros. Devant les veuves des naufragés, on se tait sur la sinistre aventure de ceux qui sombrèrent, inutiles, sans gloire... Et nos âmes sont ces veuves! »

Une sorte de pudeur patriotique voudrait nous faire arracher cette page de nos annales. Et cependant, il faut se résigner à la lire, même à la savoir par cœur.

Aujourd'hui, la période des sacrifices, celle des indignations et des récriminations, est passée. Trente-cinq ans se sont écoulés depuis cette époque à jamais néfaste, qui, d'un bond, nous reporta aux plus mauvais jours de la guerre de Cent ans.

Tout d'abord, la plume fiévreuse et précipitée des acteurs ou des spectateurs du drame, a tracé en traits de feu, soit sous la forme de bulletins quotidiens, soit sous celle d'une polémique d'autant plus vive qu'elle était plus rapprochée de la guerre, des récits, des comptes rendus épisodiques, parfois inspirés par la passion et le sentiment personnel; laissant aux événements sans doute leur physionomie originale, mais trop mêlés souvent de partialité, pour que leur ensemble pût constituer un monument durable. Pièces capitales de ce grand procès, pierres d'attente ou matériaux pour l'édifice à venir, c'étaient les premiers éléments d'information; ce ne pouvait être l'histoire elle-même.

Quand les partis en lutte sur le territoire national, quand les ennemis en présence, avaient encore pour ainsi dire le glaive ou la torche à la main; quand le sang de nos soldats, à peine échappé de leurs poitrines béantes, fumait encore sur tant de champs de bataille; quand à peine une croix de bois recouvrait le cadavre de la patrie égorgée; quand les réputations compromises, les gloires individuelles éclipsées, les médiocrités exaltées par les effets du hasard, s'entrecroisaient dans les esprits, au milieu d'une inexprimable confusion ; lorsque tant de noms, naguère fameux dans nos fastes militaires, venaient d'être frappés d'impuissance, condamnés, traînés aux gémonies par une opinion publique irritée, parfois injuste, et qui voulait avant tout se montrer vengeresse; quand les excès de la politique ne faisaient que surenchérir sur ceux de la polémique militaire; quand tout un pays anxieux, abattu, consterné, regardait s'enfuir au delà de ses frontières l'ombre de la victoire implacablement séparée de nous..., alors la plume de l'historien ne risquait-elle pas de trembler entre ses doigts ou de s'égarer? Des cris de douleur contre la destinée, des invectives à l'égard d'un peuple vainqueur, c'est peut-être de quoi soulager momentanément une nation vaincue : ce n'est pas encore là de l'histoire définitive !

Après les premières années d'enquête et de contrôle qui ont suivi les événements, les acteurs principaux, les témoins de la guerre franco-allemande, se sont peu à peu renfermés dans le silence, se sont effacés ou ont disparu successivement, à part quelques survivants, dont la dignité n'a fait que grandir en dehors des polémiques. Survint alors une phase d'accalmie, de réorganisation, de labeur acharné pour refaire l'édifice que la guerre avait jeté bas. Dans cette période, en France, on réfléchit, on réforme, on panse ses blessures. On se prend à estimer davantage l'envahisseur que l'on maudissait hier. On reconnaît que son bras, armé par les fautes de la diplomatie et les erreurs de la présomption nationale, a frappé durement, mais sans que le droit des gens ait eu plus à souffrir peut-être que dans certaines conquêtes anciennes à nous trop connues ! « C'est la guerre ! » disaient les Allemands de 1870, aux mères françaises éplorées, qui embrassaient leurs genoux. En s'inclinant devant la supériorité de l'envahisseur, on en vient à mieux s'examiner soi-même, à rendre plus de justice aux chefs militaires dont les défaillances ou la mauvaise étoile ont aggravé les pertes du pays ; à blâmer leurs erreurs ou leurs faiblesses plus que leurs intentions ; à peser en un mot d'une façon plus équitable, hommes et choses.

Comme contre-partie de la relation du grand état-major allemand, notre état-major a entrepris l'œuvre minutieuse et considérable, exclusivement didactique, d'un compte rendu français officiel, savamment élaboré dans la ruche du ministère. Mais, en dehors des deux mille volumes ou brochures qui ont déjà été publiés sur la guerre, il manque encore une histoire d'ensemble, embrassant avec détails toutes les parties des événements qui s'y rattachent. « C'est dans le recul des temps seulement qu'on en pourra écrire l'histoire définitive », a dit avec raison le général Chanzy. Par son livre, paru au lendemain même de la guerre, il a voulu fournir son appoint à l'histoire future. Dans ses nobles pages, dignes des *Commentaires* de César, il a raconté les efforts de son armée pour défendre le pays et sauver l'honneur de la France.

Une vue générale de nos institutions et de l'état du pays pendant et après les événements de 1870; un exposé complet de notre organisation militaire à la fin du second Empire; une description des divers théâtres qui ont servi d'échiquiers à nos armées; l'esquisse ou le portrait des hommes marquants ayant été mêlés à ces événements de guerre ou ayant exercé des commandements; un coup d'œil général sur le parti adverse et sur l'organisation allemande : c'est cet ensemble de données, éparses dans les archives et dans les publications antérieures, que j'essaierai de coordonner, en les appliquant à l'épilogue de la guerre dans l'est, c'est-à-dire à l'exposé des événements dont la campagne de Bourbaki a été le pivot, notamment en Bourgogne et en Franche-Comté.

Un séjour prolongé dans ces deux provinces m'a permis d'y recueillir des documents inédits. Je me suis appuyé aussi sur le témoignage des survivants de l'époque; j'ai consulté les généraux, les anciens officiers de la guerre, dont plusieurs n'ont pas voulu être nommés. Je respecterai leur réserve et me montrerai très sobre de citations, demandant au lecteur de vouloir bien faire crédit à l'historien de sa bonne foi.

L'aspect de nos désastres, si attristant soit-il, nous donne plus de confiance dans l'avenir, par la comparaison et la différence des temps. S'il nous reste des erreurs à confesser, nous nous inspirerons du souvenir de nos revers pour y puiser de nouvelles leçons.

Ce drame de la campagne de l'est, comparable, par ses dernières scènes, aux épisodes les plus douloureux de l'histoire de la guerre dans tous les pays civilisés, je ne l'ai pas vécu; mais je l'ai retracé avec émotion. La tâche a été plus d'une fois pénible. Le sentiment de l'élasticité de notre race m'a permis de poursuivre et d'achever de boire ce calice amer, avec l'impression consolante qu'en France l'idée de la Patrie est impérissable, comme celle de la Foi!

LE COUP DE GRACE

CHAPITRE PREMIER

LA DÉLÉGATION DE BORDEAUX ET BOURBAKI

La patrie en danger. — Discussion sur l'opportunité de continuer la guerre après Sedan et Metz. — Opinion du maréchal de Moltke. — Levées en masse de la Défense nationale. — Gambetta. — Son portrait, sa dictature. — Ses agents. — Son délégué, M. de Freycinet. — Réorganisation de l'armée de la Loire (5 décembre). — La première armée. — Bourbaki, son portrait et son passé militaire. — Son peu de confiance dans la poursuite des hostilités. — Nécessité de reprendre l'offensive après la retraite d'Orléans. — Contre-projet de M. de Freycinet. — Tâtonnements et hésitations dans la direction des armées. — Expéditions avortées sur Melun et sur Blois. — Rappel de la première armée en Berry. — Lamentable retraite de Gien sur Bourges. — Désorganisation du 15ᵉ et du 20ᵉ corps. — Chanzy abandonné à ses propres forces. — Bourbaki reçoit l'ordre de se tourner vers l'est (19 décembre).

Qu'on se rappelle le vibrant discours du Girondin Barbaroux devant l'Assemblée nationale, quand la France fut envahie en juin 1792. Barbaroux, c'était le Gambetta de l'époque. Avec sa parole enflammée et méridionale, il dénonçait les catastrophes menaçantes. Le péril augmentant chaque jour dans le nord, il fallait, selon lui, si l'on était réduit à la dernière extrémité, se retirer dans le midi... « Battue sur le Rhin et au delà, disait-il, la liberté doit se replier derrière les Vosges et la Loire. Repoussée dans ces retranchements, il lui reste encore à l'est : le Doubs, l'Ain, le Rhône ; à l'ouest : la Vienne, la Dordogne ; au centre, les rochers et les rivières du Limousin ; plus loin, l'Auvergne... Les Cévennes nous offrent encore un asile... et à l'extrémité du midi, nous trouvons pour barrières la Durance, le Rhône depuis Lyon jusqu'à la mer, les Alpes et les remparts de Toulon... »

Les partisans de la guerre à outrance en 1870 avaient peut-être l'émulation de ce langage.

Combien ont senti se remuer dans leurs souvenirs la levée en masse, les combats de nos pères, sous les Dumouriez, les Lafayette, les Hoche, les Kléber, et toute la légende! « Citoyens, la patrie est en danger! » Ce mot magique, prononcé par Vergniaud le 11 juillet 1792, allait-il nous sauver en 1870 d'une troisième invasion, la plus terrible de toutes? Tout le pays allait-il s'embraser comme par une traînée de poudre à l'appel du gouvernement de la Défense nationale? Nous savons aujourd'hui ce que nous avons perdu, ce que nous avons souffert, et, les passions du moment étant déjà lointaines, nous pouvons nous demander :

Fallait-il poursuivre la guerre après nos premiers désastres? Était-ce sage? Était-ce utile? Grand point d'interrogation que l'histoire se posera longtemps encore, et dont la réponse divisera peut-être éternellement les descendants des combattants de 1870. Elle pourra varier, selon qu'on envisagera le côté matériel ou le côté moral de cette grave et poignante question.

Le pays, en se levant tout entier comme un seul homme pour s'associer à l'œuvre de la résistance, a ratifié par là le grand labeur spontané de ses organisateurs.

Par malheur, à côté des plus nobles dévouements, des plus beaux héroïsmes, la politique a surgi. Les ambitions à alimenter, les appétits à satisfaire, se sont revêtus des simulacres du patriotisme. C'est trop humain pour n'avoir pas été réel. On peut trouver là le secret de plus d'une tentative désespérée, de plus d'un plan de campagne imaginaire. C'est dans les sphères gouvernementales et surtout en temps de révolution, qu'il faut chercher de tels abus familiers aux grandes crises subies par les nations. Il semble que l'exercice du pouvoir grise ceux qui en sont investis, même à travers les plus insurmontables difficultés.

Le général d'Aurelle, qui se connaissait en hommes, n'a pas ménagé Gambetta dans son livre, où il a écrit avec conviction : « Il est regrettable que le gouvernement de la Défense nationale n'ait pas envoyé en province un officier général avec le titre de ministre de la guerre. On aurait ainsi évité bien des malheurs! » Peut-être!... Mais, hélas! les généraux d'alors pourrissaient presque tous dans les prisons de l'ennemi. Si discrédités étaient ceux restant sur le territoire! Il faut rendre cette justice à Gambetta, qu'en s'improvisant dictateur et chef des armées, il puisa dans son propre fonds une chaleur communicative qui pénétra le pays. Sa fureur, en frappant du pied le sol, en fit jaillir des ressources inconnues. Il parut à tous en ce moment comme un personnage de l'antiquité. Malgré les passions et les rancunes d'un entourage qui valait moins que lui, il fit appel aux défenseurs sans distinction de classes, et prétendit grouper autour du drapeau national tous les enfants de la France, quels que fussent leurs origines, leurs partis, leurs aspirations secrètes! M. de Freycinet fut l'homme le plus éminent de l'entourage. Ce fut, comme Gambetta lui-même, un patriote.

Il acquit, pendant ces quelques mois, une certaine expérience des choses de la guerre. Son esprit net et laborieux, ses vues élevées, son don particulier d'assimilation, lui ont permis, depuis trente ans, de redevenir à plusieurs reprises un organisateur de l'armée. Mais en 1870, ni ses études ni ses travaux antérieurs ne pouvaient l'avoir préparé à la pratique de l'art militaire. « Et quand on songe, dit le rapporteur de la commission d'enquête, que Gambetta lui a délégué tout d'abord des pouvoirs absolus, faisant de lui, du jour au lendemain, l'arbitre suprême de toutes les armées et de toutes leurs opérations, on a bien le droit de se demander si une mission donnée avec une si grande confiance et acceptée avec une si grande présomption, s'est trouvée justifiée par les résultats obtenus! »

Il est toujours difficile de parler avec impartialité des personnages vivants, surtout de ceux qui, comme M. de Freycinet, ont tenu dans leur pays une place si large, si patriotique et si distinguée à tant de titres! Mais, pour la période de sa jeunesse, qui nous occupe, il est depuis longtemps entré dans l'histoire, et ce n'est pas manquer peut-être au respect qui lui est dû, que de s'exprimer librement à son sujet, sur cette époque de sa vie déjà éloignée de nous et où il débutait par un si grand rôle.

Quand nous n'avions même pas, pour reconstituer notre édifice militaire anéanti, les premiers éléments d'une administration sérieuse, M. de Freycinet ne voulut point se borner à la tâche de ministre administrateur, tâche assez belle cependant pour absorber toutes ses facultés. De son cabinet, il prétendait diriger, presque commander les armées. Au lieu de garder vis-à-vis des généraux les scrupules et les ménagements qui ont honoré le général Lefort, il ne fut jamais animé de la même bienveillance à leur égard. Il crut plutôt devoir s'inspirer de l'esprit violent et arbitraire de Gambetta.

« Je n'étais, dit-il modestement à l'enquête, qu'un simple surbordonné du ministre. » Il agit toujours en réalité comme s'il eût été le ministre effectif de la guerre.

Devant la commission d'enquête, le général Borel a vanté en termes très élogieux son action administrative au ministère de la guerre. « C'était, dit aussi l'un de ses directeurs, le général Thoumas, un homme jeune encore, très courtois et d'un calme flegmatique. Il rédigeait avec impassibilité des dépêches souvent acerbes, inspirées par des événements néfastes. »

Il faut rendre à M. de Freycinet cette justice qu'il ne recula jamais devant aucune responsabilité.

Le véritable directeur des armées pendant la défense nationale, ce fut lui.

Préfet de Montauban depuis le 4 septembre, puis délégué du ministre de la guerre à Tours, s'il ne figure qu'au second rang dans la conduite des événements militaires, il n'en est pas moins au premier plan. Il a été le confident de Gambetta, le traducteur de sa pensée. Il a concentré le travail des collaborateurs qui, dans les différentes directions du ministère de la guerre, se chargeaient de régler et d'exécuter les détails, sous son impulsion ardente. Les auxiliaires militaires de Gambetta et de M. de Freycinet s'effacent devant eux. Ils n'en ont pas moins rendu aussi de signalés services.

Gambetta, en arrivant à Tours, n'avait pas trouvé le général Lefort assez républicain pour le maintenir en fonctions. Il voulait avant tout s'assurer un pouvoir discrétionnaire. Il renvoya donc cet utile collaborateur, qui venait déjà de mettre à la disposition du gouvernement une armée de 110 à 120,000 hommes, et qui promettait de porter à bref délai cette force à 200,000 hommes.

Le 5 décembre au matin, le ministre de la guerre décida que toutes les forces qui se trouvaient sur les deux rives de la Loire formeraient dès ce moment deux armées : la première (15e, 18e et 20e corps) sous les ordres du général Bourbaki; la seconde (16e, 17e et 21e corps) sous ceux du général Chanzy.

Bourbaki arrivait de l'armée du Nord, où il n'avait exercé qu'un commandement momentané. Il reçut d'abord celui du 18e corps, mais ce fut Billot qui en prit possession. A Bourbaki allait être confié le sort d'une grande armée, la première. Ce nouveau rôle semblait digne de ses précédentes destinées.

Un témoin oculaire, le général Thoumas, nous le montre débarquant à Tours.

« C'était bien, avec un grand fonds de tristesse qui se trahissait sous les apparences d'un joyeux caractère, le brillant soldat que j'avais connu en 1858 à Metz, lorsqu'il y commandait la division militaire, le héros d'Inkermann et de vingt autres combats, le commandant de la garde impériale de Napoléon III. »

En 1871, Bourbaki avait cinquante-quatre ans. Il était jeune divisionnaire. Il avait le prestige de ses campagnes toujours victorieuses de Crimée, d'Afrique et d'Italie. Grec d'origine, mais depuis longtemps naturalisé français par le cœur et le tempérament, il jouissait dans l'armée d'une popularité qu'il s'était acquise dans sa jeunesse et qui égalait celle des Cavaignac, des Lamoricière, des Changarnier, des Canrobert, ses anciens chefs ou ses anciens camarades d'Afrique.

Vigoureux, alerte, gai et bon, d'un entrain jusqu'ici sans

égal, il était doué d'une nature chevaleresque et magnanime.

Un physique agréable, un regard perçant et sympathique, la taille un peu petite, mais bien prise, les épaules carrées, la tête très militaire rappelant celle de Napoléon III, avec la moustache et l'impériale châtain clair, que le souverain avait mises à la mode ; un front large et fuyant, des arcades sourcilières très prononcées, le regard franc, la physionomie tour à tour douce et martiale selon que prédominait dans l'expression des traits l'indolence de l'Oriental ou l'entrain du soldat. Il incarnait en sa personne la vieille légende des turcos. Une chanson fredonnée encore par les troupes d'Afrique, et dont il était l'objet populaire, rappelait le temps héroïque où il avait mené au combat ces lions du désert.

Ses débuts en Algérie n'avaient été qu'une série de succès.

En 1836, sous les ordres du maréchal Clausel, il se bat devant Constantine. En 1840, au Sétif, il est mis à l'ordre de l'armée.

En 1843, sous le duc d'Aumale, il prend part aux opérations contre Abd-el-Kader. A trente ans, il commande un bataillon. Ses exploits au siège de Zaatcha le font mentionner au rapport du général Herbillon. A trente-six ans, Pélissier le fait nommer colonel du régiment de zouaves. « J'ai besoin de vous, lui dit-il, parce que quinze cents zouaves et Bourbaki me font trois mille hommes. »

Pendant la guerre de Crimée, le 20 septembre 1854, il combat à l'Alma. « Les zouaves sont les premiers soldats du monde et Bourbaki est un Bayard », mande le maréchal Saint-Arnaud à Napoléon III.

Sa réputation se confirme sur le champ de bataille d'Inkermann, où on le voit amener le premier renfort de la journée.

Il commandait alors une brigade de la division Bosquet. Les Anglais pouvaient être écrasés. « Allez dire à nos alliés, s'écrie le général Bosquet, en s'adressant à l'aide de camp de lord Raglan, que les Français arrivent au pas de course ! » Et il envoie à Bourbaki l'ordre de se jeter avec ses bataillons sur Inkermann.

Déjà le jeune et brillant général avait devancé les ordres et s'était porté en avant avec les 1,600 hommes qu'il avait sous la main. Les Anglais poussent des hourrahs à la vue de nos soldats. A quatre reprises, Bourbaki charge impétueusement les bataillons russes, qui se reforment après chaque nouvel assaut.

Depuis cette consécration donnée à ses premières étoiles, Bourbaki avait été comblé des faveurs impériales. Napoléon III se l'était attaché comme un serviteur dévoué au pays, comme un chaud partisan de sa dynastie. Il en avait fait son aide de camp et le commandant en chef de sa garde. C'est en cette qualité qu'il combattit à Gravelotte et à Saint-Privat. Jusque-là il s'était montré un intrépide divisionnaire, un entraîneur d'hommes. Mais rien ne l'avait préparé au commandement suprême.

Il était sorti du camp retranché de Metz dans des circonstances assez mystérieuses. L'affaire Regnier, où il joua le rôle de dupe, eut sur son moral d'honnête homme un effet désastreux. Tout le monde remarqua, à son arrivée à Tours, son irritation d'avoir été mystifié par une sourde intrigue. En rappelant inopinément le général sur la Loire, le gouvernement de la Défense nationale avait cédé à des considérations plutôt politiques que militaires. Bien qu'il ne se fût préoccupé à Lille que de l'organisation de ses troupes, Bourbaki avait été violemment attaqué par les feuilles radicales. Elles affirmaient que les forces organisées par le général n'étaient pas destinées à défendre le pays, mais bien plutôt à occuper les places fortes pour les livrer au parti bonapartiste. « Si je devais rester condamné à un semblable état de suspicion, écrit-il le 27 novembre au ministre, ce serait agir contrairement aux intérêts de la France, à ceux du gouvernement et à mes intérêts personnels, que d'accepter le nouveau commandement auquel vous venez de m'appeler. Je serai on ne peut plus honoré de prendre part à la lutte de la France contre l'ennemi; mais je dois, me semble-t-il, n'accepter de commandement qu'à la condition expresse que toute méfiance à mon égard disparaisse et m'en rende l'exercice possible. »

Gambetta eut la générosité de comprendre les angoisses du général, et s'empressa de lui répondre avec bienveillance. Un entretien très cordial scella ensuite l'accord des intentions acceptées de part et d'autre.

A peine les suites de la bataille d'Orléans étaient-elles conjurées, qu'on dut s'occuper de reprendre l'offensive sur quelque point. « C'était, dit M. de Freycinet, une des nécessités de la situation de ne pas rester dans l'inaction. » Il fallait se hâter dans l'intérêt de Paris prêt à succomber. On ne doit pas critiquer cette idée; car, en stratégie comme en tactique, l'offensive demeure la dernière carte des cas désespérés.

La délégation de Bordeaux songeait donc à une diversion sur la rive gauche ou en un point quelconque de la ligne de la Loire par l'armée de Bourbaki. Cette diversion eût maintenu devant la première armée de la Loire une partie des corps ennemis, avec lesquels le prince Frédéric-Charles s'acharnait contre l'armée de Chanzy. Qu'était cette armée qu'on chargeait Bourbaki de conduire au feu, pour la première fois qu'il commandait en chef? L'effort même que faisait le pays pour se défendre était-il réellement utile? Avait-il quelque chance d'aboutir, ou n'était-il pas plutôt nuisible en exaspérant l'ennemi, en risquant de le porter aux dernières rigueurs?

Toutes ces questions s'agitaient péniblement dans l'esprit du général, en paralysant dès le début ses grandes et légendaires vertus militaires. « Ce chic exquis... » Où était la chanson du turco?... Elle était restée là-bas bien loin, au désert! Bourbaki n'avait eu jusque-là que des troupes d'élite à commander : l'infanterie légère d'Afrique, les zouaves, la garde impériale! Les légions improvisées de Gambetta lui semblaient suspectes. Mieux eût valu à ses yeux faire la paix que d'aborder un ennemi rendu de plus en plus agressif par le triomphe, avec des bandes sans cohésion ni discipline.

Cette idée, dans son esprit, n'était pas nouvelle. Quand, au mois d'octobre, l'amiral Fourichon lui avait offert une première fois le commandement d'une armée, il ne s'en était pas caché. « Dans l'état désespéré de résistance où se trouve le pays, lui avait-il écrit, j'essaierai avec courage et dévouement tout ce qu'on m'ordonnera de faire ; mais si, au lieu d'être un agent de combat, j'étais un agent de pensée, je voterais pour un armistice et pour la paix. »

Résolu à suivre partout le drapeau, à s'acquitter de son devoir de soldat jusqu'à la dernière extrémité, le général acceptait avec résignation les commandements qui lui étaient offerts, les plans de campagne qui lui étaient imposés. Il donnait à son pays et à l'armée tout ce qu'il avait de dévouement et de bonne volonté ; mais la foi lui manquait, cette foi dans le succès, qui est le grand ressort de la victoire !

De là des tâtonnements qui, dans plusieurs circonstances, au cours de l'expédition dans l'est, vont se manifester, aux dépens de la bonne conduite des troupes.

Après la défaite de d'Aurelle devant Orléans, l'armée de la Loire reconstituée offrait trois fractions profondément désorganisées et démoralisées. Avec les jeunes soldats qui faisaient le fond de cette armée, il convenait, avant de lui demander un nouvel effort, de la refaire moralement et matériellement, autant du moins que le permettrait l'ennemi.

Billot, nommé récemment divisionnaire à titre provisoire, avait reçu, comme on l'a vu, le commandement du 18e corps, et Borel avait été donné comme chef d'état-major à Bourbaki.

On enjoignait aux généraux de reprendre immédiatement une vigoureuse offensive. Après la révocation du général d'Aurelle, « ce fut Bourbaki, dit le rapporteur de l'enquête, qui parut devenir l'objet d'une prévention toute spéciale de la part du délégué du ministre. » Il écrivait à Gambetta le 10 décembre : « En présence des dépêches de Bourbaki, il m'est impossible de lui donner un ordre formel de marche. » Et il conseillait de le remplacer par Billot. Le choix eût été meilleur sans doute, mais il était prématuré ; Billot, malgré ses honorables campagnes, ayant été presque improvisé général.

Le grief articulé en ce moment contre le nouveau général en chef, c'étaient ses doléances et notamment cette dépêche de son état-major : « L'armée n'est plus qu'un troupeau d'hommes réduits à la misère et au massacre. »

Bourbaki se doutait-il des sourdes menées dont il était l'objet ?... M. de Freycinet, tout en le desservant dans l'esprit du ministre, avait soin, dans sa correspondance avec l'ancien commandant de la garde impériale, de voiler sous de flatteuses paroles la véritable nature de ses sentiments, de sorte que cette animadversion secrète pouvait peut-être encore demeurer un mystère pour celui qui en était l'objet. C'est ainsi que le jour même où il demandait son remplacement, le délégué lui adressait une dépêche élogieuse.

Avant même que la concentration des troupes ne fût achevée, la délégation insistait pour qu'on se remît en marche vers l'ouest. Gambetta était arrivé le 6 décembre à Bourges, pour essayer de convaincre le général en chef de la nécessité d'une action vigoureuse, sans s'inquiéter de l'épuisement des troupes ; et, recevant de Chanzy des cris répétés d'alarme, il donna l'ordre à Bourbaki de marcher coûte que coûte par Blois au secours de la deuxième armée, au delà de la forêt de Marchenoir où Chanzy battait en retraite.

Bourbaki se déclara dans l'impossibilité absolue de s'y porter, et M. de Freycinet reprit sa plume virulente.

« A quoi tient donc cette débandade du 15e corps qui, depuis sa retraite précipitée, n'a pas livré un sérieux combat ? »

— « Si je marchais en ce moment sur Blois, comme vous me le demandez, ripostait Bourbaki, vous ne reverriez probablement pas un seul des canons ni des hommes du 15e corps. »

M. de Freycinet ne fut pas convaincu. Le 14 décembre, il écrivait à Gambetta, à Josnes : « De Bourbaki, rien que des nouvelles décourageantes ; à votre place, je n'hésiterais pas à le remplacer par Billot. Avec Bourbaki vous immobilisez la moitié de l'armée. Comment pouvez-vous faire fonds sur lui après tout ce qui s'est passé dans cette campagne et auparavant dans le nord ?... C'est le fétichisme des vieilles gloires militaires qui nous a perdus. Je sais bien que si j'étais ministre, il y a longtemps que j'aurais rompu avec ce préjugé (1). »

De son côté, Bourbaki demandait à être relevé de son commandement, si le ministre persistait dans ses intentions d'offensive immédiate. Impressionnée par cette mise en demeure, la délégation, par dépêche du 11 décembre, autorisa la première armée à se replier.

Ce fut alors Chanzy qui intervint, et, s'adressant directement au commandant de la première armée, lui télégraphia de Josnes pour le conjurer d'accourir.

Bourbaki, cette fois, ne pouvait rester sourd à l'appel venant d'un militaire, d'un chef aux abois, d'un frère d'armes, dût-il tenter l'impossible. Il annonce à M. de Freycinet qu'il a pris ses dispositions pour mettre en route le lendemain même ses trois corps d'armée. « Je nie formellement, dit-il dans cette dépêche, avec la noble indignation d'un homme qui se sent soupçonné, avoir perdu une seule minute pour venir en aide à Chanzy. Le 15ᵉ corps n'est arrivé au bivouac que cette nuit; le 18ᵉ arrive aujourd'hui seulement à 18 kilomètres de Bourges. Certains régiments de ce même corps ont marché depuis hier matin à six heures jusqu'à ce matin à huit heures, presque sans repos. »

Depuis Orléans, l'armée n'avait pas trouvé en effet un seul jour de repos. Les soldats en retraite étaient dans un état lamentable, qu'aggravait l'extrême rigueur de la saison. La concentration sur Bourges allait leur demander encore de nouveaux déplacements, de nouvelles fatigues. Bourbaki, parti de la Chapelle d'Angillon dans la matinée du 9, arrivait l'après-midi à Bourges, précédant ses troupes. La dernière partie de la retraite surtout avait été douloureuse : froid intense, neige épaisse, routes piétinées sans cesse par l'énorme courant humain qui s'y déversait. On partait de grand matin, souvent en pleine nuit. On se traînait lentement sur le verglas avec

---

(1) *Enquête.* Déposition de Gambetta, t. I, p. 559.

des à-coups fréquents et des haltes interminables, jusqu'à une heure avancée. On avait à peine le temps de faire une mauvaise soupe. Il fallait passer la fin de la nuit sur la neige, sous le fragile abri de la petite tente africaine, dont tous n'étaient même pas pourvus.

Les officiers qui avaient perdu leurs bagages dans la déroute d'Orléans s'autorisaient de leur dénuement pour se réfugier dans les maisons les plus proches, exemple contagieux, destructeur de toute discipline. Les traînards, les déserteurs se multipliaient, si bien que non seulement les régiments de mobiles, mais ceux de ligne ou de marche, fondaient de jour en jour.

La légion étrangère dut être réduite de trois bataillons à un seul. Et que d'hommes périssant de fatigue et de froid on rencontrait! On avait beau, dit un témoin oculaire, les encourager, les secouer. Ils ne bougeaient pas et mouraient quelques instants après. Les cavaliers, à pied, soutenaient leurs montures qui ne pouvaient tenir debout. Les canonniers poussaient canons et caissons. Les convois de vivres étaient arrêtés et encombraient les routes. Si grande était l'imprévoyance dans notre malheureuse armée, que non seulement elle ne possédait pas de clous à glace, mais que Bourbaki, dans la crainte de n'en pouvoir faire confectionner à Bourges, en réclamait au ministre par le télégraphe! Peut-être même le modèle de ce clou n'était-il pas encore devenu réglementaire. Évidemment on n'avait jamais prévu la possibilité d'une campagne d'hiver. Les charretiers s'arrêtaient sans ordres, obstruant constamment les chemins. Il fallait un temps infini pour les mettre en marche. La prévôté, insuffisante comme effectif, ne montrait pas toujours l'aptitude nécessaire pour diriger d'immenses colonnes de voitures.

Cet affaiblissement de l'armée, si profondément atteinte dans sa force matérielle comme dans son moral, était surtout causé par la précipitation de la retraite, qui l'avait comme disloquée. A l'état-major, le service des renseignements était si défectueux, que le général en chef se croyait menacé sur son flanc droit, le 10 décembre, alors que l'ennemi n'avait pas passé la Loire et même n'avait plus à Gien qu'un détachement. C'est ainsi que Bourbaki faisait doubler l'étape du 18ᵉ corps, le croyant serré de trop près. Le plan projeté procédait surtout de la ferme volonté de ne pas rester dans l'inaction et aussi de la pensée généreuse de soutenir une autre armée qui depuis quinze jours défiait avec une admirable ténacité, autour de Fréteval et de Vendôme, les efforts acharnés de quatre-vingt-dix mille Allemands. Mais la première armée risquait d'être attaquée de trois côtés à la fois : sur le flanc gauche par le prince Frédéric-Charles ; sur le centre, par un détachement de l'armée d'investissement de Paris ; sur le flanc droit, par Zastrow, qui, avec le VIIᵉ corps d'armée stationné dans l'Yonne, assurait entre Chaumont et Auxerre les communications de l'armée allemande de la Loire.

Il s'agissait de pénétrer comme un coin entre ces trois masses ennemies, dont chacune était à même de détacher contre la première armée des effectifs considérables.

Depuis la prise d'Orléans jusqu'au 16 décembre, la ligne Gien-Orléans n'avait été tenue que par des forces allemandes incapables de s'opposer à un mouvement vigoureux de la première armée de la Loire, dont l'effectif atteignait une centaine de mille hommes en chiffres ronds.

Cela détermina Bourbaki à accepter le projet qui lui était proposé, surtout sur les instances personnelles de Gambetta, dont la parole avait un grand ascendant moral. Charmeur, persuasif, entraînant, au bout d'une heure d'entretien, le ministre avait communiqué son espoir au général. Malheureusement, cette foi qui s'allumait dans les yeux de Bourbaki n'était qu'un reflet passager de la flamme du grand inspirateur.

La marche de la première armée commença le 19 décembre.

En descendant la Loire par la rive droite, le général voulait prendre à revers l'armée du prince Frédéric-Charles, dont des détachements étaient venus jusqu'à Cosne. Il avait arrêté ses dispositions pour monter sur Montargis, en couvrant son flanc droit au moyen du Loing.

« Le mouvement ne me plaisait pas beaucoup, dit Bourbaki devant la commission d'enquête, parce que les Prussiens occupant Chaumont, Châtillon-sur-Seine et Auxerre pouvaient me couper la retraite. Mais il fallait tenter quelque chose » (1).

Tenter quelque chose, quoi que ce fût, pour satisfaire le cabinet du ministre, telle était la pensée intime du commandement! La nouvelle entreprise répondait bien cette fois à l'intention formelle de Gambetta, qui était de faire à tout prix une diversion contre les lignes d'investissement de Paris. On abandonnait Chanzy à son sort incertain.

Chanzy allait se mettre en retraite vers l'ouest, en disputant le terrain pied à pied. Quant à la première armée, sa marche sur Montargis ne devait pas être poussée plus loin que ne l'avait été celle de Vierzon.

Quelle incohérence dans les projets du gouvernement de la Défense nationale! Nous avons vu déjà deux plans différents : l'un vers l'ouest, l'autre vers le nord ; mais ce n'est pas tout. En voici apparaître un nouveau, dans une direction encore différente, et c'est désormais vers l'est qu'il faudra tourner ses regards. Alors nouvelles instructions, nouvelles directions à l'adresse de Bourbaki. Ce ministre qui le mène, c'est une girouette gouvernant sa boussole. Sa carte, c'est la rose des vents!

Nous allons voir recommencer pour la première armée la période désastreuse des marches et des contre-marches, des ordres et des contre-ordres, des mouvements offensifs et des mouvements de retraite qui, un mois plus tard, après de dures souffrances, l'amèneront dans les champs de Villersexel, d'Héricourt et de la Cluse, à l'extrémité orientale de la France.

---

(1) *Enquête*. Déposition Bourbaki, p. 350.

CHAPITRE II

PLAN DE CAMPAGNE — LES MOYENS D'ACTION

Première idée d'une campagne dans l'est. — Divergences de vues de Gambetta et de M. de Freycinet. — Menace des communications de l'ennemi. — Mission spéciale du 15e corps. — Analogie du plan de campagne avec celui de Napoléon en 1814. — Genèse du contre-projet de M. de Freycinet. — M. de Serres attaché à son cabinet. — Son arrivée à Bourges (19 décembre). — Gambetta hésite à accepter ce contre-projet. — M. de Serres en mission près de Bourbaki. — Conditions d'acceptation du général. — Félicitations de M. de Freycinet à M. de Serres. — Délégation de M. de Serres à l'état-major de la première armée. — Bonté de Bourbaki pour le jeune émissaire. — Chanzy n'est pas partisan de l'entreprise dans l'est. — Son insistance à faire marcher sur Paris. — Situation militaire déjà très compromise. — Positions des Allemands. — Pauvres éléments de l'armée de l'Est. — Fâcheux dualisme dans l'état-major. — Le général Borel et le colonel Leperche. — L'intendant général Friant. — Causes morales et matérielles d'affaiblissement de l'armée. — Désorganisation, effet des retraites désastreuses. — Situation des forces réparties entre Orléans et Belfort (20 décembre). — Examen des différents corps constitutifs de l'armée de l'Est. — Le 15e corps. — Le 18e corps. — Le général Billot. — Le 20e corps. — Le 24e corps. — Troupes indépendantes de l'armée de l'Est. — Division Cremer. — Réserve générale de l'armée. — Corps francs. — Ressources matérielles. — Effets de l'invasion du territoire. — Rentrée des évadés de Metz et de Sedan. — Aspect et attitude des francs-tireurs. — Werder dans les Vosges. — Werder en marche sur Vesoul et l'Ognon (16 octobre). — Werder a quatre places fortes ennemies dans le rayon de ses opérations. — Télégrammes de M. de Moltke à Werder (24 novembre, 8 et 14 décembre). — M. de Moltke avise Werder de l'ordre donné à Zastrow (26 décembre). — Il cherche à s'opposer à tout prix au déblocus de Paris. — Werder se résout à évacuer Dijon (27 décembre). — Sa concentration à Vesoul est terminée le 30.

Tout d'abord, M. de Freycinet avait préféré laisser Chanzy et Bourbaki opérer conjointement et directement pour débloquer Paris. Si une entreprise était praticable dans l'est, il voulait la confier, d'une part, à l'armée de Lyon (24e corps), grossie des troupes de Besançon et de Beaune (général Cremer) ; d'autre part, à l'armée des Vosges, qui, sous les ordres de Garibaldi, occupait Autun et le Morvan. Mais les événements survenus dans le bassin de la Loire allaient modifier les vues du délégué. Le 17 décembre, il recevait de Bourges un premier avis de l'opération déjà ordonnée. « Ici, lui télégraphiait le ministre, les choses sont en bonne voie ; et, quand vous aurez reçu mon courrier de demain, vous trouverez qu'il y a encore de rudes coups à porter aux Prussiens. »

Par les termes vagues de cette dépêche, M. de Freycinet pouvait difficilement juger quelle était la portée de la conception ministérielle. Il devinait seulement qu'elle venait à la traverse de ses projets personnels. Lorsque le courrier du lendemain lui fit connaître l'opération conçue vers le nord, il entreprit aussitôt d'en faire abandonner la poursuite, et de faire adopter en échange un autre plan qu'il caressait depuis quelque temps. Pour cela, il ne fallait pas perdre une minute, et le 18, il télégraphiait au ministre à Bourges :

« J'ai reçu et médité votre lettre du 17 ainsi que le rapport de Bourbaki qui l'accompagne. Je vous remercie de la confiance que vous me témoignez, et vous pouvez être sûr que je vous donnerai un concours sans réserve, non seulement en actes, mais en intentions. »

Après ce préambule va se manifester la dissemblance des vues, c'est-à-dire le dualisme dans la direction.

« J'avais beaucoup étudié, de mon côté, de concert avec mon confident de Serres, un plan d'action prochaine. Il s'écarte par quelques points de celui que vous voulez bien me communiquer, et je crois utile, nécessaire même, que vous en soyez instruit, avant que l'exécution du vôtre commence. ... Je vous envoie donc à Bourges M. de Serres, avec une lettre explicative. »

Le fond de la pensée du délégué était, après avoir débloqué Belfort, de tenter des pointes soit sur le plateau de Langres, soit sur la Lorraine et, en appuyant la droite de l'armée aux Vosges, de menacer les communications de l'ennemi ; puis de se rabattre ensuite de l'ouest à l'est dans la direction de Paris, de manière à attirer à soi les forces de l'ouest et du corps d'investissement de la capitale. On aurait ainsi la chance de délivrer Paris et subsidiairement de dégager Chanzy, qui était alors poussé vers Laval et la Bretagne.

Le 15ᵉ corps, séparé des 18ᵉ et 20ᵉ, resterait en Berry, avec la mission essentielle de couvrir Bourges et Nevers, de se retrancher autour de Vierzon et d'en occuper la forêt. S'il venait à être forcé dans cette position, il regagnerait Bourges, où il formerait une imposante garnison, capable d'arrêter la marche de l'ennemi (1).

Le contre-projet de M. de Freycinet était-il uniquement l'œuvre de son cerveau? D'aucuns en ont attribué la première idée au général Trochu (2) ; d'autres à M. de Serres, le secrétaire particulier du délégué à la guerre. Polonais d'origine, et de son véritable nom Wieczflinski, M. de Serres, ancien élève de l'École polytechnique, jeune ingénieur civil d'ordre supérieur dans les chemins de fer autrichiens, était accouru de Vienne en France, à la fin de septembre, avec l'intention de prendre du service dans un régiment quelconque. Mais, comme il possédait sur l'armée allemande, et en particulier sur les cartes dont elle était munie, certains renseignements recueillis à Vienne et inconnus en France, il s'était rendu d'abord à Tours.

Le délégué l'avait agréé dans ses bureaux, et le 13 octobre, le décret qui constituait le cabinet du ministre de la guerre y nommait le jeune Polonais avec le titre d'attaché. Il y fut dès lors incorporé comme ingénieur chargé des travaux topographiques et des mouvements préparatoires des armées. Ses fonctions n'étaient pas très définies. Chaque jour il recevait de Vienne, par l'intermédiaire de Londres, des dépêches qui signalaient les marches et la position des troupes ennemies. De là à les comparer aux nôtres, à les apprécier, à les analyser, à discuter les avantages ou les inconvénients de tel ou tel plan de campagne, il n'y avait qu'un pas. M. de Serres eut bientôt fait de le franchir. Il avait son cabinet contigu à celui de M. de Freycinet et travaillait avec lui.

(1) *Enquête*. Déposition de M. de Serres, t. III, p. 36.
(2) « Ç'a été, dit le général Leflô, une malheureuse inspiration du général. »

Puis, sortant des bureaux où son esprit d'initiative et d'indépendance étouffait, il se faisait donner des missions extérieures; bientôt il alla dans les camps porter aux états-majors les instructions de son chef, les expliquant, les interprétant à sa manière, et même, quand besoin était, en contrôlant l'exécution.

Sa première mission, celle qui devait faire décider la campagne de l'est, il la remplit en allant d'abord discuter à Bourges avec le ministre le nouveau plan de campagne de la délégation, puis en allant le porter à Baugy, au général Bourbaki. A ce moment, Chanzy a résolu de se retirer dans la Sarthe. Le joindre là devient impossible; en sorte que le plan de la campagne dans l'est a pris possession de l'esprit de M. de Freycinet à l'heure même où Gambetta, y renonçant, vient d'ordonner la marche sur Montargis.

Donc, le 19 décembre au matin, M. de Serres débarqua à Bourges. Comme il pénétrait chez le ministre, celui-ci avait une dernière entrevue avec Bourbaki. Déjà l'armée était en marche vers le nord.

C'est après son départ seulement que Gambetta entra en discussion avec l'envoyé de la délégation, et témoigna d'abord sa surprise de voir M. de Freycinet lui suggérer une idée nouvelle, au moment où la sienne propre était déjà en voie d'exécution. M. de Serres pouvait croire sa mission compromise. Mais, en émissaire opiniâtre, il fit ressortir aux yeux du dictateur la situation difficile qui menaçait la première armée lancée au hasard vers Montargis, en plein territoire ennemi. Elle risquerait fort d'être écrasée par des forces supérieures. Et, si elle échappait à son redoutable adversaire, qu'obtiendrait-elle sous les murs de Paris? Surtout préoccupé du sort de la capitale, où les vivres vont manquer avant qu'il soit longtemps, Gambetta hésite à accepter une opération éloignée, pleine d'imprévu. Il objecte qu'il est trop tard et difficile d'interrompre le mouvement commencé. M. de Serres revient à la charge et obtient une première concession : l'autorisation de voir Bourbaki, de lui donner, sinon une copie de la lettre, au moins un développement du projet. Il se fait fort d'obtenir des garanties, et pour éviter tout malentendu, emporte une note explicative, rédigée par le colonel Leperche. Si le général peut être converti à la nouvelle idée, le ministre n'hésitera plus à approuver l'abandon du plan primitif. C'était déjà un premier succès remporté par M. de Serres. A peine était-il parti pour le quartier général de la première armée, que Gambetta recevait deux nouvelles dépêches de Bordeaux, dans lesquelles M. de Freycinet cherchait par des raisons sans réplique à faire tomber l'obstacle.

« ... Je crois utile, nécessaire même, que vous soyez instruit de mon projet, avant que l'exécution du vôtre commence... je crois qu'en aussi grave matière, vous ne regretterez pas que je vous aie soumis mes réflexions (1). »

L'idée en réalité ne remplissait qu'une partie du vaste programme envisagé d'abord; mais elle répondait au cri de l'opinion publique, lancée dans la voie d'une diversion à tout prix.

Théoriquement elle était acceptable ; les ressources dont on disposait permettaient de l'entreprendre.

M. de Freycinet recourait aux arguments les plus pressants. « Je vous en conjure, pour la place que vous occuperez dans l'histoire, ne laissez pas exécuter le plan, dangereux selon moi, qui a commencé ce matin. »

Parler à Gambetta de son futur nom dans l'histoire, c'était presque à coup sûr obtenir gain de cause. Les flatteries contenues dans la dépêche de M. de Freycinet étaient inspirées par un double sentiment : d'abord le désir secret de rabaisser les généraux, de faire ressortir la prééminence de l'élément civil sur l'élément militaire; ensuite le besoin de passer en douceur ce qu'il pouvait y avoir de présomptueux dans cette substitution d'une idée personnelle au plan conçu par un chef direct. En effet, ce que le délégué appelait le plan du général était avant tout le plan de Gambetta. Mais désireux de cacher son excès d'initiative sous des dehors de subordination, il

---

(1) Rapport de M. Perrot, t. II, p. 8.

préférait attribuer le projet dont il se faisait l'antagoniste à l'inspiration de Bourbaki, bien qu'il en connût le véritable auteur, et cela pour pouvoir plus librement le critiquer ou le combattre.

Fort de l'assentiment ministériel, M. de Serres s'était mis immédiatement à la recherche de Bourbaki. Il ne put le rejoindre que le soir, au village de Baugy, où devait coucher le général, et ce fut là qu'il lui exposa le but de sa mission. Il reprit son thème de Bourges, et, avec le même don de persuasion, signala à Bourbaki le danger résultant pour sa marche vers Montargis de l'approche de la IIIe armée allemande, dont le VIIe corps (Zastrow) était déjà signalé à Auxerre. Il fit adroitement prévaloir à ses yeux le nouveau projet sur l'ancien, lui exposant qu'en résumé il s'agissait de forcer les Allemands à évacuer Dijon, Gray et Vesoul ; de débloquer Belfort et de se porter ensuite vers les derrières de l'ennemi. Il insista sur le grand enthousiasme que la délivrance de Dijon ne manquerait pas de causer en France. Pour amadouer le général, il l'assura, au nom de M. de Freycinet, qu'aussitôt que Dijon serait évacué, les départements du midi n'ayant pas encore fini de mobiliser leurs contingents seraient mis en demeure d'en envoyer sur la Saône, afin de garantir la première armée de tout mouvement ennemi sur ses derrières. Gambetta, de son côté, ne parlait de rien moins que de cent mille mobilisés à réunir en quinze jours, dans l'est et le centre, pour occuper Vierzon et Nevers.

Aux premières ouvertures de M. de Serres, Bourbaki, fidèle à son système, fit répondre d'abord à M. de Freycinet : « Si vous voulez sauver l'armée, il faut la mettre en retraite. Si vous voulez lui imposer une offensive qu'elle est incapable de soutenir dans les conditions actuelles, vous vous exposez à la perdre. Dans le cas où votre intention serait de prendre ce dernier parti, je suis si profondément convaincu des conséquences pouvant en résulter, que je vous prierais de confier cette tâche à un autre. » Bourbaki finit par accepter, mais sans beaucoup plus de confiance que précédemment dans le succès final. Il s'y résigna avec la suprême conviction de ne combattre que pour l'honneur, afin de retarder le moment fatal et inéluctable où il faudrait se rendre. Comme il l'a dit lui-même devant la commission d'enquête, il était persuadé qu'il faisait sur l'autel de la Patrie le sacrifice de sa gloire passée et de sa vieille renommée militaire. Manœuvrer, selon lui, ce serait toujours ajourner l'échéance de la lutte et permettre de tenter, par une action détournée, ce qu'on ne pouvait raisonnablement attendre d'une action directe. Les proportions seules de la manœuvre lui semblaient démesurées et déraisonnables. Il les discuta longuement, et subordonna son acceptation à la condition expresse que le ministre lui assurerait certaines garanties. Il demanda notamment qu'au cours de sa marche il sentit son flanc gauche couvert par un autre corps posté vers Dijon. Dans ce cas, il s'engageait à faire évacuer Gray et Vesoul, puis à délivrer Belfort; à conduire ses troupes dans la direction de Langres, ce qui réduisait son rayon d'action à des proportions moins exagérées; enfin à s'élever vers le nord, et à couper sur la ligne de Mulhouse les communications ennemies avec l'Allemagne, entre l'Alsace, la Lorraine et Paris.

« Si l'armée va à sa ruine dans cette entreprise, concluait le général en un dernier élan d'enthousiasme (un feu de paille), au moins le fera-t-elle chèrement payer! Elle empêchera pour longtemps l'Allemagne d'approvisionner les Prussiens devant Paris. »

Pénétré de ces idées et muni de l'acceptation tant désirée, M. de Serres revient à Bourges, et dans la nuit même rend compte au dictateur. Le mouvement devait commencer le 20 au matin. Alors, pareil à Napoléon lançant un bulletin à ses troupes, après une victoire, M. de Freycinet félicite le lendemain son confident par le télégramme ci-dessous :

« Mon cher de Serres, je suis très content de vous! »

Triste satisfaction qui allait être suivie de bien des larmes!

La plus cruelle épreuve qui puisse atteindre, au milieu de sa gloire, un général en renom, c'est de se voir emporté soudain par un vent fatal, dans des entreprises militaires au-dessus de ses forces, avec des moyens impuissants, contre des ennemis saturés de victoires. Tel est, hélas! le sort qui attendait le vainqueur d'Icheriden dans la dernière phase de la guerre. Il ne le méritait pas! On tenait à lui, à cause de son nom populaire. On avait mis le général Borel à la tête de son état-major pour suppléer à son défaut de science militaire. On comptait surtout sur son élan au feu, dût-il, comme à Icheriden, faire tuer beaucoup de monde pour enlever d'assaut une position. On espérait que dans l'action le soldat se réveillerait en lui, avec ses qualités proverbiales de commandement et d'entraînement. Mais, dans son âme fidèle, le foyer s'était éteint, à son insu, avec les dernières lueurs de la dynastie impériale. M. de Serres, en récompense de l'heureux résultat de sa négociation, fut délégué par le ministre de la guerre à l'état-major de la première armée, avec mission de suivre les opérations et d'en rendre compte. On n'avait pas osé dire : de les surveiller. Cependant sa seule présence prenait là une signification particulière. En lui faisant bon accueil, Bourbaki n'avait pas paru se douter qu'il réchauffait un serpent dans son sein.

Il ignorait qu'en quittant Bourges, cette fois pour n'y plus revenir, M. de Serres avait eu soin de se munir d'un décret de révocation du général en chef. La date était restée en blanc; mais le commissaire avait des pouvoirs spéciaux l'autorisant à en faire usage, si besoin était.

Dans sa correspondance avec le ministre, M. de Serres faisait souvent allusion à ce décret, destiné à parer à ce que la délégation de Bordeaux appelait cavalièrement « la *radicale insuffisance* du général en chef (1) ».

Dès le 24 décembre, avant toute opération de guerre, M. de Serres télégraphiait de Chagny au ministre :

« Je n'ai qu'une crainte, c'est d'avoir à faire bien rapidement usage des pièces que vous m'avez confiées. Je déclare à

---

(1) *Enquête*, t. II, p. 440.

nouveau que je ferai tout mon possible pour en user à temps, en vous demandant toujours avis, si les circonstances laissent la moindre impossibilité. » Le même jour, poursuivant son idée avec plus d'âpreté, parce que c'est à M. de Freycinet qu'il l'exprime, M. de Serres télégraphie encore : « Si, ainsi que je l'espère, Gambetta me conserve la confiance qu'il m'a témoignée à Bourges, je réponds de *faire marcher*, comme vous le désirez tous deux, *ou de briser sans hésitation toute résistance* (1). »

M. de Serres était non seulement un conseil, mais un surveillant. Malgré l'incorrection de son langage à l'égard de Bourbaki, M. de Freycinet n'avait pour lui que de bonnes paroles. « Quant à vous, mon cher ami, je désire que vous vous teniez autant que possible auprès de Bourbaki, travaillant avec lui et Borel, et servant d'intermédiaire aussi dévoué qu'intelligent entre le quartier général et le ministère. » Et, en expliquant à Gambetta, dans un autre télégramme, les instructions à donner au général, le délégué ajoutait : « Il est bien entendu que je ne sépare pas Bourbaki de son état-major, activement renforcé par M. de Serres. »

« M. de Serres est mon délégué, écrivait de son côté Gambetta. Veuillez exécuter ses instructions sans retard avec la plus exacte ponctualité (2). »

Les généraux ne se le faisaient pas dire deux fois. « Il était connu de tout le monde, dit Cremer dans sa déposition, que M. de Serres était commissaire du gouvernement. Il allait tantôt à une armée, tantôt à une autre ; il nous transmettait les ordres généraux. Dans sa spécialité de technicien et d'administrateur, il rendait certains services. » « A ma connaissance, dit aussi le général Borel, M. de Serres était un homme intelligent. Il avait un certain flair militaire ; mais il manquait de la connaissance des détails. Il croyait toujours que lorsqu'on a un certain nombre d'hommes, on a un certain nombre

---

(1) *Enquête*, t. II p. 541.
(2) Télégramme du ministre de la guerre au général Bressolles, à Beaune, le 22 décembre.

de soldats... Je dois lui rendre cette justice que, dans les choses d'exécution pour les approvisionnements et les munitions, il nous était d'un grand secours (1). »

Bourbaki, le premier intéressé, le meilleur juge de la question, rend à son jeune auxiliaire un témoignage analogue particulièrement indulgent. Ainsi dirigée militairement... et civilement, la campagne de l'est ne pouvait avoir quelque chance de succès que si elle était menée avec une grande célérité, surtout avec le secret le plus absolu. Dès qu'elle fut résolue, deux généraux commandant en chef furent les seuls à en avoir connaissance : Bourbaki, qui était chargé de l'expédition, et Chanzy, qui avait besoin de savoir qu'il ne devait plus compter sur le concours direct de la première armée.

Chanzy n'était point partisan d'une campagne dans l'est, surtout avec un rayon si étendu, et une influence si peu immédiate sur le sort de la capitale. Il ne voyait pas le salut de la France dans une action de Paris dégageant la province, mais dans une action de la province dégageant Paris ; pour cela il demandait, non une dissémination, mais une concentration des efforts. A quatre reprises, il insista auprès du ministre de la guerre pour faire adopter son plan, qui était préférable à celui de M. de Freycinet. Toujours on lui opposa comme plus avantageuse et plus féconde en résultats l'opération divergente dans la direction de Belfort. Quand la campagne de l'est fut ainsi résolue, le 20 décembre 1870, la situation militaire était déjà très compromise : huit cent quarante mille soldats allemands avaient passé le Rhin. C'était une invasion formidable à laquelle seules pouvaient être comparées celles des hordes d'Attila, au cinquième siècle, ou des Anglais au quatorzième.

Le roi Guillaume de Prusse avait établi à Versailles, au palais de Louis XIV, son quartier généralissime. Il couchait dans le lit du Roi Soleil. Il avait à sa droite M. de Moltke, l'éminent directeur de ses armées ; à sa gauche, M. de Bis-

---

(1) *Enquête*. Déposition du général Borel, t. III, p. 497.

marck, l'inflexible guide de sa diplomatie; appuyé sur ces deux grands hommes, il poursuivait lentement, mais sûrement, l'œuvre du démembrement et de la spoliation de la France.

La IIIe armée (prince royal de Prusse) et l'armée de la Meuse (prince royal de Saxe) investissaient la capitale avec 180,000 hommes et un millier de bouches à feu. Combien de jours l'immense ville était-elle capable de résister? Personne ne le savait. Quoi qu'il en soit, jamais conduite d'opérations militaires ne fut soumise à plus de fluctuations et d'incertitudes; jamais à aucune action de guerre l'unité et l'accord ne firent autant défaut qu'à la fin d'épopée qui allait s'ouvrir dans l'est.

Ce n'est pas avec les pauvres éléments dont on disposait qu'il était possible de mener à bien une opération aussi délicate que celle de la marche vers l'est. Elle demandait avant tout énergie, rapidité, secret, vigueur, élan, et pas un de ces éléments, pas une de ces conditions n'allait se rencontrer. Le gouvernement éphémère d'alors, poussant jusqu'à l'outrance son activité fiévreuse, s'imaginait, comme M. de Serres, qu'en levant des recrues il faisait des combattants, tandis qu'en réalité la hâte désordonnée de ses derniers efforts ne produisait plus que des troupeaux sans cohésion et sans ardeur. Tout a une limite, même la écondité d'un pays. La sève de la France était tarie.

On réclamait la paix à tout prix. Les braves gens, les soldats de cœur et d'âme voulaient encore se battre. Les autres avaient assez de cette lutte sans espoir, où s'amoncelaient les deuils et les ruines. Le pays était à bout de forces.

Et comme le Juif errant, il lui fallait marcher toujours sur la voie douloureuse!...

Nous touchions à la dernière étape.

Les difficultés de l'aventure où l'on se jetait de gaieté de cœur eussent exigé du général en chef une grande liberté d'esprit et d'allure, beaucoup d'élan et d'ardeur! Mais les tracasseries du ministère civil allaient au contraire paralyser le malheureux Bourbaki.

A l'état-major général, un regrettable dualisme avait été créé dans les attributions, par l'influence prépondérante de l'aide de camp du général en chef. Si, d'une part, il n'y avait nul abandon entre Bourbaki et la délégation de Tours, de l'autre, au quartier général même, ne régnaient pas cet accord des volontés, cette communauté de vues, qui font l'unité d'action d'un état-major et, seules, peuvent donner aux troupes la conscience d'une direction ferme, d'un commandement résolu. On espérait au ministère que M. de Serres serait le conseiller écouté du général en chef; que sa décision, son esprit d'entreprise, auraient la plus heureuse influence sur le pessimisme du commandant de l'armée. Mais la confiance du général Bourbaki n'allait guère qu'à son premier aide de camp. C'était le lieutenant-colonel Leperche, qui, au camp devant Metz, faisait déjà partie de l'état-major de la garde impériale.

Il s'était évadé, à la capitulation, et avait rejoint son chef à Lille, au commencement de novembre. Dès lors, il ne l'avait plus quitté. Leperche était un des produits les plus honorables, mais en même temps les plus spéciaux, de l'ancienne école d'état-major, un véritable type de l'aide de camp d'autrefois, inféodé depuis de longues années à la personne de son général, son homme de confiance des bons et des mauvais jours, son confident, son ami, son filleul, presque son fils; lui rendant avec un dévouement de chien fidèle des services de tous les instants, mais trop disposé, par excès de zèle, à absorber toutes les attributions de l'état-major. Peu à peu, grâce à ses relations personnelles avec le général en chef, l'aide de camp prit plus ou moins dans les conseils de l'armée la place du chef d'état-major, et celui-ci cessa d'avoir l'oreille du général. Borel, le chef d'état-major en titre, était cependant un officier de valeur, très supérieur à l'aide de camp. Il avait été élevé à l'école du maréchal de Mac-Mahon. Homme de science et d'action, mais trop discipliné peut-être ou trop modeste, il ne cessa de s'effacer. Il fut bientôt impuissant à coordonner l'action des divers services pour des opérations dont il n'était le plus souvent avisé que trop tard.

Leperche, travailleur infatigable, ne voulait rien laisser à l'aventure. Esprit méthodique mais de rédaction un peu prolixe, se noyant trop souvent dans les détails, ce qui nuisait à la clarté de ses ordres de mouvement ; résumant à lui seul tout l'état-major, soit dans le cabinet, soit sur le terrain, où on le voyait passer, bride abattue, le dos voûté, sur son grand cheval de sang, l'œil vif, l'air souriant, la figure bienveillante, il allait au-devant de tous les besoins mais ne pouvait suffire à les satisfaire seul, sans le concours de ses camarades de l'état-major général. Le chef de cet état-major était délibérément tenu à l'écart des questions que sa qualité même eût dû faire discuter ou trancher.

Interrogé par la commission d'enquête sur sa participation à la conduite des troupes, le général Borel a dû lui répondre, non sans quelque embarras et à la stupéfaction générale, qu'il avait été peu mêlé aux opérations, qu'à partir d'un certain moment, il n'avait plus vu le ministre et n'avait plus fait partie des conseils de guerre! Les ordres de mouvement lui étaient parvenus tout rédigés : il n'avait eu qu'à les transmettre.

Les services administratifs fonctionnaient au hasard des circonstances, chose d'autant plus grave aussi que la région où l'on allait opérer était depuis plus de trois mois occupée par l'ennemi, et par suite épuisée. Comprenant l'impossibilité de faire vivre le soldat sur le pays, Bourbaki avait demandé que Besançon, dont il entendait faire sa base d'opérations, fût abondamment pourvu du nécessaire en vivres et en munitions.

On le lui promit, mais ce fut un leurre. Cependant l'intendant général de l'armée, M. Friant, avait la réputation d'un administrateur de réelle réputation ; c'était aussi un évadé de Metz. Il s'était distingué pendant le siège par son activité. Malgré une grande fertilité d'esprit en ressources, il ne put pas toujours réussir à assurer son service.

A la tête des corps d'armée, des hommes jeunes, mais n'ayant pas encore acquis l'autorité nécessaire. Le commandement des divisions et des brigades exercé le plus souvent par des officiers vigoureux, ne manquant pas d'entrain, mais dont l'énergie réussissait seule à pallier l'inexpérience du maniement de gros effectifs.

Quant aux états-majors, ils étaient pauvres. Quelques rares officiers au courant du service, les autres ne pouvant, malgré leur bonne volonté, remplir convenablement des fonctions qui exigeaient une instruction et une éducation spéciales.

Le général Borel l'a déclaré devant la commission d'enquête : « Cette armée, de formation récente, avec des généraux presque neufs, avec des états-majors improvisés, formés en dehors de l'élément militaire, avec des secours administratifs insuffisants, avec des officiers et des soldats sans instruction ni habitudes de guerre, s'était toujours trouvée dans des conditions de faiblesse extrême. » Les soldats étaient pour la plupart des conscrits. Pour les levées, les appels patriotiques du gouvernement n'avaient pas toujours été entendus, et, il faut bien l'avouer, si dans le nombre il y avait des gens qui ne voulaient point se battre, c'est que la nation ne les y poussait pas. L'armée nationale est le reflet du pays. Quand le patriotisme s'amoindrit dans le peuple, il est difficile qu'il s'exalte à l'armée. La preuve en est dans ce qui se passait autour de ces troupes, à cette sombre année de notre histoire. Lorsque des soldats fuyaient le champ de bataille, au lieu de les flétrir et de les ramener au drapeau, on les cachait!

Les cadres étaient peu solides. La plupart des généraux du second Empire avaient sombré à Sedan et à Metz. Ils demeuraient prisonniers en Allemagne. De ceux restant encore de l'ancienne armée, soit demeurés sur le territoire, soit évadés des prisons de l'ennemi, le gouvernement, toujours méfiant au point de vue politique, avait écarté quelques-uns des meilleurs. Aussi l'organisation proprement dite du commandement laissait-elle beaucoup à désirer. Outre que la plupart des officiers, en général improvisés, étaient nuls comme instruction, souvent même comme aptitude militaire, on voyait, dans plusieurs corps d'armée, des emplois importants confiés à des généraux de promotion récente, qui, sans préparation, allaient se trouver aux prises avec l'imprévu et les difficultés de la guerre.

Parmi les officiers, certains, découragés d'avance, ne désiraient que la fin des hostilités. Adversaires passionnés de Gambetta, qui représentait à leurs yeux la résistance à outrance, ils lui faisaient par leurs paroles, et quelquefois par leurs actes, une guerre sourde et acharnée.

A ces causes morales d'affaiblissement venaient s'en ajouter d'autres toutes matérielles. La plupart des troupes de l'armée de l'Est avaient été cruellement éprouvées, au commencement de décembre, par les combats autour d'Orléans et la retraite sur Bourges. Quinze jours de marches et contre-marches sur des routes glissantes, par des températures exceptionnelles, les avaient désorganisées. Au 15ᵉ corps, la retraite sur Bourges avait été une véritable débandade. Les troupes étaient arrivées à Salbris, dans le plus grand désordre, mélangées avec celles du 16ᵉ corps. Des milliers de trainards, plus de 200 officiers avaient gagné Vierzon dans un mouvement de panique. Il y avait des nuées d'isolés à Bourges, à Blois, à Tours (1).

Les autres corps n'avaient guère moins souffert. Malgré tout, les trois corps qui allaient former l'armée de l'Est n'avaient pas d'éléments sensiblement inférieurs à ceux qui, sous le commandement de Chanzy, se battaient tous les jours contre Frédéric-Charles. On peut même dire qu'ils étaient plus riches en vieilles troupes. D'autre part, le 16ᵉ et le 17ᵉ corps avaient eu à subir des assauts autrement rudes que le 18ᵉ et le 20ᵉ.

Au moment où le gouvernement et le général Bourbaki se mettaient d'accord pour l'adoption d'un plan d'opérations dans l'est, les forces opposées entre Orléans et Belfort se trouvaient dans la situation suivante :

La première armée de la Loire (15ᵉ, 18ᵉ et 20ᵉ corps), rassemblée entre Vierzon et Nevers, avait des détachements à

---

(1) *Enquête.* Déposition Martin des Pallières, t. III, p. 242.

Vierzon, Salbris et Gien (rive gauche). L'ensemble formait à l'origine une centaine de mille hommes, qui furent portés à 120,000 par l'adjonction du 15ᵉ corps, à Héricourt. En face d'elle, de Beaugency à Châteauneuf-sur-Loire, elle avait trois corps d'armée allemands, éclairés par une division de cavalerie, qui patrouillait en Sologne, tandis que Gien était occupé par un petit détachement.

Au nord de Nevers, sur la rive droite de la Loire, commençait à se former un corps de gardes nationaux mobilisés et de francs-tireurs qui, sous le commandement du capitaine de vaisseau de La Pointe, devait occuper la Puisaye jusqu'à la guerre.

L'armée des Vosges était autour d'Autun, sous le commandement de Garibaldi. La division Cremer, rattachée à l'armée de Lyon, occupait le bassin de la Saône.

La garnison de Belfort (16,000 hommes) se trouvait bloquée par la Iʳᵉ division de réserve allemande, grossie du détachement laissé par la IVᵉ. Le 24ᵉ corps se formait à Lyon.

Il est très difficile d'établir un état d'effectif exact des forces de la première armée de la Loire, que nous appellerons désormais l'armée de l'Est, d'après sa nouvelle destination. Cet effectif a flotté de cent à cent quarante mille hommes. Très considérable au début, il n'a cessé de fondre peu à peu. L'examen particulier de chacun des corps constitutifs de l'armée montre combien l'ensemble fut hétérogène.

Le 15ᵉ, le 18ᵉ et le 20ᵉ corps avaient fait partie de l'armée de la Loire. Le 15ᵉ avait été le premier organisé. C'est le général Lefort qui en avait commencé la formation, ainsi que celle du 16ᵉ corps, en créant une compagnie par dépôt, dans quatre-vingt-dix dépôts d'infanterie. Quand il avait assez de compagnies, il formait un bataillon, et le dirigeait sur un point de concentration. Il en fit de même pour les escadrons de cavalerie.

Il fut procédé d'une manière analogue pour les armes spéciales (artillerie et génie), qui devaient être attachées aux divisions d'infanterie et de cavalerie (1).

Le 15ᵉ corps ne fut pas rattaché tout d'abord à l'armée de l'Est. Au moment de l'occupation d'Orléans, il était composé en majeure partie d'anciens soldats de marine, de zouaves, de tirailleurs algériens, de légion étrangère, de chasseurs à pied, d'infanterie de ligne : bonnes troupes, pour la plupart tirées d'Afrique. Il y avait en outre quelques régiments de mobiles un peu exercés. L'artillerie était nombreuse et comprenait vingt-deux batteries. La cavalerie avait huit régiments (2).

Les commandants successifs du 15ᵉ corps furent : les généraux de La Motterouge, d'Aurelle de Paladines, Martin des Pallières, de Colomb, Martineau des Chenetz. Ce dernier en prit la direction, le 21 décembre 1870, au début des opérations dans l'est, après en avoir commandé la deuxième division (3). Les divisionnaires étaient les généraux Dastughe, Rebillard et Peytavin. L'effectif du 15ᵉ corps atteignit un moment soixante mille hommes. Il était encore de quarante à quarante-cinq mille hommes à son embarquement à Vierzon.

Le 18ᵉ corps fut formé à Nevers, au milieu de novembre, à trois divisions de deux brigades chacune, avec une division de cavalerie à quatre régiments et quatre-vingt-dix-huit pièces de canon. Une partie de sa réserve d'artillerie lui manquait encore. Il eut pour divisionnaires deux généraux : Feillet-Pilatrie et Bonnet, et un marin : le contre-amiral Penhoat.

Comme composition de troupes, il comprenait : seize corps d'infanterie, une division de cavalerie et dix-neuf batteries d'artillerie. Son effectif total devait s'élever dans les premiers jours de janvier à près de quarante-six mille hommes et cinq mille chevaux ; mais des bataillons composés de jeunes troupes sans cohésion furent longtemps à s'organiser à Gien. Destiné

---

(1) *Enquête*. Déposition du général Lefort, t. III, p. 81.
(2) *Enquête*. Déposition de M. de Serres, t. III, p. 53-61. Déposition Martin des Pallières, t. III, p. 224.
(3) Général de brigade depuis 1853, mort en 1888.

d'abord à Bourbaki (1), le commandement en fut donné ensuite au colonel Billot, qui y arrivait comme chef d'état-major. En débarquant, le 19 novembre, à Nevers, Billot y trouva une certaine quantité de troupes, avec une artillerie nombreuse (quatre-vingts bouches à feu) : mais l'organisation en était très imparfaite et il n'y avait pas encore un seul général sur les lieux. En attendant l'arrivée de Bourbaki, Billot fut chargé de diriger les opérations du 20ᵉ corps, au nom du ministre, dont il relèverait directement.

A l'armée de Metz, Billot était lieutenant-colonel d'état-major et chef d'état-major de la division Laveaucoupet. C'était un jeune officier supérieur du corps spécial, élégant de manières, l'œil perçant, l'allure dégagée. Il était âgé de quarante-deux ans, avait rapidement conquis ses grades au Mexique. Plein d'entrain, d'intelligence et de savoir, beau parleur, délié diplomate, un de ces hommes d'avenir qui n'ont besoin que des circonstances pour atteindre le premier rang. Évadé de Metz, après la capitulation de cette place, il avait su gagner la frontière du Luxembourg à la faveur d'un déguisement et était venu offrir ses services au gouvernement de la Défense nationale. Il s'acquitta de ses fonctions d'état-major avec un tact et une fermeté à laquelle M. de Freycinet a rendu hommage.

A côté du 18ᵉ corps, le 20ᵉ était formé des débris de la première armée des Vosges, précédemment commandée par le général Cambriels. Il fut constitué à Chagny, à la mi-novembre, et compta, au début, trente mille hommes. A l'exception de trois régiments de marche, la cavalerie et l'artillerie, c'était un mélange d'armée auxiliaire (gardes mobiles et francs tireurs). Tous les généraux, sauf deux, étaient munis de brevets récents et appartenaient aussi à l'armée auxiliaire. Mais, à peu près tous, ils avaient servi longtemps dans les armées de terre ou de mer.

Ce corps d'armée était formé à trois divisions comprenant seize

---

(1) Bourbaki n'était pas arrivé à temps, par suite de difficultés de locomotion à travers les régions occupées par l'ennemi, entre Lille et Tours.

corps d'infanterie (régiments de marche ou bataillons de mobiles), trois régiments de cavalerie (dont un de ligne et deux de marche), et treize batteries d'artillerie (quatre de 4, quatre de 12, quatre d'obusiers de montagne, un de mitrailleuses). C'était trop peu d'artillerie, en proportion de l'infanterie. Avec l'organisation actuelle, pour trois divisions, il eût fallu dix-huit batteries divisionnaires, sans compter celles de corps d'armée (1).

Le 24ᵉ corps fut formé à Lyon par un jeune divisionnaire, le général Bressolles, qui commandait la 8ᵉ division militaire. Ce corps se composait primitivement de trois divisions d'infanterie, sept régiments de marche de hussards et deux escadrons de dragons, dont les cavaliers savaient à peine se tenir à cheval. L'infanterie comprenait deux bataillons de chasseurs à pied, trois régiments de marche, trois légions de mobilisés du Rhône et sept bataillons de mobiles. Bressolles s'était appliqué à former et à instruire tout d'abord une division du corps d'armée. Il l'avait composée de quatre régiments de marche et d'un excellent bataillon de mobiles de la Gironde, armé de fusils Remington, commandé par le brave Carayon-Latour. Les deux divisions avaient pour chefs les généraux d'Ariès et Carré de Busserolles. Le 24ᵉ corps possédait un régiment du génie et était, de plus, riche en artillerie.

Il avait été reconnu, à Tours, qu'en dehors des éléments composant directement l'armée de l'Est, il était absolument nécessaire d'en préparer d'autres, des détachements secondaires qui pussent couvrir sa marche, quand, après avoir délivré Dijon, elle se porterait vers l'est sur Belfort. On se rappelle que c'était l'une des conditions expressément réclamées à Baugy, par le général Bourbaki. Il y eut ainsi des forces indépendantes : la division Cremer, l'armée des Vosges, les corps francs.

---

(1) Quoique de formation plus avancée que le 18ᵉ corps, le 20ᵉ se trouvait également dans des conditions difficiles. Ses principaux chefs appartenant à l'armée auxiliaire étaient par suite plus ou moins improvisés. Une fraction de ses mobiles n'était armée que d'anciens fusils.

La division Cremer était formée de bonnes troupes détachées du 24ᵉ corps, où elles avaient été remplacées par des éléments tirés de la place de Besançon. Elles étaient demeurées à l'état de corps séparé à l'aile gauche de l'armée, et avaient été placées sous le commandement d'un jeune officier, dont nous aurons bientôt à tracer la silhouette, le général Cremer.

L'armée des Vosges, dont le nom était devenu impropre, depuis sa reconstitution, ne devait plus opérer qu'en Morvan et en Bourgogne. Formée dans le principe de corps francs d'origines diverses, les uns français, les autres étrangers, cette armée comprenait aussi un certain nombre de bataillons de mobiles. Son effectif pouvait s'élever de 13 à 15,000 hommes.

La réserve générale de l'armée était ce qu'il y avait de plus solide parmi les troupes de l'armée de l'Est. Elle était commandée par un marin, Pallu de La Barrière, ex-capitaine de frégate resté à Cherbourg jusqu'au 16 novembre, puis passé dans l'armée de terre, où il avait exercé un commandement territorial dans l'Yonne.

Il se trouvait à Tours, quand Bourbaki y vint organiser son expédition. Sur la proposition du commandant de l'armée de l'Est, il fut promu par le ministre de la guerre au grade de général de brigade et nommé commandant de la réserve générale.

Cette réserve fut composée exclusivement de troupes de formation régulière détachées du 15ᵉ corps, « les derniers régiments français, » comme l'a dit le général Pallu devant la commission d'enquête.

Parmi les corps francs, celui de Bourras fut le mieux organisé et rendit des services signalés dans l'est. Sur le papier, on l'évaluait à un effectif de dix mille partisans, qui devaient obliger l'armée allemande à s'avancer avec prudence dans leur sphère d'action. Dans la réalité, même avec les troupes régulières, mobiles ou mobilisés, qui furent adjointes à ses volontaires, il ne disposa jamais de plus de 2,500 hommes. Capitaine du génie démissionnaire, méridional au cœur chaud et à l'âme patriote, Bourras mérita, par l'énergie dont il fit preuve pendant la conduite de son corps franc, l'estime de ses concitoyens qui lui élevèrent une statue, quand il mourut en 1889, avec le simple grade de chef de bataillon, à quarante-six ans, miné par l'âpre souvenir des défaites de 1870. Son dernier mot fut : « Mes petits francs-tireurs! »

Les ressources matérielles de Bourbaki étaient aussi défectueuses que celles de son personnel, et cependant, on ne peut le méconnaître, de grands résultats avaient été obtenus, à Tours et à Bordeaux. A la date du 17 septembre, il n'y avait plus, en France, en dehors de Paris, de Metz et de Strasbourg, que des débris échappés de Sedan et quelques batteries d'Afrique. Il fallait organiser l'artillerie nécessaire aux douze corps d'armée formés par la délégation; treize dépôts seulement étaient demeurés libres.

Au moment de l'investissement de Paris, il ne restait dans les départements que trois cent cinquante mille fusils Chassepot (modèle 1866), dont cent vingt mille en magasin, pour suffire à l'armement de tous les hommes qui devaient être appelés sous les drapeaux, soit dans les dépôts d'infanterie de l'armée active, soit dans les régiments de garde nationale mobile. La situation, en ce qui concerne les cartouches, était plus critique encore. Dans l'est, les trois quarts de l'infanterie étaient armés de chassepots.

L'artillerie comprenait surtout des canons de campagne de 4, toutes pièces de bronze rayé; quelques mitrailleuses, des obusiers de montagne, des canons Armstrong de 6 et de 12 en acier fondu. Au moment de l'armistice, il restait encore en ligne soixante-douze batteries et demie à l'armée de l'Est. Cette artillerie improvisée par la délégation étonna, comme on le verra bientôt, nos ennemis eux-mêmes, par la façon dont elle se comporta et soutint la lutte avec l'artillerie ennemie. Le général de Blois se distingua particulièrement à la tête de l'artillerie du 15e corps, et le commandant Camps à la tête de l'artillerie de la division Cremer. La pénurie des harnais fut un grand embarras. Au 1er février 1871, 41,758 chevaux des armées restantes étaient harnachés.

Indépendamment de l'armement, les ressources matérielles de l'armée de l'Est étaient aussi défectueuses que celles du personnel. L'armée était dotée de convois très insuffisants. Le 24ᵉ corps avait quitté Lyon manquant de la plus grande portion de ses équipages. Les 18ᵉ et 20ᵉ les égarèrent en partie pendant le transport en chemin de fer. Quant à ceux du 15ᵉ, ils furent dirigés par voie de terre sur Dijon et ne rejoignirent que lorsque la campagne était presque terminée. Le rapport de l'intendant général Friant montre dans le détail tout ce qui manquait à la bonne exécution des divers services, et rien n'est plus instructif que cette lecture; rien ne fait mieux voir qu'on n'improvise pas plus le matériel que le personnel des armées modernes (1). En dehors de nos armées, les populations de l'est, frémissantes et pressurées par la botte allemande qui pesait sur elles, n'auraient pas demandé mieux que de prendre les armes. Mais il n'y eut que des élans individuels, tant les précautions de l'ennemi étaient bien prises.

M. de Moltke avait prescrit à ses lieutenants de réprimer avec la dernière rigueur les moindres tentatives de révolte contre l'invasion. Ils n'avaient pas attendu ses ordres pour terroriser nos provinces. Dans l'est, l'aspect des campagnes était lamentable. L'angoisse étreignait tous les cœurs. Chacun craignait non seulement pour les vies qui lui étaient chères, mais aussi pour ses biens, qu'il cherchait à soustraire à la rapacité de l'envahisseur.

Les Allemands, maîtres du territoire, s'emparent de toutes les administrations et isolent les départements envahis du reste de la France. Nul ne peut plus voyager à quelques kilomètres de sa résidence, sans être muni d'un laissez-passer du maire de sa commune ou des autorités ennemies. Dans tous les pays occupés, la sonnerie des cloches doit cesser immédiatement, l'ennemi craignant qu'on ne s'en serve comme d'un signal pour avertir les francs-tireurs. Des curés, des

---

(1) Rôle de l'Intendance à l'armée de l'Est, par l'intendant général Friant, travail inédit, cité dans l'ouvrage du colonel Poullet, *La campagne de l'Est*. Paris, 1879. Germer-Baillière, p. 470.

instituteurs, sont arrêtés pour avoir contrevenu à cet ordre. Par précaution, on supprime les sonneries dans un grand nombre de pays non occupés, mais exposés à l'arrivée subite de l'ennemi. La poste est arrêtée. Il n'arrive plus aucune nouvelle ni par les journaux, ni par les correspondances privées, de sorte que l'on ignore non seulement ce qui se passe à Paris et dans tout le reste de la France, mais même ce qui a lieu à quelques kilomètres.

Après la capitulation de Metz, on voyait revenir d'infortunés soldats évadés des prisons de l'ennemi : les uns, encore vêtus de leurs uniformes militaires, le plus grand nombre déguisés avec des vêtements bourgeois. On voyait plus rarement des prisonniers allemands. Ce qui arrivait surtout, c'étaient les réquisitions de l'autorité allemande. Le pain, le lard, l'avoine, la paille, le foin, le bétail, toutes les denrées, tous les comestibles étaient requis. Le vin et l'eau-de-vie étaient simplement pillés. Généralement, personne ne voulait se charger de conduire les denrées. On savait que des francs-tireurs, embusqués dans les bois ou sur les routes, s'emparaient à leur profit non seulement des convois prussiens, mais aussi des objets de réquisition que des paysans conduisaient à destination pour les Allemands. En cas de résistance des conducteurs, les francs-tireurs leur faisaient de mauvais partis.

Ces francs-tireurs appartenaient à des sociétés très diverses, les uns respectables, c'étaient les moins nombreux ; les autres, absolument méprisables. En général, ils présentaient l'aspect d'une phalange peu rassurante, presque misérable, vêtue de costumes civils multicolores, souvent avec des lambeaux d'étoffes d'un rouge équivoque qu'ils s'attachaient au bras avec des épingles, en guise de galons.

Bourbaki allait avoir à lutter contre un adversaire habile et résolu. Depuis l'ouverture des hostilités, le général bavarois Werder avait mené la guerre dans l'est, avec des alternatives de succès et de revers. C'est entre ses mains que, le **28 septembre**, Strasbourg avait capitulé. La brillante direction qu'il avait imprimée aux opérations du siège lui avait valu sa promotion au grade de général d'infanterie. Il fut chargé alors de s'assurer des Vosges et de la haute Alsace, et de pousser l'invasion le plus loin possible dans la Franche-Comté et la Bourgogne.

Aussitôt la reddition de Strasbourg, un ordre du quartier général allemand constitua, sous le commandement de Werder, avec toutes les troupes du siège, un nouveau corps d'armée, le XIV°, qui eut pour mission d'aller opérer vers la haute Seine, à travers les départements des Vosges, de la Haute-Marne et de l'Aube, pour disperser, dans le Châtillonnais et la région de Troyes, les rassemblements de troupes françaises, et assurer les lignes de communication des armées d'opération.

En exécution de l'ordre suprême, Werder s'était porté vers les Vosges, où il avait livré au général Cambriels les combats de Raon-l'Étape, la Bourgonce et Bruyères. Vainqueur dans ces engagements des 6, 9 et 11 octobre, il concentra les trois colonnes de son corps d'armée à Épinal, tandis que Cambriels, malade et inquiet pour ses communications, évacuait les Vosges et se retirait sur Besançon par Remiremont et Luxeuil.

Le 16, Werder, en marche sur Vesoul, reçut l'ordre de poursuivre les Français en retraite jusqu'à Besançon, et de se rabattre ensuite sur Dijon et Bourges. Le 19, il est à Vesoul; le 22, sur les bords de l'Ognon, où il livre un important engagement, le combat de Châtillon, avec tout son corps d'armée, contre des arrière-gardes ou des troupes détachées de Besançon. Il refoule Cambriels jusque sur les ouvrages de cette place; puis, lorsqu'il a acquis la certitude que l'adversaire ne sera pas de longtemps en mesure de reprendre l'offensive, il conduit ses troupes dans la vallée de la Saône, pour exécuter par Gray et Dijon la marche vers l'ouest qui lui a été prescrite.

La division Treskow est chargée de l'investissement de Belfort. Le détachement Debschitz est envoyé vers Delle pour surveiller la frontière.

Le XIV° corps comprenait alors la division badoise (de Glümer) et la IV⁰ division de réserve (de Schmeling), plus la brigade prussienne d'infanterie von der Goltz; de l'artillerie et de la cavalerie en proportion.

Son effectif total était de 50,800 hommes, 4,700 chevaux et 150 bouches à feu de campagne : bonnes et solides troupes, faisant la guerre depuis le mois d'août, parfaitement entraînées, rompues aux fatigues et aux privations, entièrement dans la main de leurs chefs. Mais Werder avait, dans le rayon immédiat de ses opérations, quatre places fortes ennemies, dont Dijon qui venait d'être mis en état de défense, et 60,000 hommes de troupes tenant la campagne. Tout le pays, entre Belfort et Dijon, était occupé et sillonné par des détachements de francs-tireurs, des escouades de volontaires et des batteurs d'estrade.

Après une héroïque défense de Dijon par la garde nationale sédentaire, le 30 octobre, Werder s'en empara et y installa pour deux mois son quartier général. Il s'y sentait isolé et en l'air. Il n'avait de communications en arrière qu'avec Épinal, à travers une contrée à peine purgée des forces ennemies. Depuis la fin de septembre, il avait combattu et marché sans trêve jusqu'à Dijon. A la fin de novembre, il songea à reprendre les opérations, et à se porter contre l'armée des Vosges. De Moltke approuva le projet en souhaitant le succès à Werder. Il lui écrivait le 24 novembre :

« Dès que Votre Excellence aura infligé aux bandes de Garibaldi une défaite décisive qui leur impose pour longtemps la tranquillité, le XIV⁰ corps devra détacher des colonnes mobiles entre Saône et Loire, pour rendre impossibles des opérations que des détachements ennemis importants pourraient diriger du sud contre les lignes d'étapes de la II⁰ armée. Il apportera ainsi directement à cette armée le soutien qui lui est nécessaire. »

Et, avisant Zastrow de la défaite de l'armée de la Loire devant Orléans (du 30 novembre au 4 décembre), le chef d'état-major général de l'armée allemande l'invitait à assurer avec Werder la sûreté des communications entre la II⁰ et la III⁰ armée. « Pour que cette mission, ajoutait-il, ne conduise pas Votre Excellence à émietter ses forces, le général Werder sera dorénavant chargé d'observer et d'isoler la place de Langres. » Puis, avec un rare esprit de prévoyance, il signalait à l'attention de Werder le terrain situé entre Dole et Arc-Senans, celui-là même que Manteuffel devait bientôt envahir.

« Il n'échappera certainement pas à Votre Excellence que l'occupation permanente de cette région aura le grand avantage de couper Besançon des communications ferrées en arrière, et d'assurer la sécurité immédiate du siège de Belfort contre des troupes de secours, qui pourraient être transportées du midi par le chemin de fer. »

Ce n'était pas du midi qu'elles devaient venir; c'était de l'ouest, avec Bourbaki. Peu importe : le coup était paré dès le 8 décembre!

« Pour vous permettre de battre avec toutes vos forces d'importants rassemblements ennemis, lui écrivait encore de Moltke, il n'y a pas de localité, même Dijon, qui ne puisse être temporairement évacuée. Tenez votre gros prêt à marcher aux environs; gardez votre attitude offensive; prenez liaison avec Zastrow. En cas d'attaque par des forces supérieures, retirez-vous dans la direction de Chaumont. Par cela même, vous vous renforcerez du général de Goltz, et vous pourrez opérer de concert avec Zastrow. »

Dès le 20 décembre, le jour même où l'expédition de Bourbaki fut résolue à Bourges, Werder à Dijon, Treskow devant Belfort, de Moltke à Versailles, furent avisés qu'il se préparait une prochaine opération offensive.

Quel était l'objectif du mouvement? Pendant plusieurs jours, on ne fut pas fixé sur ce point. D'après certaines indications, l'attaque devait partir de Lyon et de Besançon, pour être conduite dans les directions de Langres ou de Belfort. D'après d'autres, c'était par Montargis et directement contre Paris qu'elle devait être entreprise. Toute la discussion qui avait eu lieu dans le cabinet de Gambetta venait de transpirer.

Le 21, des renseignements divers, mais concordants, parvenus à Werder, lui dénonçaient une concentration adverse aux environs de Besançon, et suffisaient à tenir en éveil l'état-major du XIV⁰ corps.

Le 24 décembre, une dépêche du général de Rœder, ministre d'Allemagne à Berne, faisait savoir à Treskow, devant Belfort, que la veille la ligne ferrée de Lyon à Besançon avait été accaparée pour des transports de troupes. Le 25, Treskow mandait, sur de nouveaux avis de Berne, que vingt-cinq mille hommes étaient en marche pour délivrer Belfort.

Le 26, le transport des 18ᵉ et 20ᵉ corps avait à peine commencé, le 24ᵉ corps n'avait même pas encore quitté Lyon, que le comte de Moltke informait Werder de l'ordre donné à Zastrow à Auxerre, en vertu de renseignements précis :

« Il paraît probable que l'armée de Bourbaki est partie de Nevers par chemin de fer pour Chalon-sur-Saône. Le général de Zastrow se mettra immédiatement en marche par Châtillon-sur-Seine dans la direction de l'est (1). »

De Moltke écrivait en même temps au général de Stiehle : « La nouvelle de la réquisition pendant trois jours pour des trains militaires de la ligne Lyon-Besançon, la présence de Gambetta dans la première de ces villes, la possibilité que Bourbaki pourrait, par Moulins, s'être porté dans la direction de l'est, obligent à songer à renforcer éventuellement le général de Werder, qui a la charge de couvrir le siège de Belfort et toutes nos communications contre des attaques venant du sud. »

Puis, à Zastrow :

« Le but de l'entreprise de Bourbaki pourrait être, outre la levée du siège de Belfort, de réoccuper le sud de l'Alsace et de la Lorraine, ainsi que d'apporter un trouble permanent sur nos lignes de communication.

« Si ces nouvelles se confirment, le général de Werder ne sera pas assez fort pour s'opposer, avec la certitude de vaincre, aux opérations ennemies.

(1) LÖLEIN, p. 140-143.

« En conséquence, Sa Majesté le Roi a prescrit que le VIIe corps se porterait dans la direction de l'est, pour opérer de concert avec les troupes du général de Werder. Sa Majesté en outre a daigné ordonner que Votre Excellence exercerait le commandement supérieur sur le théâtre d'opérations de l'est. Les troupes qui seront opposées à Votre Excellence sont, au pis-aller, certainement bien supérieures en nombre ; mais leurs qualités, surtout en ce qui concerne leur capacité d'opérations, sont de beaucoup inférieures à celles des troupes prussiennes et badoises. Sa Majesté a donc l'espoir que Votre Excellence réussira sans peine à empêcher tout progrès durable de l'ennemi... »

Chanzy venait de se porter offensivement dans la direction de Vendôme. Bourbaki se maintenait provisoirement sur la défensive. Bien que les projets des deux armées françaises fussent encore voilés aux yeux du grand état-major allemand, il pouvait cependant considérer le déblocus de Paris comme le but plus probable des opérations adverses, et c'est à quoi de Moltke chercha à s'opposer à tout prix : « Il serait dangereux, écrivait-il le 1er janvier (1), d'attendre que les deux armées de Chanzy et de Bourbaki, encore séparées par un grand intervalle, fussent plus rapprochées l'une de l'autre.

« Il semble indiqué de prendre, le plus rapidement possible, l'offensive avec des forces supérieures contre la plus rapprochée, pour la mettre hors de cause avant que l'autre soit en mesure de faire sentir son action. »

En conséquence, la IIe armée allait se mettre en mouvement.

L'état-major de Versailles avait donc déjà une première direction à donner. Quelle organisation, quel fonctionnement dans cette admirable usine ! quelles armes redoutables elle forgeait contre nous ! Ainsi, à peine commencé, Moltke savait le transport de l'armée française ; il entrevoyait sa destination ; il préjugeait l'avenir. Ce n'est que le 5 janvier cepen-

---

(1) Au général-major de Stiehle, Orléans, 1er janvier 1871.

dant que l'état-major de Versailles fut complètement fixé sur la vraie destination de la première armée de la Loire.

Werder n'avait pas attendu d'ailleurs ces avis officiels pour se mettre en mesure de parer à toutes les éventualités. Le 27 décembre, se sachant menacé et se sentant trop faible en Bourgogne, il avait résolu d'évacuer Dijon. En quittant cette ville le lendemain de Noël, les officiers du quartier général avaient décoré un bel arbre vert, et ils l'emportèrent sur un char. Ils jetaient des bonbons aux filles sur leur passage. Ce départ ressemblait à une partie de plaisir. Le même jour, Degenfeld fit occuper Renève, Essertenne et Mirebeau, dans la direction de la vallée de la Vingeanne, pour couvrir son flanc droit. Les deux autres brigades d'artillerie divisionnaire, la brigade de cavalerie et les pionniers quittèrent Dijon le 27. Les gros trains furent évacués sur Port-sur-Saône.

Le 30 décembre, en quatre jours, la concentration de Werder à Vesoul était terminée. Le XIVe corps n'avait laissé à Dijon, sous la protection des autorités civiles, que dix officiers et quatre cent vingt-trois soldats blessés, avec un personnel sanitaire.

A Vesoul, il avait une force imposante : 32,000 hommes d'infanterie, vingt-sept escadrons et cent deux bouches à feu. Dans cette position habilement choisie, le dos aux Vosges, Werder était prêt à se porter, suivant les circonstances, soit à l'est sur Belfort, soit à l'ouest sur Langres, soit au sud-ouest sur Dijon. Son aile droite s'appuyait à la Saône, à Port-sur-Saône; son aile gauche, avec la IVe division de réserve, s'appuyait à Villersexel, observant la région de Besançon à Belfort.

Devant son centre à Gray, un détachement du général Keller était chargé de constater si, de Dijon, l'ennemi devait marcher vers Langres ou vers Vesoul.

Deux bataillons de Treskow détachés du corps de siège occupaient Arcey et Désandans, surveillant la route de Belfort. Le château de Montbéliard avait été armé de pièces de position et mis à l'abri d'un coup de main. De nombreuses patrouilles de cavalerie, poussées fort en avant dans toutes les directions, exploraient le pays et guettaient les approches des colonnes françaises. Comme position d'expectative, c'était irréprochable. De Moltke invita Werder à lui faire connaître la résolution à laquelle il croirait devoir s'arrêter. Le général bavarois répondit que la situation n'était pas encore suffisamment claire à ses yeux ; que les concentrations de troupes dans la région de Besançon continuaient, et que, dans ces conditions, il lui semblait imprudent de s'éloigner de Belfort, du moment qu'il avait pour mission de protéger le siège de cette place. Sage et circonspect, voilà comment un chef chargé d'une mission spéciale à la guerre peut inspirer confiance à la direction de l'armée et à son gouvernement.

CHAPITRE III

TRANSPORT DE L'ARMÉE DE L'EST EN CHEMIN DE FER

Transport stratégique de l'armée de l'Est. — Insuffisance de préparation au début de la guerre. — Confusion et précipitation dans les ordres de la délégation de Bordeaux. — Importance du transport. — Embarquement du 18ᵉ et du 20ᵉ corps entre Saincaize et Nevers. — Bourbaki à Nevers. — Conférence de Bourges (20 décembre). — Opposition de l'intendant général Friant au transport. — Réunion du matériel technique. — Conditions défectueuses de l'opération. — Ralentissements et arrêts en cours de route. — Menaces de M. de Freycinet aux compagnies. — Situation désastreuse du 20ᵉ corps. — Retards du 18ᵉ corps. — Encombrement des lignes. — L'Intendance le crée elle-même. — Pénurie des moyens de débarquement en pleine voie. — Intervention fâcheuse de M. de Serres. — M. de Freycinet presse le 24ᵉ corps. — Concentration de l'armée autour de Dole (1ᵉʳ janvier 1871). — Plan de campagne de Bourbaki. — Exigences de la délégation. — Inquiétude et agitation de Bourbaki. — M. de Freycinet écrit contre lui à Gambetta. — Bourbaki réclame aussi le 15ᵉ corps. — M. de Serres propose de maintenir le plan convenu ou de révoquer Bourbaki. — M. de Freycinet se décide à envoyer le 15ᵉ corps à l'armée de l'Est. — Situation et menaces des armées allemandes dans l'est. — Transport du 15ᵉ corps (31 décembre 1870). — Fâcheuse condition de la ligne Besançon-Clerval. — Question des débarquements. — M. de Freycinet prend la direction du transport. — Mouvement retardé de vingt-quatre heures. — A qui incombe la responsabilité du débarquement à Clerval. — Inexpérience des bureaux de la guerre en matière de transports. — Nouvelles misères des troupes en cours de route. — Obstruction des voies sur tout le parcours. — Transport des troupes de Garibaldi. — Transport des vivres. — Encombrement inouï de la gare de Clerval. — Durée du transport du 15ᵉ corps. — Résumé de l'opération. — Question du choix de Clerval. — Attitude et services des compagnies. — Résultats des retards et des mécomptes. — Emploi rationnel du chemin de fer pour les transports stratégiques.

Ouverte sous de fâcheux auspices, la campagne de l'est allait jouer de malheur dès le premier jour et se heurter à une question de transport, dont l'échec serait la première et peut-être la plus regrettable faute de la période. Toutes celles qu'on pourra relever dans la suite des opérations n'auraient pas eu des conséquences aussi fatales, sans le désordre dans l'utilisation des voies ferrées (1) : difficulté qui allait compliquer et retarder la concentration de l'armée. Cette concentration, il eût fallu l'opérer en silence, tromper les Allemands, ne pas jeter à tous les vents le projet qu'on avait résolu de tenter. Les ennemis furent instruits, au contraire, de tout ce que nous faisions. La préparation sollicitait le concours d'un grand nombre de personnes de tout genre. Les marches de concentration, l'accumulation des troupes sur les points d'embarquement, la nécessité d'interrompre sur les voies ferrées la circulation des voyageurs et des marchandises, les lettres privées, les correspondances échangées entre les troupes et leurs avant-gardes, les renseignements donnés par les journaux et surtout par la presse étrangère : il y a là malheureusement autant d'indices dont un état-major ennemi peut tirer grand parti. L'armée allemande avait en France et hors de France tout un service d'espionnage et d'information qui fonctionnait avec une admirable précision. Il embrassait presque tout notre territoire, et nos imprudences le complétaient. C'est ainsi que Gambetta s'étant rendu à Lyon « pour communiquer sa flamme », son voyage destiné surtout à mobiliser le 24ᵉ corps fut ébruité, et une presse française indiscrète, hostile à l'armée, acheva de donner l'éveil aux Allemands. Ainsi, dès le 25 décembre, l'état-major de Versailles était informé que nos troupes, réunies autour de Nevers et de Bourges, venaient d'être expédiées par chemin de fer sur Chalon-sur-Saône et Chagny.

En effet, à peine eûmes-nous terminé la constitution des divers corps, que le ministère de Tours songea à les acheminer aussi rapidement que possible sur le théâtre d'opérations déterminé par le plan de campagne. Avec la neige et le verglas qui couvraient les routes, les rendaient impraticables

---

(1) « Tout le monde comptait, dit M. de Freycinet, que le trajet par voie ferrée se ferait très vite ; que l'ennemi surpris se retirerait de Vesoul et de Belfort comme il s'était retiré de Dijon et de Gray, et qu'en peu de jours, on traverserait ces parages, pour se rabattre ensuite vers des contrées plus hospitalières du côté de Neufchâteau et de Toul. »

pour un long trajet, il ne parut pas opportun de diriger l'armée par voie de terre. En adoptant ce mode de locomotion, le mouvement de Bourges sur Belfort n'eût pas été assez rapide.

Le chemin de fer, en d'autres temps, lorsqu'on portait la guerre hors du territoire national, en Crimée, en Italie, avait suffi. Mais aucune concentration de troupes ne s'était présentée jusque-là sous une forme aussi intense.

Il est vrai cependant que, dans les dernières années, avant la guerre de 1870, le maréchal Niel avait fait faire de sérieuses études sur les chemins de fer français et étrangers, au point de vue du transport des troupes et du rassemblement des armées, dans les différentes nations européennes.

Une commission supérieure formée d'officiers généraux des armes spéciales, des directeurs et des chefs d'exploitation des grandes compagnies, avait examiné la question et l'avait résolue théoriquement. Au début de la guerre, les directions du ministère, peu versées dans les connaissances techniques spéciales à l'exploitation militaire des voies ferrées, reprirent dans leurs attributions hésitantes la question des transports stratégiques. Il en résulta un désordre considérable. Ainsi, la concentration se fit sans méthode, parce qu'elle n'avait pas été suffisamment préparée. Si du moins la leçon avait profité ! Mais le temps manqua. De nouveaux déboires attendaient le gouvernement de la Défense nationale.

Aujourd'hui, avec les progrès réalisés depuis trente ans, nous sommes abasourdis par l'inexpérience de 1870 ; mais il faut songer qu'alors on n'avait eu encore à effectuer aucune grande opération de ce genre. On doit donc user de quelque indulgence à l'égard de l'imperfection des opérations de l'époque. Il ne faut pas perdre de vue que, dans le jugement impartial à porter, on doit s'efforcer de s'abstraire de ce que nous a appris cette inexpérience fatale, et de ce que l'état-major général a su organiser depuis la guerre, avec l'aide des agents supérieurs techniques des compagnies de chemins de fer.

A Bordeaux, du 20 au 30 décembre, les ordres succédaient aux ordres, sans qu'on s'occupât le moins du monde de la suite qui pourrait leur être donnée. Dans une précipitation fébrile, avec une activité exclusive de toute réglementation, on mobilisait des lignes de chemin de fer dont on n'avait pas mesuré à l'avance la puissance de rendement.

On faisait embarquer les troupes les unes après les autres, dans un ordre quelconque, avant d'avoir calculé le temps nécessaire à leur écoulement, avant de s'être préoccupé de leur débarquement.

M. de Freycinet, sans même informer Gambetta de ses projets, avait, dès le 19 décembre, prévenu à l'improviste la compagnie P.-L.-M. qu'elle dût se tenir immédiatement prête à fournir son concours.

M. Audibert, le directeur d'exploitation de la compagnie de Lyon, reçut à Clermont, le 20 décembre, à trois heures du matin, un télégramme l'invitant à se rendre à Bourges, pour se concerter avec M. de Serres, au sujet du grand transport à effectuer, soit quatre-vingt-dix mille hommes à voiturer sur un parcours moyen d'environ 240 kilomètres, plus l'état-major général et tous les accessoires, télégraphe, poste, caisse, ambulances. On s'aperçut aussitôt avec stupeur que rien n'était prêt pour une si brusque opération. Le matériel vide manquait au point de départ. Les trains chargés d'approvisionnements militaires de toute nature bondaient les lignes dont le parcours était réclamé. On refusait obstinément de les décharger. Toutes les gares de la vallée de la Saône où devaient débarquer les troupes se trouvaient encombrées. Les dispositions nécessaires n'avaient pas été prévues pour l'embarquement d'une armée entière.

Le 21, Bourbaki se rendit en personne à Nevers, pour présider à ces opérations délicates. « Il est entendu, télégraphia M. de Serres, que Bordeaux dirigera l'ensemble. J'ai quitté à Saincaize Léon Gambetta. Je l'ai laissé dans de vigoureuses intentions, et dans votre sens... » M. de Freycinet invita Bourbaki à assigner aux différents corps les lieux et heures de rendez-vous nécessaires. Mais les moyens de transport, Bourbaki en constata l'insuffisance à son arrivée à Nevers, surtout pour un mouvement d'une tension exagérée. On lança toutefois jusqu'à soixante-quatorze trains le même jour dans une seule direction.

Le 18ᵉ et le 20ᵉ corps, échelonnés le long d'une seule ligne de chemin de fer, devaient partir de Bourges, de Nevers, de Saincaize, de la Charité et gagner : l'un Chalon-sur-Saône, l'autre Chagny. De Bourges à Chalon, il y avait 248 kilomètres à parcourir; de Saincaize à Chagny, 173, et l'on avait compté sur quarante-huit heures, pour arriver à l'une ou l'autre de ces destinations. Quelle cruelle déconvenue!

Le soir même de son arrivée, Bourbaki télégraphiait de Nevers au ministre :

« A l'heure actuelle, il n'a encore été embarqué que dix batteries d'artillerie, et à peine la valeur d'une division d'infanterie sur l'ensemble des deux corps d'armée, plus deux escadrons de cavalerie. Ces résultats sont tout autres que ceux que nous a promis l'administration du chemin de fer. A la façon dont on procède, le transport de l'armée durera six jours au moins au lieu de deux... Il me tarde de faire cesser l'état de dispersion si regrettable, si dangereux, dans lequel les troupes sous mes ordres se trouvent placées, par suite de tous les mécomptes signalés dans l'exécution des ordres donnés aux agents des compagnies... J'active par moi-même le plus possible notre concentration. »

Une conférence avait été tenue à Bourges, le 20 décembre, sous la présidence de Gambetta, pour régler le transport. Y assistaient : M. de Serres, l'intendant général de l'armée, et les directeurs des deux compagnies intéressées, Lyon et Orléans. L'intendant général Friant, homme très avisé, prit la parole, pour s'opposer de tout son pouvoir au transport par voie ferrée, en raison de la brièveté du trajet et de la pénurie des moyens. « On n'embarque pas, dit-il, une troupe comme des voyageurs. Il y a à transporter un matériel immense; ce qui entraîne une perte de temps considérable. » Il était prophète, en prédisant que l'embarquement ne ferait pas gagner de temps aux troupes. Il ne fut point écouté cependant, et les convois du quartier général de l'armée, partis de Nevers le 25, par voie de terre, en même temps que les troupes embarquées, arrivèrent le 30 à Chalon-sur-Saône, avant les troupes de débarquement. C'était là une preuve matérielle de l'inutilité du transport par voie ferrée.

Dans la conférence du 20 décembre, outre le mouvement du 18⁰ et du 20⁰ corps, on avait aussi prévu celui, déjà précédemment prescrit, du 24⁰ corps de Lyon sur Besançon.

Songer à prendre les mesures nécessaires pour rendre le transport exécutable, l'état-major de l'armée ne s'occupait pas de pareilles misères. Le général en chef et son entourage, aussi ignorant que lui sous ce rapport, levaient les bras au ciel, quand ils ne trouvaient pas dans les gares un matériel dont ils n'avaient indiqué ni la nature ni l'importance, pour y recevoir des troupes qu'ils y avaient laissé accumuler prématurément et sans ordre.

Les chefs, aux divers degrés, souvent peu soucieux de maintenir la discipline chez leurs hommes, répondaient aux observations les plus fondées, parfois aux prières des agents des compagnies, par des menaces d'incarcération.

Pour réunir tout le matériel épars sur un grand nombre de points, il fallait du temps ; c'est seulement le 23 au soir qu'arrivèrent les wagons de la compagnie d'Orléans. Quant à ceux du P.-L.-M., ils attendaient à Lyon que le 24⁰ corps s'embarquât. Ils y restèrent huit jours, sans que la compagnie fût prévenue des causes de cette immobilisation. Ainsi, tout allait à la dérive et au hasard. Les demandes pressantes et réitérées de Bourbaki n'obtinrent aucune réponse efficace. M. de Freycinet lançait ses ordres de Bordeaux, Gambetta lançait les siens de Lyon. Il n'y avait nulle unité dans la direction des transports. Également surpris par le plan de campagne, les agents supérieurs du chemin de fer agissaient selon les inspirations du moment, et les commandants militaires de même.

Le service des étapes était à peine organisé. Pas de personnel spécial pour seconder le personnel technique, et marcher d'accord avec lui. La première idée qui venait aux commandants d'unités d'embarquement, c'était de supprimer les agents des compagnies, pour substituer l'autorité militaire à la compétence spéciale, grave erreur qui nous a coûté cher. Aujourd'hui, l'accord entre les deux éléments est reconnu nécessaire; mais, en 1870, on entendait des chefs de corps ou de détachement parler de mettre en prison les agents des compagnies préposés aux embarquements, pour peu que les préparatifs de départ fussent retardés, ce dont ils les rendaient responsables.

Il faut joindre aux causes précédentes de lenteur, les rigueurs exceptionnelles de l'hiver. Pendant le transport, la température se maintint constamment de douze à seize degrés au-dessous de zéro. Plusieurs machines durent jeter leur feu, par suite de ruptures de conduites d'eau ou de congélation de tuyaux. Les rails étaient couverts d'une épaisse couche de neige. Ce froid excessif gênait les manœuvres pour la formation des trains. Il fallut beaucoup réduire la charge des machines, et user de nombreuses machines de renfort. Néanmoins, on éprouva encore, principalement à Nevers, des difficultés de démarrage qui amenèrent des ruptures d'attelages, et par suite d'interminables temps d'arrêt.

C'est dans ces conditions déplorables que s'effectua l'opération du 18ᵉ et du 20ᵉ corps. Elle ne fut terminée que le 30 décembre, et encore bien incomplètement.

Tandis que le matériel manquait à Nevers, les wagons étaient approvisionnés à Lyon en vertu d'instructions très explicites de M. de Serres, qui avaient obligé la compagnie à diriger sur la gare de Perrache une grande partie de son matériel. Destinés au transport du 24ᵉ corps, ces véhicules restaient inutilisés, par suite des huit jours de retard que subissait l'expédition du corps Bressolles. Pendant tout ce temps, malgré ses instances, le directeur de l'exploitation demeurait sous le coup d'une réquisition pouvant survenir, et à laquelle il devait se tenir prêt à déférer d'urgence.

Non seulement la compagnie ne reçut aucun avis d'ajournement; mais, à ses demandes réitérées d'être autorisée à employer le matériel immobilisé au transport le plus pressé, c'est-à-dire à celui des 18e et 20e corps, l'enquête a confirmé que le service du chemin de fer n'obtint pas même une réponse.

La compagnie de Lyon finit par se décider à considérer comme non avenu l'ordre relatif au transport immédiat du 24e corps et, par conséquent, à faire refluer sur Nevers le matériel préparé à Lyon, et inutilisé jusque-là.

De son côté, la compagnie d'Orléans s'exécutait, et l'embarquement prit, dès lors, une allure un peu plus accélérée. Seule la célérité du transport eût pu compenser les inconvénients du mouvement excentrique de l'armée de l'Est. Mais les mauvaises dispositions prises, jointes à la rigueur perfide de la saison, ne nous laissèrent même pas ces avantages. De toutes ces circonstances, il résulta bientôt une telle confusion, un tel encombrement, que la marche des trains, au lieu de suivre son cours normal, fut constamment entravée ou sujette à des à-coups qui portaient la perturbation dans l'ensemble général du mouvement.

Des trains s'arrêtaient sans qu'on sût pourquoi, tantôt parce que la voie n'était pas libre, tantôt parce que les machines gelées ne fonctionnaient plus. Des détachements de troupes restaient deux ou trois jours en wagon sans en descendre. Les chevaux mouraient dans les voitures. Les soldats, hâves de faim et de froid, ne voyant autour d'eux que des plaines de neige, attendaient, dans une immobilité stupide, une reprise de marche qui ne se faisait pas, et laissait traîner les heures, comme des siècles de souffrance physique et morale. Pour de jeunes combattants, sentir ainsi ses armes et ses membres paralysés, dans une prison mouvante frappée elle-même de paralysie, c'est un supplice indescriptible! On mit soixante-douze heures à franchir les 163 kilomètres de Nevers à Chagny (2 km. 1/4 en une heure!).

Dès le 22 décembre, les dépêches menaçantes, injurieuses,

commencèrent à pleuvoir sur Lyon et Clermont-Ferrand. M. de Serres télégraphiait d'Autun : « Les troupes attendent. J'appelle votre attention sur les conséquences dont vous êtes responsable. » Le 23, M. de Freycinet écrit à Bourbaki : « La concentration, au lieu d'être effectuée en quarante-huit heures, ne sera pas achevée avant six jours. Veuillez *terrifier* M. Audibert pour le faire marcher. Peut-être pourriez-vous le remplacer d'office dans son exploitation par M. Jacqmin, le directeur de l'Est, qui est à Bâle... Au besoin, ne peut-on faire usage de la cour martiale, sauf à gracier après (1)? »

Autre dépêche à Gambetta, à Lyon :

« C'est Borel qui a dû établir ses ordres de mouvement, pour l'embarquement des troupes, et qui les établira pour les marches quotidiennes... Le retard du matériel vous exaspère, et moi aussi. Mais que puis-je faire? J'ai menacé Orléans et expédié le directeur du personnel sur sa ligne. Pour le Lyon, je vous ai envoyé Audibert à Bourges... Je ne puis parler un plus ferme langage. Reconnaissons donc que nous sommes en présence d'un de ces obstacles d'inertie ou d'impéritie contre lesquels la meilleure volonté échoue... Ne vous laissez pas influencer par les lamentations de Bourbaki ; il exagère toutes les difficultés (2). »

Le 24, le délégué à la guerre adresse de Bordeaux aux deux compagnies responsables un suprême appel, et demande au ministre d'envoyer sur les lieux un commissaire extraordinaire enquêteur. « La lenteur avec laquelle on procède, disait son télégramme, *sera une éternelle honte pour ceux qui en sont la cause.* »

En réponse aux véhémentes dépêches du ministère ou de la délégation, la compagnie de Lyon déclina toute responsabilité dans les retards qu'on relevait contre elle, et insista même pour qu'une enquête fût ouverte (3) au sujet de ses

---

(1) *Enquête*, t. II, p. 522.
(2) Bordeaux, 23 décembre.
(3) M. Audibert, plus calme que ses sous-ordres, se bornait à couvrir son personnel, en répondant : « En présence des difficultés qu'on a surmontées, il est permis d'affirmer qu'on n'aurait pas pu faire plus et mieux qu'on n'a fait. »

agissements. Pendant ce temps, de Lyon, où il s'était transporté, le ministre de la guerre, pour répondre aux récriminations du général Bourbaki et de la délégation, faisait une scène des plus violentes à l'inspecteur de la compagnie, M. Cottiau. Celui-ci eut beaucoup de peine à faire entendre au dictateur que, d'après les instructions formelles de son ministère, la compagnie avait été forcée de tenir une partie de son matériel immobilisé à Lyon, pour le 24e corps. Le fougueux interlocuteur de M. Cottiau rompit la discussion, en déclarant « que cela ne le regardait pas ; que l'administration du chemin de fer devait être en mesure de satisfaire à toutes les nécessités du moment », et il congédia l'inspecteur en lui exprimant son plus vif mécontentement (1). Le représentant de la compagnie répondit, le 24, à toutes ces menaces et invectives par un exposé calme et véritable de la situation.

Les dépêches de l'armée continuaient à être navrantes. La concentration du matériel n'ayant pu se faire à temps, le transport se trouvait suspendu. Les troupes étaient dans un état de dispersion dangereux : les unes, déjà arrivées à leurs points de débarquement ; les autres, retenues encore à Nevers ou Saincaize ; l'armée coupée ainsi en plusieurs tronçons, une attaque brusquée pouvant venir du nord et la percer à jour.

La situation du 20e corps était particulièrement désastreuse. En attendant des moyens de transport qui n'arrivaient pas, il se morfondait dans les plaines du Berry. Déjà fort éprouvé, avons-nous dit, par ses marches et contre-marches entre Gien et la Loire, il achevait de se désorganiser sur place.

La situation du 18e corps n'était guère moins lamentable.

Pour comble de malheur, la compagnie de Lyon, réquisitionnée à l'improviste, n'avait pas eu le temps de dégager la

---

(1) Lettre de M. Cottiau à M. Audibert, 23 décembre 1870.

ligne Saincaize-Nevers-Decize-Chagny, sur laquelle on avait compté, comme on l'a vu plus haut, pour faire circuler les trains chargés, tandis que la ligne Chagny-Moulins-Nevers aurait ramené les trains vides et les machines disponibles. Ainsi une partie du matériel était immobilisée, et un nombre restreint de voies étaient utilisable : d'où réduction notable de la capacité de transport.

Il y avait à la fin de décembre dix-huit cents wagons dits magasins roulants stationnés entre Moulins et Nevers. Au 1er février 1871, le chiffre des voitures immobilisées atteignait sept mille cinq cents. Chargés d'approvisionnements dont la destination était inconnue, ces wagons encombraient toutes les gares et toute la seconde voie entre Saincaize et Saint-Hubert (ligne du Bourbonnais), sur une longueur de 16 kilomètres. Un tel envahissement créait des difficultés inouïes pour le retour du matériel. Comme il ne restait de libre qu'une seule des voies principales, il résulta de ce fait des arrêts de douze à quinze heures.

Ainsi, avant même que les transports des troupes n'eussent commencé, les gares de Dole, Chalon-sur-Saône et Besançon étaient encombrées de wagons de vivres ou de munitions, qui prenaient toutes les voies. C'était, comme on l'a dit, une sorte de «cristallisation» des gares. Il n'y avait plus de libre qu'une partie de la ligne du Bourbonnais.

Mais ce n'était pas tout. Faute de moyens de débarquement en pleine voie, tout devait se faire à quai successivement et en poussant tour à tour les wagons à la machine, sur les quais à marchandises, en général très restreints ; de là encore des lenteurs inévitables. On ne peut donner de l'élan à la matière ; car elle est inerte de sa nature. Et, conséquence fatale, les trains retardés par ceux qui les précédaient s'accumulaient sur toutes les voies principales, de Besançon à Nevers. Un tel état de choses créait des difficultés insurmontables.

En somme, la compagnie de Lyon avait accompli les plus grands efforts, puisqu'elle avait consacré au transport des troupes jusqu'à deux cent cinquante machines; mais elle ne pouvait rien contre de pareils encombrements (1)..

A sa décharge elle alléguait avec raison d'autres faits encore. Ainsi, pour la composition des trains, les effectifs annoncés étaient généralement inexacts. L'état-major s'étant dispensé d'entrer en relation avec les chefs de service, les officiers des différents corps donnaient leurs ordres, chacun pour son propre compte : de là conflits et contre-ordres incessants, auxquels la compagnie, n'ayant aucune autorité en mains ne savait souvent comment remédier.

Même désarroi dans l'indication des heures de départ des trains. Enfin, si le service dans les gares était mal assuré, c'était par insuffisance de personnel technique, et la compagnie avait là aussi une excuse. Un certain nombre de ses agents lui avaient été enlevés par la mobilisation pour aller servir dans l'armée. Ils avaient dû être remplacés, pour le service des chemins de fer, par des novices, souvent par des hommes âgés et faibles, incapables de se rendre maîtres d'un désordre que venait aggraver l'indiscipline des troupes (2).

De tout cela, il résulta pour l'ensemble du mouvement à exécuter les conséquences les plus regrettables. Le 1er janvier 1871, le général Billot demandait encore à la gare de Nevers des nouvelles d'un bataillon de mobiles qu'on avait laissé dans cette ville du centre à la garde d'un parc d'artillerie (3).

Les troupes venaient enfin d'arriver à Chagny et Chalon, quand le jeune de Serres prit sur lui une grave détermination. Il se croyait tout permis, en vertu du blanc-seing qu'il avait reçu. Il crut bien faire en réembarquant une partie des troupes à peine débarquées à Chagny et à Chalon, et en utilisant pour les conduire plus loin la ligne de Chalon à Dole, qui n'était pas encore en exploitation. M. de Serres eut beau prétendre qu'il avait inauguré sans la moindre difficulté la ligne Chalon-Dole, en dépit des objections et des

(1) *Enquête parlementaire*, t. II, p. 320.
(2) *Enquête*, t. II, p. 317.
(3) *Enquête parlementaire*, t. II, p. 317, 602.

obstacles soulevés par la compagnie; que, grâce à l'ouverture anticipée de cette ligne, deux divisions du 20ᵉ corps en retard de quatre jours sur la première, avaient non seulement rejoint, mais pris un jour entier d'avance, autrement dit de repos (1), la compagnie maintint que l'intervention du sous-délégué avait nui à l'exécution du mouvement. La responsabilité de Bourbaki devant la commission d'enquête s'est trouvée dégagée par la déposition même de M. de Serres, qui revendiqua l'honneur de cette opération malencontreuse.

Cependant le temps pressait. M. de Freycinet envoyait dépêches sur dépêches au général Bressolles, à Lyon, pour lui faire hâter ses préparatifs de départ. « Vous savez, lui mandait-il, que Belfort est bloqué, que l'on parle déjà de la possibilité de sa chute prochaine, et qu'une faible armée délivrerait pourtant cette place! »

Bressolles avait pris son commandement au mois de novembre, après Crouzat, pour former une nouvelle armée. Aussitôt prêt, il devait commencer son mouvement en Franche-Comté, s'avançant dans l'est et emmenant avec lui la division Cremer, plus une partie de la garnison de Besançon.

Gambetta s'était intéressé lui-même à ce projet. De Lyon, il avait posé la question d'une offensive dans l'est. Mais déjà les premiers moments favorables étaient passés. Il fallait, pour poursuivre, employer de tout autres moyens que les faibles troupes stationnées à Lyon, Beaune et Autun. Il fallait l'armée de Bourbaki tout entière. Il eût fallut surtout l'avoir plus tôt!

Enfin, le 1ᵉʳ janvier 1871, l'armée de l'Est se concentre autour de Dole. Le 18ᵉ corps débarque à Chagny. La première division du 20ᵉ corps est à Navilly. Le reste du corps d'armée est dirigé par voies ferrées de Decize sur Dole.

Bourbaki rend compte qu'il se portera directement sur Gray avec les 18ᵉ et 20ᵉ corps, pendant que Bressolles poussera le 24ᵉ en avant par Besançon. Si l'ennemi va nous attendre

---

(1) *Enquête*. Télégramme de M. de Serres à M. de Freycinet, t. II, p. 538.

à Vesoul, il l'y suivra, « à moins que le prince de Reuss ne menace sérieusement Dijon, éventualité peu probable, » ajoute-t-il. Une fois la concentration opérée sur la rive gauche de l'Ognon, il conformera ses mouvements à ceux de l'ennemi. S'il est vainqueur à Vesoul, si Garibaldi occupe les Vosges entre Vesoul et Belfort, le siège de Belfort sera forcément levé. Aux déclarations du général, empreintes d'un parfait esprit de discipline, le délégué répond par des phrases autoritaires.

« Vos dépêches portent que vous prenez des mesures pour les suites de l'évacuation de Dijon. Si vous entendez par là que vous comptez combiner la suite du mouvement stratégique, je désire qu'il soit bien convenu qu'aucune décision ne doit être prise avant de m'avoir été soumise. Ce n'est que dans le cas d'urgence commandé par les nécessités militaires qu'on agirait sans mes instructions. Hormis ce cas, je tiens à être au courant des projets du quartier général pour envoyer mes instructions en conséquence (1).

« Je désire connaître chaque soir en temps opportun le programme projeté pour le lendemain, afin d'y introduire, s'il y a lieu, des corrections avant l'exécution. Je désire en outre connaître... comment le général entend procéder à l'exécution de la suite de mon plan. » Le doute n'est pas possible, M. de Freycinet considère la campagne de l'est comme son œuvre. Cependant il écrit, en manière d'atténuation : « Vous avez le cœur trop haut placé pour rechercher une autre situation que celle qui consiste à laisser chacun à son vrai rôle : nous, pour vous indiquer le but vers lequel nous voulons tendre ; vous, pour y arriver par des combinaisons militaires, dont vous avez la charge et l'honneur... »

A ce moment, Bourbaki se montrait surtout tracassé par l'idée qu'il n'était pas en forces pour lutter contre son adversaire. Dès le 23 décembre, il eut la malheureuse inspiration de solliciter du ministre l'adjonction du 15ᵉ corps à l'armée de

---

(1) Guerre à Bourbaki. De Bordeaux, 28 décembre, 10 h. 45 et 2 h. 30.

l'Est. Cette demande inattendue souleva dans les bureaux de la guerre une juste opposition. Après avoir essuyé un premier refus, le général en chef partit pour aller recevoir ses troupes à Chalon-sur-Saône, et se montra fort contrarié de n'avoir pas obtenu gain de cause. Il ne se rendait pas compte des services que pouvait rendre le 15ᵉ corps dans la région de Bourges, et il insistait pour en obtenir l'envoi dans l'est.

« Ce corps d'armée, écrivait-il, en laissant l'ennemi dans le doute sur mes mouvements, joue quant à présent un rôle fort utile ; mais je crois qu'il sera non moins dangereux de lui en assigner ultérieurement un autre. »

Ainsi, dès le début des opérations, se révèle l'inquiétude, l'agitation de Bourbaki. Il a cependant déjà près de 80,000 hommes, et les Allemands ne pourront lui en opposer autant. Il est vrai que chez eux la qualité rachète la quantité pour rétablir l'équilibre. Dans l'insistance du général à demander le 15ᵉ corps, M. de Freycinet soupçonne du mauvais vouloir. Il insinue à Gambetta que c'est une porte de derrière, destinée, en cas d'insuccès, à rejeter la responsabilité sur d'autres têtes. Il s'irrite, met le marché à la main de Bourbaki : « Vos objections signifient-elles que vous ne croyez pas pouvoir, après nouvel examen, vous charger avec succès de la tâche que vous avez entreprise ? Si elles ont cette signification, il faut le dire nettement, *et nous aviserons*. Ces objections signifient-elles que vous avez un plan meilleur à substituer à celui en cours d'exécution ?... Mais entre ces deux alternatives parfaitement nettes, il est une situation que nous n'accepterons jamais : c'est celle qui consiste à laisser un général qui exécute de son plein gré un plan accepté par lui, introduire chemin faisant des critiques rétrospectives, de nature à faire croire qu'il agit malgré lui. »

Dans le fond, il est exact que le plan de campagne proposé par M. de Freycinet et accepté par Bourbaki, n'empruntait à la première armée de la Loire que le 18ᵉ et le 20ᵉ corps. Le 15ᵉ, qui n'était pas remis encore des fatigues de la campagne de la Loire et de la « débandade » d'Orléans, avait à fournir un simple détachement à la réserve générale de l'armée de l'Est (trois régiments d'infanterie, une brigade de cavalerie et quelques batteries). Le gros du corps d'armée devait demeurer à Vierzon pour se reconstituer, tout en couvrant les positions de Bourges et de Nevers, et en maintenant les communications entre la première et la deuxième armée de la Loire. La délégation, se rendant compte que le départ simultané de toutes les forces de la première armée ne pourrait manquer d'éveiller l'attention de l'ennemi, avait tout d'abord maintenu des troupes en position pour tâcher de donner le change aux Allemands, pour tenir en échec leur VIIe corps alors posté à Auxerre, enfin pour établir la liaison entre Chanzy et Bourbaki. L'intention première de M. de Freycinet était bien d'envoyer le 15e corps rejoindre l'armée, mais seulement quand il aurait pu le faire relever par le 25e, alors en voie d'organisation (1). Avec sa claire intelligence, le délégué jugeait dangereux de laisser le champ libre au général de Zastrow. Il voulait se réserver le moyen d'entraver, le cas échéant, la marche éventuelle des troupes allemandes contre le flanc de l'armée de l'Est. L'emploi qu'il attribuait au 15e corps était celui d'un corps d'observation, couvrant Vierzon et Bourges, pouvant au besoin se replier sur Nevers et Saint-Amand. L'idée était sage. Bourbaki était mal placé pour la comprendre. Il était porté d'ailleurs, comme c'est trop fréquent à la guerre, à ne voir que ses propres besoins, à se les exagérer même, au détriment de l'ensemble de la défense. L'émissaire de M. de Freycinet faisait tous ses efforts pour l'amener à renoncer à sa demande.

Se sentant si bien soutenu, M. de Serres ne garde plus ni ménagements ni réserve. Il demande l'autorisation d'aller trouver Gambetta à Lyon « pour mettre fin, écrit-il, aux doutes, aux irrésolutions, aux faux-fuyants de Bourbaki ». C'est, tout au moins dans la forme, une hostilité sourde, un constant désaccord entre l'élément civil et l'élément militaire.

(1) *Enquête parlementaire.* Déposition Freycinet, t. III, p. 18.

CHAPITRE III

« Le général est ici à Chalon, » écrivait le jeune Polonais, le 20 décembre. « Il arrive quarante-huit heures trop tôt. Peut-être le prierai-je d'aller faire une promenade en chemin de fer. Il n'est d'aucune utilité, au moins jusqu'à demain soir... » Quelques heures après, la girouette a tourné. « Je sors d'un entretien de deux heures avec le général en chef. Je l'ai laissé absolument autre, tel qu'il doit être... La confiance est revenue, l'espérance renaît, l'impatience apparaît. »

Quel excellent médecin que ce M. de Serres! En deux heures il a guéri Bourbaki! Malheureusement, si l'effet du remède a été presque instantané, il faut croire qu'il ne s'est pas prolongé; car, dès le lendemain, la girouette tourne de nouveau, celle de M. de Serres, et il télégraphie cette fois qu'il faut maintenir le plan convenu, ou admettre les conclusions précédentes, c'est-à-dire au besoin « révoquer le général. » Puis, avec son outrecuidance habituelle, il termine ainsi : « Si Gambetta me conserve la confiance qu'il m'a témoignée à Bourges, je réponds de faire marcher les choses comme vous le désirez, ou de *briser sans hésitation toute résistance.* » Il insinue ensuite « qu'on serait enchanté de prendre prétexte de la neige pour ne pas partir, mais qu'il se charge de *forcer le départ.* Il espère d'ailleurs qu'ayant le général sous la main, il obtiendra de lui petit à petit ce qu'il voudra. » Enfin il fait un particulier éloge des généraux Clinchant et Billot, qui ont la bonne fortune de lui plaire. Ce sont « des hommes dont il attend beaucoup » !

C'est fort heureux!

Dans la nuit du 25 au 26, ayant conféré avec le général en chef, M. de Serres rend compte de l'entretien. Ainsi, à ce moment, il se considère comme ayant pour mandat du dictateur et de son délégué, de s'éclairer « sur les *obscurs desseins* du général Bourbaki, *docile* et *charmant,* mais auquel on cherche un *remplaçant,* » quand, à force d'efforts, on sera parvenu à le « démasquer! »

Tout cela est plus ridicule que sérieux, si l'on compare les personnalités en présence. Un chef d'armée moins résigné que Bourbaki à prendre sa large part personnelle des infortunes de la France, un maréchal Pélissier, par exemple, eût pu répondre aux sommations de Bordeaux par un refus formel ou une démission immédiate. Plus discipliné, le général accepta la dure condition qui lui était faite. Il avait toujours sous les yeux l'image du pays envahi et démembré. Elle l'aidait à supporter les amertumes du présent.

Il adressait à la délégation un rapport télégraphique détaillé sur la situation de l'armée et sur ses projets. Il avait soin d'ajouter qu'il s'entendrait au préalable avec l'inévitable de Serres.

Dès lors s'ouvrit un incessant échange de longs télégrammes entre le quartier général et Bordeaux.

Cette correspondance, commencée à Chalon-sur-Saône pour ne finir qu'à Besançon, et poursuivie pendant tout le cours des opérations, fut pour l'état-major une source de perte de temps considérable, et pour le général en chef une cause visible d'énervement. Bourbaki sera bientôt trahi par ses propres moyens.

Cependant, le retard apporté à nos mouvements stratégiques vers l'est risquait de faire échouer la combinaison première adoptée à Baugy.

L'ennemi se concentrait vers Vesoul et prenait ses dispositions pour faire tête. « Je suis très préoccupé, mandait le 31 décembre M. de Freycinet à M. de Serres, de la lenteur de notre concentration, qui, pour une raison ou pour une autre, a totalement manqué son effet. Nous avons donné aux Prussiens le temps de prendre leurs dispositions, et aujourd'hui nous devons avoir soixante-dix mille hommes concentrés autour de Belfort, quatre-vingt mille en voie de l'être, près de Langres.

« Par cette rapidité de manœuvres, les Prussiens nous donnent un grand exemple que nous ne suivons guère ; mais laissons là les plaintes stériles. Le fait actuel, c'est que, lorsque nous arriverons à Vesoul, si jamais nous y arrivons, nous pourrons avoir sur les bras cent cinquante mille hommes sans compter les renforts venant d'Allemagne. Dans ces conditions nous sommes trop faibles et je me décide à vous envoyer le 15ᵉ corps, que je remplacerai à Vierzon par un corps improvisé. Il faudrait, selon moi, que le corps fût dirigé sur Besançon, de manière à élever à 60,000 hommes les forces venant de cette direction sur Belfort, tandis que Bourbaki marcherait par Vesoul et Lure, de manière à prendre l'armée de siège entre deux feux (1). »

L'envoi à l'armée de l'Est d'un nouvel élément, le 15ᵉ corps, arraché par les appréhensions du commandant en chef et par ses instances réitérées, fut une dérogation regrettable au plan primitif. Car le VIIᵉ corps allemand, n'ayant plus personne devant lui, allait recouvrer sa liberté. Si trois semaines plus tard Manteuffel se jetait avec le IIᵉ et le VIIᵉ corps, sur la Saône, il serait fort utile alors de pouvoir lui opposer une force capable d'arrêter sa marche ou seulement de l'entraver; mais il n'y aurait plus rien pour le tenter! En attendant, l'armée de l'Est allait avoir à tenir en échec le corps de Werder, et à en refouler les forces ennemies disséminées pour couvrir les lignes d'opération des armées allemandes. A l'approche de Bourbaki, les Prussiens évacuaient précipitamment Dijon et Gray, se repliant sur Vesoul. Le gouvernement de Bordeaux nous faisait savoir à la fin de décembre que des renforts ennemis, partis d'Auxerre et d'Orléans, se portaient dans les directions de Tonnerre et Châtillon, avec l'intention probable de se concentrer vers l'est.

La délégation voulait prendre à la première armée les généraux Clinchant, Borel et Billot, pour leur donner à commander des corps d'armée de quarante-cinq mille hommes. On questionnait Bourbaki à ce sujet.

« Ils en sont très capables, répondait-il; mais leur présence à la première armée est indispensable, et je ne saurais par qui les remplacer. » Le délégué, qui venait déjà de se

---

(1) *Enquête parlementaire*, t. II, p. 598.

laisser convaincre pour le 15ᵉ corps, n'insista pas et télégraphia le 30 décembre à M. de Serres :

« Bourbaki souscrira d'avance à toute combinaison tendant à lui adjoindre le 15ᵉ corps. Dites-moi si c'est bien à Besançon et non à Gray que vous êtes d'avis d'envoyer ce renfort. »

Le mouvement par voie ferrée fut décidé sur Besançon. Malgré le repos relatif dont jouissait le 15ᵉ corps, la désorganisation y faisait des progrès rapides sous l'influence d'un commandement insuffisant. Les avant-postes allemands s'étant rapprochés, la deuxième division allait cantonner plus au nord, vers Salbris, afin de mieux masquer le mouvement de l'armée. C'est à ce moment que le ministre, modifiant ses premiers ordres, décidait de diriger le 15ᵉ corps sur le bassin de la Saône.

Le 31 décembre, les transports stratégiques des 18ᵉ et 20ᵉ corps étaient entièrement terminés. Ce jour-là, M. de Freycinet adressait (1) à la compagnie de Lyon un premier avis confidentiel d'avoir à se tenir prête à embarquer à Vierzon, sur un ordre télégraphique, le 15ᵉ corps avec son artillerie et ses accessoires, et de le transporter pour le débarquer en bloc sur un point à déterminer de la ligne de Besançon à Vesoul, ou de Besançon à Montbéliard.

Cet avis portait que l'ordre définitif de transport ne serait pas donné avant deux jours.

Cependant, le 1ᵉʳ janvier 1871, moins de vingt-quatre heures après, M. Audibert fut avisé de ce chef par deux télégrammes consécutifs du ministère que « le transport de Vierzon, annoncé la veille, commencerait le surlendemain 3 janvier, à six heures du matin, et devrait être terminé le 4 dans la soirée ». Le point de destination probable était Clerval, sur la ligne de Besançon à Montbéliard. « Je vous le fixerai provisoirement demain », disait la dépêche.

L'administration de la guerre, d'après les ordres de la

---

(1) Télégramme de 11 h. 45 du matin.

délégation de Bordeaux, ne donnait que trente-six heures, pour faire faire à un corps de 35,000 hommes, avec tous ses accessoires, un parcours total d'environ 445 kilomètres ; on allait de suite à une impossibilité.

Dans sa réponse, le représentant de la compagnie signalait avec sa compétence spéciale les causes inévitables de retard qui se préparaient et qui tenaient à l'état matériel des voies. Diriger tous les trains convergents de la ligne à double voie Nevers-Chagny-Dole, sur la ligne à voie unique Dole-Besançon-Belfort, c'était une faute grave ; on allait faire entrer tous les trains dans une bouteille dont le goulot serait trop étroit pour leur sortie.

Le goulot, c'était Clerval. Cette station étranglée entre de hautes montagnes et le cours du Doubs, très sinueux sur ce point, n'offrait en effet aucune sécurité. Elle était hors d'état de recevoir un corps d'armée. Il lui manquait toutes les ressources nécessaires, en particulier des quais pour le débarquement de l'artillerie et de la cavalerie. Or, en matière de transports stratégiques, la question des débarquements est intimement liée à l'intensité du mouvement. Une voie ferrée est une sorte de canal par lequel on ne peut faire déboucher en vingt-quatre heures qu'un nombre limité de trains, selon qu'elle est à une ou à deux voies. Que les débarquements se trouvent retardés et voilà le fonctionnement de la ligne entière paralysé. Par un transport dirigé sur Clerval, on pouvait donc s'attendre à des mécomptes considérables au point de vue de la célérité. On n'avait en réalité dans la région comme points terminus que deux bonnes gares de débarquement, Dole et Besançon.

Tout cela saute aux yeux de la science actuelle. Mais, je le répète, il faut faire la part des temps.

En lançant son avis à la compagnie, la délégation adressait au général Martineau des Chenetz l'ordre d'expédier dans les quarante-huit heures tout le 15e corps avec son matériel complet : deux divisions à embarquer à Vierzon, la troisième à Bourges.

Éclairé par la maladresse de M. de Serres dans la direction des transports sur Chagny et Chalon, M. de Freycinet invita son sous-ordre à s'abstenir de toute immixtion dans l'opération relative au 15ᵉ corps. Il déclara assumer personnellement la direction du nouveau transport.

Il prit les mesures les plus minutieuses, pour que rien cette fois ne vînt à manquer. Il sacrifia tous les trains publics au transport extraordinaire qu'il allait entreprendre. Dans le domaine de la stratégie, il est difficile d'improviser, surtout un mouvement aussi considérable. Pour répondre aux objections de la compagnie, le délégué décida bien que le débarquement se ferait à Besançon et non à Clerval; mais il s'illusionna sur la vitesse d'écoulement à obtenir.

Voici ce qu'il écrivait à M. de La Taille, l'inspecteur de la compagnie d'Orléans, à Vierzon :

« Trois jours sont pleinement suffisants pour le transport du 15ᵉ corps. En effet ses 44,000 hommes (1) avec leurs accessoires représentent 88,000 hommes nets, c'est-à-dire exigent 88 trains. Or, en échelonnant les trains de trois quarts d'heure en trois quarts d'heure, ce qui est large, on expédie 32 trains en vingt-quatre heures, ou 96 trains en trois jours. En Prusse, on ferait un semblable mouvement en deux jours. Ainsi, je maintiens mon chiffre de trois jours et s'il est dépassé, je me réserve de rechercher les responsabilités. »

L'expérience prouva bientôt combien ces calculs étaient inexacts.

Le transport réclamait le concours de l'Orléans pour le trajet de Vierzon à Saincaize, et du Lyon pour le reste du trajet, avec débarquement éventuel à la dernière station accessible d'un des deux embranchements qui, d'Auxonne, se diri-

---

(1) Ce n'étaient déjà plus 35,000 hommes mais 44,000, en y comprenant dix-huit batteries d'artillerie et des convois (V. les télégrammes du 1ᵉʳ janvier, 11 h. 30; 2 janvier, 10 h. 25 du soir). Le 15ᵉ corps avait été rapidement porté par des renforts, de 32,000 hommes d'infanterie à 43,000. Il comptait alors 7,000 chevaux, plus un convoi de 1,000 voitures et 1,500 chevaux.

geaient vers Belfort : l'un par Gray et Vesoul, l'autre par Besançon et Montbéliard. Mais, au moment où l'ordre du 2 janvier parvenait à la compagnie de Lyon, la meilleure partie de son matériel se trouvait absorbée : d'un côté, par le transport enfin commencé du 24ᵉ corps; de l'autre, par la suite des transports du gros de l'armée, que M. de Serres faisait continuer de Chalon et de Chagny sur Dole.

Tout semblait prévu et réglé jusque dans le détail; les départs devaient commencer le 3 janvier 1871, à six heures du matin, lorsque la compagnie avisa le ministre que le pont de la voie ferrée que les Prussiens avaient fait sauter sur le canal de Bourgogne, près de Dijon, ne pourrait être rétabli avant le 4; que par conséquent, mieux valait retarder le mouvement de vingt-quatre heures.

Cette considération, jointe à la nécessité de faire passer la majeure partie des trains par Dijon, détermina la délégation à accorder le délai demandé. Elle prit d'ailleurs cette mesure en récriminant contre la compagnie. « Il est aussi *inattendu* que *déplaisant* pour nous, écrivait-elle à M. Audibert, d'être avisés au dernier moment, alors que le mouvement vous a été notifié le 31 décembre au matin. »

Le délégué oubliait que, d'après ce premier avis du 31 décembre, l'ordre de mouvement ne devait pas être donné *avant deux jours*, et que néanmoins il l'avait été le lendemain même. D'un autre côté, M. de Serres en prenait fort à son aise des instructions qu'il recevait par la voie hiérarchique. Il estimait que le plus sûr moyen d'accélérer la jonction du 15ᵉ corps avec le reste de l'armée, c'était de le transporter par les voies ferrées le plus près possible du théâtre des opérations. Le principe était bon. L'application fut regrettable. On avait décidé à Bordeaux (1) que le débarquement aurait lieu à Besançon. Le général Bourbaki (2), d'accord avec M. de Serres, avait pensé gagner du temps, en faisant continuer jusqu'à Clerval les trains de troupes venant de Chagny. Cette

(1) Télégramme du 2 janvier (2 heures du soir).
(2) D'Eichthal.

mesure leur avait paru surtout indiquée pour l'artillerie et la cavalerie, qui avançaient péniblement sur les routes glissantes. L'ordre du général en chef contint, il est vrai, une restriction : « Faites débarquer le 15ᵉ corps à Clerval, *si c'est possible!* » Hélas! il n'en fut pas tenu compte ; et par un zèle intempestif, par une subordination exagérée, le service du chemin de fer accepta Clerval, ce qui permit plus tard à M. de Freycinet d'écrire dans son livre que la responsabilité de cette grave erreur demeura *flottante*, faute d'enquête entre le quartier général et l'administration du chemin de fer.

A Vierzon, à Mehun et à Bourges, l'embarquement s'opérait avec ponctualité, malgré les dispositions vicieuses que prenaient trop souvent les états-majors. Le 6 janvier, on embarquait les dernières batteries de la réserve. M. de Serres, ne voyant que les départs, et tout à la joie du début, écrivait à Bordeaux : « Voilà certainement un joli résultat comme embarquement. Les trains se succèdent de demi-heure en demi-heure (1). »

Le 5 janvier, le délégué félicitait lui-même l'inspecteur de la compagnie de Lyon, pour la ponctualité avec laquelle avaient été exécutés les ordres du ministère. La compagnie avait formé quatre-vingt-quinze trains comprenant trois mille six cents voitures. « C'était, dit un spécialiste, un effort immense (2). »

Il ne suffisait pas de lancer les trains au départ ; il fallait régler leur marche, ce qui ne peut se faire qu'à tête reposée, au moyen de tableaux graphiques longuement étudiés. Il fallait aussi assurer les débarquements. La lenteur des trajets et l'encombrement des voies ne tardèrent pas à démontrer que si le transport avait été mal étudié, il était plus mal dirigé encore. De Bourges à Saincaize, pour un trajet qui se fait d'ordinaire en deux heures, il en faut douze. Le 29ᵉ mobiles, parti de Mehun le 7 janvier, n'arriva à Beaune que le 15, et le corps était muni seulement de deux jours de vivres.

(1) Télégramme du 6 janvier, 12 h. 2 du soir.
(2) Jacqmin, *Les chemins de fer pendant la guerre de* 1870-71.

De Saincaize à Nevers, pour faire neuf kilomètres, on employa toute une nuit, on resta sur le pont de la Loire de dix heures du soir à sept heures du matin. Impossible de descendre de wagon; un vent glacial soufflait, et le thermomètre marquait dix à douze degrés de froid. Il fallut un jour et deux nuits pour aller de Nevers à Chagny (soixante-douze heures pour faire cent soixante-trois kilomètres) (1). Arrivé à Luzy, le 29e mobiles manque de vivres. Force est de faire prendre de la farine au convoi du 15e corps, qui suit une route latérale à la voie ferrée. On prélève aussi des bœufs sur le troupeau. On vit de réquisitions; on a peine à entretenir la circulation dans les membres des hommes et des chevaux. L'anémie chez les mobiles est poussée à ses dernières limites. Entassés dans les wagons, dont ils bouchent toutes les ouvertures avec des toiles de tentes, ils sont atteints d'un gonflement énorme des extrémités. Des plaques rougeâtres, symptômes du typhus, apparaissent sur leurs membres. Il faut les forcer à aérer leurs voitures; on dépose les plus malades à la mairie ou à la maison d'école de Luzy (2). Les trains s'arrêtent fréquemment : on ne sait jamais pour quelle durée. Les hommes descendent, allument du feu, essayent de faire un peu de soupe ou de café pour se réchauffer; mais presque toujours il faut renverser la marmite pour remonter en voiture et repartir.

Quand le 29e atteint enfin Beaune, et débarque pour se rendre à Clerval, les mobiles ont peine à marcher; l'un d'eux tombe raide mort en descendant de wagon. On doit en laisser cent cinquante dans la salle d'attente transformée en ambulance. Les quatre cent huit kilomètres que le régiment a parcourus en huit jours lui coûtent le dixième de son effectif (3).

Le long de la ligne ferrée de Vierzon à Clerval, les voies de garage, les voies principales elles-mêmes étaient bondées de trains de troupes, de trains de munitions et de vivres. On en compta jusqu'à vingt-cinq échelonnés l'un après l'autre. A Ro-

---

(1) Ernouf, *Histoire des chemins de fer français pendant la guerre.*
(2) Pierre Lehautcourt, II, 8.
(3) *Historique des mobiles de Maine-et-Loire.*

chefort, le général de Longuerue fit débarquer un train de cavalerie immobilisé depuis trois jours et trois nuits. On entassa des fagots le long des wagons et l'on fit descendre les chevaux sur ces rampes improvisées. Plusieurs étaient morts en route (1).

Les gares étaient livrées à un désordre sans nom. On pillait des wagons de pain, de vivres de tout genre : partout gisaient dans la neige des pains de sucre, des quartiers de lard, des sacs de café. Beaucoup d'hommes jetaient leurs armes sur les routes ou les abandonnaient au bivouac. Les états-majors, l'artillerie, l'intendance, le personnel de service, le commandement territorial donnaient à tout instant des ordres contradictoires. Des batteries partaient sans leur matériel, qu'elles devaient attendre ensuite (2).

Ainsi, d'une part, les troupes qu'on envoyait pour renforcer l'armée de l'Est se démoralisaient dans de longs temps d'arrêt sur cette voie douloureuse. De l'autre, ces trains accumulés formaient de distance en distance des obstacles infranchissables à l'approvisionnement des troupes déjà engagées. Personne n'avait songé au conflit inévitable des trains de troupes avec les trains de ravitaillement.

Consterné par ces nouvelles que lui transmettait le télégraphe, le délégué à la guerre s'en prenait au représentant de la compagnie de Lyon à Clermont, et lui exprimait tout son mécontentement : « Je ne puis croire, monsieur, que cette dépêche soit exacte; car, si elle l'était, elle dénoterait de la part de votre administration un oubli trop grave de ses devoirs envers le pays. Je déclare que, si pareille situation existait, et s'il n'y était pas mis un terme immédiat, je saurais prendre des mesures qui en empêcheraient à tout jamais le retour. »

Le général Pélissier adressait de Dijon à Besançon dépêches sur dépêches pour signaler l'effroyable amoncellement de

---

(1) Ernouf.
(2) Beauquier, *Les dernières campagnes dans l'est. Nuits et Villersexel.* — Jacqmin, *Les chemins de fer français pendant la guerre.* — P. Lehautcourt.

troupes qui obstruaient la ligne de Chagny à Besançon. Des corps entiers attendaient jusqu'à cinq ou six jours, aux gares de Chagny, Beaune, Dijon, sans pouvoir continuer leur route. Vivres et fourrages s'accumulaient sur certains points. Ailleurs, bêtes et gens n'avaient rien à manger.

Des chevaux de troupe, de grands troupeaux de bœufs destinés à nourrir l'armée, crevaient de faim dans les wagons qui les transportaient. Force était d'enfouir leurs cadavres pour éviter l'infection de l'air. Pendant ce temps, à une faible distance, des approvisionnements de fourrages se perdaient inutilement. Un incident vint encore augmenter les difficultés. Du 7 au 11 janvier, dans la période où les enchevêtrements étaient à leur comble, la compagnie dut fournir dix-huit trains spéciaux d'Autun à Dijon, pour le service de l'armée garibaldienne (1).

L'administration de la guerre était restée complètement et intentionnellement étrangère aux transports de ces troupes. Elle les avait même en une certaine mesure interdits (2). Mais elle n'avait pas eu le courage de protéger ouvertement la compagnie contre les exigences de l'état-major de l'armée des Vosges.

Garibaldi s'imagina, vers le 7 janvier, de faire transporter son armée en chemin de fer, malgré les observations de la compagnie que le gouvernement n'osa pas énergiquement soutenir. Quand celle-ci demandait à M. de Serres si elle devait déférer aux réquisitions garibaldiennes, M. de Serres la renvoyait au ministère de la guerre, et le ministère la renvoyait à Bourbaki. Au reste, l'état-major de Garibaldi déclarait ouvertement qu'il n'entendait plus se soumettre aux ordres du ministère. Si l'inspecteur du chemin de fer en résidence à Autun objectait que le matériel était déjà entièrement réquisitionné par l'armée de l'Est, le colonel Lobbia lui répondait avec arrogance : « Le ministre n'a pas le droit d'empêcher un transport ordonné par Garibaldi », et M. de

(1) Note de la compagnie P.-L.-M., *Enquête parlementaire*, t. II, p. 318.
(2) Guerre à Garibaldi à Autun, 3 janvier 1871.

Freycinet se bornait à témoigner au commandant de l'armée des Vosges son étonnement, qu'il fallût le chemin de fer pour accomplir un trajet aussi court que celui d'Autun à Dijon (1). Le général italien donnait des ordres entièrement contraires à ceux de la délégation.

L'armée n'avait parcouru que deux cent quatre-vingts kilomètres en onze jours. Si le matériel du chemin de fer eût été prêt en quantité suffisante et en temps opportun, la concentration se fût opérée tout autrement. Par les voies ordinaires, faisant seulement vingt-cinq kilomètres par jour en moyenne, comme le fit remarquer Bourbaki, on fût arrivé plus tôt encore. M. de Freycinet le reconnut lui-même. « Au delà de Dijon, dit-il, il fallait aller par voie de terre sur Gray et Vesoul. » Mais il était trop tard pour changer le mode de trajet. Il ajouta, en s'accusant tout bas peut-être : « Quelles que soient les parts respectives de vos agents et des nôtres dans les retards, laissons là les vaines récriminations, pour nous occuper de sauvegarder l'avenir. » — « On fait des efforts inouïs », écrivait M. Audibert; « mais il y a des limites infranchissables, surtout à Clerval. » A quoi le délégué répondit avec la même aigreur : « Depuis le temps que vous parlez de la gare de Clerval *insuffisante*, il vous appartenait d'y improviser les moyens nécessaires pour la rendre *suffisante*. »

Le service de l'intendance finissait par souffrir lui-même de l'obstruction qu'il avait largement contribué à créer. Il ne se faisait pas faute cependant, lui aussi, de rejeter sur les agents du chemin de fer la cause des difficultés qu'il rencontrait à ravitailler les troupes.

Le débarquement du 15ᵉ corps ne commença que le 8 janvier, et se prolongea jusqu'au 16, première journée d'Héricourt. Au lieu des trente-huit trains prévus, le transport en exigea quatre-vingt-quinze et pourtant les convois avaient été dirigés sur Besançon par la route. C'était inévitable, avec les moyens de fortune dont on disposait en 1871, et, aujour-

---

(1) *Enquête parlementaire*, t. II, p. 315-317.

CHAPITRE III

d'hui encore, un pareil transport exigerait plus de cent trains !

En résumé, l'opération entreprise avec le chemin de fer a mal marché, faute d'une direction supérieure spéciale, compétente, militaire ou administrative, mais s'exerçant sur place et non du fond du cabinet de la délégation.

Une telle autorité, installée sur les lieux, intervenant avec énergie et intelligence dans les difficultés, à mesure qu'elles se produisaient, écartant les exigences, réglant la marche des choses sur la connaissance exacte des moyens, aurait pu donner à tous les besoins de l'armée les satisfactions nécessaires, sans que l'on tombât dans cette confusion qui a tout compromis.

L'emploi des chemins de fer à la guerre peut devenir une cause de désastre. Il importe d'étudier avec soin les principes qui doivent présider à l'organisation militaire du service des voies ferrées. C'est ce que les Allemands avaient fait avant nous, c'est ce que nous avons mis en œuvre depuis la guerre, grâce au quatrième bureau de l'état-major du ministère qui a été sur la matière un novateur.

En 1870, tout le monde a commis des fautes : administration de la guerre, commandement, direction des grandes compagnies. Quant à la grande question de Clerval, que M. de Freycinet n'a pas voulu trancher, mais dont il a décliné toute responsabilité personnelle, c'est à Bourbaki ou à M. de Serres qu'elle paraît en définitive devoir être attribuée.

Il est certain qu'après le passage de l'Ognon, prévoyant de prochains engagements, le général en chef adressa, de Rioz, le 6 janvier, à midi, au général Martineau des Chenetz, un ordre télégraphique, dont la restriction « si c'est possible » aurait dû faire réfléchir. En dictant cet ordre, Bourbaki le livrait à l'examen du service technique. M. de Serres, qui lui servait de conseil en matière de transport, aurait pu s'éclairer sur l'impasse où l'on allait aboutir. Le général en chef était préoccupé surtout de recevoir des renforts à portée de ses besoins.

Il eût craint, en laissant débarquer à Besançon, de se voir

privé du concours du 15ᵉ corps pour la prochaine bataille, ce qui arriva d'ailleurs. Ce corps d'armée venait sans ses convois. Ils n'avaient pas été embarqués avec les troupes, et allaient faire défaut à l'armée de l'Est. Leur absence n'était avantageuse qu'au point de vue de la facilité du débarquement.

Il eût fallu, pour prévenir l'obstruction de la voie unique Besançon-Clerval, maintenir certains trains à Besançon ou plus en arrière, et ne leur laisser dépasser cette gare qu'après avoir acquis, par le télégraphe, la certitude que la voie était libre. Enfin, le ravitaillement de l'armée n'eût pas autant périclité, si l'on eût fait alterner quelques trains de vivres ou de munitions avec les trains de troupes.

Ajoutez à cela l'abondance des neiges, la rigueur du froid, qui gelait les conduites de prise d'eau et les tuyaux d'alimentation des locomotives : tout concourait au mécompte.

Le 7 janvier, M. de Freycinet s'étonnait et s'indignait que Bourbaki attendît toujours l'arrivée de ses renforts pour marcher en avant. Il affirmait que l'embarquement des 45,000 hommes avait eu lieu en trois jours : c'était une erreur matérielle. Le 11 et le 12 il y avait encore, tant à Dijon que sur les voies aboutissantes, vingt-quatre trains de troupes complètement arrêtés. M. de Freycinet ne voulait pas y croire; il en fut consterné! Le 12 janvier il adresse à M. Audibert un appel désespéré. C'est en vain. Les compagnies de chemin de fer manquaient de bras. Tous les hommes en état de porter les armes se trouvant appelés sous les drapeaux, le personnel technique n'était plus suffisant pour des besoins si extraordinaires, pour un si gigantesque effort. Le service des étapes était à peine organisé. Les commandants militaires n'avaient aucune expérience.

De toutes ces causes si complexes, il ressort que le transport du 15ᵉ corps, auquel M. de Freycinet avait voulu présider seul, dura deux jours de plus que le transport des 18ᵉ et 20ᵉ corps. Et encore la brigade Questel de ce corps d'armée ne fut-elle transportée que jusqu'à Dijon, d'où elle vint ensuite rejoindre l'armée par les voies ordinaires.

En réalité, aucun genre de retard et de souffrance ne fut épargné au 15ᵉ corps dans son long trajet. Si le chemin de fer abrégea un peu la durée, il diminua fort peu les fatigues des hommes. Ils endurèrent le froid le plus rigoureux dans les wagons, où, sans paille ni couvertures, ils durent garder une immobilité prolongée. Plusieurs eurent les membres gelés. Bien que le 15ᵉ corps renfermât une bonne partie des meilleurs éléments de la première armée, c'est dans un état de profonde démoralisation qu'il atteignit la vallée du Doubs.

Des voies ferrées aussi mal employées ne servent qu'à retarder les transports, à changer la nature et le cours des opérations. Le mouvement se fige et le découragement s'ensuit.

Un chemin de fer est un outil de guerre puissant et docile; mais c'est un outil rigide. Il ne peut être assoupli que par la méthode, par une réglementation savante et préalable. Le défaut d'unité a été le vice capital de son emploi pendant la guerre.

Par les défectuosités du transport de l'armée de l'Est, en 1871, on peut apprécier l'étendue des progrès que nous avons réalisés depuis lors à la suite d'une funeste expérience.

CHAPITRE IV

CREMER — COMBAT DE CHATEAUNEUF
BATAILLE DE NUITS

Nécessité de couvrir les flancs et les derrières de l'opération dans l'est. — Armée des Vosges et mobilisés de Saône-et-Loire. — Désaccord entre Garibaldi et Pélissier. — Le général Cremer. — Corps de Crévisier. — Premier combat sous Nuits (20 novembre). — Cremer prend ses dispositions pour attaquer Dijon. — Bataillon de chasseurs du Rhône, commandant Marengo. — Keller à Sainte-Sabine et Vandenesse. — Combat de Châteauneuf (3 décembre 1870). — Keller contre Poullet. — Prises du colonel Ferrer. — Pertes des deux partis dans le combat du 3 décembre. — Désaccord entre Cremer et Garibaldi. — Attitude patriotique des Bourguignons. — Liaison du XIVe corps avec la IIe armée allemande. — Instructions de M. de Moltke à Werder (15 décembre). — Jugement sur M. de Moltke. — Instructions de Werder contre Cremer et Garibaldi. — Ordre de Werder pour une reconnaissance offensive sur Chagny (17 décembre). — Marche sur Nuits. — Reconnaissance de Cremer sur Gevrey. — Positions de Nuits et alentours. — Le commandant Camps. — Dissémination de l'artillerie de la défense. — Cremer à la bataille de Nuits. — Attaque de Boncourt par Willisen (11 heures et demie). — Prise d'Agencourt par les Badois (1 heure et demie). — Combat en avant d'Agencourt (2 heures). — Défense de la Berchère. — Carayon-Latour. — Action de l'artillerie française sur la plaine. — Evacuation de la Berchère. — Blessure du prince de Bade. — Ligne française trop mince. — Attaque de la tranchée (2 heures et demie). — Manque de munitions françaises. — Assaut à la tranchée. — Mort du colonel Keller. — Retraite des Français sur la ville. — Aspect du combat vu des hauteurs de Chaux. — Degenfeld à Villars-Fontaine. Sa blessure et sa retraite (2 heures). — Mouvement d'Arnold. — Victoire des Français dans la montagne. — Assaut de Nuits (5 heures). — Panique. — Allemands et Français pêle-mêle dans la ville. — Derniers coups de fusil. — Cremer charge l'épée à la main. — Bivouac des Allemands à Nuits. — Werder évacue la ville. — Retraite sur Beaune. — Tristes nouvelles de Paris. — Pertes des deux partis. — Cremer se retranche à Beaune.

En acceptant de diriger le grand mouvement statégique d'où l'on espérait comme premier résultat le débloquement de Belfort, Bourbaki avait expressément demandé que ses flancs et ses derrières fussent garantis contre une opération possible et même probable de l'ennemi, Il n'était pas douteux qu'à la première nouvelle d'une marche sérieuse menaçant les lignes d'investissement de Belfort, l'état-major de Versailles ne prît, pour s'y opposer, des mesures énergiques, et n'envoyât toutes ses forces disponibles sur la Saône et le Doubs, ce qui arriva en effet. Il importait donc de barrer le chemin à ces troupes, en occupant solidement et en défendant avec la dernière vigueur les défilés du Morvan, la Côte-d'Or, de Langres à Dijon, puis les cours d'eau que l'ennemi aurait à franchir pour arriver dans la région de Besançon.

M. de Freycinet avait donné sur ce point à Bourbaki des assurances positives. Il lui avait promis que si l'armée obtenait un premier succès, après le passage de l'Ognon, on ferait garder la Saône par cent mille mobilisés venus du midi, afin de permettre à l'armée de poursuivre en toute sécurité le plan convenu. On peut se demander où le délégué eût pris ces cent mille hommes, et s'il eût jamais été réellement en mesure de les fournir. Cela n'empêcha pas Bourbaki de faire fond sur cette décevante promesse.

Enfin, deux détachements : d'un côté celui de Cremer, de l'autre celui de Garibaldi, sans compter les mobilisés de Pélissier, devaient être chargés d'occuper Dijon et Gray. L'armée de l'Est aurait ainsi une protection efficace sur son flanc gauche et ses derrières (1).

Le ministre de la guerre avait d'abord songé à la confier au 15ᵉ corps et à la division Cremer réunis. Bourbaki ayant été amené à incorporer ces troupes à son armée, il n'était resté à Dijon que les vingt-quatre mille mobilisés de Pélissier et les vingt-quatre mille hommes de Garibaldi. Ces auxiliaires formaient une multitude plutôt qu'une force réelle.

Il n'y avait d'ailleurs entre les généraux Pélissier et Garibaldi ni entente ni accord, de sorte que, malgré le chiffre de leurs effectifs, ni l'un ni l'autre, ni les deux réunis, n'étaient

---

(1) *Enquête*, Déposition Bourbaki, t. III, p. 364. Déposition Leperche, p. 384.

en mesure de tenir tête à un ennemi entreprenant. On n'avait pas su le voir à Bordeaux, pas davantage au quartier général de l'armée de l'Est.

Avant d'entamer les opérations de Bourbaki, il importe de faire connaissance avec ses coopérateurs et de voir ce qu'ils pouvaient donner. Cremer et Garibaldi méritent surtout une attention spéciale. Ce sont des personnages à part, qui, tout en tenant des seconds rôles, n'en ont pas moins eu, l'un et l'autre, une influence particulière sur la suite du drame : l'un, un général à peine sorti de l'adolescence, comme ceux de la première République ; l'autre, un chef mûri par la guerre, mais touchant à la décrépitude, comme ceux du Bas Empire.

Au début de la campagne, Cremer (1) avait à peine trente ans ; il était capitaine d'état-major et s'était déjà signalé au Mexique et à Metz. Ses camarades de promotion se souvenaient d'un beau fourrier de Saint-Cyr, aux yeux bleus, à la physionomie douce, agréable, presque féminine, n'offrant l'apparence, avec sa figure imberbe et juvénile, ni d'un prochain homme de guerre ni d'un prochain agent politique. Ils le retrouvaient dix ans plus tard, prêt à remplir successivement ce double rôle, et ayant changé d'aspect : l'air assuré, important, le regard d'acier, le teint bronzé, le tempérament trempé par le soleil de la Vera-Cruz, qui avait fait jaillir en lui, avec certains défauts d'intempérance, des qualités de soldat ne demandant qu'à se développer ; très intelligent, audacieux, mais infatué de lui-même, aimant à se donner un air méditatif, tranchant, violent parfois, manquant de tenue. Avec cela, un heureux

---

(1) D'origine allemande, le grand-père de Cremer était mort soldat français à Saint-Sébastien des suites de blessures reçues à Sarragosse. La famille Cremer opta pour la nationalité française, lors des événements de 1815, et vint s'établir en Lorraine. Après son service militaire accompli dans la cavalerie, en Alsace, le père de Cremer se fixa à Sarreguemines et s'y maria. De ses trois garçons, l'ainé, Camille, nous intéresse ; le second, Charles, fut tué comme franc-tireur au combat de Buchy près Rouen, le 4 décembre 1870 ; le troisième, Henri, est un de nos brillants généraux actuels. (Détails biographiques dus à l'obligeance du général Henri Cremer.) Camille Cremer, après de belles études au collège de Sarreguemines, entra directement à l'École spéciale militaire. Sorti dans les premiers de cette école en 1859, de l'École d'état-major avec le numéro 2 en 1861, il s'annonçait comme un officier d'avenir.

mélange de décision et de prudence, le travail s'alliant chez cet officier à la perspicacité militaire. Au Mexique, il s'était montré fort brave. Il avait reçu un coup de lance à travers la cuisse, et avait eu deux chevaux tués sous lui, ce qui lui valut plusieurs citations. Son coup d'œil sur le terrain, son entrain et sa crânerie devant l'ennemi, le firent très promptement remarquer par Clinchant, son colonel, qui le prit pour aide de camp, en recevant les deux étoiles. Cremer servait encore avec lui au début de la guerre de 1870 et pendant le siège de Metz, où il eut de nouveau deux chevaux tués sous lui. Lors de la capitulation, il put s'évader, grâce à sa parfaite connaissance de la langue allemande. Il rentra en France par la Bavière rhénane, le duché de Bade et la Suisse. On l'a accusé par erreur (1) d'avoir signé le revers.

En l'accueillant à Tours avec faveur, Gambetta le nomma régulièrement chef d'escadron, puis lieutenant-colonel. Il l'expédia au 24ᵉ corps, d'où Bressoles l'envoya presque aussitôt en Bourgogne. Cremer y trouva une batterie Armstrong, deux légions du Rhône, un bataillon des mobiles de la Gironde très bien commandé par un vaillant gentilhomme bordelais, le comte de Carayon-Latour; enfin un bataillon de mobilisés de Saône-et-Loire, tiré de la division Pélissier, troupe chaussée de sabots, armée de fusils à piston et surnommée *le bataillon de la misère*.

Ce petit corps était d'abord sous les ordres de Crévisier, capitaine d'artillerie démissionnaire et grand verrier dans la Moselle, promu d'emblée général de division. Mais Crévisier refusa d'obéir à Bressolles. Au lieu de se rendre à Chagny, il se prélassait à Mâcon; au lieu de concentrer ses forces, il les dispersait malgré l'indignation bruyante de sa troupe, et les répartissait sur un front beaucoup trop étendu (2).

C'est dans ces conditions que Cremer vint commander

---

(1) Arthur CHUQUET, *La guerre de 1870-71*, p. 211.
Die Operationen des Corps des Generals von Werder (von Ludwig LÖLEIN) p. 317.

(2) Arthur CHUQUET, *La guerre de 1870-71*, p. 211.

une brigade à Chagny. Il y arriva le 23 novembre. Bressoles l'invita à appuyer Garibaldi dans un mouvement sur Dijon.

Le nouveau brigadier trouva dans la division une sorte d'anarchie militaire. « Qui commande là? » télégraphiait Bressoles à Tours, le 26 novembre. On eût été fort embarrassé de répondre. Tout le monde voulait commander, nul ne voulait obéir. Cremer déclare qu'il n'y avait à Chagny ni chef ni hiérarchie, et se mit en devoir de supplanter Crévisier, autre général improvisé, commandant des gardes nationaux mobilisés de l'Ain, de l'Isère et du Rhône.

Bien que sans artillerie ni cavalerie, comme Cremer disposait de 4 à 5,000 fantassins, à peine les eut-il à peu près mis en main qu'il résolut de prendre l'offensive. Il se rendit à Beaune avec la 1re légion du Rhône, envoya l'ordre à la 2e légion de se porter de Verdun-sur-le Doubs à Tart-le-Haut, et dépêcha à Garibaldi son chef d'état-major, le colonel Poullet. Le héros de Caprera était alors à Lantenay, dans la vallée de l'Ouche. Poullet conféra avec lui au sujet d'une attaque de Dijon, et il fut convenu que Cremer et Garibaldi la feraient de concert. La situation de Werder y était assez compromise depuis l'arrivée de Cremer à Chagny. Il avait à supporter de continuelles escarmouches de la part des corps francs qui parcouraient la Côte-d'Or.

Un premier combat s'était livré sous Nuits, le 20 novembre, entre les volontaires de Bourras et un parti badois. A la suite de cet engagement, les Allemands, pour se venger des francs-tireurs, massacrèrent lâchement l'un d'entre eux, un jeune homme de dix-huit ans, Léon Mesny, de Soissons, qui paya de la vie son patriotisme. Tandis que Garibaldi mettait des troupes en marche pour venir déboucher au nord-ouest de Dijon, Cremer poussait hardiment une reconnaissance jusqu'à Gevrey et Tart-le-Haut. Garibaldi devait attendre que Cremer eût fait avancer toutes ses troupes à hauteur de Nuits, pour dessiner son mouvement. Il pourchassa d'abord Degenfeld. Bientôt harcelé par la brigade Keller, il se retira sur Sombernon et Arnay-le-Duc. Ce n'est qu'à Autun qu'il put trouver un point d'appui assez solide pour faire tête. Keller l'y atteignit le 1ᵉʳ décembre, sans réussir à le déloger.

Cremer, ignorant cet incident avait bien pris les dispositions convenues, lorsqu'une dépêche de Bordone, le chef de l'état-major de l'armée des Vosges, datée de Bligny-sur-Ouche, lui vint annoncer la rentrée de Garibaldi à Autun. La date pour l'attaque combinée sur Dijon avait été fixée au 28 novembre. Cremer n'avait pu supposer que Garibaldi attaquerait dès le 26. Une vive polémique fut plus tard engagée entre le vieux guerillero et le jeune général au sujet de ce défaut d'entente qui fit tout manquer. Peu après Cremer fut nommé divisionnaire à la place de Crévisier. Le 2 décembre lui arriva comme renfort la 1ʳᵉ légion du Rhône (colonel Celler) avec sa batterie Armstrong. Il put alors mettre à exécution le projet qu'il avait formé de couper la route à Keller. Ce général bavarois, battu sous Autun après une pointe malheureuse, le 1ᵉʳ décembre, regagnait Dijon par Arnay-le-Duc. Le quartier général de Garibaldi était dans la vallée de l'Ouche, à Labussière. Cremer se porta à son secours à Bligny avec la 1ʳᵉ légion de mobilisés, la 2ᵉ restant à Nuits. Le manque de cavalerie rendait très incertain le service de renseignements organisé dans sa division. Il y suppléait par des gens du pays qui se prêtèrent à ce service avec dévouement.

Avec la 1ʳᵉ légion, Cremer emmenait un médiocre contingent, le bataillon des chasseurs du Rhône (commandant Marengo). Cette troupe irrégulière et fantaisiste peut donner une idée de ce qu'étaient alors la plupart de ces formations hybrides, affublées souvent de noms et de costumes hétéroclites, qui formaient l'appoint et en même temps l'embarras de la défense, tels que les francs-tireurs de la Mort que nous trouverons à Nuits, et qui portaient comme marque distinctive une tête de mort au-devant du képi. Au bataillon des chasseurs du Rhône, nous nous arrêterons quelques instants, pour faire connaître en passant ses origines et sa constitution, ainsi que les étranges péripéties qu'avait déjà subies cette phalange.

Dominique Marengo, ex-lieutenant italien, avait quitté Genève en octobre comme partisan de la République universelle, pour venir offrir ses services à la jeune République française. A Ferney et à Lyon, il avait trouvé des compagnons disposés à s'enrôler à sa suite. C'était un élément cosmopolite et fort dissolu.

Tout cela se groupe autour d'un noyau informe de garibaldiens qui ne valent pas mieux, et qui ont pour commandant un homme taré. Dans cet amalgame règne un désordre indescriptible. La troupe est armée de fusils américains du modèle Spencer. Le commandant a amené de Toulon deux petits obusiers de 4 de montagne; on constitue dans le bataillon, deux compagnies de chasseurs, avec artillerie et génie! Le 17 novembre, on s'embarque en chemin de fer pour Chalon-sur-Saône, avec les hommes les plus instruits dont Marengo a trié le cadre. Le 26, le bataillon est envoyé à Chagny. Au moment du départ, il manque surtout... la discipline. Nombre de sous-officiers se présentent à la gare en état d'ivresse. L'un d'eux insiste pour embarquer avec lui deux femmes. Marengo se décourage et veut donner sa démission. Puis il se ravise. Il réunit ses officiers et leur jure que, s'il connaissait parmi eux quelqu'un capable de commander, il lui céderait la place, mais que n'en voyant point, il la garde pour lui-même.

Le 30 novembre arrive l'ordre de se rendre à Beaune. Les officiers de chasseurs, qui avaient compté sur le paiement exact de la solde de novembre s'étaient laissé aller à faire bombance à l'auberge. Pour s'assurer le règlement de leurs notes, le maître de l'hôtel ne trouve rien mieux que de confisquer les chevaux des officiers montés. Ils partent à pied, sans réclamer, trouvant ce mode de paiement plus commode.

C'était le jour de la première affaire de Nuits. En arrivant à Beaune, le bataillon reçut l'ordre de ne pas débarquer et de pousser jusqu'à Nuits-Saint-Georges. Quand il y arriva, le combat venait de finir. Cremer mit les chasseurs sous les ordres du colonel Bourras. Ce chef de partisans, aussi entreprenant que brave, commandait déjà une vingtaine de compagnies de francs-tireurs, l'épouvantail des armées allemandes.

Le 3 décembre, à une heure du matin, Cremer apprenait à Bligny-sur-Ouche, où il s'était porté la veille, que la colonne allemande du général badois Keller, forte de 7,000 hommes, chargée de poursuivre Garibaldi et repoussée d'Autun la veille, revenait à Dijon, harassée, par la route d'Arnay-le-Duc et Sombernon. En faisant surveiller cette colonne, il sut que le gros de la 11ᵉ brigade occupait les villages de Sainte-Sabine et de Vandenesse dans la haute Bourgogne. Il songea alors à profiter de la route transversale qui descend de Pont-d'Ouche, pour gagner le défilé de Chateauneuf, se porter à l'improviste sur le flanc droit de Keller et lui barrer le passage. Il partit, dans la nuit du 3 au 4, pour faire occuper la position de Châteauneuf, qui domine le défilé, pendant que les colonels Ferrer et Poullet attaqueraient l'ennemi dans les deux villages.

La marche de nuit fut très pénible par un froid excessif et sur une neige durcie. Cremer arriva néanmoins de bonne heure pour camper à Châteauneuf, position formidable adossée à une crête rocheuse d'où l'artillerie peut enfiler la route d'Autun et son embranchement sur Bligny par Sainte-Sabine et Painblanc. Il y posta la 1ʳᵉ légion du Rhône et la batterie Armstrong. Les colonels Ferrer et Poullet avec la 2ᵉ légion, le bataillon de la Gironde, trois compagnies du Rhône et deux obusiers de montagne, avaient mission de tourner Sainte-Sabine, de presser l'ennemi et de l'obliger à défiler par le flanc sous le canon, en se rejetant vers Châteauneuf. Cremer le recevrait sur la hauteur, quand il aurait été refoulé de Chaudenay, Sainte-Sabine et Vandenesse.

Malheureusement, le temps épouvantable retarda la marche de la 2ᵉ légion. De plus, son chef Ferrer, homme brave de sa personne, mais peu obéissant, ne rassembla ses forces qu'à quatre heures et demie et fit attendre le bataillon de la Gironde. Ce contre-temps fut fatal à l'issue de la journée, en permettant aux Prussiens d'évacuer Sainte-Sabine et Vandenesse, et de marcher sur Châteauneuf, avant d'avoir été attaqués. Keller essaya d'opérer un mouvement tournant sur la gauche de la position de Cremer. Le colonel Poullet l'en empêcha. L'affaire se trouva engagée presque uniquement entre la 1re légion et les Prussiens. Cremer, établi à temps à Châteauneuf, avait voulu se servir de cette position inaccessible, un peu comme Bonaparte avait utilisé celle de Rivoli et de son fameux escalier tournant, dans les flancs de la chaîne du Monte-Baldo (1).

Le général badois garda son sang-froid, malgré la surprise, pressa la majeure partie de ses troupes pour les engager dans le défilé de Vandenesse, tout en faisant contre la 1re légion, avec ses meilleures compagnies, une démonstration du côté de Châteauneuf.

Les attelages de notre artillerie étant impuissants à gravir les hauteurs, nos artilleurs, avec un bel élan, montèrent leurs pièces à bras dans deux pieds de neige, les établirent sous les balles, et, au signal de leur brave chef le commandant Camps, ouvrirent le feu à six cents mètres sur les colonnes prussiennes, qui, sorties de Sainte-Sabine et de Vandenesse à la première alerte, commencèrent à défiler au fond de la gorge sur la route de Sombernon.

Keller riposta à coups de canon, envoyant sur notre position une grêle d'obus.

N'ayant pas réussi à nous entamer sur notre droite, il tenta de nous attaquer par l'autre côté. Mais il vint se heurter à notre gauche contre le colonel Poullet, qui, n'ayant pas rencontré l'ennemi à Chaudenay, accourait au bruit du canon de Châteauneuf. Son apparition subite acheva de déconcerter les Prussiens. Keller dut se replier et sa retraite dégénéra presque en déroute. Il rallia ses troupes pour se frayer passage. Le colonel Ferrer avec sa légion n'atteignit Vandenesse que lorsque le gros de la brigade prussienne se fut échappé. Voulant réparer le retard, il lança en toute hâte ses têtes de

(1) Cette réflexion est empruntée au général Camps, témoin et acteur dans l'affaire.

COMBAT DE CHATEAUNEUF (3 Décembre 1870)

colonne à la poursuite de l'ennemi jusqu'à Commarin. Là, il atteignit l'arrière-garde allemande, s'empara de plusieurs voitures chargées de pétrole et de vivres dans le train de combat badois, et captura les conducteurs.

Le faux mouvement des Allemands défilant sous le canon de Châteauneuf leur avait coûté deux cents tués, six cents blessés, cent vingt prisonniers ou disparus. De notre côté, les pertes étaient beaucoup moindres : quarante tués et deux cents hommes seulement hors de combat, dans la 1re légion.

En résumé, le général Keller se dégageait à peine des mains de Cremer, et non sans y laisser quelques plumes de son aile.

Jusqu'ici la coopération entre Cremer et Garibaldi n'existait qu'à l'état à peu près virtuel. Vainement le général Bressolles, commandant supérieur de Lyon, invitait-il à s'assurer plus efficacement, surtout, disait-il, à se conformer « aux directions stratégiques » de Garibaldi.

La recommandation était superflue, ces directions stratégiques étant à peu près nulles. Cremer le sentait parfaitement et s'en plaignit à plusieurs reprises, lui qui au contraire méditait sans cesse quelque coup à faire, quelque plan à exécuter.

La liaison était d'ailleurs rendue plus difficile par la distance. La division Cremer se trouvait séparée de l'armée des Vosges par une région montagneuse presque impraticable, à la suite des neiges abondantes qui s'y étaient accumulées. Il y avait une seule voie de communication restée libre : le chemin de fer d'Autun à Chagny par Épinac et Nolay ; Garibaldi en usa une seule fois et d'une manière incomplète.

La Côte-d'Or allait devenir, selon l'expression de Werder, la côte de fer. Cette contrée bourguignonne qui, pendant tout le moyen âge, n'avait connu que la guerre, semblait faire revivre en elle, par sa belliqueuse attitude, les souvenirs de ses luttes pendant la guerre de Cent ans.

L'ombre de ses anciens ducs Philippe le Hardi, Jean sans Peur, Charles le Téméraire, ces perpétuels batailleurs des quatorzième et quinzième siècles, planait encore sur les tours féodales du vieux palais de Dijon. Il semblait qu'un souffle patriotique s'en échappât, pour inspirer aux Bourguignons modernes, aux descendants de ceux qui avaient combattu l'Anglais, le sentiment de la résistance à l'envahisseur, le dévouement absolu pour les défenseurs du sol national.

« Proclamons-le, dit le colonel Poullet, dans son livre sur Cremer, les habitants de la Côte-d'Or déployèrent en toutes occasions un esprit de sacrifice, une bonne foi au-dessus de tout éloge ; traversant les lignes ennemies, bravant mille fois la mort en nous apportant des nouvelles. Pour savoir ce qu'ils furent pendant la campagne, il faut se représenter les plus dévoués et les plus désintéressés des patriotes! »

Dans son isolement en Bourgogne, Werder avait à chercher avant tout le contact entre son corps d'armée et la IIe armée allemande, dont le VIIe corps se rapprochait de la région Châtillon-Chaumont.

La correspondance militaire du maréchal de Moltke est un véritable cours de stratégie. Certes, elle ne saurait être mise sur la même ligne que celle de Napoléon. Les conceptions sont moins spontanées, plus rigides. Elles n'émanent jamais du champ de bataille. C'est du fond du cabinet qu'elles surgissent. Dans le palais de Versailles, Moltke faisait de la stratégie comme Louis XI faisait de la politique à Plessis-lès-Tours, derrière les barreaux, non en plein air. Il n'avait jamais gagné de bataille. Il avait simplement préparé la victoire. Napoléon, lui, faisait les deux ensemble, ou successivement. Et c'est le soir d'une journée qu'il avait passée à cheval, à contenir l'ennemi, qu'on le voyait ensuite, couché sur ses cartes, préparant la victoire du lendemain et disant : « Je le battrai là! » Telle sera toujours l'immortelle supériorité de son génie.

De Moltke sera dans l'histoire l'émule de Montecuculli, du prince Charles, de Jomini. Il ne sera jamais l'émule de Napoléon, parce que, s'il a eu quelques parties du grand capitaine, la netteté dans la conception, la haute vue des opérations, la volont ferme, la science militaire en un mot, il lui a manqué l'inspiration du champ de bataille, n'ayant jamais commandé en chef. Comme chef d'état-major, il a peut-être dépassé Berthier ; mais il n'a pas eu le coup d'œil d'aigle du généralissime. Ce ne fut pas un conquérant ; seulement il forma avec Bismarck les deux moitiés d'un fondateur d'empire. Guillaume ne pouvait être mieux servi. Guillaume aura les statues, Moltke et Bismarck auront les piédestaux.

« Au sud de Dijon, dit de Moltke (1), on avait constaté de nouveaux rassemblements ennemis. Werder avait l'ordre de se dégager du côté de la côte du sud, en repoussant Cremer sur Chalon-sur-Saône, et de tenir Garibaldi en respect dans le Morvan, afin que le condottiere italien n'entravât point les opérations de Zastrow sur la Loire. Là, opérait Bourras, commandant des Pyrénéens, ce chef de bandes hardi qui tenait les Prussiens en échec dans la haute Bourgogne. »

Le 17 décembre, Werder voulut mieux assurer sa situation à Dijon, voir ce qui se passait au sud, se donner de l'air, repousser Cremer sur Chagny et Chalon par une opération contre Nuits et Beaune. Il organisa une reconnaissance offensive dont il confia l'exécution au général de Glümer commandant la division badoise. Les deux brigades de cette division comptaient quatre régiments (1er et 2e grenadiers, 2e et 4e d'infanterie). On leur adjoignit sept escadrons des 1er et 2e dragons et six batteries (trente-six pièces). L'effectif total (treize à quatorze mille hommes) était un peu supérieur à celui de la division Cremer.

La troisième brigade badoise, celle du général Keller, fatiguée par sa longue et aventureuse marche sur Autun, restait en réserve à Dijon.

Le 18, avant l'aube, les brigades quittèrent cette ville et partirent à la fois en trois colonnes, espérant surprendre et entourer les troupes françaises postées aux environs de Nuits.

La colonne principale passa par Longvic, Saulon-la-Rue, et marcha sur Boncourt. Elle était commandée par le lieutenant

(1) *Mémoires sur la guerre.*

général prince Guillaume de Bade et son avant-garde par le colonel de Willisen. Elle comprenait deux régiments de grenadiers de la garde badoise, six escadrons de cavalerie, quatre batteries d'artillerie divisionnaire, une batterie légère et une section de pionniers.

La colonne latérale de droite, commandée par le général-major baron de Degenfeld était divisée en trois fractions :

La première, sous les ordres directs de Degenfeld, avait couché la veille à Urcy, et marchait par Curley sur Villars-Fontaine avec un bataillon, un peloton de cavalerie et une batterie légère.

La seconde, sous les ordres du major Unger, suivit la grande route de Paris à Lyon et marcha sur Vougeot.

La troisième, sous le lieutenant-colonel Arnold, s'avança par les hauteurs sur Concœur; chacune de ces deux fractions formait un petit détachement (en tout quatre bataillons, un escadron et un peu d'artillerie.)

Werder quitta Dijon à sept heures du matin avec son état-major pour se joindre à la colonne principale.

A Nuits, Cremer avait en tout 7 à 8,000 hommes : les deux légions du Rhône, un bataillon du 37e de marche, quelques batteries d'artillerie et pas de cavalerie. Cette division présentait dans son ensemble un noyau d'excellentes troupes.

Le dimanche 18 décembre, vers neuf heures du matin, une reconnaissance française arrivait à Gevrey, qu'elle trouvait inoccupé. Elle apercevait seulement la pointe de cavalerie de la colonne allemande sur laquelle on tira trois ou quatre obus. Cremer dirigeait cette reconnaissance en personne.

Au même instant, une estafette du colonel Poullet venait en toute hâte prévenir le général Cremer qu'on signalait de l'Étang-Vergy une forte colonne ennemie descendant de la montagne par Villars-Fontaine, et que les volontaires du Rhône de Marengo battaient en retraite d'Épernay à Saint-Bernard.

Se sentant inférieur en nombre et menacé d'être coupé

par les deux ailes de sa ligne de retraite, Cremer rétrograda précipitamment sur Nuits, qu'il vit menacé et dont il résolut de faire le centre de sa résistance.

Les hauteurs de la Côte-d'Or qui dominent la petite ville, commandent la route et le chemin de fer de Lyon, et offrent certains avantages défensifs. Du côté de Chaux et de Concœur, le plateau de Chaux est séparé des plateaux boisés voisins par de profonds et larges ravins, qui défendent l'accès des positions.

Nuits-Saint-Georges, entourée de son célèbre vignoble, avec ses rues, ses clos, ses jardins faciles à barricader, est surplombée au levant par la côte. Cette sorte de falaise livre passage, par une coupure, au ruisseau du Meuzin et à la route qui descend des montagnes de l'arrière-côte. La route de Lyon étant placée sur le côté, ne peut être enfilée par l'artillerie. Cette grande artère traverse Nuits.

A cinq cents mètres à l'est passe le chemin de fer parallèle à la route, tous deux longeant la côte en marge de la plaine. Fortement en tranchée sur un kilomètre de long, la voie ferrée sert de défense du côté de l'est. A l'ouest, la ville est mieux protégée encore par les larges plateaux de Chaux et de Concœur. Qui en est maître, est maître de Nuits.

Cremer, vu l'infériorité de ses forces, ne pouvait guère passer à l'offensive qu'avec l'aide d'un secours qu'il attendait de Beaune et que le colonel Poullet avait demandé par le chemin de fer. Il allait donc livrer un combat défensif. Sa tactique était de se cramponner au plateau de Chaux, d'où il pouvait surveiller tout le champ de bataille et peut-être, de là, passer à la contre-attaque. Il envoya son chef d'état-major sur ces hauteurs, et y mit une partie importante de ses forces : deux bataillons du 32e de marche, un bataillon de la deuxième légion. Une compagnie girondine et les francs-tireurs furent placés au plateau de Concœur.

Enfin une bonne partie de l'artillerie fut disposée sur les hauteurs, par les soins d'un jeune chef d'escadron à titre auxiliaire qui la menait brillamment, le commandant Camps.

Cette artillerie ne comprenait, hélas! que trois batteries : une batterie Armstrong de neuf livres, de la première légion du Rhône, et deux batteries de 4 de campagne.

Le matin du 18, le capitaine Pitrat, avec quatre pièces, avait accompagné la reconnaissance sur Gevrey. Le commandant Camps l'avait rejoint vers neuf heures, au moment où la colonne rencontrait les premiers dragons badois éclairant les troupes ennemies qui suivaient la grande route. Par suite d'une fâcheuse méprise, Camps tomba, en arrivant, au milieu d'une grêle de balles françaises (1). Il eut son cheval tué et resta démonté pour le reste de la journée. Quand nos troupes se replièrent, Camps rentra à Nuits et reçut les instructions de Cremer, devant la mairie, pour l'organisation de la résistance.

L'artillerie fut très disséminée, grâce à l'étendue de la position à défendre, allant de Villars-Fontaine à Boncourt.

Huit pièces étaient postées sur la route qui gravit le plateau de Chaux, pour tirer par-dessus la ville, vers Boncourt et Agencourt. Le capitaine Pitrat, avec quatre autres pièces, fit tirer sur les pentes au sud de la ville, pour empêcher notre droite d'être tournée. Enfin, depuis le matin, sur l'ordre du colonel Poullet, il y avait déjà sur les hauteurs de Chaux la batterie du capitaine Aubrion. Une section à la Bergerie surveillait le plateau de Concœur, la route de Vosne et la plaine.

Les garibaldiens d'Autun, appelés à la rescousse, devaient utiliser les trains, afin d'arriver plus vite. Le 57e de marche, qui n'était qu'à Beaune, avait à parcourir une demi-étape. Les routes étaient faciles. Le temps était beau. Le brouillard qui, le matin, couvrait la campagne s'était dissipé. Il eût été bien préférable de faire franchir à pied par les troupes de Beaune les seize kilomètres qui les séparaient de Nuits, quand le canon tonnait déjà! Elles n'y arrivèrent que vers cinq heures du soir. Cependant l'ennemi accentuait ses mouvements. La bataille s'engagea à peu près simultanément, vers

---

(1) Une partie des détails relatifs à l'artillerie sont empruntés à un mémoire manuscrit du général Camps (Rôle de l'artillerie à la bataille de Nuits).

dix heures du matin, sur toute la ligne, par un combat de tirailleurs. Elle eut deux phases distinctes, indépendantes l'une de l'autre : l'une qui se livra dans la plaine, l'autre qui eut la montagne pour théâtre. Dans la plaine, elle fut l'une des plus chaudes de la guerre ; sur les hauteurs, elle fut beaucoup moins meurtrière.

Cremer s'établit à Nuits de sa personne. C'est de là qu'il dicta ses ordres. A Chaux, Camps assura la situation d'une façon remarquable. Dans la plaine, le colonel Graziani eut la conduite de l'aile droite; le colonel Celler, de la première légion, celle du centre ; le colonel Poullet, celle de l'aile gauche. Les efforts de Graziani et de Celler étaient bien liés ensemble.

Le colonel Graziani fit son déploiement entre Boncourt et le château de la Berchère, où il mit une compagnie girondine qui s'y retrancha. Ses hommes se dispersèrent en tirailleurs, avec des soutiens espacés, et une réserve dans la tranchée du chemin de fer, assez en arrière. Cette réserve qui allait jouer un grand rôle, c'était la majeure partie du bataillon de la Gironde.

La défense de ce secteur fut très sérieuse et devint bientôt le nœud de la bataille.

A onze heures et demie, la forte avant-garde badoise de Willisen apparaît vers les bois de Boncourt, et le premier coup de canon est tiré. La batterie légère de Holtz crible d'obus la position française et allume deux incendies dans le village. En même temps, un régiment d'élite, le 1er grenadiers (colonel baron de Wechmar) débouche des bois de Souzières et des Grands Chênes, et s'étend le long de leur lisière. Nos tirailleurs ouvrent le feu, Graziani repousse trois assauts du 2e grenadiers badois. Mortellement blessé, mais se soutenant encore, et restant debout par un héroïque sentiment du devoir, il refuse de quitter son commandement.

Tout à coup, l'incendie d'une partie du village de Boncourt et un mouvement de l'ennemi sur Agencourt, ne permettent plus au 32e de garder sa position. Le bataillon se retire alors avec ordre, soutenu par le feu du château de la Berchère, où sont installés les Girondins, et sous la protection des batteries placées soit sur la route de Beaune, soit sur le plateau de Chaux.

Arrivé à la Berchère, Graziani fait renforcer les points faibles de sa nouvelle ligne de combat, et, par un retour offensif qu'appuie vigoureusement le commandant de Carayon-Latour, refoule l'ennemi vers le village. A midi, le gros de la colonne allemande de gauche est arrivé à hauteur de Boncourt où il rencontre encore une forte résistance. Une demi-heure après, le colonel de Wechmar, soutenu par une batterie légère qui a pris position au bois de Souzières, emporte le village d'assaut avec un bataillon de grenadiers, et en rejette les défenseurs sur la Berchère.

A une heure et demie, à notre droite, le village d'Agencourt tombe aux mains des Badois. En débouchant sur la route de Nuits, ils sont arrêtés un instant par les chasseurs du Rhône et les francs-tireurs de la Mort. Ces troupes légères avaient des allures bizarres sur le champ de bataille; mais quand elles étaient en tirailleurs dans les vignes, elles faisaient le coup de feu comme les autres. A deux heures, les compagnies de grenadiers se déploient contre nos troupes en avant d'Agencourt. Leurs officiers montés ont mis pied à terre. Ils laissent leurs chevaux groupés et tenus en main dans les fermes. La fusillade crépite, intense. Nos batteries du plateau de Chaux tirent sur les lignes d'attaque. Une compagnie allemande porteuse d'un drapeau est presque décimée. Les survivants se relèvent et s'avancent par bonds. Les morts et les blessés font en tombant une sorte de sillage qui jalonne le trajet de l'attaque. Le drapeau reparait et passe de main en main.

« La tâche du bataillon badois maintenant réuni n'était pas facile, dit le major Kuntz. Devant lui se trouvaient un terrain plat et le ruisseau du Meuzin, qui empêchait d'envelopper l'aile droite française. Sur son front, la tranchée du chemin de fer donnait aux Français une force particulière. Les Allemands ne pouvaient que maintenir leur attaque sur le front de l'ennemi. Ils l'exécutèrent sur une seule et longue ligne. »

Les blessés allemands affluaient à Agencourt, tandis que les brancardiers sortaient du village, ramassant en pleine action les malheureux qui se trainaient et appelaient du secours. Les médecins appliquaient un pansement sommaire et renvoyaient au feu les hommes qui leur semblaient en état de combattre. Le feu rapide de nos fantassins fait reculer un instant les vieux grenadiers badois. Glümer envoie deux batteries de mousquetaires aux troupes engagées sur la route de Boncourt à Nuits. Il fait soutenir par un bataillon de fusiliers les fractions qui combattent près d'Agencourt. Il est une heure et demie; deux compagnies d'infanterie prolongent l'aile droite de la première ligne d'attaque, tandis que les cinq escadrons de dragons du gros prennent la direction de Quincey, pour chercher à couper la retraite des Français sur Beaune. Les défenseurs sont rejetés sur la Berchère et sur la tranchée. Graziani tient dans le château.

De toutes parts, le 1er grenadiers s'avance sur la Berchère. La compagnie girondine a solidement fortifié cette vieille construction féodale, dont les murs et les tours énormes vont protéger les défenseurs. Autour, le terrain ondulé est couvert de vignobles, et, surtout au nord-est, de bouquets d'arbres. La résistance opiniâtre a laissé d'innombrables traces de projectiles, visibles encore sur les bâtiments.

Tandis qu'une partie des fusiliers allemands sort de Boncourt, une colonne épaisse, formée par un autre bataillon, s'avance, plus au nord, vers l'extrémité des bois. Dans un effort sublime, Graziani, mourant, enlève les braves du 32e et les jette sur Boncourt. Il n'abandonne ce village que devant l'incendie et devant un mouvement tournant écrasant. A bout de forces enfin, l'intrépide colonel est emporté à l'hôpital de Nuits, où il expire au bout d'une heure.

Le commandemant de la ligne passe au chef de bataillon de la Gironde. Il recule sur la Berchère, lentement et par échelons, renforce les points faibles, refoule l'ennemi, à la tête de cinq compagnies de mobiles.

Les Allemands lancent des obus contre la Berchère. Un

nouvel afflux d'infanterie et de cavalerie tombe sur les mobiles. Ces vaillants, conduits par un homme de cœur et de race, se battent bien, manœuvrent avec précision, ne font que des feux à commandement. Ils sont attentifs à la voix de leur chef. C'est Carayon-Latour (1) qui a organisé le bataillon, qui a choisi ses officiers. Adoré de ses hommes, qui l'appellent leur père, il est pour eux plein de sollicitude; il sait qu'il peut tout en attendre. Pour se mettre à leur tête et partager leurs dangers, comme tant d'autres membres de l'aristocratie française, il a abandonné les charmes d'une grande existence. Son exemple entraîne au feu.

A notre extrême droite, le 1er bataillon de grenadiers badois, gagnant du terrain par Agencourt, après avoir chassé les francs-tireurs du Rhône, demeure *impuissant* (2) à enlever les positions particulièrement fortes qui s'étendent au sud-ouest de Nuits; vers deux heures le gros de la brigade étant arrivé, Glümer donne l'ordre de procéder à l'attaque générale (3). Assaillis de toutes parts, les défenseurs de la Berchère sont menacés d'être coupés.

Pendant la fusillade dans les plaines, notre artillerie bien disposée par le commandant Camps, sur les éperons des hauteurs au-dessus de Nuits, utilisait ses dernières pièces. Elle canonnait et arrêtait un instant les colonnes ennemies. D'après le système de Cremer, les soutiens d'artillerie étaient établis à environ quatre cents mètres à droite et à gauche des batteries, de façon à les soustraire à l'effet des obus. C'est à cette heureuse méthode que l'artillerie française dut la chance de subir très peu de pertes dans les secondes lignes.

Cependant le combat continue dans la plaine avec la même intensité. Le général Glümer est frappé à mort. Werder le remplace et dirige l'ensemble. A l'aide de ses réserves, il

---

(1) Joseph de Carayon-Latour, ancien élève de l'École polytechnique, député à l'Assemblée nationale après la guerre, digne représentant d'une vieille famille bordelaise.
(2) Rapport du grand état-major allemand.
(3) Maréchal DE MOLTKE, *Mémoires*.

essaye de tourner notre aile droite, en la faisant déborder par sa cavalerie qui pousse jusqu'au ruisseau du Meuzin.

Il est trois heures. Cremer commence à craindre de voir une partie de ses troupes coupées de Nuits. Il ne veut pas prolonger inutilement le sacrifice de ses hommes, et montre ainsi qu'il sait joindre la sagesse à l'élan. Il donne ordre qu'on se retire derrière la voie ferrée.

L'abandon de cette première position se fait rapidement et brillamment sous la conduite de Carayon-Latour.

A ce moment, le prince Guillaume de Bade venait de demander un verre d'eau à une villageoise d'Agencourt. Il s'avance ensuite sur la grande route avec son escorte. A peine a-t-il fait quelques pas, qu'il tombe de cheval, la mâchoire fracassée et les deux joues traversées par une balle. « Ce n'est rien, rugit-il, vite en besogne! » Son escorte met pied à terre et s'empresse autour de lui. On le met sur une civière que l'on garnit d'édredons empruntés à une maison d'Agencourt. On le transporte ainsi au château de la Berchère, où est déjà établie l'ambulance badoise.

Le régiment allemand qui attaque la voie ferrée à découvert est très maltraité. Carayon-Latour a son cheval tué sous lui. Il est à pied, les vêtements criblés de balles, le sabre faussé par un éclat d'obus. Il encourage ses mobiles et se retire le dernier. Dans ce mouvement, en moins d'une demi-heure, les Girondins ont eu 180 hommes hors de combat. Deux compagnies du 32e et une de la 2e légion, se servant de la tranchée comme d'un rempart, épaulent à coup sûr et font tomber nombre de Badois dans les vignes. La traversée de la plaine sans abris en avant de la tranchée est un coûteux problème à résoudre. Un témoin oculaire a remarqué sur une longueur de deux à trois cents mètres en avant de la gare le terrain couvert d'une « couche noire » de cadavres badois.

Cinq batteries ouvrent un feu épouvantable sur le chemin de fer. Grêle d'obus, paquets de mitraille. Nos jeunes soldats restent impassibles.

Le 1er grenadiers en entier, devançant la grosse colonne allemande, tente de se porter en avant, en partant des positions qu'il a enlevées. Mais, dès que les deux bataillons de la Berchère débouchent devant notre ligne, un feu terrible brise leur élan et les arrête net. Soudain, dit un témoin (1), les masses ennemies s'ébranlent et s'avancent sur eux. Au tour de la France maintenant ! Un éclair se prolonge le long du chemin de fer, et les Allemands disparaissent. Morts, blessés, vivants, tous tombent comme des épis sous la faux. Ils se terrent dans les trous, dans les raies des champs, dans les broussailles. Les officiers font relever leurs hommes à coups de plat de sabre, les obligent à se tenir debout et à combattre.

Ils passent dans les fossés, au milieu des cadavres des Français, dans des mares de sang, à travers des armes brisées. Le feu rapide des chassepots (six coups à la minute) les tient une demi-heure sous ses nappes meurtrières.

Seul un bataillon, qui d'Agencourt essayait d'atteindre la gare et le Meuzin, réussit à gagner un peu de terrain. Il a son commandant Gemmingen mortellement frappé, et ce n'est qu'au prix de pertes sensibles qu'il parvient à déloger nos avant-lignes. Mais arrivé devant la tranchée, il est cloué sur place par l'intensité du tir qu'il essuie en terrain découvert. Ici, il faut citer l'auteur allemand, acteur du combat :

« Malgré le feu roulant et continu des défenseurs, dit Lölein, malgré nos pertes cruelles dans cette période relativement courte de l'action, nous n'eûmes pas un seul instant l'idée de nous jeter dans les vignes. »

A son tour le 2e grenadiers s'engage et vient soutenir le 1er grenadiers. Les compagnies du 3e bataillon badois vont se placer au nord à la suite des grenadiers, prolongeant la droite allemande, et donnant la main au commandant Unger, qui se porte de Vosne vers la voie ferrée.

Ils arrivent à cinq cents pas de la tranchée. La 12e compagnie du 2e régiment de grenadiers s'avance encore et ouvre

---

(1) Clément JAMIN (Causerie).

un feu rapide. Cette tranchée est un obstacle formidable, c'est un tombeau ouvert, c'est le ravin de Planchenoit de ce petit champ de bataille. Les Badois pourront-ils enlever la voie ferrée, et y descendre? Si un secours quelconque arrive aux légionnaires, l'ennemi est perdu (1).

Hélas! ce ne sont pas les combattants qui vont nous manquer, ce sont les munitions des troupes engagées. La discipline du feu a été mal observée, et ici, pas de ravitaillement possible!

L'infanterie n'a que les cartouches portées par les hommes. L'artillerie n'a que les projectiles des coffres des batteries réduites à six caissons! Plusieurs compagnies, désormais inoffensives, se retirent sur le plateau de Chaux. Elles marchent dans un ordre parfait : on dirait qu'elles reviennent du tir à la cible (2)!

La tranchée est enfilée et criblée de balles. Après quelques minutes d'un feu d'enfer, la ligne d'infanterie badoise se précipite hurlante vers le chemin de fer. Les officiers montés ont mis pied à terre et poussent leurs hommes en avant. Toute l'artillerie divisionnaire appuie le mouvement de ses salves hâtives, ininterrompues. Dans les rangs désunis, les victimes sont nombreuses. Cependant l'attaque ne fléchit pas. Elle progresse à découvert faisant preuve d'une énergie et d'une ténacité admirables. Voyant ses légionnaires serrés de près, le colonel Celler les entraîne à la contre-attaque. Il tombe mortellement blessé, et doit succomber à Lyon quelques jours après. L'envahissement de la tranchée par l'ennemi est accompli! Toute la ligne de défense est forcée d'abandonner successivement les belles positions que nous occupions depuis le matin. Le succès a coûté cher aux Allemands. En quelques instants, après Glümer et le prince de Bade, sont tombés : les colonels de Wechmar, de Renz, Hoffmann, le baron de Röder, et plus de 40 officiers de tout grade.

Cependant le combat se poursuit avec acharnement. A la

(1) *Mémoires* de Moltke.
(2) Camps.

gare, aux passages à niveau de la route de Boncourt, légionnaires, mobiles, soldats de toutes sortes se battent presque corps à corps, assaillis par les grenadiers badois : il y a là un pêle-mêle, un tumulte indescriptible. Sans cartouches, les nôtres sont refoulés par la ligne ennemie ; le désordre se met dans les rangs de nos mobilisés, qui refluent précipitamment sur la ville. Au pont Saint-Bernard, aux passages à niveau, partout, aux cris de : *Hurrah! Vorwærts!* les Badois traversent la voie. Reformés par compagnies sur les talus, ils commencent sur nos soldats en retraite des feux de salves d'une régularité terrible. C'est le combat moderne dans toute son horreur et dans toute sa méthode du côté de l'assaillant, vainqueur enfin de cette belle et digne résistance. Les rafales de plomb s'abattent sur cette foule tourbillonnante, qui s'enfuit vers Nuits. Les officiers français s'y multiplient pour rallier leurs hommes, mais en vain! Des groupes entiers sont fauchés par la mitraille. Le commandant Clot et une quinzaine d'officiers dans la légion sont blessés. Plus de sept cents hommes y sont mis hors de combat. A cette milice décimée il reste l'honneur!

Notre artillerie, du haut du plateau de Chaux, a suivi toutes les péripéties de la lutte, et l'a énergiquement soutenue. « De la place où nous sommes, relate le commandant Camps (1), le coup d'œil est superbe et saisissant. Nous embrassons dans toute son étendue la lutte acharnée qui se livre dans la plaine. Nous pouvons admirer la retraite méthodique des défenseurs de Boncourt, de la Berchère et d'Agencourt, sur la tranchée du chemin de fer, retraite dirigée par l'héroïque colonel Graziani, déjà mortellement blessé! Et les retours offensifs des défenseurs de la tranchée déployant leurs tirailleurs à cent mètres à peine des lignes allemandes! Et le mouvement tournant de la cavalerie badoise, essayant de franchir le Meuzin et de nous couper de Beaune à notre extrême droite, mouvement arrêté par quelques salves d'artillerie! »

(1) Commandant CAMPS, *Le rôle de l'artillerie à la bataille de Nuits.*

CHAPITRE IV

A notre extrême gauche, l'attaque du général Degenfeld sur Villars-Fontaine constitue un épisode à part, dans la journée du 18 décembre.

Le combat livré dans la montagne fut moins violent et moins meurtrier que celui de la plaine. Grâce à la force de nos positions et à la défense, l'ennemi, de ce côté, eut le dessous jusqu'à trois heures.

A dix heures et demie, Degenfeld attaque Chaux et le bois Poinsot. En face de lui, les pièces de 4 du capitaine Aubrion répondent par un feu plongeant à 2,000 mètres. Elles atteignent les réserves allemandes et la batterie badoise qui, quoique portée à six pièces, se trouve bientôt dans une position intenable. Suivant sa tactique habituelle, elle va prendre du champ et s'installer en arrière du village. Alors, les rôles sont changés. La lutte d'artillerie se rouvre pendant une heure, mais cette fois à l'avantage des Allemands. Hors de portée de nos pièces, supérieure à notre artillerie par son tir plus rapide et plus juste, la batterie badoise jette le ravage au milieu de la nôtre. Là, une fois de plus, s'affirme la précision du canon prussien. Le capitaine Aubrion et quelques-uns de ses hommes sont mis en un instant hors de combat.

Après la préparation par le feu de l'artillerie, Degenfeld donne le signal de l'attaque de Villars-Fontaine. Les colonnes d'infanterie se mettent en marche dans la direction du Meuzin, et ne tardent pas à essuyer les coups de fusil des tirailleurs français, surtout ceux du 32ᵉ de marche, à la lisière du bois Poinsot.

Après une lutte de six heures, pendant laquelle il n'a pas avancé d'une semelle, la situation de Degenfeld devient de plus en plus critique. Impossible de traverser la forêt. Il faut combattre à découvert. Le général allemand met le sabre à la main pour entraîner ses troupes. Blessé à la tête, perdant beaucoup de sang, et voyant tomber à ses côtés une dizaine d'officiers, il juge le passage infranchissable.

Il est trois heures de l'après-midi. N'entendant presque rien du combat qui se déroule dans la plaine, incertain du sort des autres colonnes allemandes, n'ayant pu donner la main à son voisin Arnold, Degenfeld fait cesser le feu de ses batteries, se met en retraite, et cède rapidement le terrain. Nos fantassins poursuivent les troupes ; notre artillerie les accompagne de son feu. Les Badois abandonnent Villars-Fontaine à nos francs-tireurs et à nos légionnaires. Ils emmènent dans sept voitures de réquisition leurs blessés et leurs morts.

Ainsi, après un combat de près de six heures, dans lequel, il est vrai, les pertes furent faibles de part et d'autre, nous avions réussi à repousser toutes les attaques venues par la vallée de l'Étang-Vergy.

Si le mouvement de Degenfeld eût abouti, la division Cremer eût perdu sa meilleure ligne de retraite, peut-être la seule. Il était donc important de bien l'assurer. L'insuccès de l'ennemi sur Chaux annihilait en même temps l'effort du lieutenant-colonel Arnold, qui devait se coordonner avec celui de Degenfeld, mais en resta dans le fait complètement séparé.

La colonne Arnold trouva, pour une attaque de front, les mêmes difficultés qu'avait rencontrées Degenfeld au plateau de Chaux, et reçut de Werder l'ordre de se replier sur Vosne, afin de pouvoir porter secours aux troupes engagées dans la plaine. Grâce à l'énergie du commandant Camps et des braves officiers qui le secondaient si bien, le colonel Poullet avait empêché l'ennemi d'atteindre Nuits par la vallée du Meuzin, et définitivement arrêté l'un des deux mouvements tournants sur lesquels Werder avait compté pour assurer sa victoire.

De ce côté du moins, c'est à nos armes qu'elle appartenait.

La petite colonne allemande du centre, en marche par la grand'route, fut longtemps retenue devant Vosne par le colonel Celler, qui s'y était arrêté avec un bataillon de la 1re légion en rentrant de Gevrey. Malgré des pertes nombreuses, ses mobilisés eurent une excellente tenue au feu. Ils en avaient reçu le baptême à Châteauneuf, ils avaient confiance. L'artillerie du plateau de Chaux les soutenait de son tir ; sur le plateau de Concœur, le commandant Guépy attaquait à la baïonnette. Au bas des coteaux, les combattants piétinaient les fameux vignobles de la Romanée et de Richebourg, où, ce jour-là, il coulait du sang et non du vin. Mais, resté en flèche après l'évacuation de la Berchère, menacé d'être pris en flanc par Concœur et Boncourt, Celler dut se résoudre à battre en retraite.

A une heure et demie, son mouvement s'exécutait régulièrement, avec l'aide de troupes fraîches que lui amenait Cremer en personne. Arrivé aux premières maisons de Nuits, Celler se retourne et fait tête à l'ennemi. A deux heures, il tombe frappé d'une balle en pleine poitrine.

La prise de Vosne devient alors imminente. C'est l'artillerie de la colonne principale allemande qui la déterminera. Les batteries avancent par échelons, des deux côtés de la route de Boncourt à Nuits, appuyant l'attaque. A ce moment, l'ennemi est maître de Boncourt. Les défenseurs de Vosne, voyant les Français se replier sur la droite, abandonnent ce village. Depuis l'évacuation de la tranchée, Nuits se trouve à découvert. C'est le nœud de routes, c'est la clé de la défense, c'est le refuge, et il y a là une population qui attend anxieuse ! En se retirant, les débris de la 1re légion continuent à tirailler jusqu'à bout portant, et disputent le terrain pied à pied.

Le jour baisse, les renforts allemands affluent. C'est le gros des colonnes qui a pris son déploiement. Il faut céder au nombre. Vers quatre heures et demie, ébranlée par l'effet du canon, notre infanterie est rejetée en désordre sur Nuits, où du moins elle espère souffler et s'abriter.

La colonne allemande de Gevrey et celle de Concœur y arrivent en même temps par la grand'route. La ville est enserrée d'un côté par ces troupes, de l'autre par celles qui viennent de la Berchère. Un bataillon de fusiliers badois, poussant l'infanterie en retraite, s'élance à l'assaut, mais ne parvient pas à vaincre la résistance des défenseurs. Un combat de rues à la baïonnette s'engage dans une demi-obscurité. Les cris des habitants qui se cachent dans leurs maisons se mêlent aux hurrahs allemands et au crépitement de la fusillade. Une batterie lourde ennemie se porte vivement au delà du chemin de fer. Elle envoie de la mitraille à huit cents mètres sur les masses confuses de Cremer, qui s'entassent dans la ville, pendant qu'une batterie légère allemande prend position sur le talus de la voie ferrée et accompagne l'attaque suprême. Camps concentre son feu sur ces batteries et les force rapidement à se retirer. Cependant Nuits va succomber. « Vers cinq heures enfin, dit la relation allemande, ébranlés par l'action du canon, les défenseurs cèdent le terrain après une faible résistance aux bataillons badois; mais, longtemps encore, les batteries du plateau de Chaux se font entendre. »

Après les glorieux épisodes, voici les minutes néfastes. Deux bataillons de la 2ᵉ légion arrivés de Prémeaux et de Quincey, étaient particulièrement chargés de la défense de Nuits. Les jeunes soldats qui les composaient avaient été en grand nombre démoralisés par la violence de l'action qu'ils avaient eue sous les yeux, sans y avoir encore pris part. Des projectiles tombant sur la ville y allumaient des incendies ou faisaient explosion sur la voie publique. Des blessés étaient transportés aux ambulances. Soudain, une partie de la 2ᵉ légion cédant à une peur subite à peine explicable, fait demi-tour et s'enfuit vers la ville, malgré les efforts des chefs, le colonel Chabert et le commandant Mouton. Quelques officiers, le revolver à la main, se jettent sur les fuyards et tentent de les ramener, Cremer en tête. Cette malheureuse troupe qui voyait le feu pour la première fois, n'avait pas tenu plus d'une demi-heure. Malgré les bons officiers qui pleuraient de rage, le colonel Chabert, chef de la légion, le commandant Mouton, le général Cremer qui mit à un officier le revolver sous le menton, tous les efforts échouèrent pour rallier les hommes.

Notre ligne était rompue. En face d'un ennemi rendu furieux par la résistance, c'était la déroute, le massacre sans quartier. Le chef de gare Meignaud rallie les fuyards près de la barrière, prend un fusil et, avec une vingtaine d'hommes, inflige à l'ennemi des pertes sensibles.

La nuit tombait, l'infanterie allemande apparaissait vers le chemin de fer. Derrière les mobilisés, les batteries du plateau tonnaient toujours, tirant par-dessus Nuits en deux groupes. Nos artilleurs pointaient avec calme sur les gros rassemblements qui s'avançaient dans la plaine. « Malgré le feu réuni de nos cinq batteries, dit Lölein, l'artillerie française canonnait encore les positions que nous venions de conquérir, avec une précision inconnue jusqu'alors, et nous faisait bien des victimes... » Allemands et Français étaient tellement rapprochés, qu'il n'était pas possible au commandant Camps de tirer sur les assaillants. Il concentra ses coups sur les batteries qui avaient franchi le chemin de fer et les fit rebrousser chemin.

Cremer n'avait pas eu le temps ou avait négligé d'organiser suffisamment la résistance des abords de la ville. Les positions du chemin de fer et de la gare une fois emportées, les Allemands se précipitent par la rue de Quincey.

Le commandant Clos, sa dernière cartouche tirée, a rétrogradé le dernier, précédé des Girondins et du 32e, dont il fait partie. Il tombe grièvement blessé à l'arrière-garde, au moment où les Badois s'engouffrent dans Nuits.

Qui allait défendre la ville? Découragés par l'abandon de la tranchée, les hommes de la 1re légion suivaient maintenant le funeste exemple de ceux de la 2e. Ils quittaient leurs rangs sans combattre et gagnaient les hauteurs de Chaux, « en un flot toujours montant » de soldats débandés. L'action finale était complètement décousue. Notre artillerie seule pouvait arrêter la poursuite.

Les Allemands désormais occupaient la ville. Toute la soirée ils massacrèrent : francs-tireurs, mobiles... Plus de quartier! Tout ce qui tombait entre leurs mains était passé au fil de la baïonnette, s'il tentait la moindre résistance. Les autres étaient faits prisonniers. Dans certaines rues, on luttait encore. Un capitaine badois fut frappé à mort, en tête du bataillon qu'il commandait, sur la place de l'Hôtel-de-Ville. Puis le combat s'éteignit peu à peu avec le jour. Nos soldats se laissaient entourer comme des moutons ; ils se rendaient, à bout de forces et de courage. Seuls, au sud de la ville, les fusiliers du 2ᵉ grenadiers rencontrèrent encore quelque résistance. Ils tiraillaient dans la pénombre, se frayaient un passage, étaient parvenus avec peine sur la place du Pont, quand tout à coup, est-ce le salut?... ils voient déboucher, au pas de charge, une troupe fraîche, inattendue, en pantalons rouges. C'est le colone Millot, à la tête de quatre compagnies du 57ᵉ de marche et le reste de la deuxième légion.

Ce renfort, venu de Beaune, arrivait trop tard, hélas! Débarqué à la station de Corgoloin, il s'était aussitôt divisé. Un bataillon du 57ᵉ (Champcommunal) allait contenir, vers la gare de Nuits, les dragons qui cherchaient à nous couper sur Beaune. Un autre se lançait vers la ville et refoulait un instant les fusiliers du 2ᵉ grenadiers, qui reculait lui-même très lentement devant des masses profondes broyant tout sur leur passage. D'ailleurs, à cette heure avancée, ils ne pouvaient déjà plus rétablir le combat. Ils permettaient seulement aux derniers soldats restés dans Nuits de se dérober sur les hauteurs, et ils protégeaient ainsi la retraite. On tenta bien quelques retours offensifs. Dans un de ces efforts isolés, Cremer, donnant l'exemple, chargea le sabre à la main. C'était le dernier spasme de la résistance aux abois.

Il fallut se décider à laisser l'Allemand maître de Nuits. Les bataillons de grenadiers bivouaquèrent sur la place du Marché et gardèrent seulement par des postes détachés les différentes entrées de la ville. Le reste des troupes ennemies s'installa provisoirement auprès de la Berchère et d'Agencourt. A cette heure tardive, il se passait vers la gare un dernier épisode, réconfortant pour l'honneur de nos armes.

Une demi-section française du bataillon Champcommunal, retranchée dans la maison du garde-barrière, se laissa presque entièrement massacrer plutôt que de se rendre.

La petite ville de Nuits offrait alors un aspect lamentable : des corps gisant dans les rues, des maisons brûlées, des vitrines, des magasins éventrés par la chute des projectiles,

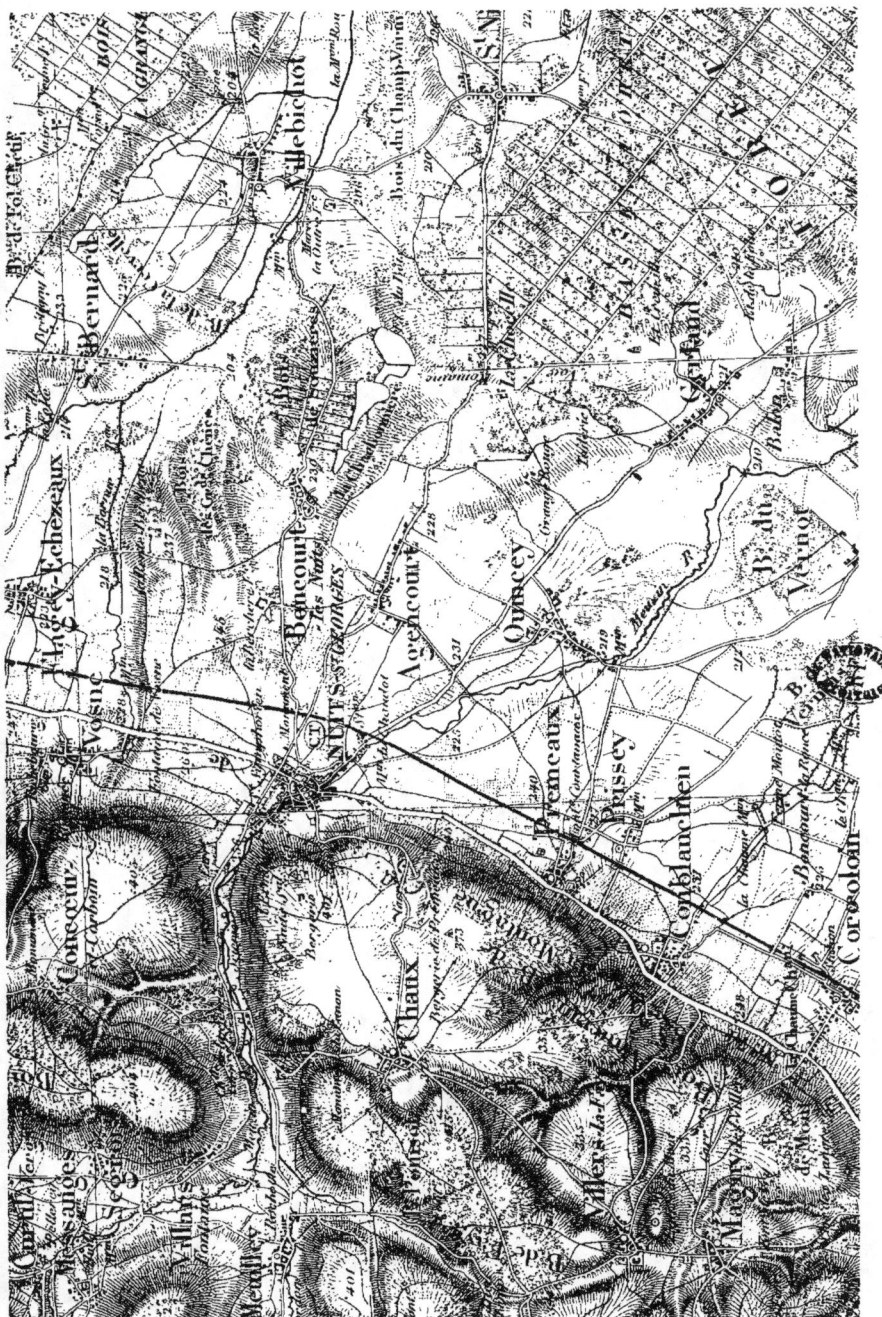

BATAILLE DE NUITS. (Janvier 1870)

un affolement général dans la population de cette paisible bourgade de la Bourgogne, d'ordinaire absorbée par les soins de la paix et la récolte de ses grands vins.

On trouva dans les champs voisins des cadavres français entièrement dépouillés par des vagabonds faméliques : espions, détrousseurs de morts, oiseaux de proie comme en attire trop souvent derrière les armées le misérable appât de funèbres convoitises : des sans-patrie, des voleurs qui iraient chercher le gain jusque dans les tombeaux !

Les troupes allemandes passèrent la nuit campées sur la place du Marché et dans les villages de la plaine les plus rapprochés. « Le lendemain de bonne heure, dit le maréchal de Moltke (1), on constata que l'ennemi continuait à battre en retraite ; mais on ne disposait pas de forces suffisantes pour se mettre à sa poursuite. » Le XIV⁰ corps avait dû en effet céder sept bataillons au corps d'investissement de Belfort.

Werder, craignant d'être attaqué et sentant son infanterie impuissante à gravir des hauteurs d'où notre artillerie pouvait l'anéantir, commença, dès la nuit du 18 au 19, à gagner Dijon. Le 19, à quatre heures du matin, il n'y avait plus un Allemand valide dans la ville.

Il restait à Chaux environ deux mille Français qui n'avaient pour ainsi dire pas donné. Dès quatre heures du soir, les premières troupes débandées avaient commencé à se dérober, en gravissant le chemin de Chaux. Les officiers n'avaient plus d'action sur leurs hommes. Seul à l'arrière-garde, le bataillon de la Gironde faisait encore bonne contenance. On se ralliait tant bien que mal. Les compagnies s'efforçaient de se reconstituer à l'aide des éléments qui refluaient de la ville ; quelques combattants ne la quittèrent qu'à la nuit close. Dans la brume, les batteries françaises de Chaux continuaient un feu à coups parcimonieusement comptés.

Les pièces badoises leur répondaient de la plaine, croisant leurs obus avec les nôtres au-dessus de la malheureuse ville

(1) *Mémoires.*

de Nuits, qu'illuminait l'éclair des incendies, pendant que ses habitants affolés étaient réfugiés dans les caves.

Nos pauvres troupes harassées n'avaient ni munitions ni vivres. Le plateau de Chaux ne leur offrait d'autre abri que le bivouac sous une bise glaciale. Aussi Cremer ne voulut-il pas y tenir plus longtemps. Il lui répugnait de bombarder Nuits, craignant d'y atteindre aussi bien les habitants que les Allemands. Mais il songeait à reprendre la lutte le lendemain, avec les troupes de Chaux. Malgré ses demandes réitérées, il n'avait pu obtenir de munitions de réserve. Cette circonstance seule l'empêcha de recueillir le fruit de sa belle mais stérile journée. Il donna l'ordre à sa division de gagner Beaune par la montagne. La queue de sa colonne évacua Chaux à dix heures du soir. Le mouvement rétrograde s'effectua sans incident, mais non sans peine. Épuisés et à jeun, leurs vêtements pour la plupart en lambeaux, nos fantassins s'avançaient péniblement, au milieu de l'obscurité d'une nuit glaciale, et par des chemins difficiles, sous la protection de l'artillerie qui s'était retirée la dernière.

Le 57ᵉ de marche et le bataillon de la Gironde, avec les quatre pièces du capitaine Pitrat, couvrirent la retraite par la grande route. A Prémeaux (quatre kilomètres de Nuits), le 57ᵉ s'installa dans une solide position défensive, servant de flanc-garde à l'autre colonne qui descendait du plateau de Chaux par Magny et un chemin de montagne jusqu'à la Doix. Là, les deux colonnes se rejoignirent.

Le ballon *Daly*, venant de Paris, avait passé entre onze heures et midi à environ douze cents mètres au-dessus du champ de bataille. Il vit l'action sans savoir où il était. La vive inquiétude des aéronautes était d'atterrir dans les lignes allemandes. Heureusement, ils tombèrent dans les nôtres, à Fussey. Quelles nouvelles apportait ce messager lointain d'une capitale de deux millions d'âmes, séquestrée du monde entier? La délivrance peut-être!... Hélas! un espoir seulement. Au moment de son départ, le matin même du 18, Ducrot allait procéder à une sortie considérable, et elle devait être infructueuse comme les autres.

Au delà de Nuits, nous ne fûmes nullement poursuivis.
Werder nous laissa proclamer notre avantage et s'en tint
là (1). Nous pouvions nous vanter d'avoir eu un demi-succès,
chose déjà si rare à l'époque. Ne fallait-il pas d'ailleurs encourager les troupes et leur laisser croire que nous avions battu l'ennemi, quand même nous n'en aurions pas été entièrement convaincus? De tels réconforts sont la ressource des faibles, dans les guerres malheureuses. A part l'ombre au tableau que nous n'avons pas voulu dissimuler, la bravoure des troupes françaises engagées avait été remarquable, chez les soldats de rencontre de ces corps organisés si précipitamment au milieu de nos revers.

Nous avions lutté avec moins de dix mille hommes contre plus de treize mille Allemands. Notre artillerie, ayant de belles positions, avait rempli très honorablement son rôle, malgré l'avantage écrasant de l'artillerie ennemie comme qualité et comme quantité.

Les pertes accusées par le grand état-major allemand sont de 105 officiers et un peu plus de 700 hommes tués, blessés ou disparus. La proportion des chefs par rapport à la troupe était considérable ; ils avaient beaucoup payé de leur personne. Les deux régiments de grenadiers badois, les plus éprouvés de tous les corps engagés, comptaient à eux seuls, parmi les pertes, 85 officiers et 884 hommes (2), 92 officiers allemands furent enterrés à Nuits et dans les cimetières environnants ; 12 officiers supérieurs ont eu leurs corps dirigés sur l'Allemagne. Le lendemain de la bataille, les Allemands réquisitionnèrent soixante-dix voitures pour le transport de leurs blessés à Dijon.

Les pertes des Français dans la journée du 18 décembre

---

(1) « Victoire chaudement disputée », dirent les bulletins prussiens. « Si bien disputée, dit M. Claretie, que le général improvisé, M. Cremer, put sans passer pour trop hâbleur la présenter comme un succès pour ses armes. Il n'en était rien, mais nos troupes s'étaient fièrement comportées et le général ennemi von Glümer leur rendait hommage. »

(2) Sous-officiers et soldats, 211 tués, 655 blessés, 18 disparus = 884, chiffre donné dans les *Mémoires* du maréchal DE MOLTKE.

ont été de 16 officiers et 800 hommes hors de combat, plus 6 à 700 soldats prisonniers non blessés. Il était resté, en tout, dans les deux partis, 71 officiers et 1,653 hommes gisant sur le champ de bataille. Les Allemands avaient eu de très grands chefs hors de combat. Les Français avaient à regretter : deux colonels tués, cinq chefs de bataillon, etc.

Quatre jours après la bataille nos troupes étaient concentrées, remises de leurs pertes, réapprovisionnées, prêtes à reprendre la lutte. Seuls les mobiles de la Gironde furent munis un peu plus tard. Ils ne reçurent de Bordeaux leurs cartouches Remington que le 5 ou le 6 janvier par les soins du patriote sous-préfet de Beaune, M. Paul Bouchard, chez qui descendit Cremer à son arrivée.

La colère des ennemis se manifesta par la sauvage proclamation que lança Werder le 21 décembre : peine de mort contre les espions ou leurs complices, contre les guides des Français ou les faux guides des Allemands ; contre tous ceux qui attenteraient aux intérêts de l'armée prussienne ou « simplement porteraient les armes contre elle ».

Cependant, par égard pour les Nuitons qui avaient soigné ses blessés, Werder fit relâcher les douze otages qui avaient été emmenés, dont le vieux général Berthier de Grandry.

CHAPITRE V

GARIBALDI

Rôle de Garibaldi dans la guerre de 1870-71. — Sa légende. — Ses exploits en Amérique. — Ses aventures. — Son retour en Europe (1848). — Garibaldi au siège de Rome (1849). — Garibaldi à Varèse (campagne d'Italie, 1859). — Garibaldi chef des Mille à Marsala (1860). — Garibaldi blessé à Aspromonte. — Garibaldi en Vénétie (1861). — Garibaldi à Mentana (1866). — Garibaldi offre son épée à la France, après le 4 septembre 1870. — Ses trois fils. — Ses généraux. — Portrait de Garibaldi en 1870. — Bordone. — Garibaldi à Dole (17 octobre). — Composition de l'armée des Vosges. — Garibaldi à Autun. — Mouvements des Allemands pour couvrir leurs communications. — Projet de délivrance de Dijon. — Coup de main manqué par Garibaldi (26 novembre). — M. de Freycinet renonce à faire obéir Garibaldi. — Arrivée à Dijon de l'armée des Vosges (7 janvier 1871). — Véritable mission qu'aurait dû remplir le condottiere à Dijon. — Rôle de Pélissier concerté avec Cremer.

Dans tout drame il y a un intermède, un personnage de second plan qui attire par son originalité. Le héros des Mille a été le fantoche de la campagne de l'est.

Il avait eu cependant ses jours de gloire. C'est la légende plus que l'histoire qui l'a grandi, et c'est de son rôle révolutionnaire plus que de ses exploits guerriers qu'est venue sa popularité auprès des masses. Garibaldi, puisqu'il faut l'appeler par son nom, c'est l'anticléricalisme, c'est la république universelle. Ce ne fut pas pour nous la délivrance. La France, hélas! allait payer bien cher l'étrange confiance que le gouvernement de la Défense nationale avait mise dans le trop célèbre condottiere.

Un commandement lui fut donné au mépris des règlements militaires qui interdisent formellement de mettre un étranger à la tête d'une armée française. On lui confia le soin de couvrir l'armée de l'Est : il s'abstint de remplir cette mission. Il n'essaya même pas de retarder la marche des Allemands, qui, au su et vu de tout le monde, se jetaient sur nos derrières. C'est à lui surtout, c'est à sa défaillance et à son inertie, c'est au mauvais esprit de ses lieutenants, qu'il faut attribuer le succès de Manteuffel, dans une marche aventureuse.

Nous verrons bientôt de plus près le rôle militaire qu'il a joué dans notre pays. Étudions d'abord le personnage. Voyons-le dans son brillant passé, où nous trouverons bien des taches. Et nous gémirons ensuite devant son déclin qui fut le nôtre en même temps, dans nos plus sombres jours, à la tête de cette armée des Vosges, où quelques bons éléments à peine furent mélangés à une tourbe immonde d'aventuriers cosmopolites. Leur fameux chef, que la mauvaise fortune nous avait contraints d'admettre dans nos rangs, pauvre ganache infirme, sénile et débilitée, n'était plus que l'ombre de celui dont l'épée fit trembler des trônes en soutenant de plus ou moins bonnes causes. Il n'avait plus pour lui en 1870 que sa fidélité aux principes de liberté et d'indépendance dont sa vie entière s'était faite l'apôtre, et le prestige d'un nom qui avait traversé les révolutions en soulevant les passions sur son passage. La légende a survécu aux événements de la guerre, puisqu'on a élevé des statues en France à celui qu'une reconnaissance mal placée appelle encore en Bourgogne le défenseur de Dijon. La vérité est que sa gloire passée, si gloire il y a, est venue échouer misérablement dans notre pays, en y faisant un mal incalculable.

Il faut cependant reconnaître que, comme héros de roman, cette silhouette de cape et d'épée eut des côtés chevaleresques.

Sa vie fantastique est digne de la curiosité du chercheur. Mais c'est le héros qui s'est raconté lui-même ou a dicté aux siens sa propre apologie. Ne lui demandons pas d'avoir été sincère, et ne nous flattons pas, en n'écoutant que lui, de n'entendre que de l'histoire vraie.

Depuis la mort de Mazzini jusqu'à la sienne, Garibaldi a

tenu en main le drapeau de la démocratie, et s'est fait l'éternel champion, l'universel arbitre de la souveraineté populaire.

Ce fut avant tout un général politique, ennemi juré de toute monarchie, de toute autorité, de tout frein social ou religieux. Comme militaire, ce fut un chef de guérillas. Passé maître dans la petite guerre, il ignora toujours la grande, et s'il appliqua une tactique dont il avait le secret, qui le rendit vainqueur en maint combat, il demeura constamment étranger aux règles de la stratégie. Il ne l'a que trop prouvé en Bourgogne.

Jeune, il joignait à l'audace dans le combat l'adresse à savoir profiter des circonstances. L'œuvre et le but de sa vie furent de résister aux ennemis qui opprimaient sa patrie, de se faire aider contre eux par le peuple, de manière à pouvoir lui-même servir au peuple de bouclier.

Joseph-Marie Garibaldi naît à Nice en 1807. Ses parents, d'origine italienne, songent à faire de lui un prêtre. Il déclare sa vocation pour la marine, obtient gain de cause et part comme mousse pour Odessa. A vingt-sept ans, il est banni. Seul dans le nouveau monde où il s'est réfugié, il devient soldat d'aventures; à Montevideo, il prépare ses légionnaires aux batailles de la patrie; en aidant les peuples opprimés, il songe à discipliner les Italiens qui lui tombent sous la main. Il se fait corsaire dans la République de Rio-Grande. Il arme deux petits navires, reçoit le grade de capitaine, attaque les impériaux du Brésil, et capture un bâtiment (octobre 1837).

A terre, il forme un escadron de cavalerie, et le monte avec des chevaux pris au lasso. Dans une rencontre, il lutte avec 13 hommes contre 80 impériaux. Il se rembarque à bord du *Rio Pardo,* qui fait naufrage. La plupart de ses compagnons sont submergés. Il se sauve presque seul, et arme trois nouveaux bateaux. Avec sa petite escadre, il attaque les bâtiments impériaux et capture deux navires chargés de riz.

Il emmène en campagne la maîtresse qu'il s'est donnée en

Amérique, Anita ; il la fait chevaucher avec lui, et elle combat à ses côtés, le sabre au flanc, la carabine en travers de la selle. Et cette existence dure trois années !

Obligé de fuir, en 1840, après le combat de Taquare, il se nourrit de racines dans une forêt où il est rejoint par Anita. Alors commence pour lui une série d'aventures romanesques, à les croire empruntées à l'imagination d'un Fenimore Cooper. Ce ne sont qu'estocades, surprises, enlèvements. Au milieu de cette existence de Peau-Rouge, se place la naissance de son fils Menotti (1840). Le 15 février 1848, à la nouvelle du vent de liberté qui souffle sur l'Italie, il se rembarque pour l'Europe avec les survivants de ses compagnons d'armes. En débarquant à Nice, il voit pour la première fois le drapeau italien flotter sur un bâtiment sarde. Charles-Albert accueille cordialement le héros de Montevideo et le félicite de ses prouesses. Garibaldi organise alors un bataillon de volontaires lombards, et refuse d'accepter la capitulation de Milan. La guerre contre l'Autriche doit continuer selon lui, tant qu'il y aura des Italiens capables de se battre. De Côme, il écrit à Brescia : « J'ai décidé de faire mon devoir... Cette fois l'Italie marchera seule. » C'est le mot devenu célèbre : *Italia fara da se*.

Le 30 octobre 1848, à Livourne, Garibaldi adresse une proclamation aux Lombards : « Mon drapeau, que vous connaissez, flottera sous peu sur la terre sacrée de Lombardie. » Mazzini est l'agitateur, Garibaldi l'épée de la révolution italienne.

Quand, après la fuite du Pape à Gaëte, une assemblée constituante est élue en Italie, Garibaldi en fait partie et vient à l'assemblée crier : Vive la République !

C'est alors le démagogue qui remplace le patriote. Au siège de Rome par le général Oudinot, en 1849, Garibaldi, général de la révolution italienne, occupe le Janicule et attaque les Français à la baïonnette. Il reprend la villa Pamphili, et ne s'arrête dans son élan que lorsque l'assaillant est en retraite. La victoire lui a coûté une partie de ses compagnons, lui-même a été blessé. L'assaut du 30 avril a échoué. Garibaldi semble maître des destinées de l'Italie. Il va guerroyer ensuite dans le royaume de Naples. Au combat de Velletri, le 19 mai, il est renversé de son cheval au milieu de la mêlée, et roule dans la poussière. Il se relève aussitôt pour faire sonner la charge. Au bout d'une demi-heure, les troupes napolitaines sont en déroute. L'arrivée des bersagliers achève leur défaite, aux cris de « Vive Garibaldi ».

A l'attaque du casino des Quatre-Vents par le général Vaillant, Garibaldi perd la plus grande partie de son monde. Ses hommes, mal armés de fusils à pierre, ne s'en battent pas moins bien. Il les mène au feu avec son impassibilité habituelle, se tenant à cheval au milieu des balles.

Cependant les jours de la République romaine sont comptés. Malgré les efforts de Garibaldi, les défenseurs de la Ville éternelle sont écrasés. Le condottiere, estimant que tout est perdu, se refuse à livrer un nouveau combat. Il n'attaquait qu'à son heure, à sa fantaisie. Tel nous le reverrons vingt ans plus tard, indépendant et indiscipliné. Il retourne en Toscane, erre par monts et par vaux dans les Apennins, se tenant la nuit dans les gorges, se cachant le jour au milieu des bois; s'asseyant, hôte inconnu, à quelque table rustique, avec les Croates; menant pendant un mois la vie d'un proscrit et d'un mendiant. Pris enfin par la police sarde, il est incarcéré à Gênes. Le jeune roi Victor-Emmanuel l'envoie en exil à Tunis; il reprend son ancien métier de marin, dans le nouveau monde, y mène une vie errante pendant neuf ans et rentre à Caprera seulement en 1854.

Il trouve le peuple italien découragé par les insuccès du parti républicain, et ayant confiance dans le Piémont, à cause de la part brillante prise par la petite armée sarde à la guerre de Crimée.

Arrive 1859. Il s'agit de la libération de l'Italie. La France va faire la guerre « pour une idée », et cette idée-là, c'est la sienne. Il se fait armer par la monarchie contre les ennemis de son pays. Il va marcher sous l'écu de la maison de Savoie.

Ce carbonaro, ce révolutionnaire, est nommé par le roi Victor-Emmanuel major-général, commandant le corps des chasseurs des Alpes. Et pourquoi pas?... Victor Hugo a bien été pair de France, lui, le grand contempteur des rois! Garibaldi accepte la mission qui lui est confiée. Sa réponse est belle. « Le gouvernement du roi, par l'honorable preuve de confiance qu'il me donne, a acquis des droits à ma reconnaissance. Je serai heureux si ma conduite peut correspondre à la bonne volonté que j'ai de bien servir le roi et la patrie! »

Le 17 avril, Garibaldi prend le commandement en personne. Le 21, il fait passer le Tessin dans des barques aux chasseurs de sa brigade, entreprise hardie, le lac Majeur étant au pouvoir des Autrichiens. Il soutient et protège l'armée royale qui prend possession de la plaine lombarde. Il fait insurger Varèse et décide dans une proclamation qu'à la domination déchue de l'Autriche succède le gouvernement italien du roi Victor-Emmanuel. Attaqué par les Autrichiens à Varèse, il les fait charger avec furie et les met en fuite. Le lendemain, il fait son entrée à Côme.

Il combat à Palestro à côté des Français, puis à Treponti. Irrité, comme en 1848, de l'abandon de la Vénétie, il offre sa démission au roi et retourne à Caprera. En 1860 reparaît son esprit sectaire. Il pense plus encore à faire la guerre aux papistes qu'au roi de Naples.

Il va guerroyer en Sicile et débarque le 11 mai à Marsala, avec 1,072 soldats, ce qui le fait surnommer « le chef des Mille », surnom qui lui restera et lui servira d'auréole. Il livre plusieurs combats heureux, toujours terminés par des attaques à la baïonnette, son arme favorite, aux cris de : « Vive Garibaldi! vive l'Italie! » Il rend l'unité inévitable, indestructible.

A Pianto de Romani, juché sur une hauteur, il fait sonner la charge. Son porte-drapeau tombe mort en arrivant le premier sur la position ennemie. Elle est enlevée. Il en reste une autre à prendre. On lui crie que celle-là est trop forte.

« Bixio, répond-il à son lieutenant, ici l'on fait l'Italie

une, ou l'on meurt! » Puis, il tire son épée en criant « En avant! » et s'élance le premier au milieu des ennemis.

Dans la soirée du lendemain, les Mille arrivent devant Palerme « assise en sa conque d'or », comme disent les poètes. Ils y donnent un assaut de nuit sur trois colonnes. Garibaldi attaque au centre; à six heures du matin il est dans la ville. Les Mille ont eu raison de 20,000 Bourboniens, peu exercés il est vrai. Garibaldi a pris la porte Hameda et divisé l'armée napolitaine. Calme au milieu de la mitraille, on l'a vu repousser de sa cravache les éclats de projectiles qui tombent à ses pieds. Il a dit au peuple : « Vous voyez que ce n'est pas pour moi! » La prise de Palerme va rester le triomphe des Mille, l'apogée de la vie militaire du héros de Caprera.

Après le triomphe la défaite, cette fois contre les Siciliens qu'il cherche à soulever. Au sommet des hauteurs d'Aspromonte, les garibaldiens sont entourés par les troupes du général Pallavicini. Garibaldi est blessé d'une balle à la malléole du pied droit. Il tombe en proclamant la souveraineté populaire et en criant : « Vive l'Italie! » Pallavicini s'agenouille près du blessé, lui demande son épée. Le lendemain le général Cialdini contemple son ennemi vaincu, mutilé et prisonnier.

Après un court exil, il reprend encore les armes en 1861 pour délivrer la Vénétie. Il a plusieurs engagements avec les Autrichiens. Il est blessé de nouveau. A Condino, le drapeau rouge et noir de l'Autriche tombe aux mains de ses volontaires; à Bezzecca, il livre un violent combat : quinze cents morts ou blessés restent sur le carreau, Venise est rétrocédée à l'Italie; seul le Trentin est sacrifié. Pour laver la honte de Lissa et de Gustozza, Garibaldi peut opposer à l'Autriche les journées d'Ampola et de Bezzecca.

En 1866, Garibaldi recommence ses entreprises contre la cité des papes, et pénètre à Rome, après avoir livré un sanglant combat à Monte Rotondo. Enfin, à Mentana, il trouve 7,000 alliés devant lui, dont les zouaves pontificaux avec le chassepot, « qui fait merveille » dans les rangs du corps d'armée du général de Failly. Les garibaldiens sont complètement battus. Pour leur chef, cette fois, c'est l'irrémédiable déroute, et ce sont les armes françaises qui la lui procurent. Eût-on osé pronostiquer alors que quatre ans plus tard, Garibaldi, le vaincu de Mentana, deviendrait notre auxiliaire, et qu'un instant la France le prendrait pour un sauveur?... En attendant, la débandade se met dans les rangs de sa petite phalange. Le général de Kantzler et le major de Troussures commandent les zouaves pontificaux, devant lesquels Garibaldi prend la fuite. Arrêté par ordre du gouvernement italien, il regagne son île de Caprera, où il est interné.

C'est là qu'il demeurera jusqu'aux événements de la guerre de 1870.

Quand les malheurs de la France se succédèrent après Sedan, après le 4 septembre amenant l'inauguration de la République de ses rêves, Garibaldi tira l'épée pour la France républicaine, cette même France qui l'avait battu à Mentana sous l'empire de Napoléon III. Il entraîna avec lui certaine partie de la jeunesse italienne, mais non la meilleure. L'initiative de la démarche qui fut faite auprès de lui appartint à M. Sénart, l'ambassadeur de France à Florence, qui le regretta bientôt, car il usa ensuite de tous les moyens possibles pour empêcher les anciens volontaires de Garibaldi de venir rejoindre leur chef. Après la démarche de M. Sénart, le héros d'Aspromonte écrivit à la délégation de Tours pour lui offrir ses services. Celle-ci ne lui répondit pas, craignant à juste titre d'introduire parmi nous un élément de division capable d'affaiblir la défense nationale. Cependant la France était vaincue, abandonnée par les rois et les peuples. Elle soutenait avec l'énergie du désespoir une lutte inégale. Gambetta montra à ses collègues le héros de tant d'anciens combats se levant pour venir à son secours, avec ses compagnons, et apporter à notre malheureux pays ses griffes de lion blessé. Ce fut une faute de donner au vieux condottiere une mission d'où allait dépendre le sort d'une de nos armées, mais il sembla difficile de refuser l'aide qui s'offrait. Le 4 octobre, le yacht *la Ville de Paris* frété par Bordone, l'âme damnée de Garibaldi, alla chercher à Caprera le général de la révolution italienne. On le trouva tellement accablé et perclus de rhumatismes, qu'au moment de l'embarquement, il fallut le traîner sur la plage dans une voiture à bras.

L'amiral Fourichon, alors ministre de la guerre, se montra très opposé à l'acceptation de cette épée à double tranchant.

« J'ai regardé, dit-il à l'enquête, comme un grand scandale d'appeler cet aventurier en France. J'avais proposé de lui faire rebrousser chemin. » A la première nouvelle de son débarquement, le juif Crémieux ne put s'empêcher de s'écrier : « Ah! il ne nous manquait plus que cela ! C'est un comble... » M. de Freycinet, en arrivant à Tours, y trouva Garibaldi déjà installé avec son état-major. « Je crois qu'il s'est appelé tout seul, déclara-t-il à l'enquête. Si j'avais été le gouvernement, peut-être ne m'en serais-je pas servi du tout. On me l'a donné comme un outil... J'ai essayé d'en tirer parti. » Gambetta lui-même lui fit un accueil assez froid. Il offrit d'abord à l'ancien dictateur des Deux-Siciles le commandement de 250 à 300 volontaires italiens réunis à Chambéry.

Garibaldi ne voulut pas s'y rendre. Il choisit Dole pour centre de ses opérations. Avant de quitter Tours, il écrivit à ses fils et à quelques-uns de ses anciens lieutenants, des compagnons d'Italie, notamment Sartori, de venir le rejoindre en France.

Bientôt arrivèrent ses deux fils; Menotti, Ricciotti et son gendre Canzio; puis un ramassis de gens indisciplinés, Italiens, Polonais, etc., qui ne pouvaient compter pour de vraies troupes et dont les officiers ne valaient guère mieux que les soldats.

Quant à Garibaldi, ce produit hétéroclite des révolutions italiennes, bon pour la petite guerre, mais incapable, surtout à son âge, d'en supporter une grande et de commander des troupes sérieuses, l'imagerie d'Épinal nous a laissé les traits de ce singulier auxiliaire. Ils ont orné longtemps les chaumières de nos villages, comme le faisaient avant eux les traits du Petit Caporal. En 1870, ce n'était plus qu'une barbe grise, sans volonté, sans ressort, sans autorité sur les siens, perclus de rhumatismes, ruiné par la goutte et les infirmités, plus encore que par l'âge. Il avait soixante-trois ans. Son visage, avec sa longue chevelure retombant en boucles sur les épaules, et sa grande barbe grisonnante, ne manquait pas d'une certaine majesté; mais il portait dans son regard la trace des visions cornues qui illuminaient son esprit. Il était vêtu d'une chemise rouge sur laquelle était jeté un long manteau de même couleur. Sur sa tête un grand feutre gris, qui lui donnait l'air d'un conspirateur ou d'un brigand calabrais.

D'ailleurs simple d'allures, affable et calme, sachant écouter et se rendant assez volontiers à la raison, quand il n'était pas circonvenu par les siens ou influencé par les passions politico-religieuses. Il s'exprimait tant bien que mal en français. Sa parole était lente, le son de sa voix très doux. Ses familiers disaient qu'il poussait la bonté naturelle jusqu'à la faiblesse. Sa santé était déplorable (1). Il ne marchait qu'avec des béquilles. Ses doigts crispés par la douleur ne lui permettaient guère que de donner sa signature; on la lui surprit plus d'une fois. Impossible pour lui de monter à cheval. Il lui fallut une certaine force de caractère, reste de son énergie atrophiée, pour ne pas abandonner dès le début l'entreprise. Sa politique sectaire était le feu intérieur qui le soutenait.

Ses deux fils étaient doués de natures fort différentes l'une de l'autre. Menotti avait la froideur, le flegme britannique. Au plus fort d'une action, il parlait avec la même douceur, la même lenteur; il indiquait les positions à prendre au feu, comme à la manœuvre. Ricciotti, au contraire, l'homme des coups de main et des surprises, était vif, bouillant, téméraire. Il aimait les entreprises risquées. Au départ de Tours pour Dole, Gambetta avait adjoint à Garibaldi comme chef d'état-

(1) Le 21 décembre, Bordone télégraphiait à M. de Freycinet que Garibaldi avait eu une sorte de congestion cérébrale, qu'il était comme paralysé.

major, le colonel Frappoli, ancien ministre de la guerre du Piémont et député au Parlement de Florence, un homme intelligent et honnête (1), très considéré dans le parti avancé en Italie, ayant déjà servi sous Garibaldi. L'administration de l'armée fut confiée à M. de Baillehache, faisant fonctions d'intendant.

En outre, M. Bordone, ou plutôt Bourdon, d'Avignon où il était né le 2 novembre 1821, avait été incorporé dans l'état-major garibaldien comme sous-chef, avec le grade de colonel. Il ne tarda pas à en devenir le chef.

Les hommes d'habileté et de savoir-faire se trouvant déclassés et à l'étroit dans une sphère modeste, ou s'étant compromis par quelque endroit dans leurs antécédents, ne manquent jamais de profiter des révolutions politiques, quand ils ne les instituent pas eux-mêmes, pour s'élever au-dessus de leur propre condition. Tel fut Bordone.

Il avait eu une vie singulièrement mouvementée. Comment de pharmacien dans la cité des papes, était-il devenu tour à tour chirurgien auxiliaire de marine, industriel, inventeur, officier du génie, chef d'état-major, écrivain militaire, auteur dramatique même?... Son esprit toujours en action, toujours en quête de nouveau, le portait vers les inventions ; entre la campagne de Crimée et l'expédition des Mille, entre les Mille et l'armée des Vosges, il en fit plusieurs très ingénieuses, très originales ; mais, comme tant d'autres, il s'y ruina. Il n'avait guère d'autres principes que l'ambition et ses idées personnelles. Son seul fétichisme était pour Garibaldi, qui le lui rendait en confiance aveugle. Il avait déjà été auprès du grand homme pendant la campagne des Deux-Siciles (2). Ce fut Bordone qui dirigea réellement l'armée des Vosges.

La première brigade de cette armée était commandée par un comte polonais, Joseph de Haucké. Fils d'un général, ancien colonel dans l'armée russe du Caucase, compromis

(1) *Enquête*. Déposition Crouzat, t. III, p. 275.
(2) V. THEYRAS, *Garibaldi en France*.

dans l'insurrection polonaise de 1863 à laquelle il avait pris part, en qualité de commandant des insurgés de la province, il s'était réfugié en Suisse. Il avait fait la connaissance de Garibaldi à Genève, au Congrès de la paix de 1867, et était venu à l'armée des Vosges sur un appel direct du patriote italien. C'était un homme d'un brillant courage, d'une âme généreuse et chevaleresque. Il était allié à la famille du tzar.

La seconde et la troisième brigade étaient commandées par les fils du héros : l'aîné, Menotti, avec lequel il avait fait les quatre campagnes de 1859, 1860, 1866 et 1867 : le cadet, Ricciotti, qui faisait en France ses premières armes. Cette troisième brigade était la plus entreprenante et la plus aguerrie des quatre.

La quatrième était sous les ordres de Louis Delpech, un ancien préfet du 4 septembre.

Le 14 octobre, Garibaldi fixa l'installation de son quartier général à Dole. Il y fit son entrée le 17 et y prit le commandement de l'armée des Vosges, qui n'était grosse alors que de 4 à 5,000 hommes. Il n'y avait pas plus de cent hommes armés dans la ville de Dole. Dès son arrivée il déploie son drapeau sur lequel est inscrite la devise « Vaincre ou mourir ! » et adresse aux francs-tireurs et mobiles sous ses ordres une proclamation simple et martiale.

L'armée des Vosges formait une sorte de fédération de corps francs à effectifs très variables, sans autre lien entre eux que le commandement de leur chef. Un bon tiers des garibaldiens étaient étrangers : Italiens, Espagnols, Polonais, Anglais, Grecs, Américains, Suisses. A côté de quelques bons et solides éléments, il y en avait de fort mauvais : c'était un ramassis de tous les pays. La plupart de ces soldats n'avaient jamais tiré un coup de fusil; ils faisaient la guerre comme au théâtre : aux entr'actes, se prélassant dans la chamarrure de leurs uniformes. Les chefs de ces bandes cosmopolites portaient des costumes fantastiques, de longues rapières, des chapeaux à plumes. Ils avaient des galons jusqu'au-dessus des manches. C'étaient des cadets de Gascogne, braves peut-être, surtout bravaches.

Ce qui manqua le plus à l'armée des Vosges, ce fut au-dessus de ses quatre chefs de brigade un état-major général, capable de donner à ces divers éléments un peu d'unité d'ensemble.

Ces bataillons hybrides, qui retrouvaient sous le feu la communauté d'action et d'élan, avaient une unité, une pensée, une âme dans Garibaldi.

Esprit politique médiocre, Garibaldi était surtout un cœur, un dévouement, un soldat, une idée. Il personnifiait toujours la patrie italienne. Il n'était pas venu en France avec l'intention de conduire de grands mouvements stratégiques. Il voulait rester chef de partisans, mais ce rôle était au-dessous de la mission qui lui était confiée.

En dépit de l'engouement qu'ils ont fait naître et de la légende qui s'était formée autour d'eux, les garibaldiens n'ont pas donné ce qu'on en attendait. Avec l'effectif final d'un petit corps d'armée, ils n'ont pas fait ce que de simples partisans eussent pu entreprendre, s'ils eussent obéi à des chefs dignes de ce nom. A part le coup de main sur Châtillon-sur-Seine qui a été bien mené, on ne peut citer à leur actif aucune de ces petites opérations sourdes comme celle du pont de Fontenoy, qui a fait tant d'honneur aux francs-tireurs des Vosges. La plupart de leurs officiers n'avaient jamais servi, n'avaient pas la moindre notion du pays où ils allaient opérer. Ils ne suppléaient pas à leur insuffisance par l'énergie et l'entrain, malgré leurs airs arrogants et leurs feutres à la d'Artagnan.

Les bureaux de la délégation à Tours étaient journellement assaillis par les demandes de Bordone. Dans l'état-major de Garibaldi, il semblait qu'il n'y eût à pourvoir que l'armée des Vosges. Les corps francs qui la composaient venaient des quatre coins du pays. Ils grossissaient incessamment les effectifs. L'armement et l'équipement de ces petits détachements, l'acquisition du matériel, donnaient lieu à une correspondance continuelle entre le colonel et l'administration de la guerre. Chaque jour, la délégation recevait des dépêches réclamant armes, munitions, couvertures, chevaux, canons, ambulances. Le ministère répondait, annonçait des envois (1). Quand ils se faisaient attendre, c'étaient des récriminations acerbes. Bordone revenait à la charge, réclamait plus de célérité, se plaignait de l'impuissance déplorable à laquelle on réduisait des troupes « qui brûlaient du désir *(sic)* de se mesurer avec l'ennemi ». La correspondance officielle prenait souvent un ton que jamais ne se fût permis un officier de l'armée régulière.

« Décidément, voulez-vous ordonner qu'on nous envoie des cartouches? » télégraphiait Bordone à M. de Freycinet. Le délégué, qui avait pour Garibaldi une infinie condescendance, répondait doucement que les cartouches étaient en route.

Outre l'armée des Vosges, Gambetta, pour tenir ses engagements vis-à-vis de Bourbaki, avait réuni à Dijon une armée de gardes nationaux mobilisés, qu'on avait mise sous les ordres d'un colonel d'artillerie en retraite, M. Pélissier, nommé général à titre auxiliaire. Cette armée devait se composer de trente-cinq à quarante mille hommes ; mais Pélissier assura plus tard n'en avoir jamais eu plus de dix-sept mille. Il occupait la ville même de Dijon avec son monde. Garibaldi se chargea de faire observer la route de Tonnerre et de barrer le val Suzon.

Pélissier avait quatre légions de mobilisés de la Haute-Saône, tous armés de fusils à piston. Cinq de leurs bataillons allèrent rejoindre Garibaldi à Chagny et à Autun pour le renforcer.

A ce moment, la IIe armée allemande (Frédéric-Charles) était en marche sur la Loire. Les Allemands, pour protéger ses communications, envoyaient des détachements importants à Troyes, Chaumont, Châtillon. La partie du VIIe corps restée

---

(1) Général THOUMAS.

devant Metz avançait. Zastrow marchait sur Chaumont. Werder sentait le besoin de se resserrer autour de Dijon.

Le gouvernement de Tours adopta alors un nouveau projet d'opérations, sur la proposition de Cremer et d'un autre officier évadé de Metz, que nous avons déjà nommé, le lieutenant d'artillerie démissionnaire Crévisier. Dans ce projet dont le but restait Belfort, le premier objectif était Dijon. On devait former trois colonnes et attaquer cette ville de trois côtés à la fois. La répugnance générale qu'inspirait l'obéissance à un étranger, jointe à l'éparpillement des forces, réduisirent Garibaldi à ses propres ressources pour cette entreprise.

Bien que le hasard l'eût laissé arriver sans encombre tout près de Dijon, il fut très vite condamné à l'impuissance et à l'insuccès. Il voulait donner un assaut brusque. Sa tentative échoua. Le 26 novembre, il s'engagea avec une légèreté qui devait lui coûter cher. Son début fut heureux cependant. Le village de Pâques, sur la montagne à l'est de Dijon, fut enlevé par les garibaldiens. La brigade Degenfeld qui le défendait, exécutant une retraite calme et méthodique, recula jusqu'à Talant, presque sous les murs de Dijon, où elle établit ses troupes en cantonnement d'alerte.

Garibaldi, rassemblant alors ses trois brigades, se dirigea en formation massée sur Hauteville, qu'il attaqua à la baïonnette. Malgré sa forte position sur une hauteur dominant toute la région dijonnaise, le bataillon d'Hauteville fut rejeté sur Daix. Arrivées là, les huit compagnies allemandes firent un feu très vif sur les garibaldiens, que la panique ne tarda pas à débander.

Ainsi, la faible démonstration du «vieux condottiere» contre Dijon avait échoué. Il s'en retourna à Autun et n'en voulut plus bouger. Autun était devenu son second Caprera.

Ce fut par suite au milieu d'une période d'atonie presque générale dans la région de l'est, où, sauf devant Belfort, la lutte se bornait à la conservation des positions acquises, que débuta l'opération considérable confiée à Bourbaki, opération sur laquelle étaient fondés tant de rêves nuageux, qu'un avenir trop prochain devait, hélas! venir dissiper.

Au moment où cette opération fut décidée, le 16 décembre, Bordone, alors en mission à Bordeaux, fut pressenti par la délégation au sujet d'une marche du corps de Garibaldi sur les Vosges, « en dehors de toute ingérence et dans une indépendance parfaite (1). » De son côté, à Bourges, Gambetta insistait auprès de M. de Freycinet pour faire hâter un mouvement du corps de Garibaldi, « destiné à se porter dans l'est sur les derrières de l'ennemi, en ramassant tout sur son passage. »

Et M. de Freycinet de répondre : « La grosse difficulté provient de la répugnance des mobilisés à servir sous Garibaldi. »

Dans la journée du 18 décembre à Nuits, on n'avait pu que constater une fois de plus l'inutilité de cet homme. Gambetta chercha vainement à le secouer de sa torpeur. « J'avais toujours compris, quant à moi, que votre mission était d'occuper Dijon. »

Trois jours après, quand le transport en chemin de fer de l'armée de l'Est fut prescrit, Gambetta sentit que ses exhortations étaient vaines, qu'il n'y avait pas à compter sur Garibaldi, trop peu discipliné pour se soumettre à une direction quelconque. Il n'y avait qu'à le laisser opérer à sa guise, en enfant perdu. Le ministre télégraphia le 21 décembre à M. de Freycinet : « Il est impossible, tout en initiant Garibaldi à l'opération et en l'y faisant coopérer, de le placer sous un commandant quelconque. Je suis sûr d'ailleurs que pour Bourbaki comme pour Garibaldi, c'est la plus utile combinaison (2). »

M. de Serres fut chargé de régler cette question à Autun, d'où il télégraphiait le 23, après ses entrevues avec Garibaldi, « que tout allait au delà même des prévisions. » — « Garibaldi sera notre plus dévoué collaborateur. »

(1) Bordone à Garibaldi, Bordeaux, 16 décembre.
(2) Gambetta à Freycinet, Lyon, 21 décembre.

En même temps, le délégué de Bordeaux essayait d'obtenir directement de Garibaldi le départ de son armée pour Dijon. Déjà plusieurs fois il l'avait demandé, mais toujours inutilement. Il écrivait sur un ton plus ferme, le 3 janvier : « Je suis fort surpris qu'étant à une aussi faible distance de Dijon, votre armée ne s'y soit pas déjà rendue, et qu'elle réclame d'y être transportée en chemin de fer. Vous n'avez, selon moi, qu'une chose à faire, c'est de vous mettre en route immédiatement par voie de terre, et avec cette agilité dont vous avez déjà donné des preuves, de marcher sur Dijon en tombant sur le flanc de l'ennemi, s'il tente d'y venir. » Garibaldi venait de se transporter de sa personne à Dijon lorsqu'il reçut cette dépêche. Il y répondit sèchement « que, ses soldats n'ayant pas de capotes, il allait retourner à Autun ». Tel était son genre de coopération. Il y avait toujours pour lui ou son état-major quelque fin de non-recevoir toute prête, quand le moment était venu d'agir.

Cependant, deux jours après, le 5 janvier, Garibaldi daigna se décider à mettre son armée en route pour la capitale de la Bourgogne. Il y arriva le 7, avec une poignée de troupes choisies dans l'armée des Vosges. Il n'eut même pas l'attention d'informer le ministre de ce mouvement. Bien qu'encore souffrant, il était surtout préoccupé d'avoir le commandement supérieur de toutes les troupes de la contrée. Cremer lui échappa pour aller former l'extrême gauche de l'armée de l'Est. Pélissier resta côte à côte avec lui et les deux généraux ne purent s'entendre.

Pour éviter les querelles de personnes qui s'étaient produites partout où s'étaient trouvés Garibaldi et son entourage, on essaya de séparer le commandement de l'armée des Vosges de celui des mobilisés du général Pélissier. Ces mobilisés, mal organisés, mal équipés, n'avaient qu'une valeur médiocre, surtout pour tenir la campagne. Cependant, la part honorable qu'ils avaient prise aux combats de Dijon prouve qu'il était possible d'en tirer parti. Pélissier avait encore sous ses ordres quelques légions attribuées à l'armée des Vosges.

Bordone continuait à se plaindre de tout. Pour mettre un terme à ses prétentions, on imagina un remède héroïque : le nommer général ! L'esprit d'antagonisme et le mauvais vouloir persistant de l'état-major garibaldien augmentaient ou se faisaient sentir chaque fois qu'il était question de faire quelque chose.

La mission que Garibaldi s'était proposée était avant tout d'établir la République universelle. Quant à chasser l'ennemi de la France, c'était pour lui secondaire. Cependant le jeune de Serres avait cherché, à Autun, à lui faire mieux comprendre le but que le gouvernement s'était proposé en lui confiant une armée. Dans les conférences qu'ils eurent ensemble, il fut convenu que non seulement le général italien se chargerait de défendre Dijon s'il était attaqué, mais encore et surtout de défendre la contrée montagneuse qui sépare Dijon de Langres.

C'est par cette contrée que devaient naturellement passer, pour éviter un grand détour, les armées allemandes de la Loire ou de la Saône envoyées au secours de Werder. En raison même des difficultés du terrain, c'est là qu'il fallait attendre l'ennemi pour avoir quelque chance de l'arrêter. C'est ce que Bourbaki avait spécialement demandé en traversant Dijon.

On se rappelle qu'en acceptant la mission dans l'est, il y avait mis deux conditions, dont l'une, la plus essentielle, était que ses flancs et ses derrières seraient solidement appuyés pendant sa marche.

Mais, en confiant ce soin à Garibaldi, M. de Freycinet se trouva dans l'embarras ; car, étrange circonstance, telle était la position que Gambetta avait donnée ou laissé prendre au général en chef de l'armée des Vosges, que le délégué du ministre ne pouvait ou n'osait employer à son égard aucune forme impérative. Il ne savait comment s'y prendre pour le faire concourir aux opérations projetées.

Hésitant à donner au général auxiliaire des prescriptions dont sa susceptibilité et celle de son état-major auraient pu se formaliser, M. de Freycinet avait cru préférable de s'adresser à sa vanité, en désignant par un euphémisme le mode d'action qu'on lui demandait. Il lui télégraphia le 20 décembre :

« M. de Serres vous indiquera comment devra s'établir la *coopération* pour laquelle nous comptons absolument sur vous. »

Il s'agissait pour cela, de protéger par les éclaireurs de l'armée des Vosges, la gauche de l'armée entre Dijon et Gray, et en même temps de garder le chemin de fer, ligne de communication indispensable au ravitaillement. Il engagea Gambetta à faire accepter par Garibaldi cette subordination décorée du nom qu'il avait imaginé, et de mettre en avant les nécessités stratégiques qui commandaient de subordonner les corps les moins nombreux aux mouvements les plus nombreux.

L'armée des Vosges conserva donc toute son indépendance. Garibaldi fut simplement prié « de vouloir bien accueillir les propositions du général Bourbaki, en vue de *coopérer* à l'action de d'armée de l'Est (1) ».

Ce système, ce moyen terme, ne satisfit guère le commandant de cette armée. Il ne voulait pas se lancer en pleine eau sans être sûr de n'être point tourné. Il semblait prévoir l'avenir. Il avait grandement raison.

Après avoir rêvé une large diversion dans l'est, Bordone se voyait réduit à garder les derrières de la première armée. Pour marquer sa déception, ce singulier chef d'état-major ne trouvait rien de mieux que de quitter le théâtre des opérations et de s'en aller à Avignon, d'où il adressait à M. de Freycinet des réclamations indignées.

Son retour à Autun, puis à Dijon, ne fit qu'accroître les difficultés. Le 6 janvier, trois jours avant Villersexel, la délégation et Garibaldi ne s'étaient pas encore mis d'accord au sujet de la mission de l'armée des Vosges. A la même heure, l'état-major prussien venait de décider la formation de l'armée du Sud et son envoi dans le bassin de la Saône. Il ne restait plus un instant à perdre pour couvrir les derrières de Bourbaki. Garibaldi était un nom, une raison sociale derrière laquelle

---

(1) Télégramme du 21 décembre.

s'abritaient des personnalités tapageuses et vides, comme celle de son chef d'état-major ou d'autres pires encore.

Cependant les Allemands avaient évacué Dijon, après deux mois d'occupation. C'était là un événement important et heureux; car Dijon, depuis le 31 octobre, avait servi de point de départ à une foule d'expéditions, dirigées tantôt contre l'armée de Lyon, tantôt contre le corps de Garibaldi.

Le général Cremer eut ordre de s'établir en avant de cette ville et d'y faire exécuter des travaux de défense. De son côté, Pélissier était arrivé à Dijon le 3 janvier. Garibaldi, enfin, l'y suivit le 8. Le 7, des vedettes allemandes étaient signalées dans les vallées de la Tille et de l'Ouche, observant les routes de Châtillon et de Montbard. Les deux défenseurs de Dijon avaient donc le temps de se concerter, de s'organiser, de s'éclairer. L'ennemi, en se retirant sur Vesoul, avait eu soin de laisser intacts les ponts sur la Saône, dans les environs de Gray. C'était l'indice que l'armée française de l'est se trouvait exposée à être tournée, d'un moment à l'autre. Le 10 janvier, en effet, on signalait aux généraux de Dijon, la présence de dix mille Prussiens à Montbard, cinq mille à Châtillon, vingt mille à Chaumont. Il y avait encore le temps de se porter du côté de Dole, pour couvrir ce nœud stratégique et la forêt de Chaux, dont l'ennemi avait intérêt à s'emparer, pour empêcher le ravitaillement de l'armée de l'Est ou lui couper la retraite.

Le 12 janvier, sur l'ordre de M. de Freycinet, M. de Serres traçait son rôle à Garibaldi de façon aussi claire que possible, lui recommandant de ne pas perdre de vue Zastrow, qui « remontait vers Langres, pour revenir vers l'est. » — « Il est de toute importance que vous restiez constamment sur son flanc, le harcelant dans sa marche, qu'il est indispensable de ralentir. Le Morvan et la Côte-d'Or sont maintenant à l'abri. Le plateau de Langres doit devenir votre base d'opérations, d'où vous menacerez sur une immense étendue la grande ligne des communications de l'ennemi. L'armée de l'Est compte sur votre vigoureuse action, dont nous espérons sentir promptement les effets. »

CHAPITRE VI

MARCHE DE L'ARMÉE SUR BELFORT

Début de la campagne de l'est. — Sa similitude avec celle d'Augereau sur Poligny en 1814. — La division Cremer nécessaire pour assurer les flancs de Bourbaki. — Occupation de Dijon par cette division, le 31 décembre. — Constitution de l'armée de l'Est à Chagny, Chalon et Beaune (29 décembre). — État hygiénique et moral de l'armée. — Lettre de Bourbaki à l'intendant Mallet (3 janvier). — Pas de magasins à Besançon. — Commencement du mouvement (31 décembre). — Lettre de M. de Freycinet à Bourbaki (28 décembre). — Gambetta envoie des renforts. — Passage de l'Ognon à Pesmes (2 janvier). — Inquiétudes sur Dijon. — Gambetta conseille à Bourbaki de coordonner ses mouvements. — Marche de l'armée vers Vesoul (4 janvier). — Dispositif d'ensemble. — Nouvelle discussion du plan de campagne. — Vastes conceptions du ministre. — Persistance de Chanzy à vouloir faire marcher l'armée sur Paris (2 janvier). — Conseil de guerre de Besançon (4 janvier). — Marche modifiée par Villersexel au lieu de Vesoul. — Bourbaki adopte la conception de M. de Freycinet. — Mouvement prévu par Cremer et Garibaldi. — Continuation de la marche de l'armée (3-5 janvier 1871). — Prise de contact à Echenoz. — Sévices des Prussiens autour de Vesoul. — Impatience de la délégation. — Retraite des Allemands sur Gray et Vesoul (28 décembre). — Bourbaki, évitant le combat, se dirige vers l'est. — Le 15ᵉ corps envoyé à Blamont. — Encombrement de la gare de Clerval. — Le Lomont et le plateau de Blamont. — De Vezet et Bousson. — Les Vengeurs. — Le pont de Clerval. — Difficultés de ravitaillement. — Imperfection des convois. — Arrivages de Lyon. — Quartier général à Montbozon (6 janvier). — Dépêche de Chanzy avant la bataille du Mans. — Résumé. — Troupes de Werder au 8 janvier. — Reconnaissances allemandes, combats d'avant-garde. — Werder à Vesoul. — Captures d'otages. — Actes de l'autorité allemande. — Instructions du grand état-major à Werder (7 janvier). — Werder veut devancer Bourbaki vers Belfort.

La campagne de l'est arrivait enfin à pied d'œuvre, après un laborieux transport de l'armée en chemin de fer, et des tâtonnements, des difficultés inévitables pour une entreprise aussi précipitée. Nous en connaissons maintenant la conception, les prodromes, les éléments dans les deux partis en jeu, les circonstances qui l'ont déterminée, les divers objectifs qui lui ont été assignés, l'idée générale et les moyens directs ou auxiliaires. Nous connaissons l'ennemi, les obstacles matériels. Nous savons par qui elle sera menée et quelle haute direction en tiendra les fils, les tendra même au risque de les casser, par-dessus la tête du général en chef. Nous pouvons désormais suivre les péripéties de cette douloureuse campagne, et nous aurons le courage de tout dire. Elle nous fera passer par une suite d'espoirs déçus et de désillusions, pour aboutir à la catastrophe finale. La France, comme un flambeau voilé, éclairera cette page sombre de nos annales, et, à travers les désastres, les défaillances, les intempéries, les dénuements, les cataclysmes, elle nous procurera encore quelques heures de gloire, pâles reflets de son immortelle splendeur.

Les opérations allaient prendre une certaine analogie avec celles de la campagne de France en 1814.

C'était au mois de février. Napoléon disputait entre la Seine et l'Aube la route de Paris aux coalisés. Après avoir battu l'armée de Silésie à Champaubert et l'armée de Bohême à Montereau, il conçut une diversion stratégique assez semblable, dans ses grands traits, à celle de l'armée de l'Est.

Il ordonna à Augereau, le Bourbaki de l'époque, de se porter dans l'est, de mener les vingt-huit mille hommes de l'armée de Lyon, sur Genève, alors occupé par Bubna; de débloquer Besançon (au lieu de Belfort) investi par les Autrichiens de Lichtenstein, puis de gagner rapidement par Vesoul (même objectif qu'en 1870), la route de Bâle à Langres, pour couper les communications de l'ennemi avec l'Allemagne, ce qui devait être aussi le but final du grand mouvement de Bourbaki.

Augereau ne se pressait pas de quitter Lyon. « Je vous ordonne, lui écrivait l'empereur, de partir douze heures après la réception de la présente lettre et de vous mettre en campagne. »

Augereau, sur l'injonction de Napoléon, se mit enfin en marche, comme Bourbaki sous les télégrammes de M. de

Freycinet. Pendant qu'Augereau hésitait à Lyon, comme Bourbaki à Baugy, le conseil de guerre des alliés siégeant à Troyes avait envoyé dans l'est l'armée du prince de Hesse-Hombourg, pour barrer la route aux Français. En 1870, c'est le conseil suprême des armées allemandes, présidé par M. de Moltke à Versailles, qui dépêcha Werder pour barrer la route à Bourbaki. Battu à Poligny, le duc de Castiglione eut la chance de pouvoir ramener ses troupes à leur point de départ. Battu à Héricourt, Bourbaki n'eut pas le même bonheur. Le plan de Napoléon a manqué, faute d'un corps suffisamment nombreux qui couvrit le flanc gauche de ses troupes d'opération.

La similitude des situations entre les deux époques est frappante : à un demi-siècle de distance, c'est faute aussi d'une protection suffisante de son flanc gauche que Bourbaki, pris entre le Doubs et la frontière, fut acculé, puis rejeté au delà.

Nous savons combien il s'était préoccupé d'avoir une couverture pour ses flancs. Il ne pouvait compter pour cela que sur Cremer. La chose était d'autant plus urgente qu'au nord et au nord-ouest de Dijon, le corps de Zastrow occupait les confins de la Côte-d'Or, entre Auxerre, Nuits-sous-Ravière, Châtillon-sur-Seine et Chaumont. Il avait pris une attitude menaçante, et paraissait prêt à entrer en ligne d'un moment à l'autre. Toujours à l'affût d'un coup de main, Cremer avait demandé, dès le début des opérations, l'autorisation d'attaquer immédiatement Werder, dont les troupes étaient alors dispersées à Dijon, Langres, Gray et Vesoul. Avec les deux divisions du 24e corps disponibles à Chagny (1), on aurait peut-être, par une offensive énergique, retenu l'ennemi en Bourgogne, amené sa retraite par Langres, et masqué notre mouvement sur Belfort. Battu en détail, avant que ses troupes n'eussent le temps de se concentrer, Werder eût été coupé de Belfort. Il lui fût devenu impossible de porter secours au

---

(1) P. POULLET, *Campagne de l'Est*, préface, p. 14.

corps de siège. Le débloquement de la place aurait été obtenu sans peine par l'armée de l'Est, et la route d'Alsace aurait été ouverte à Bourbaki. Cremer voulait se donner la mission de barrer la ligne Langres-Dijon à une armée allemande venant à menacer les derrières de l'armée de l'Est, ou encore la mission de couvrir la Saône à Gray. Il avait occupé Dijon dès le 31 décembre, le jour même du départ de Werder. Le 4 janvier, il s'était remis en marche pour gagner Champlitte, ce qui indiquait bien son intention de se reporter au nord par la vallée du Salon sur Chalindrey et Langres. Mais, à peine arrivé à Orgeux, à 15 kilomètres de Dijon, il fut atteint par un ordre du général en chef qui lui enjoignait de rentrer dans cette ville.

D'autre part, il avait été expressément entendu, le 23 décembre, dans une conférence entre de Serres et Bordone, que l'armée des Vosges garderait la ligne Dijon, Is-sur-Tille, Selongey, de façon à interdire à tout ennemi venant de l'ouest l'accès de la vallée de la Saône. Garibaldi était encore à Autun, mais avait l'ordre de marcher sur Dijon, sitôt cette dernière ville évacuée par l'ennemi.

Avec ses vingt-cinq mille hommes et les mobilisés de Pélissier, il eût disposé d'un effectif suffisant pour arrêter un adversaire quelconque dont l'intervention vint à menacer les communications de l'armée de l'Est, par les longs défilés de la Côte-d'Or. Mais Garibaldi n'était pas à son poste, tandis que les marches et contre-marches de la XIIIe division allemande entre Auxerre et Montbard, ainsi que l'arrivée dans cette même contrée de la brigade Dannenberg, faisaient déjà craindre une entreprise de l'ennemi sur la capitale de la Bourgogne. C'est pourquoi Bourbaki avait cru aussitôt devoir ordonner à la division Cremer de réoccuper Dijon, et avait de plus obtenu du ministère qu'on y envoyât, par surcroît de précaution, une brigade du 15e corps.

Ainsi, les flancs n'étaient plus gardés. Besançon devenait la base d'opérations de l'armée de l'Est. Son gouverneur y déployait la plus grande activité et se multipliait pour se rendre utile à l'armée, sans trop cependant priver sa place de ses moyens de défense.

Le ministre lui prescrivait bien de former, avec les troupes de la garnison convenablement triées, une division de douze mille hommes, pour la mettre au 24e corps, à la place de la division Cremer laissée aux ordres directs du général en chef. Mais le commandant de la 7e division militaire ne se souciait point de se dégarnir ainsi. Après avoir envoyé le 63e de marche au 20e corps, il ne lui resterait que 6,000 hommes, même en y comprenant deux bataillons de gardes mobilisés de la Haute-Saône encore incomplètement équipés, effectif qu'il considérait comme un minimum pour assurer la défense de Besançon. Bourbaki insista tellement que sa division fut néanmoins constituée, et le renfort fut donné, au désespoir du général Rolland. Enfin, le 29 décembre, la grande armée était au complet, sauf les éléments du 15e corps non débarqués.

Le 18e corps, aux ordres de Billot, déjà chef d'état-major de Bourbaki à l'armée de la Loire, occupait Chagny (1). Le 20e, sous Clinchant, occupait Chalon-sur-Saône, avec la réserve générale de Pallu de La Barrière. Le 24e corps achevait sa formation sous les murs de Besançon, et avait déjà deux divisions à Chagny, où elles étaient arrivées en chemin de fer. Le ministre augmenta encore l'armée de deux bataillons de chasseurs à pied de marche et de deux régiments de marche pris à Auxonne et à Dole.

Bourbaki présida aux opérations préliminaires de la concentration, prit la tête de son armée le 30 décembre, à Chalon, prescrivit de la cantonner dans les meilleures conditions possibles en raison de la rigueur du froid, la mit en mouvement, et s'apprêta à donner franchement le coup de collier qu'on lui demandait. Ses troupes étaient là sous sa main; il se retrouvait lui-même. Ce n'était pas un homme d'organisa-

---

(1) Le 27 décembre, Billot télégraphiait au ministre : « Le service de reconnaissance est très bien fait par notre cavalerie. Mais ce service pénible et la rigueur du climat déciment nos chevaux. »

tion, mais un homme d'action et de commandement. La préparation, c'est Leperche qui l'assurait plus encore que Borel.

Par suite de son long et pénible trajet en chemin de fer, même avant les premiers coups de fusil, l'armée était déjà très éprouvée. La santé des troupes laissait à désirer; le moral du soldat s'était ébranlé : mauvaises conditions pour une entrée en campagne. Les distributions de vivres étaient irrégulières, et, faute de personnel administratif, faute de convois, le ravitaillement se faisait mal.

La marche en avant de cette armée ressemblait dès le commencement à une débâcle. Les soldats de la Loire, démoralisés par leurs défaites successives et leurs longues souffrances, se laissaient conduire à Belfort comme un troupeau qu'on mène à la boucherie. Un grand nombre d'entre eux jetaient leurs armes sur les routes ou les abandonnaient dans leurs cantonnements. Les hommes, dont les pieds n'étaient nullement protégés contre le froid et la neige par le soulier d'ordonnance recouvert de la guêtre blanche, restaient souvent, comme éclopés, en arrière des colonnes, et ne retrouvaient plus leurs corps.

Sur les chemins couverts de glaces, les fers des chevaux n'avaient pas même de *grappes;* et les habitants des villages étaient obligés, pour que l'artillerie pût gravir les plus faibles montées, de semer de la cendre sur la neige durcie... Les troupeaux de bœufs qui suivaient l'armée, maigres, exténués, étaient à peine nourris; on ne leur donnait à manger qu'une seule fois par jour. Ils tombaient le long des routes. Les chevaux de la cavalerie n'étaient guère mieux soignés. Mal ferrés, sans secours vétérinaires, ils passaient la nuit au bivouac, attachés au piquet, la selle sur le dos. Les soldats se traînaient le long des routes. L'accueil plein de cordialité des Bourguignons et leur bon vin remontèrent un peu le moral des troupes. Bourbaki avait lancé une proclamation, qui était le langage d'un homme de cœur, mais froid et sans élan.

« Vous venez de faire évacuer Dijon... Quelques nouvelles

marches auront sans doute des conséquences aussi favorables. Nous atteindrons ensuite l'ennemi, et nous nous mesurerons avec lui. Si nous le battons, comme j'en ai la confiance, vous aurez peut-être la gloire de contribuer à longue distance à faire lever le siège de Paris... »

De Pesmes, il se transporta à Besançon, pendant que ses colonnes, une fois formées, allaient les unes, suivre les voies ordinaires, les autres pousser en chemin de fer jusqu'à Dole, pour, de là, gagner la vallée de l'Ognon, et franchir cette rivière aux environs de Pesmes.

Le général avait demandé que Besançon devînt un centre de ravitaillement. Mais, quand il y arriva, le 4 janvier, il n'y trouva rien. Il bondit, et télégraphia au ministère pour obtenir qu'on réunît là un stock de vivres et de munitions, de façon à assurer les besoins de l'armée en sus de ceux de la place. C'était déjà bien tard!

Sans attendre les instructions ministérielles, il régla tous les détails de l'approvisionnement, par une lettre à l'intendant Mallet.

« Vous voudrez bien faire des démarches pour que, dans le plus bref délai, les locaux d'emmagasinement soient très vastes. Il n'y a lieu, sur ce point, ni à discussion, ni à hésitation. Le ministre, comme le général en chef, veulent que Besançon soit une base immense d'approvisionnement, parce que tout doit repartir d'elle pour l'armée. Mettez donc, je vous prie, en mouvement toute votre administration locale pour atteindre ce but! Je vous le répète, il n'y a pas d'observation à faire. »

Ce langage sévère allait échouer contre des obstacles imprévus. Le ministre de la guerre avait bien promis l'établissement de grands magasins et de dépôts de munitions à Besançon. Mais le personnel et les moyens matériels avaient manqué pour les y établir, et cette pénurie désespérante contribua beaucoup à enrayer les opérations. Elle résultait plus encore de la force des choses que de l'imprévoyance des hommes. On avait toujours cru que la guerre serait portée en

Allemagne au delà de nos frontières. Et maintenant qu'il fallait tout créer en quelques jours, l'argent manquait, et le temps, et les ressources.

La grande expédition de l'est demandait à être rapidement menée. Bourbaki n'attendit pas l'arrivée des dernières troupes pour mettre les premières en mouvement. Le 31 décembre, le quartier général du 18e corps fut placé à Auxonne, celui du 20e à Dole. On allait manœuvrer par le flanc devant le front de l'ennemi, ce qui n'était pas sans péril. Dans l'ignorance où était l'adversaire de la direction de cette marche, l'armée française réussit d'abord à se soustraire à toute attaque. Elle put adroitement dissimuler son mouvement. Il fut très ralenti, il est vrai, par les difficultés de la saison et du ravitaillement. Toutes les précautions furent prises, d'ailleurs, pour protéger hommes et chevaux contre la rigueur du froid. Mais, dès la première journée, on reconnut que les vivres manquaient, que les provisions d'avoine étaient assurées pour un jour et demi seulement. Les étapes furent aussi raccourcies que possible et réglées, non seulement sur le mauvais état des routes, mais sur la brièveté des jours. On ne se rendait pas compte de ces nécessités, à Bordeaux. La délégation s'étonnait de la lenteur du mouvement. Elle se figurait qu'une armée de cent vingt mille hommes pouvait s'avancer aussi rapidement qu'un petit corps isolé. « A qui la faute de ces retards? Sont-ce les ordres d'embarquement qui ont été mal donnés? Est-ce le matériel qui a manqué?... Sont-ce maintenant les étapes à pied qui ne se font pas?... Nous nous laissons distancer de plus en plus par les Prussiens; et, si nous ne pressons pas davantage notre marche sur Vesoul, non seulement nous trouverons une forte concentration à notre droite, environ soixante-dix mille hommes; mais nous trouverons aussi une forte concentration à notre gauche, peut-être quatre-vingt ou quatre-vingt-dix mille hommes. J'insiste donc de toutes mes forces auprès de vous, pour que vous obteniez de votre armée un peu de cette mobilité que nous montre, en ce moment même, l'armée prussienne... » Il y avait bien là une certaine prévision de l'avenir.

Bourbaki répondit : « Nous avons parcouru 280 kilomètres en onze jours, soit une moyenne de 25 kilomètres par jour. Nous aurions pu exécuter notre concentration plus rapidement par les voies ordinaires. »

S'il ne pouvait aller plus vite, il ne pouvait pas davantage s'éloigner de sa ligne de ravitaillement. Il lui fallait marcher parallèlement à la voie du chemin de fer de Besançon; car, seule, elle lui devait apporter les denrées dont il avait besoin. Il suivait la vallée de l'Ognon, entre Doubs et Saône, et manœuvrait sur le flanc de l'ennemi, pour menacer sa ligne de retraite.

M. de Freycinet, cette fois, l'encourageait, lui montrait la grandeur de son rôle.

« Déjà, lui écrivait-il le 28 décembre, si votre mouvement se continue avec rapidité suivant votre programme, vous arriverez à Vesoul le premier, et, sans doute, sans combat. Je me félicite de la bonne entente régnant entre vous et M. de Serres, qui est en mesure de vous donner de très utiles indications. *Il est bien entendu, d'ailleurs, que ces indications, quelque confiance qu'elles méritent, ne doivent gêner en rien la liberté de vos décisions; vous en avez seul la responsabilité.* J'espère, général, que, Dieu aidant, vous allez rendre à la France de grands services (1). »

Le premier point était de recevoir des renforts. Très affaiblis, le 18ᵉ et le 20ᵉ corps réunis ne comptaient pas plus maintenant de cinquante et quelques mille combattants réels. La pénurie de chevaux s'y faisait surtout sentir. Les intempéries en avaient détruit un grand nombre qu'il était urgent de remplacer. « Je crois, écrivait le général, qu'il y a un véritable intérêt à ce que vous renforciez mon armée en infanterie, en artillerie et en chevaux. Renforcez-moi de toutes les troupes disponibles, afin de me laisser, le jour du

---

(1) Bordeaux, 29 décembre, Freycinet à Bourbaki.

choc, les meilleures chances de succès... » Pour donner satisfaction à ce désir, Gambetta ramassait quelques bataillons de marche à Auxonne et à Dole, l'invitait à les prendre au passage, à les incorporer de son mieux.

Bourbaki appela à lui la division Cremer. Dans l'élaboration du plan original, cette division avait à jouer un rôle indispensable. Tandis que Garibaldi devait défendre le Val Suzon et les routes conduisant vers Gray, Cremer devait s'établir au sud de Langres, de façon à disputer à toute troupe qu'eût pu recevoir Werder, les passages venant du Châtillonnais, à l'issue des défilés, entre Longeau et Is-sur-Tille. Dans ce but, Cremer s'était assuré le renfort de cinq mille hommes et de trois batteries, que le général Méyère, gouverneur de Langres, mettait avec empressement à sa disposition. Mais, au lieu d'être maintenue dans cette importante mission, la division Cremer reçut l'ordre de rejoindre l'armée de Bourbaki, cette cohue déjà si nombreuse, qu'il eût, au contraire, convenu d'épurer.

Le 18e corps se trouvait concentré le 1er janvier autour d'Auxonne. La petite place était en état de défense. Deux fois déjà les Allemands s'en étaient rapprochés et l'avaient sommée de se rendre. Elle avait répondu énergiquement aux quelques coups de canon dirigés contre ses remparts.

La première opération à faire était le passage de l'Ognon à Pesmes, point que les Prussiens gardaient depuis le 15 décembre.

L'Ognon était un obstacle sérieux. Il était gelé, mais la glace n'avait pas assez d'épaisseur pour supporter la grosse artillerie et le train de l'armée. Il fallait à tout prix rétablir le passage. Le commandant Brugère avait indiqué la présence d'un vieux matériel de pontonniers gisant dans les casemates d'Auxonne. On découvrit, en effet, dans l'arsenal, dix bateaux hors de service qui n'avaient pas pris l'eau depuis un temps immémorial. Ce fut une bonne fortune. On y trouva aussi des madriers et des poutrelles. Toute la nuit du 1er au 2 fut employée par le commandant Logerot à faire charger ce matériel sur des haquets, et à le transporter à Pesmes. Il établit ensuite à côté du pont détruit un pont de bateaux de cinquante-quatre mètres de long : belle opération rapidement menée. La glace vint bientôt calfater les fissures des bateaux, et le 2 au soir, le pont était mis en place. Le 18ᵉ corps s'écoula lentement, l'infanterie sur ce pont, la cavalerie sur le pont de Forges.

Le défilé des troupes eut lieu toute la nuit, au clair de lune, et se prolongea pendant vingt-quatre heures. On ne perdit ni un homme, ni un cheval, ni une voiture. Mais ces difficultés de passage retardèrent le mouvement général. Certains corps, cependant, avaient fait des marches forcées. Le 2 janvier, le 42ᵉ de marche était parti le matin des environs d'Auxonne. Il arrivait le soir à Pesmes, passait l'Ognon en aval, pendant la nuit, et allait cantonner à Chavigny, où il arrivait à une heure du matin, ayant marché seize heures de suite, par un vent glacial. L'ennemi était loin encore. Cependant, des colonnes ennemies arrivaient en Bourgogne, du côté de Vitteaux. Dijon n'était pas sérieusement menacé. Le général Pélissier avec ses mobilisés, et Garibaldi, avaient plus de 20,000 hommes entre les mains. Le ministre dirigea en outre sur Dijon une brigade et deux batteries du 15ᵉ corps. Bourbaki ne voulut se priver d'aucun autre détachement pour renforcer ce point. « Il importe, disait-il, de ne pas sacrifier notre opération principale à un but secondaire : ce serait faire le jeu de l'adversaire. »

Peut-être M. de Freycinet n'était-il pas aussi rassuré de ce côté que le général en chef de l'armée de l'Est. Car, le 3 janvier, il lui télégraphiait : « Quelque invraisemblable qu'ait paru d'abord une marche ennemie de Montbard sur Dijon, cette marche semble aujourd'hui s'accentuer. D'autre part, j'ai lieu de penser que Dijon est loin de posséder actuellement les 20,000 hommes dont parle votre dépêche. Garibaldi me fait l'effet d'être toujours à Autun, et les bataillons disponibles à Auxonne ont été incorporés dans les 18ᵉ et 20ᵉ corps. Il me semble donc que Dijon ne possède que Pélissier et ses mobilisés, plus la brigade du 15ᵉ corps qui a dû y arriver aujourd'hui, et c'est même fort probablement le dégarnissage de Dijon qui a déterminé le mouvement de l'ennemi. » Bourbaki répondait : « L'ennemi menace Dijon. La défense de cette ville me semble susceptible d'être assurée par les troupes de Pélissier et de Garibaldi. Cremer, qui couche ce soir entre Champlitte et Dijon, rétrogradera sur cette dernière ville pour concourir à sa défense, s'il le juge nécessaire. Je crois que l'ennemi veut nous déterminer à réduire l'effectif des forces marchant sur Vesoul, ou à nous retarder. Je tiens à déjouer ce projet, en ne me privant d'aucun élément autre que la division Cremer. Le 15ᵉ corps constituera un très bon appoint ; mais il faut qu'il ne perde pas de temps. »

Par suite de la lenteur inattendue du transport par voies ferrées, il avait fallu onze jours au 18ᵉ corps pour se porter de la Charité sur la rive gauche de l'Ognon, c'est-à-dire pour parcourir 280 kilomètres, à raison de 25 par jour, pas plus vite que s'il eût suivi la voie de terre, nous l'avons dit plus haut.

Le 24ᵉ corps fut obligé de rester dans les positions qu'il occupait autour de Besançon ; on commençait alors à comprendre combien la décision prise au sujet du 15ᵉ corps était dangereuse, combien il était regrettable de renoncer à la présence de ce corps sur la ligne de retraite de la première armée.

Bourbaki ne devait pas se faire d'illusion d'ailleurs sur la nature des forces disséminées autour de Dijon. Tous les renseignements sur Garibaldi s'accordaient à le représenter malade, sans initiative, abandonnant toute direction à un état-major dont la capacité n'inspirait confiance à personne.

Les troupes de Pélissier n'étaient armées que de fusils à piston. Malgré cette situation, Bourbaki n'hésitait pas à retirer même de Dijon la brigade du 15ᵉ corps qu'on y avait laissée, et bientôt la division Cremer devait elle-même recevoir l'ordre d'abandonner définitivement cette région pour se porter sur Vesoul.

A ce moment, les forces allemandes établies sur la ligne Vesoul-Villersexel ne comprenaient cependant que le XIV° corps d'armée.

Le 4 janvier, l'armée française est enfin constituée au chiffre de cent quarante mille rationnaires, y compris les quinze mille hommes de la division Cremer. Elle a quatre cents pièces de canon de différents calibres, dont la plus grande partie est encore vierge : c'est le 4 qui domine dans l'armement. On y compte encore sept batteries de 12, six batteries d'obusiers de montagne et plusieurs batteries de mitrailleuses. La cavalerie laisse à désirer comme remonte et comme personnel.

La marche vers le nord se poursuit le 5 : le 24° corps à droite, le 20° au centre, le 18° à gauche ; le 15° doit former réserve générale en seconde ligne ; mais il est encore en chemin de fer, à débarquer.

Toutes ces troupes, sur la rive droite du Doubs, s'avancent très lentement, la nature du pays accidenté ne permettant pas de longues étapes à des corps fatigués, nombreux, mal nourris.

Une division d'infanterie a été formée à Besançon pour remplacer au 24° corps la division Cremer, qui en est définitivement distraite.

Bourbaki transporte dans cette ville son quartier général. Besançon est un grand point central, d'où il pourra communiquer avec les commandants de corps d'armée, recevoir les nouvelles de l'ennemi, veiller au départ du 24° corps, qui prendra sa route par Marchaux, sur Rougemont et Villersexel ; assurer les conditions de débarquement du 15°, s'appuyer sur l'état-major local et y trouver d'utiles renseignements touchant la région ; voir arriver enfin les approvisionnements. « Dès que j'aurai quitté Besançon, mande-t-il à Bordeaux, mes communications télégraphiques ne pourront être assurées qu'au moyen de postes de cavaliers, échelonnés entre le grand quartier général et la station la plus voisine ou la plus sûre. Elles éprouveront par suite des retards inévitables. »

Le 24ᵉ corps a l'ordre d'être établi le 25 janvier, partie en avant de Montbozon, partie à Esprels. Il couchera le 4 à Corcelles et Scey-la-Tour. Les mobilisés et les corps francs de Besançon seront envoyés à Montbéliard pour couvrir la droite.

Le colonel Bourras, qui opère autour de Gray avec Bombonnel, le célèbre tueur de panthères, remontera la rive gauche de la Saône, et se mettra en communication avec le général Billot, sur la route de Pesmes à Vesoul.

Le dispositif d'ensemble assure une liaison suffisante entre les éléments de l'armée. La direction générale est sur Vesoul, où l'on sait que Werder a concentré ses forces. On marche donc à l'ennemi : c'est bien là l'objectif. Mais le service d'exploration fait défaut. On y remédiera à l'aide des éclaireurs du général Billot. Il semble qu'on n'ait pas de cavalerie, en tout cas pas de cavalerie indépendante. La division de Boërio va marcher, fractionnée, presque collée aux divisions. On l'utilisera surtout pour le service de correspondance. Tels sont les errements de l'époque.

Bourbaki passa les deux journées du 4 et du 5 janvier à Besançon, à étudier sa marche. Le plan était encore très imparfaitement arrêté, et, bien que les troupes fussent partout en mouvement, la direction générale pouvait être modifiée en cours de route. Chanzy s'en préoccupait au Mans, et n'avait pas renoncé à peser à ce sujet sur les déterminations de la délégation de Bordeaux. Il écrivait au ministre, le 3 janvier :
« Avant votre départ de Bourges, il était parfaitement convenu que nous manœuvrerions de façon à faire évacuer Dijon, Gray, Vesoul, et à faire lever le siège de Belfort.

« Ces résultats obtenus, nous devions, selon les mouvements de l'ennemi, la disposition de ses forces, la nature du théâtre de nos opérations, chercher, en passant par Épinal, à couper les lignes de communication allemandes entre l'Alsace, la Lorraine et Paris ; ou bien nous porter sur Langres et Chaumont, afin d'obtenir le même résultat, en menaçant de près l'armée d'investissement de Paris. » Sa conclusion était de faire marcher Bourbaki sur Châtillon-sur-Seine et Bar-le-Duc. Il était un peu tard pour en revenir là! Le ministre répondit au commandant de l'armée de la Loire, qu'il avait jugé meilleur de faire opérer Bourbaki « dans l'extrême est, de manière à amener la levée du siège de Belfort, à occuper les Vosges et à couper les lignes ferrées venant de l'Allemagne ». « Cette action, ajoutait Gambetta, nous semble à la fois plus sûre et plus menaçante que celle que vous avez en vue. Actuellement, Bourbaki est près de Vesoul, et, vers le 10 ou le 12, nous pensons que le siège sera levé. A partir de là, commencera la grande marche sur les Vosges ; ce sera la période la plus active des opérations.

« A la tête de ses cent cinquante mille hommes, Bourbaki se retournera vers Paris, et avancera dans cette direction de l'est à l'ouest, en occupant simultanément, autant que possible, les deux lignes ferrées de Strasbourg et de Metz. C'est à ce moment aussi, c'est-à-dire du 12 au 15 janvier, que devra commencer votre marche sur Paris, par les points que vous avez choisis. Quant au général Faidherbe, il est destiné vraisemblablement, à un moment donné, à tendre la main à Bourbaki, et à former ainsi, à l'est de Paris, une masse de deux cent mille hommes, égale par conséquent à celle que vous amènerez de l'ouest. »

Quel plan gigantesque, napoléonien! Quelle stratégie en chambre, faite au compas, sur la table, sans tenir compte ni de la valeur des troupes, ni de leur découragement, ni de la dissolution générale de tous les éléments, ni du contraste avec la force victorieuse et l'homogénéité de l'ennemi, ni des intempéries, ni des difficultés de transport, de locomotion, de ravitaillement, ni en un mot de tout ce qui constitue le côté pratique et inéluctable des grandes opérations de ce genre, à une pareille époque d'une guerre désastreuse, avec le peu de moyens qui restent et dans une si détestable saison! Que d'illusions en quelques lignes, et que d'amertume dans le cœur, lorsqu'on compare cette confiance irréfléchie et présomptueuse au dénouement final que la fatalité rapproche de plus en plus!

Chanzy entrevoyait bien, lui, avec sa perspicacité et sa sagesse, les difficultés d'une opération dans l'est, entreprise avec des troupes nouvelles, dans un pays de montagnes couvert de neige, où tout allait être obstacle. Malgré les frais d'éloquence de Gambetta pour essayer de le convaincre, il tenta encore, à deux reprises, le 2 et le 6 janvier, d'obtenir que la première armée fût ramenée sur la route de Paris, dont la délivrance restait le but direct à atteindre. La réussite était, selon lui, dans la combinaison des mouvements.

Donc, le 2 janvier, Chanzy écrit au ministre :

« Il est urgent de prendre un parti. Voici comment j'envisage la situation :

« Autour de Paris, une armée puissante qui résiste à tous les efforts.

« Dans le nord, Manteuffel menaçant le Havre, tenant Faidherbe en échec.

« Dans l'est, les forces ennemies disséminées de Paris au Rhin, pour couvrir les lignes d'opération des Allemands, et opposer une résistance à la marche de la première armée.

« Dans le sud, l'ennemi occupant fortement Orléans, menaçant Bourges, Tours et Nevers.

« Sur tous les échiquiers, cet ennemi cherchant à se présenter successivement devant chacune de nos armées.

« J'estime indispensable que la première armée (celle de Bourbaki) s'avance de Châtillon-sur-Seine, pour venir s'établir entre la Marne et la Seine, de Nogent à Château-Thierry. »

Chez un esprit aussi sagace que celui de Chanzy, la conception d'un tel plan, qui consistait à faire revenir des bords de l'Ognon sur Châtillon-sur-Seine une armée destinée à se reporter de là sur la Marne, ne pouvait provenir que de l'incertitude où il se disait lui-même sur la situation de l'armée de l'Est. A cette date du 2, une telle volte-face devenait inexécutable ; cela saute aux yeux. Un peu plus tôt, l'idée aurait pu être bonne. En tous cas Chanzy y tenait. Il envoya même un officier à Bordeaux, pour expliquer au délégué la situation telle qu'elle lui apparaissait, à la suite du plan d'opérations contre les troupes de siège de Belfort, que Gambetta venait de lui communiquer.

Pendant ce temps, on discutait aussi à Besançon. Bourbaki n'avait pas encore fixé dans le détail le programme de ses opérations, ni même sa direction exacte. Son déploiement n'était pas commencé. Il n'avait pas pris contact avec l'ennemi. Du point où il se trouvait, il pouvait marcher, soit directement sur Vesoul, soit plus à l'est, vers Villersexel et Belfort.

Le plan fut définitivement arrêté dans un conseil de guerre tenu le 4 au soir. Y assistaient : le commandant de la 7ᵉ division militaire et son distingué chef d'état-major, le lieutenant-colonel de Bigot.

Dans le conseil, Bigot fit ressortir avec justesse les avantages que procurerait aux Allemands la ligne de la Lisaine, position défensive de premier ordre en avant de Belfort.

« Là, dit-il, on trouvera certainement l'ennemi. Il faudra l'attaquer sur un grand front au delà de Lure et le long de la rive gauche du Doubs, puis marcher directement sur Belfort.

« Le 20ᵉ et le 24ᵉ corps remonteraient le long de la rive gauche du Doubs. Le 24ᵉ corps, formant la droite, passerait par Blamont, et les deux corps d'armée traverseraient la rivière près d'Audincourt, de manière à déboucher dans la plaine de Belfort.

« Le 15ᵉ corps, formant la réserve générale de l'armée, suivrait la rive droite du Doubs, par Baume-les-Dames, Fontaine et Sainte-Marie.

« Le 18ᵉ corps prendrait par Rougemont, Villersexel et Le Vernois. Sa droite marcherait par Aibre directement sur Héricourt, tandis que sa gauche, tournant cette position difficile à aborder de front, attaquerait Chagey par Champey. Ce corps d'armée opérerait ensuite sa jonction avec la division Cremer, venant de Vesoul, Lure et Ronchamp, pour prendre Frahier, Chenebier et Mandrevillars à revers, formant ainsi l'extrême gauche de la ligne.

« Ces dispositions permettraient de tourner les lignes ennemies par les deux ailes, au lieu de s'y heurter de front. »

Le général de Goltz, un connaisseur, dont l'approbation ne saurait être suspecte, a rendu hommage aux idées du colonel de Bigot. Il a regretté plus tard, pour l'armée française, qu'elles n'eussent pas été adoptées ; car elle ne fût pas venue se heurter de front contre le mont Vaudois.

Enfin Bourbaki prit son parti. Renonçant à la marche sur Vesoul, il se décida à manœuvrer plus à l'est, par Esprels et Villersexel, pour menacer les communications de l'ennemi entre le XIVe corps allemand et Belfort. Le 18e et le 20e corps durent former l'aile gauche et le centre ; le 24e, marcher sur Héricourt, tandis que la division Cremer opérerait sur le flanc droit et les derrières de l'ennemi.

Cette direction n'était pas la meilleure. Elle faisait passer l'armée de la vallée de l'Ognon dans celle de la Lisaine, et entraînait nos forces trop à l'est, pour se jeter sur une barrière difficile à franchir. Le but à atteindre contre les communications allemandes étant d'agir à la fois sur l'aile gauche et les derrières de l'armée d'invasion, ce résultat eût été obtenu plus rapidement et plus sûrement, comme le demandait Cremer, par Langres et Chaumont. Des deux mouvements en discussion, Bourbaki eut le tort de choisir celui qui présentait le plus grand rayon, par conséquent celui qui exposait le plus sa propre armée à être coupée de ses communications.

Il est vrai que c'était là se conformer en grande partie au plan ministériel, dont le général en chef acceptait sans trop de confiance l'envergure démesurée. « Le siège de Belfort une fois levé, je commencerai, écrivait-il d'après Gambetta, la grande marche sur les Vosges, la partie la plus active des opérations, à la tête de 140 à 150,000 hommes ; ayant rappelé la division Cremer, je ferai un changement de front avec mon armée ; je me retournerai vers Paris, et je marcherai dans la direction de l'est à l'ouest, en occupant simultanément, autant que possible, les deux voies ferrées de Strasbourg et de Metz.

« Pendant ce temps, Cremer et Garibaldi protégeront nos

derrières. Ils empêcheront tout corps ennemi de se porter au secours de Werder. Cremer aura pour ordre particulier de marcher sur Vesoul par Gray pour former en arrivant sous les murs de Belfort l'extrême aile gauche de l'armée. »

Que d'illusions encore dans une combinaison si vaste !

C'est sur cette détermination par trop risquée que le conseil de guerre de Besançon se sépara. Les nouvelles de la marche de Bourbaki étaient satisfaisantes. Le 18e et le 20e corps remontaient la vallée de l'Ognon.

Les armées adverses prirent contact le 5 janvier au sud d'Échenoz-le-Sec. A ce même village, avait eu lieu, le 23 décembre, une attaque de francs-tireurs sur des uhlans de Rioz. Le lendemain, par représailles, les Allemands en forces, avec deux pièces de canon, avaient ouvert le feu sur le village, et commis plusieurs sévices contre la population. Un prisonnier français ayant été entraîné dans un bois par des Prussiens, ils se jetèrent sur lui et l'assommèrent, lui brisèrent le crâne à coups de crosse, lui cassèrent bras et jambes, le lardèrent de coups de baïonnette. La population frémissante était encore sous l'impression de ces atrocités, quand, le 5 janvier, des reconnaissances allemandes découvrirent à Échenoz des détachements français venant de Magnorey et d'Authoison, l'avant-garde du 18e corps. Là, furent échangés les premiers coups de fusil de la campagne. Des escarmouches furent livrées à Vellefaux, Levrecey, Velle-le-Châtel.

Bourbaki espérait que le 15e corps arriverait à temps à Besançon, par le chemin de fer, pour être chargé soit de menacer Montbéliard, soit de venir directement en aide à son armée, selon les circonstances. Il voulait forcer Werder à livrer bataille autour de Vesoul. Dans cette pensée, comme il avait été convenu, il rappela à lui la brigade du 15e corps détachée à Dijon.

On avait eu une fois de plus le tort d'abuser du chemin de fer après l'évacuation de Dijon. Pouvant disposer de cette grande gare et de ce nœud de voies ferrées, le général en chef avait mis de nouveau ses troupes en wagon, pour les diriger de Chalon et Chagny sur Dole et Auxonne. De là, les nouveaux délais dont il confessait lui-même la cause au ministre. Par terre, on eût été plus vite, et l'on eût évité d'immobiliser les lignes.

On s'impatientait à la délégation. On trouvait que tout allait avec une lenteur désespérante. Les chefs du cabinet militaire oubliaient qu'ils n'étaient pas étrangers à ces lenteurs. Ils ne cessaient d'assaillir le général en chef d'objurgations, d'instructions méticuleuses, d'ordres et de contre-ordres. « Nos malheureux généraux, dit M. de Mazade (1), ont donc été les souffre-douleur de cette triste époque. On avait besoin d'eux, et l'on semblait tout faire pour les réduire à une impuissance qu'on leur reprochait. » Réflexion profondément vraie, et qu'on ne saurait trop répéter comme leçon de l'avenir!

Cependant, à l'approche de l'armée, les ennemis commençaient à se replier.

Le 28 décembre, von der Thann ramena ses troupes de Dijon sur Gray, pour garder ses communications avec les Vosges. Le 31, il évacua Gray, et alla se masser en avant de Vesoul, vers Combeaufontaine et Scey-sur-Saône. Il ne prit pas même le temps de faire sauter le pont en pierre et de brûler le tablier du pont suspendu sur la Saône, en quittant Gray. Les troupes allemandes se retiraient précipitamment, « en désordre, » évacuant leurs malades, leurs approvisionnements, par des trains qui se succédaient sans interruption. Les otages étaient relâchés. Enfin, ce mouvement de recul avait tous les caractères d'une évacuation définitive. Il paraissait y avoir là, télégraphiait Gambetta, « une occasion favorable à saisir pour se jeter au travers de l'ennemi (2). »

Bourbaki voulait rester avant tout circonspect. Il tenait M. de Freycinet au courant de sa marche. Le délégué approuva ses dispositions, puisque la place de Dijon n'était plus sérieusement menacée.

(1) *La Guerre en province*, Ch. DE MAZADE, t. I, p. 500.
(2) Télégramme de Bordeaux, 29 décembre, Guerre à Bourbaki.

La division Glümer était rassemblée à Vesoul le 29, et toute l'armée de Werder y était concentrée le 30. Malgré un froid terrible, son armée de 36,000 hommes arriva en deux jours. Elle y rallia le détachement de Goltz, qui était devant Langres, et la IV⁰ division de réserve commandée par le général de Schmeling. Langres se trouva dégagé et délivré de la menace d'un siège.

Werder n'occupa Vesoul que quelques jours et se retira presque aussitôt plus en arrière, entre Pusy et Pusey, où il se sentait plus à l'abri contre une attaque en forces.

A cette nouvelle, Bourbaki modifie encore sa marche. Il espère pouvoir passer sans combattre et aller droit à la délivrance de Belfort. Il renonce à s'élever vers le nord et cherche à gagner Héricourt ou Montbéliard, ce qui suffira à faire lever le siège.

« Dès que vous entendrez mon canon, écrit-il au général Bressolles, vous ferez des efforts sérieux. Vous agirez vigoureusement et vous vous porterez jusqu'à Montbéliard même, aussitôt votre corps d'armée réuni, si vous jugez la chose possible. Vos ravitaillements et vos évacuations se feront par Clerval, qui sera votre station tête d'étapes de guerre. »

Pendant ce temps, la brigade Questel, du 15ᵉ corps, quittait Dijon, pour gagner Gray. Elle était dirigée sur le gros de son corps d'armée, de manière à le rejoindre le plus promptement possible.

A Clerval, le général Peytavin (3ᵉ division du 15ᵉ corps), reçut l'ordre de faire évacuer la voie ferrée par tous les moyens possibles, pour faciliter le débarquement de la première division, qui devait arriver dans la nuit du 6 au 7 janvier, et exécuter, avec la troisième, les mouvements ordonnés par le général en chef. Ses instructions sont résumées dans une dépêche adressée de Rioz à Clerval, le 6 janvier à midi :

« Le général commandant le 15ᵉ corps dut diriger ses troupes sur Blamont, au fur et à mesure de leur débarquement. Le général Martineau se rendit de sa personne à Blamont pour y renforcer la position, ne s'engageant qu'à bon escient, mais ne négligeant aucune occasion d'inquiéter et d'attaquer l'ennemi. »

Le 6 janvier, le 18ᵉ corps se mit à cheval sur la route de Besançon à Vesoul, en occupant Pennessières, entre Rioz et Vesoul ; le 20ᵉ s'établit la droite à l'Ognon en avant de Montbozon ; le 24ᵉ, la gauche à l'Ognon, occupant Rougemont. Toute l'armée appuyait ainsi à droite. Bourbaki poussa en même temps en avant les troupes qui opéraient sur la rive gauche du Doubs, pour faire coopérer leur mouvement avec ceux du gros de l'armée. Mais alors survint une grave contrariété. Les circonstances obligèrent à interrompre le débarquement du 15ᵉ corps à Clerval.

Le 6 janvier, deux brigades arrivées à Clerval, mais n'ayant pu prendre position assez vite, se trouvaient compromises, et réduites à rester, faute d'abris, en partie dans les wagons. Le matériel d'artillerie ne pouvait être déchargé qu'au prix de difficultés inouïes.

En arrière de Besançon, la voie était encombrée à une grande distance. Des trains de chevaux et d'artillerie, ayant consommé leurs vivres, se trouvaient arrêtés en pleins champs. Il fallait réquisitionner dans les communes voisines, pour leur procurer les denrées les plus urgentes. On dut faire cantonner à Besançon des trains de troupes entiers, pour dégager la voie. Bourbaki calcula qu'il faudrait trois jours au 15ᵉ corps pour arriver à Blamont.

Le mouvement en chemin de fer était en partie manqué. Cependant, M. de Serres triomphait dans ses dépêches. « Voici, certes, un joli résultat comme embarquement. Les trains se succèdent ici (à Besançon) de demi-heure en demi-heure, et notre extrême droite sera dès demain bien appuyée (1). »

---

(1) Le colonel commandant l'artillerie de la 1ʳᵉ division du 15ᵉ corps télégraphiait : « Cent cinquante chevaux sont en wagon depuis quatre-vingt-seize heures avec trois cent soixante hommes n'ayant pas fait la soupe depuis quatre jours. Je demande à débarquer hommes et chevaux à la gare de Liesle et à rejoindre Besançon par terre. »

CHAPITRE VI

Pendant que les régiments français s'engouffraient dans l'entonnoir de Clerval, les Prussiens étaient signalés en nombre dans la vallée du Doubs, en avant de l'Isle.

Le général Martineau des Chenetz demanda du renfort pour soutenir l'Isle, et protéger les arrivages par chemin de fer. Bourbaki l'invita à se porter avec ses troupes déjà débarquées sur les hauteurs entre Glainans et l'Isle, et à garder le défilé dans les bois. Ordre de s'opposer à ce que l'ennemi, débouchant de l'Isle par sa gauche, vînt prendre position sur la route de Clerval à Pont-de-Roide, et tourner les troupes détachées à Blamont. On gagnerait ainsi le temps nécessaire pour que le 15ᵉ corps se portât lui-même sur cette importante position de garde-flanc. Il fallait assurer à tout prix la possession du cours du Doubs et de ses ponts. On mit sous les ordres de Martineau des Chenetz le général chargé de l'occupation de Blamont. La brigade préposée à la défense des ponts de Clerval dut rester sur la rive gauche. On lui annexa le 54ᵉ de marche et trois autres bataillons de mobiles.

La chaîne du Lomont et le plateau de Blamont jouent un grand rôle dans la défense de notre frontière, du côté de la Suisse et des hauts plateaux de la Franche-Comté. La position de Blamont était de première importance.

D'après les renseignements reçus au quartier général de l'armée, de gros rassemblements ennemis se formaient à l'est et au sud-est de Montbéliard, dans le triangle Montbéliard-Delle-Abbévillers. Le général Martineau, chargé d'occuper fortement le plateau de Blamont, y dirigea ses troupes, au fur et à mesure de leur débarquement à Clerval. Cette marche s'exécuta par fractions constituées d'une brigade au moins avec de l'artillerie. Des travaux furent exécutés pour accroître les propriétés défensives de la position. Martineau dut sans cesse inquiéter et attaquer l'ennemi, mais ne s'engager qu'à bon escient. Bourbaki lui écrivait le 6, de Montbozon : « Je me propose de marcher sur Montbéliard et de débloquer Belfort. Dès que vous entendrez mon canon, vous ferez de vigoureux efforts, et vous tâcherez de pousser jusqu'à Montbéliard, aussitôt que votre corps d'armée sera réuni. »

La défense du plateau de Blamont avait été confiée par le gouvernement de Besançon à deux hommes énergiques, officiers supérieurs des mobiles du Doubs, les commandants de Vezet (1) et Bousson.

Le 11 décembre, ils avaient signalé la présence de 4,000 Prussiens à Montbéliard. Leurs mobiles tendirent des embuscades à l'ennemi, notamment à Audincourt et à Voujaucourt. Ils devinrent la terreur des uhlans. Quoique armés seulement de fusils à tabatière, ils se battaient bien. Les Prussiens occupaient Seloncourt, Hérimoncourt, Abbévillers. Ces hauteurs étaient le théâtre d'escarmouches quotidiennes (2). Les mobiles recueillaient les armes abandonnées, demandaient des cartouches, faisaient de leur mieux.

Le 30 décembre, 6,000 Prussiens ont envahi les environs de Blamont, ils fortifient Bondeval. Les Français se sont retirés à Mathey, Bourguignon et Pont-de-Roide. Les mobilisés du capitaine Viette arrêtent une colonne prussienne à Hérimoncourt. L'artillerie allemande n'ose se risquer dans ces parages accidentés avec cinquante-huit coups par pièce et trois chevaux seulement par fourgon.

Les douaniers sont attaqués à Noirefontaine. Blamont est sérieusement menacé. Le commandant de Vezet y installe trois compagnies de mobiles. Tous les jours, il y a des escarmouches entre les avant-postes des partis ennemis. De nombreux coups de main sont accomplis dans la montagne par nos jeunes troupes, mais les corps francs ne donnent pas toujours l'exemple de la discipline.

Cependant, M. de Freycinet continuait à ne pas s'expliquer les retards de la marche de l'armée. Les télégrammes devenaient de plus en plus pressants. Il écrivait à Bourbaki, le

---

(1) En raison de sa belle conduite, on confia au vicomte de Vezet le commandement du 54⁰ régiment des mobiles du Doubs.
(2) Dépêche du colonel de Vezet au gouverneur de Besançon. Pont-de-Roide, 11 décembre, 4 h. 45 soir.

7 janvier : « Vous m'annoncez que probablement vous ne ferez pas de mouvement aujourd'hui, et que d'ailleurs vous n'avez connaissance que de l'arrivée d'une brigade à Besançon... Je ne m'expliquerais pas que ce fût là un motif de retarder vos opérations. Je ne saurais trop vous recommander, au contraire, de les accélérer. Car, d'une part, Paris mange toujours, et, d'autre part, il arrive contre vous des renforts qui, si vous procédez lentement, finiront par vous constituer en infériorité de nombre. Voilà déjà beaucoup de temps écoulé, et je vous engage à activer tous ces mouvements. La difficulté des routes que vous mettez en avant, n'arrête pas les Prussiens, dont la marche est pour le moins deux fois aussi rapide que la vôtre. »

« Vous aviez annoncé vous-même que vous seriez à Vesoul le 5 ou 6 janvier, et je voudrais être sûr que vous y serez le 8 (1). »

M. de Freycinet pensait à transformer le petit corps de Cremer en un vrai corps d'armée à trois divisions, comprenant 40 à 45,000 hommes. Il demandait à Bourbaki si Cremer serait capable d'exercer un commandement de cette importance.

« Si, comme je l'espère, le siège de Belfort est prochainement levé, vous pourrez trouver dans cette place les éléments d'une brigade. Langres peut aussi en fournir une; je lui envoie l'ordre de la former. Il ne resterait donc, pour compléter ce corps, qu'à en trouver une troisième, et c'est ce dont je m'occuperai dès que j'aurai votre réponse. » En réalité, les renforts annoncés n'arrivèrent point. Ce furent des difficultés inattendues qui survinrent.

Le pont de Clerval avait été malencontreusement coupé par le génie français. Deux ingénieurs furent envoyés de Besançon, avec un chevalet tout préparé pour le rétablir. On improvisa des poutrelles et des madriers pour hâter l'opération qui dura vingt-quatre heures. On fit aussi restaurer les ponts de l'Isle-

---

(1) Bordeaux, 7 janvier 1871, 11 h. 45 matin.

sur-le-Doubs et de Pont-de-Roide, que le génie avait fait sauter.

Bourbaki attendait toujours la division Cremer. Par suite d'ordres hésitants ou mal donnés, elle avait perdu neuf jours en marches et contre-marches infructueuses, épuisant hommes, chevaux et vivres. Le 8 janvier seulement, Cremer avait reçu l'ordre d'occuper Gray, qui cependant avait déjà été évacué depuis cinq jours par les Prussiens; la division de cavalerie de Brémont d'Ars était établie à Mailley et Noidant-le-Ferroux, servant de rideau au mouvement de l'armée. Bourbaki ne paraissait pas se rendre compte de la nécessité d'aller vite. « L'ennemi, écrivait-il à Bordeaux, manœuvre de son côté pendant que nous manœuvrons du nôtre. Je me renseigne sur les forces occupant Villersexel; *c'est là probablement qu'aura lieu le premier choc...* »

« ... Je serai sans doute obligé de ne pas faire de mouvement demain; je n'ai d'ailleurs connaissance, quant à présent, que de l'arrivée d'une seule brigade du 15e corps à Besançon, ce qui me retarde encore ! »

Ainsi décidément, le général ne voulait pas marcher avant d'avoir toutes ses divisions derrière lui. Il allait être trop tard : le coup serait manqué! Il est vrai que Bourbaki s'arrêtait, les 7 et 8 janvier, afin de prendre le temps de donner à manger aux hommes et aux chevaux exténués.

L'intendant Friant était à Chalon-sur-Saône, répondant de son mieux aux nombreuses demandes des troupes d'opération. « Je ne puis improviser des voitures, écrivait-il à l'intendant du 24e corps, à Baume-les-Dames. J'ai écrit aux préfets de quatre départements; quand je vous mets dans la main des denrées, c'est à vous de marcher. Dès que j'aurai des voitures, je vous les enverrai. Je n'ai ni intendants ni comptables : commissionnez-en (1). » « J'ai demandé dans cinq départements des voitures de réquisition : rien n'est arrivé encore. »

---

(1) Montbozon, 7 janvier.

Friant télégraphiait à Martineau des Chenetz, le 10 janvier, qu'il avait à Clerval trois cent mille rations de vivres. Mais ce sont les moyens de transport qui faisaient défaut.

Les convois de l'armée étaient partis par voie de terre; neuf cents voitures du grand quartier général étaient le 30 décembre à Chalon-sur-Saône. Celles des 18e et 20e corps avaient été déchargées par ordre du commandement et les denrées mises sur wagon, malgré l'avis de l'intendant général. Au lieu d'arriver compacts et réunis, les trains des deux corps se disjoignirent en route. Les charretiers de réquisition, qui ne marchaient qu'à contre-cœur, profitèrent de ce que leurs voitures étaient vides, pour fuir les rigueurs du froid et regagner leurs foyers. Les convois en furent très affaiblis et on eut beaucoup de peine à les reconstituer en route. Les deux corps d'armée avaient huit jours de vivres à leur départ de Chagny et de Chalon.

Le gaspillage des vivres ajoutait aux difficultés. Les troupes recevaient en moyenne double ration depuis le début de la campagne. Mais les hommes, au lieu de garder les vivres de réserve, mangeaient en un jour les rations de deux ou trois ou même plus; ils jetaient le biscuit dont ils ne voulaient pas, quoiqu'il fût de qualité supérieure. Un seul régiment en laissa trente-cinq caisses dans la neige.

Malgré tout, l'intendance arriva à dominer la situation. La division Cremer avait son propre convoi. Les 18e et 20e corps eurent chacun, au bout de quelques jours, de six à sept cents voitures; le 24e, le plus rapproché, en eut quatre cents, et le 15e deux cents, à Montbéliard.

Le convoi régulier de ce dernier corps, qui était de sept cents voitures chargées, n'arriva de Dijon à Baume qu'une fois la retraite commencée.

Les voitures requises se présentaient sans outillage de chargement, sans cordes, sans bâches (1), sans ridelles, sans plancher, malgré toutes les recommandations faites. Il fallait

---

(1) Intendant général au général Bourbaki, de Chalon à Montbozon, 8 janvier 1871. « Les voitures réquisitionnées arrivent : pas une n'est bâchée. Dès que

tout improviser. L'administration travaillait nuit et jour. « Au lieu de nous alléger la tâche, dit Friant, on semblait vouloir nous l'alourdir. En débarquant à Clerval, dont la gare était surabondamment pourvue, les régiments devaient prendre quatre jours de vivres : c'était l'ordre. On passait et on ne prenait rien. Nous étions loin du temps où les hommes devaient toujours avoir deux jours de vivres de réserve dans le sac et trois jours dans leur sachet en toile (1). »

Avec cela les routes étaient couvertes de neige et de verglas. Des bords du Doubs, à Clerval, il fallait vingt-quatre heures pour gagner les hauteurs. Les voitures n'étaient chargées qu'à moitié. On doublait les attelages, et l'on faisait ainsi deux à trois lieues dans la journée.

L'armée continuait à s'avancer sans résistance. Après avoir fait évacuer Dijon par une simple manœuvre, on venait d'obtenir de la même manière l'évacuation de Gray et de Vesoul.

Le 6 janvier, Bourbaki transporta son quartier général à Montbozon.

Le 8, il poussa une reconnaissance sur Villersexel et donna pour la journée du 9 l'ordre de mouvement qui allait mettre les deux armées en contact.

Il envoya en même temps une longue dépêche à Chanzy, pour lui faire part de ses projets et de ses espérances.

Il s'y montre surtout préoccupé d'assurer ses derrières. Il demande à son camarade de faire en sorte que les troupes du général de Pointe à Nevers fassent des démonstrations et tiennent l'ennemi en respect, du côté de Clamecy et sur les bords de la Loire. Car on annonce que l'ennemi n'occupe plus Orléans, qu'il dirige des forces considérables vers l'est. Les derrières de la première armée sont menacés.

Bourbaki termine sa lettre par ces mots d'une extrême prudence :

---

j'en aurai une centaine convenablement outillées, je les enverrai au 24ᵉ corps. Je fais faire ici des bâches à cet effet. »

(1) Intendant général FRIANT. *Rôle de l'intendance dans l'armée de l'Est*.

« Vous pensez sans doute, puisque vous êtes prêt, qu'en prenant maintenant l'offensive, vous faciliterez et la tâche des défenseurs de Paris et la mienne.

« Je chercherai le plus longtemps possible à couper les communications de l'ennemi ; *mais je crois qu'il convient de ne jouer son va-tout qu'à bon escient.* »

Chanzy répond qu'il n'attend pas de grands résultats de l'offensive de la première armée. Son style, d'ordinaire si ferme, est moins assuré. On sent qu'il approche de la fin.

« Si l'ennemi, de votre côté, ne vous offre pas grande résistance, il se montre ici très entreprenant. Il est évident que son but est d'en finir avec l'armée de la Loire, soit en l'attirant en dehors de ses positions, soit en la bloquant sur ses positions, pour empêcher sa marche sur Paris. Je vais d'abord résister aux attaques. Dès que j'aurai les renforts qu'on m'annonce, je tenterai l'offensive... Votre mouvement est excellent ; mais, pour Paris et pour moi, le résultat est à trop longue échéance. Il me tarde de vous voir sur les communications de l'ennemi, et de voir le prince Frédéric-Charles se préoccuper de ce nouveau danger. »

Cette dépêche était datée du 9 janvier, le jour même de la bataille de Villersexel ! Deux jours après, Chanzy battu au Mans par le prince était obligé de se retirer sur Laval, derrière la Mayenne. Pour employer l'expression de Bourbaki, il venait de jouer son *va-tout*, et il ne l'avait pas joué *à bon escient*.

En résumé, les débuts de la campagne ne promettent pas des résultats heureux. Le manque de confiance réciproque entre le gouvernement de la Défense nationale et le commandement de l'armée, le peu de clarté de vues projeté sur le but à atteindre, la pénurie des moyens à employer, l'absence d'unité dans les dispositions à prendre par les autorités chargées de diriger le mouvement, toutes ces circonstances particulières étaient de nature à paralyser même une armée aguerrie, à plus forte raison un ramassis d'hommes dont un grand nombre n'avaient de soldat que le nom.

Et il fallait conduire ces masses indisciplinées et sans cohésion, dans un pays coupé, difficile, par une saison effroyable, à une attaque douteuse, dont le succès ne pouvait dépendre que de la rapidité et surtout de la ponctualité dans l'action !

Dans un entretien que j'eus un jour après la guerre avec Bourbaki, il me dit : « Ce qui a perdu l'armée de l'Est, ce n'est pas seulement l'inexpérience et la faiblesse de 80,000 hommes qui n'en valaient pas 20,000 de bonnes troupes ; ce ne sont pas seulement les intempéries d'une saison exceptionnellement rigoureuse, c'est surtout le manque de vivres. »

Werder avait sous ses ordres, le 8 janvier, le XIV° corps d'armée, réuni entre Vesoul et Noroy-le-Bourg et composé de trois divisions : la première (général de Treskow), affectée au siège de Belfort, comprenait 15 bataillons, 16 escadrons et 6 batteries. En outre, elle venait d'être renforcée par des troupes de landwehr, récemment tirées des garnisons d'Alsace et atteignait, grâce à ce renfort, environ 45,000 hommes.

La seconde (division badoise, général de Glümer : 18 bataillons, 12 escadrons, 7 batteries).

La troisième (IV° division de réserve, général de Schmeling : 19 bataillons, 4 escadrons, 6 batteries).

Enfin, le détachement du général de Goltz. En tout 62 bataillons, 34 escadrons et 23 batteries de campagne. Les deux brigades du XIV° corps qui avaient pris part au combat de Nuits, avaient été fort éprouvées. Mais en revanche, Werder venait d'être renforcé par le détachement Debschitz, qui avait été formé en Alsace et dirigé sur Dole.

Ce qui caractérise les opérations de l'armée allemande, pendant la campagne de l'est, c'est que la précision de ses mouvements a été admirable. Werder a exécuté très à propos sa retraite de Dijon sur Vesoul. Il n'a perdu ni un jour ni une heure. Sa détermination a été facile. Car personne en ce moment ne lui demandait de prendre l'offensive. Devant les attaques menaçantes d'un ennemi supérieur en nombre, chacun comprenait dans l'armée allemande, la nécessité d'abandonner une partie du territoire qu'elle occupait déjà. Le premier mérite du général Werder est dans la promptitude du coup d'œil qui lui fit saisir le moment favorable, et dans l'habileté avec laquelle il mit ce moment à profit.

Depuis le 1er janvier il était à Vesoul, guettant impatiemment la tournure qu'allaient prendre les choses. Trois jours après, il avisait le grand état-major qu'il avait des raisons majeures pour renoncer à toute offensive dans la direction de l'ouest.

Jusque vers le 5, Werder attendit l'attaque par Clerval, l'Isle-sur-le-Doubs et Blamont. Besançon lui était signalé comme le principal point de concentration ennemi. Des partis d'infanterie française s'étant montrés au nord de Baume et de Clerval, il avait dû porter ses forces plus à l'est. Il occupait maintenant la ligne Esprels-Arcey-Villersexel-Saint-Ferjeux-Vallerois-le-Bois.

Le 5 janvier, des engagements eurent lieu à Levrecey, à Velle-le-Châtel, Mont-le-Vernois, Fillain, Vy-les-Fillain et Avilley. Dans ces diverses rencontres, les Allemands perdirent une centaine d'hommes et firent 500 prisonniers. Il était tombé depuis midi une neige épaisse qui avait rendu toute exploration très difficile. Cependant, des observations qu'on avait pu faire et des aveux des prisonniers, il résultait que Werder allait se trouver en présence de deux corps d'armée ennemis : le 18e et le 20e, ainsi que d'une partie du 24e. La situation était critique, et le général bavarois s'en rendait bien compte.

Il lui était possible enfin de conclure avec certitude à quelque grande opération offensive. Il lui restait à en déterminer la direction précise et le but. L'ennemi marchait-il sur Nancy ? Dans ce cas, il fallait prendre position au nord de Vesoul, derrière le Drugeon, et attendre. Manœuvrait-il pour s'interposer entre le XIVe corps et l'armée de Belfort ? Il n'y avait alors qu'à se porter franchement vers l'est, et à marcher le plus vite possible vers Lure et Frahier. L'ennemi restait-il à l'abri derrière l'Ognon pour de là jeter un corps détaché contre Belfort, ou bien détacherait-il un corps contre Vesoul, pour masquer une opération d'ensemble contre la place assiégée? L'habile général allemand discuta toutes ces éventualités et prit ses dispositions en sorte de parer à chacune d'elles.

Son avant-garde lui signale l'approche de forces ennemies considérables du sud et du sud-ouest. Les avant-postes français prennent position en face des avant-postes allemands.

Werder fait aussitôt exécuter de courtes reconnaissances contre eux, tandis qu'il réunit le gros de ses forces sur les hauteurs au sud de Vesoul, afin de les avoir sous la main prêtes pour le cas d'un engagement général.

Son idée de livrer bataille à Vesoul n'était pas heureuse, car il risquait de se voir coupé de la route de Belfort par un ennemi supérieur. Il valait mieux pour lui ne pas offrir aux Français l'occasion de livrer une bataille décisive. Il fallait, ce qu'il fera plus tard, se retirer devant eux, pour couvrir le siège et menacer les derrières de l'armée de Bourbaki, dans le cas où elle se dirigerait à l'ouest des Vosges.

Le XIVe corps d'armée allemand aurait donc dû être déjà établi le 5 janvier sur la ligne Lure-Villersexel. Werder, estimant que ces engagements du 5 sont le prélude d'une attaque générale, rétrograde le 6 derrière le Drugeon, l'aile droite à Vesoul, sur de fortes positions reconnues d'avance.

La large vallée du Drugeon se développe devant son front. Dans la nuit du 6 janvier, le XIVe corps se concentre sur la ligne Vesoul-Lure-Montbéliard, en abandonnant les positions avancées de Dijon et de Langres. Il sera ainsi à portée de s'opposer énergiquement à toutes les tentatives qui pourraient être faites pour la levée du siège de Belfort.

Mais, aux yeux des Allemands, les projets de Bourbaki sont toujours dans l'ombre. Aussi, pour les démasquer, Werder se résout-il à attaquer l'aile gauche ennemie, là où il pense avoir contre lui le moins d'obstacles naturels. Le quartier-général de l'armée allemande approuve cette intention et lui

CHAPITRE VI

donne l'ordre de s'appuyer sur l'Alsace en cas de défaite.

Si l'armée française tourne à gauche pour se porter sur Langres, il se jettera sur elle avec toutes ses forces.

Du 6 au 9 janvier, la ville de Vesoul fut victime de sévices continuels. Les Badois, puis des régiments de landwehr à peine débarqués, se mirent à piller les magasins. Nuit et jour, des bandes de vingt à trente hommes pénétraient dans les habitations pour les dévaliser. Cinquante maisons furent ainsi mises à sac, sous les yeux mêmes des officiers. Des ivrognes menaçaient ou frappaient les citoyens récalcitrants. Chez un magistrat qui logeait un colonel allemand, des soldats enlevèrent pour plusieurs milliers de francs de vins fins. Le butin était mis en coupe réglée. Un officier dans les caves distribuait les bouteilles. Quelques maisons seulement eurent des sauvegardes. Dans la plupart, les vêtements, le linge étaient emportés, les meubles brisés; les locaux étaient indignement souillés. Les serrures étaient crochetées. De paisibles habitants, jusqu'à des femmes, furent brutalement frappés. Il n'était sorte de ruses et de procédés odieux que les Prussiens n'employassent pour battre monnaie.

La capture des otages fut, de tous les excès, celui qui laissa dans le pays le plus douloureux souvenir. Un incident futile suffisait aux Prussiens pour y avoir recours. Ainsi, dans les premiers jours de janvier, sous prétexte qu'un fil télégraphique avait été coupé près de Scey-sur-Saône, le commandant des troupes voisines exigea une réquisition de 35,000 francs. La somme d'argent n'ayant pu être fournie, quatre-vingt-dix habitants furent pris pour otages et emmenés à Vesoul; onze notables, dont le marquis d'Andelarre, député de la Haute-Saône, furent maintenus en arrestation. Enfermés dans une salle basse du bâtiment des archives départementales, avec cent autres victimes déjà enlevées depuis plusieurs semaines à leurs familles, ces malheureux passèrent la nuit sur la paille, puis furent conduits à pied à Luxeuil, pour y prendre le chemin de fer, à destination du lieu d'internement qui leur était assigné en Allemagne.

Le curé de Vesoul dut évacuer son presbytère envahi par la soldatesque allemande.

Chaque jour, c'étaient des arrêtés ou des circulaires révélant de la part de l'ennemi des exigences nouvelles. Toutes ces mesures draconiennes faisaient gémir les presses de Vesoul.

Le 7 janvier, le grand état-major de Versailles adressait à Werder ses instructions définitives. Il l'informait que les IIe et VIIe corps allemands avaient reçu l'ordre de se concentrer sur la ligne Nuits-sous-Ravière-Châtillon-sur-Seine. Tant que le général de cavalerie baron de Manteuffel ne pourrait pas diriger effectivement toute l'armée du Sud, Werder restait maître des opérations entre Vesoul et Belfort. Les instructions portaient :

« Protéger le siège de Belfort à tout prix, détruire les routes qui traversent la partie méridionale des Vosges, et surveiller les tentatives que les Français pourraient faire de ce côté; user de la *dernière rigueur* dans la répression individuelle et collective, s'il se produisait de la part des populations la moindre tentative de soulèvement; même en reculant au besoin, ne jamais perdre le contact avec l'armée française, de manière à reprendre l'offensive, si elle s'affaiblissait et à l'empêcher de se retourner contre les IIe et VIIe corps; détruire les voies ferrées, et veiller, le cas échéant, à ce que la section de Mulhouse à Bâle soit mise hors de service, de façon à en interdire le rétablissement avant quinze jours. »
Le ministre de la guerre du grand-duché de Bade était invité à concentrer les troupes de dépôt pour la protection du cours du Rhin.

En exécution des ordres de Moltke, tandis que Bourbaki prenait la résolution de se diriger sur Belfort, par Montbéliard et Héricourt, Werder projeta de l'y devancer, et de se conformer le plus rapidement possible au mouvement latéral de l'armée française. Les reconnaissances allemandes pouvaient suivre nos troupes progressant le long de l'Ognon. Elles trouvèrent sur plusieurs points les populations en armes, indice certain du voisinage des forces ennemies.

En résumé, à la veille de la bataille de Villersexel, tandis que l'armée de l'Est se concentrait entre Montbéliard et Rougemont, ayant pour objectif le déblocus de Belfort, le XIVe corps allemand était réuni entre Vesoul et Noroy-le-Bourg, ayant pour mission spéciale de protéger à tout prix le siège de ce dernier boulevard de notre frontière.

CHAPITRE VII

BATAILLE DE VILLERSEXEL

Situation de l'armée de l'Est le 8 janvier. — Ordre de mouvement pour le 9. — Ordre d'attaque de Werder. — Insuffisance de l'occupation préalable de Villersexel par Bourbaki. — Champ de bataille de Villersexel. — Marche de la 1re brigade badoise sur Aillevans. — Attaque de Villersexel par la division Schmeling. — Enlèvement du parc et du château par surprise. — Prise du pont (10 heures et demie du matin). — Werder fait occuper Marast et Moimay. — Mouvement du 18e corps (10 heures du matin). — Dispositions de combat du général Billot. — Retard de la 2e division (Penhoat). — Envoi d'une colonne légère contre Villersexel. — Combats de Marast et Moimay (1 heure). — Violent engagement au bois des Brosses. — Werder fait réoccuper le château et le parc. — Reprise de Marast par les Allemands (5 heures du soir). — Balance égale entre les partis ennemis. — Arrivée de Bourbaki sur le champ de bataille (2 heures). — Déploiement de l'armée française en face de Villersexel (2 heures et demie). — Werder aux Breuleux (3 heures et demie). — Attaque de Villers-la-Ville et Villargent par le colonel Loos (2 heures et quart). — Reprise de Villers-la-Ville par la division Polignac. — Clinchant fait attaquer par l'amiral le quartier sud de Villersexel. — Werder se concentre à Villersexel. — Arrivée de la colonne légère du 18e corps (4 heures). — Effort décisif du 92e déterminé par Bourbaki. — Enlèvement du parc et du château. — Werder dispute aux Français la possession de Villersexel. — Violent combat et corps à corps dans la ville. — Le 25e allemand réoccupe Villersexel. — Incendie des maisons de la ville. — Lutte acharnée dans le parc et le château. — Schmeling fait mettre le feu au château. — Lassitude des deux partis. — Fin de la bataille. — Pertes des deux armées. — Combat de nuit et incendies. — Comptes rendus. — Ruine de Villersexel. — Résultats de la bataille. — Fâcheuse inaction du 24e corps. — Succès tactique de Bourbaki. — Critique stratégique.

Le 8 janvier, l'armée de l'Est était déjà arrivée dans la direction de Belfort, presque à hauteur de Lure, pendant que Werder occupait encore Vesoul. Les corps français avaient les positions suivantes :

Le 18e à Montbozon, le 20e à Rougemont, le 24e atteignait même Cubry et Abbenans. Le 15e corps débarquait encore à Clerval. La division Cremer, ayant quitté les environs de Dijon, était en route pour rejoindre le gros de l'armée.

L'échiquier se restreignait. La période préparatoire des grands mouvements stratégiques prenait fin, celle des manœuvres tactiques commençait. Werder avait évacué Dijon pour Vesoul; Bourbaki, Nevers et Bourges pour Montbozon et Rougemont. Voici les deux généraux ennemis en présence; que va-t-il se passer?

Le thème de la manœuvre immédiate apparaît dès lors clairement. Les lignes de la Lisaine barraient les routes conduisant vers Belfort. Le problème consiste pour chacun de ces généraux à y devancer son adversaire, à se saisir de cette barrière forte et importante.

Bourbaki partant de Montbozon et de Rougemont, Werder partant de Vesoul et de Noroy-le-Bourg, lequel arrivera le premier à Héricourt? Les deux trajets doivent se couper ou se heurter. Le point d'intersection ou de contact se trouve fatalement à Villersexel; car les deux armées opposées ne peuvent cheminer côte à côte. Villersexel est donc le nœud de la situation, la clé de la manœuvre.

Dans la journée du 8, le général en chef de l'armée de l'Est, suivi de son état-major et de quelques cavaliers d'escorte, poussa une reconnaissance vers cette ville. Quand il arriva aux grand'gardes, un officier lui rendit compte que l'ennemi l'avait évacuée. Après avoir jugé de la situation par lui-même, le général rentra à Montbozon, pour donner l'ordre de marche du lendemain. La faiblesse des Allemands eût pu le déterminer à forcer cette marche. Au contraire, l'ordre de mouvement et les instructions de l'état-major datées de Montbozon pour la journée du 9, ne semblaient pas indiquer un ardent désir de devancer l'ennemi sur les lignes d'investissement de Belfort. En dépit des objurgations de M. de Freycinet, l'ordre était empreint d'une grande circonspection. Bourbaki attendait toujours le 15ᵉ corps.

L'armée devait bien continuer son mouvement vers l'est, mais une courte étape lui était tracée.

Le 20ᵉ et le 24ᵉ corps devaient atteindre la route de Villersexel à Montbéliard, vers Villers-la-Ville et Villargent, tandis que le 18ᵉ, se dirigeant par Esprels, occuperait Villersexel. La partie disponible du 15ᵉ corps, dont les têtes de colonne débarquaient à Clerval, franchirait le Doubs à l'Isle et prendrait la direction d'Arcey, en occupant, comme flanc-garde de droite de l'armée, les positions qui s'étendent le long de la route de l'Isle à Héricourt.

Le 24ᵉ corps aurait pour objectifs en cas d'attaque les villages de Grammont et Vellechevreux ; le 20ᵉ, ceux des Magny, Villargent et Villers-la-Ville ; enfin, le 18ᵉ, les localités d'Autrey-le-Vay, Esprels et le bois du Chanois. Ainsi, le 20ᵉ corps, au centre, appuyait sa droite au 24ᵉ et sa gauche au 18ᵉ ; c'était une sorte de demi-déploiement, une disposition préparatoire de combat, plutôt qu'une marche déployée.

La nuit du 8 au 9 janvier fut très froide. Les routes et les chemins étaient partout couverts de glace. A l'aube du 9, il neigeait abondamment. Plus tard le ciel s'éclaircit, et, jusqu'aux brouillards du soir, la journée resta belle, mais trop courte pour les suites d'une bataille.

Werder avait concentré ses forces à Noroy-le-Bourg et se préparait à se jeter le lendemain sur nos colonnes. C'était audacieux. Il ne pouvait guère opposer que 35,000 hommes à Bourbaki. Il avait pris ses précautions, en cas d'échec. Entre Vesoul et Villersexel, il avait tiré parti de tous les obstacles naturels. Les villages avaient été barricadés, les maisons crénelées, les points culminants garnis de grosse artillerie. Les patrouilles de cavalerie allemande signalaient l'occupation de Villersexel par un parti français. Werder en conclut que l'armée de Bourbaki marchait droit sur Belfort, comme il l'avait pressenti. Il résolut aussitôt de se porter sur son flanc gauche, pour contrarier sa marche, et de prendre l'offensive dans la direction de Villersexel. Il se flattait d'arriver sur ce point entre le premier et le deuxième échelon de l'armée française en marche vers l'est [1].

---

[1] Voir l'ordre du 9 janvier (3 heures du matin) dans la relation de l'état-major allemand.

Les ordres donnés cette nuit-là par Werder prouvent combien il était renseigné sur les mouvements de l'adversaire et peuvent se résumer ainsi : les Français ayant occupé Villersexel, la division badoise devra se dérober sur Athesans par Vy-les-Lure. Le général de Schmeling portera le gros de la IV° division de réserve à Aillevans, et y jettera un pont sur l'Ognon.

Voilà donc la retraite assurée ainsi que la communication entre les deux rives. Le mot *se dérober*, peu familier aux Allemands, est ici justifié par la situation.

Pour donner de l'air au XIVe corps et entraver la marche des Français, la tête de la division Schmeling marchera sur Villersexel. La brigade de Goltz, concentrée à Noroy-le-Bourg, fera des démonstrations de cavalerie vers la droite, à Valleroy-le-Bois, en se tenant prête à seconder l'attaque de Schmeling contre le flanc gauche de Bourbaki. Le colonel de Beyer, qui commande le détachement de Vesoul, informera télégraphiquement, deux fois par jour, l'inspecteur des étapes, à Épinal. Ce détail fait juger de l'inquiétude de Werder. Il n'espère guère atteindre la Lisaine. Il craint d'être obligé de se réfugier dans les Vosges. Mais il est prêt à tout événement. Son ordre est crâne, net et précis. Dans celui de Bourbaki au contraire (de Leperche, faudrait-il dire plutôt), on sent l'hésitation, le manque d'entrain. Il y est question de prendre des positions, ou bien de marcher coûte que coûte! La cavalerie ne fera aucune exploration. Heureusement le 18° corps a son système de fantassins-éclaireurs bien organisé par Billot. La cavalerie de réserve est placée sur le front même des têtes de colonne. Au lieu de piquer droit sur Belfort, en brisant au besoin toute résistance pour se frayer la route, on va faire faire aux troupes une petite étape et se laisser devancer ou barrer. Ne pourrait-on forcer la marche, passer quand même, passer à tout prix, en sacrifiant du monde, en déployant un simple rideau sur la gauche, pour masquer la direction des colonnes?

Déjà l'armée était si près de Villersexel, dans la journée du 8, qu'elle put se couvrir en faisant occuper ce point. Il fallait en faire une tête de pont inexpugnable, tandis que le gros de l'armée filerait par derrière. Bourbaki n'y mit pas assez de troupes et surtout pas de troupes assez solides : un bataillon de mobiles des Vosges et un de la Corse (division Segard) ; deux compagnies de la première légion du Rhône, celle qui avait combattu à Nuits ; pas d'artillerie ! Comme cavalerie, un escadron de cuirassiers du 6ᵉ de marche : 1,500 mobiles, et c'est tout !

Ce détachement avait l'ordre de se retrancher, mais il allait se trouver très en l'air et dans une situation compromise, tant que l'armée ne l'aurait pas rejoint.

Villersexel est un nœud de communications, une petite ville de 1,400 habitants, située sur la route de Vesoul à Montbéliard, à quatre kilomètres au sud-est de l'embranchement de Besançon à Lure. Elle s'élève en terrasse, sur la rive gauche de l'Ognon qui arrose, entre Saône et Doubs, une grande vallée assez découverte, avant d'aller se jeter à la Saône près de Pontailler.

Dans la partie de son cours avoisinant le bourg de Villersexel, la rivière dessine plusieurs bras bordés de prairies humides, parfois marécageuses. Elle forme de petits îlots sur lesquels un pont massif en pierre, long de deux cent cinquante mètres, fonde les assises de ses piles. Ce pont est jeté sur l'Ognon à l'entrée même de Villersexel. Au delà, sur la rive droite, c'est-à-dire au nord de la ville, une bande de terrain découvert descendant en pente douce jusqu'au cours d'eau, s'étend vers la lisière d'une vaste forêt, le Grand-Fougeret, que traverse la route de Noroy-le-Bourg. A Villersexel, l'Ognon fait un coude et coule ensuite vers l'ouest jusqu'à Moimay. Là, il reprend sa course vers le sud, en arrosant Autrey, Pont-sur-l'Ognon, Bonnal. En face d'Autrey, il se grossit à droite du ruisseau du Lauzin, qui coule dans un pli de terrain entre les bois et passe à un point stratégique, la Grange-d'Ancin. A gauche, en face d'Autrey, l'Ognon reçoit encore le ruisseau de Peute-Vue. Au nord entre le Peute-Vue et le Scey, s'étend une plaine découverte garnie de quelques bouquets de bois, où s'élèvent les villages des Magny et de Villers-la-Ville ; au sud, au contraire, le terrain est très couvert, occupé par de grands bois : d'un côté, jusqu'à l'Ognon, de l'autre jusque vers Abbenans. Le champ de bataille de Villersexel est ainsi divisé par la rivière en deux parties.

La route venant de Noroy-le-Boug débouche du Grand-Fougeret, au flanc d'un coteau dénudé, à pente douce.

La petite ville est suspendue en escarpement au coteau de la rive gauche. Deux rues inclinées relient la partie basse à la partie haute, où s'élèvent les principaux édifices : mairie, église, château. Entre ces deux rues se noue et se dénoue un lacis de ruelles étroites, à fortes pentes ou en escalier. La défense intérieure de la bourgade est facilitée par la nature et l'orientation des constructions. Une longue rangée de maisons borde l'Ognon à la sortie du pont.

A l'ouest de la ville, dominant celle-ci et la vallée, s'élève le château récemment reconstruit. En 1870, l'ancien château du marquis de Grammont surgissait comme un grand cube de pierre rectangulaire, profilant sur l'horizon sa masse imposante. C'était un vaste édifice à deux étages, avec plusieurs centaines de fenêtres, qui prenaient jour aux quatre points cardinaux. Il avait des toitures considérables recouvertes en tuiles. La façade principale, accompagnée de deux ailes flanquées de tours faisait face à la rivière au nord, mesurait soixante-dix mètres de développement et dominait complètement le cours d'eau.

Le château était accompagné d'un parc aux ombrages séculaires, qui avait cinq cents mètres de long dans sa dimension principale. Ce parc était enclos, au sud et à l'est, par un mur peu élevé, en assez mauvais état, qui descendait jusqu'à l'Ognon. Une grille monumentale donnait accès au château et au parc.

La ville, bâtie en amphithéâtre, occupe une sorte de croupe dont l'axe est parallèle au cours de l'Ognon. Elle est dominée à l'est et au sud par le terrain environnant, auquel se relient de molles ondulations. Il en résulte que l'agglomération des maisons est complètement cachée aux yeux d'une troupe débouchant du sud et de l'est.

Si l'on vient au contraire du nord-ouest, du Grand-Fougeret, on voit la ville s'étaler devant soi et commander, entre Marast et la Grange-d'Ancin, la route de Lure à Besançon. Cette disposition topographique donne à une attaque dirigée par la rive droite le commandement du terrain, mais, en revanche, avec une rivière à traverser.

Le 9 janvier 1871, à quatre heures du matin, les troupes allemandes du XIVe corps étaient en marche. Craignant d'arriver trop tard et que l'armée française eût le temps de prononcer son attaque contre les lignes d'investissement de Belfort, Werder ordonne à six heures à la 1re brigade badoise, déjà en marche, de se diriger vers Couthenans. L'attaque de front sur Villersexel sera faite par la colonne principale (division Schmeling), aidée du détachement de Goltz.

L'avant-garde de cette colonne est commandée par le major général Treskow. Le gros de la IVe division de réserve, sous les ordres du colonel Knapp de Knappstadt, a dix bataillons, trois escadrons, trois batteries légères de réserve et quelques autres détachements. Cette division, entièrement composée de landwehriens ou de troupes de réserve, présente un effectif d'environ 1,500 hommes : c'est peu pour se jeter à la traverse d'une grosse armée.

Arrivée à la Grange-d'Ancin, l'avant-garde fait halte pour envoyer reconnaître à l'abri des bois. Puis elle se porte droit sur Villersexel, par la route nationale qui traverse le Grand-Fougeret. A son débouché, vers neuf heures du matin, sur la lisière sud de la forêt, elle est arrêtée par une vive fusillade. Les deux batteries Glogau et Otto, qui ont déjà ouvert le feu, couvrent de projectiles la barricade du pont, les maisons avoisinantes et le château.

Le reste de la division arrive à Aillevans, traverse le massif du Grand-Fougeret, se déploie face à Villersexel. Pendant ce temps, on commence la construction d'un pont sur l'Ognon près de Longevelle.

Un demi-bataillon de landwehr entre dans Longevelle et vient occuper les hauteurs plus au sud. Un second bataillon (Wehlau) vient le renforcer. Lui aussi, bien que l'Ognon charrie des glaçons, le traverse ayant de l'eau jusqu'aux genoux, et marche avec une compagnie sur Saint-Sulpice, qui est abandonné par le détachement français. Une compagnie de Thorn reste à la garde des pontonniers occupés à jeter le pont.

Vers dix heures, le 25ᵉ régiment d'infanterie allemand paraît devant Villersexel. Une fusillade nourrie, partant des broussailles au nord de la ville, le force à se déployer. Nos réserves d'infanterie sont assez en arrière, bien dissimulées. Mais, avec son tir à longue portée, l'artillerie prussienne leur envoie des obus qui les obligent à se déplacer.

Après la préparation de l'attaque, le bataillon de fusiliers du 25ᵉ cherche à enlever le pont. Derrière lui les Prussiens s'avancent en colonnes serrées. Ils ont pour eux le nombre et repoussent aisément nos mobiles jusque dans la ville. Mais il faut franchir la rivière.

Le pont de pierre est obstrué à chaque bout. Un chemin couvert fait de madriers et de ballots relie les deux barricades. Les maisons voisines sont crénelées. La lisière de la ville, les murs du parc et le château forment un ensemble défensif présentant plusieurs étages de feux, qui rendent impossible une attaque directe. Le général de Treskow le constate et y renonce. Sa démonstration ayant échoué, il cherche à tourner la position : le hasard va le lui permettre. (1)

A l'extrémité ouest du parc, s'élève un bâtiment de forge qui a un accès spécial. L'Ognon présente une île sur ce point. Un pont de bois traverse un premier bras de la rivière. Sur un second bras est jetée une passerelle en fil de fer, très légère, étroite, ne permettant que le passage d'une personne à la fois. Un commandant de compagnie allemande découvre cette passerelle, qui n'est gardée que par une soixantaine

---

(1) *Histoire de l'infanterie prussienne*, par le général-major von Loos.

d'hommes. C'était une fâcheuse négligence de n'avoir pas mis plus de monde à un poste dont la surprise faisait tomber la défense principale de la ville. La garde de la passerelle est rapidement dispersée, malgré le feu de la garnison du château. Deux compagnies ennemies s'y infiltrent, pénètrent dans le parc, surprennent les cours et donnent l'assaut au château, qui est vite enlevé. Elles y ramassent trois officiers, une centaine de mobiles, et tombent par derrière sur le dos des défenseurs du grand pont. La réussite de ce coup de main, due à une faute de la défense, change la situation en faveur des Allemands. Pendant que leurs deux compagnies maîtresses du château se disposent à marcher contre le grand pont, menaçant nos derrières, Treskow fait occuper la sortie de Villersexel du côté de Rougemont.

Voilà les Français pris à revers par les projectiles qui leur arrivent, à trois cents mètres, des fenêtres du château, de la terrasse et du parc. Ils cèdent brusquement le passage de la rivière et battent en retraite, talonnés par le 1er uhlans de réserve, soit à travers les rues de la ville, soit le long du Scey, entre Saint-Sulpice et Beveuge. Pour les Prussiens, la partie est presque gagnée.

Six compagnies allemandes renouvellent l'attaque de front à dix heures et demie. Elles franchissent rapidement la rivière, soit par le pont débarrassé de ses obstacles, soit à gué, et se déploient sur la rive gauche. Elles chassent les défenseurs des maisons avoisinantes, envahissent la ville, pénètrent jusqu'à la porte de Rougemont, à la lisière sud, délogent deux compagnies de mobiles, et poursuivent les Français en retraite, en renforçant l'aile gauche de l'attaque. Quoique ses deux principaux débouchés soient bientôt aux mains de l'ennemi, la ville n'est pas encore en leur pouvoir; car un certain nombre de soldats français se sont réfugiés dans les maisons et s'y tiennent cachés. Le 1er uhlans traverse prudemment la ville et pourchasse les nôtres.

Telle fut la première phase de la bataille, phase heureuse pour les Allemands, qui se trouvèrent ainsi momentanément maîtres de la clé de la position. Mais ce n'était que le prélude de l'action. Pendant toute la matinée, Werder occupa avec son état-major, sur les hauteurs au midi d'Aillevans, un poste d'observation, d'où le regard, plongeant par-dessus le massif du Grand-Fougeret, embrassait le plateau au sud de Villersexel. Le ciel s'était éclairci et permettait de sonder au loin l'horizon. Sur toutes les routes, on voyait déboucher les têtes de colonnes françaises en marche.

Pendant que ces événements se passaient au centre, un autre combat se livrait à notre gauche, celui-là plus heureux pour nos armes. L'ordre de mouvement du 18ᵉ corps dirigeait la division Feillet-Pilatrie, des environs de Thieffrans, sur Esprels; la division Penhoat, des environs d'Authoison, sur Villersexel; la division Bonnet, de Montbozon, sur les deux rives de l'Ognon en aval de Bonnal, où elle devait être en seconde ligne; la cavalerie de Pennessières, sur Montbozon, avec une batterie à cheval et un bataillon du 49ᵉ de marche (1); la réserve d'artillerie par Montbozon vers Pont-sur-l'Ognon, d'où elle serait prête à se transporter à Esprels.

Ces mouvements devaient commencer à sept heures du matin, sauf celui de la division Bonnet, qui ne devait quitter Montbozon qu'à onze heures.

La division Feillet-Pilatrie arrive à Esprels après dix heures. Elle est bientôt attaquée par la brigade d'infanterie de Goltz, qui débouche de la Grange-d'Ancin, en se glissant dans le ravin du Lauzin, et prend pour objectifs Marast et Autrey-le-Vay.

Vers midi et demi, de Goltz dirigea sur Villersexel, pour les y rejoindre à l'avant-garde de Treskow, une compagnie du 25ᵉ et le 30ᵉ régiment d'infanterie. Le 34ᵉ alla occuper Marast et Moimay. Deux compagnies furent envoyées dans le bois des Brosses; deux autres restèrent à Moimay, avec une partie de l'artillerie. Huit compagnies du 30ᵉ furent maintenues en réserve à la Grange-d'Ancin.

(1) Prélevé sur la garnison d'Auxonne lors du passage de l'armée et rattaché au 18ᵉ corps sans y être endivisionné.

Les patrouilles de cavalerie lancées d'ailleurs dans la direction de l'est n'ayant aperçu que de faibles détachements français, Werder arrêta la division Glümer en marche vers la Lisaine, et la ramena par Arpenans sur Villersexel. La brigade badoise fut maintenue sur la route de Lure à Belfort.

Pendant les engagements d'avant-garde qui avaient eu lieu à Villersexel et alentour, le gros de l'armée de Bourbaki avait continué à progresser, très lentement, il est vrai, selon l'itinéraire fixé. Il se trouvait encore trop éloigné pour avoir pu soutenir dans le combat du matin, les troupes avancées qui venaient d'être délogées de Villersexel.

Sur la route de Montbozon, les profondes colonnes de l'infanterie du 18ᵉ corps débouchent peu à peu entre Esprels et Autrey-le-Vay. Le général Billot prend ses dispositions.

La division de cavalerie Brémond d'Ars, très réduite par les détachements divisionnaires et les pelotons d'éclaireurs, se met en bataille devant Esprels et envoie reconnaître Marast par un peloton du 2ᵉ hussards. Il est reçu à coups de fusil. Bientôt l'infanterie prussienne sortant de Marast se dirige sur Esprels. L'action s'engage peu à peu. Le village d'Autrey-le-Vay est fortement occupé par nos troupes. Le commandant Libermann, de l'état-major, est chargé de la défense. Débusqué une première fois, puis renforcé, il essuie de vigoureuses attaques. L'ennemi avance, en essayant de se jeter dans les vergers du village. Des feux bien nourris le font reculer jusqu'au bois voisin dont il est maître. Il fait déboucher alors sur Autrey une colonne d'attaque de trois ou quatre mille hommes, qui est bientôt forcée à la retraite par notre artillerie d'Esprels, et par une contre-attaque de la deuxième brigade (Robert).

Cet engagement dure près de trois heures, soutenu principalement par un bataillon de marche et le 19ᵉ mobiles (du Cher). La lisière du bois et la plaine en avant d'Autrey sont jonchées de deux à trois cents morts ou blessés allemands.

Le départ de la deuxième division (Penhoat) du 18ᵉ corps avait été différé par un retard dans les distributions, dû à la lenteur des convois et à la dispersion des cantonnements, surtout à l'heure tardive (sept heures du matin), où parvint l'ordre du corps d'armée.

Pour réparer ce mécompte, l'amiral forma une colonne légère avec deux bataillons du 52e de marche, le 12e chasseurs de marche, un bataillon du 77e mobiles et deux batteries, sous les ordres d'un ancien capitaine d'artillerie très ardent, le lieutenant-colonel Perrin. Il la dirigea aussitôt sur Villersexel, dans le but d'en occuper les ponts, avant l'arrivée de l'armée. Une fois les distributions faites, le gros de la division suivit. Les troupes, malgré le froid et l'épaisseur de la neige, montraient un réel entrain. Billot, modifiant ses ordres primitifs, dépêcha plusieurs officiers à l'amiral, afin de lui faire hâter sa marche et de le diriger sur le point où le combat sévissait depuis le matin. La colonne Perrin n'atteignit Esprels qu'à deux heures et demie. Mais alors, la physionomie de l'action avait changé. Pour gagner Villersexel, cette colonne dut aller passer à Pont-sur-l'Ognon, en décrivant un crochet qui rendit son arrivée plus tardive encore.

Le combat de Moimay commence par un duel d'artillerie. Quatre batteries allemandes du détachement de Goltz sont dirigées sur ce village où de Goltz a déjà le gros de ses forces. Elles traversent le bois du Grand-Fougeret, franchissent le Lauzin et s'établissent près de la lisière du bois, au-dessus de Moimay, d'où elles tirent à deux mille mètres sur l'artillerie française. Elles ont deux compagnies de soutien. Deux autres compagnies sont déployées sur la rive droite, en aval de Villersexel. Tous ces mouvements s'opèrent sous le feu adverse des batteries du 18e corps.

Vers une heure, la lutte est violente entre Marast et Moimay. La batterie allemande en réserve derrière ce dernier village avance à son tour et rejoint les deux autres. Elle souffre peu des coups trop longs de nos batteries, dont le tir est mal réglé.

Billot est à Esprels; il prescrit à l'un de ses brigadiers, Leclaire (première division du 18e corps), d'enlever Moimay, village escarpé, barricadé, de difficile accès. Il y a urgence à dégager

Villersexel, en appelant sur Moimay l'effort de l'ennemi. Mais Leclaire ne peut s'en emparer.

L'artillerie française de Marast, écrasée par le nombre des batteries prussiennes, cesse son feu et se retire. Une demi-heure après, deux nouvelles batteries françaises franchissant l'Ognon à Moimay, prennent position sur la hauteur à l'ouest de Marast, et deux autres s'établissent à hauteur d'Autrey-le-Vay.

L'infanterie allemande passe ensuite à l'offensive. Son premier effort sur Marast est aisément repoussé par notre 42e de marche. Une seconde attaque sur le même point ne réussit pas mieux. A un seul moment, la situation devient critique pour nos jeunes troupes : c'est quand, vers une heure, de Goltz tente sur le bois des Brosses que nous venons d'occuper, un effort énergique avec le 34e poméranien. Deux compagnies de chasseurs français et une compagnie de francs-tireurs ont un instant de panique. Mais, d'un côté, le commandant Libermann, qui dirigeait la défense d'Autrey-le-Vay, avec les chasseurs et un bataillon du Cher, ramène les troupes au feu, sauf les francs-tireurs qu'il préfère renvoyer ; d'autre part, le général Robert mène une vigoureuse contre-attaque avec deux bataillons du 44e (colonel Achilli) et deux bataillons de mobiles du Loiret. Enfin les batteries de réserve redoublent leur feu. Les deux compagnies poméraniennes dirigées contre Marast commencent bien à y pénétrer ; elles ne peuvent s'y maintenir, sous la grêle des projectiles lancés par le 42e de marche. Il leur faut se replier sur la route d'Aillevans, jusqu'à la lisière des bois des Futayes et de la Grange-Marnot.

Vers trois heures, la batterie prussienne du commandant Riemer, prise en écharpe par l'artillerie française d'Autrey-le-Vay, veut changer de position et se rapprocher de l'ennemi. En se portant en avant, elle franchit la dépression du sol qui se trouve devant son front, et gagne la lisière est du bois des Brosses, se croyant protégée par les deux compagnies du 30e. Mais une centaine de fantassins français ont occupé l'angle sud-est du bois, et la batterie allemande tombe dans cette embuscade. Écrasés sous la fusillade, les canons font demi-tour; quatre pièces seulement regagnent la première position, deux autres restent en détresse. Un peloton du 30ᵉ régiment allemand arrive au secours de la batterie, débusque du bois les tirailleurs français et sauve les deux pièces que les servants n'ont pas abandonnées.

L'infanterie française revient alors à la charge; on se bat au bois avec des alternatives de succès et de revers, dans les deux partis, jusqu'à ce que, vers quatre heures, l'infanterie allemande soit obligée de céder le terrain et de se replier sur Moimay, précédée par l'artillerie, qui reprend ses positions premières à la lisière sud des grands bois, au nord du village.

Restées maîtresses du bois des Brosses, les troupes de la brigade Leclaire tentent une dernière attaque contre Moimay et parviennent jusqu'à trois cents mètres de la lisière du village, mais c'est tout.

Sentant son aile droite menacée, Werder, au sortir de Villersexel, s'était dirigé vers ce point dont la possession lui était nécessaire, pour couvrir la retraite des troupes engagées dans la ville. Il avait fait reporter sur Moimay, pour le renforcer, deux demi-bataillons du 20ᵉ d'infanterie (lieutenant-colonel Nachtigal) qui occupaient le château et le parc de Villersexel. Par un ordre formel, il avait enjoint à ses troupes de se maintenir dans Moimay à tout prix.

La nuit était à demi tombée, quand vers cinq heures Glümer y lança deux bataillons du 3ᵉ badois, et trois batteries d'artilrie. Sortant du bois de la Genevraye, ils enveloppent l'extrême aile gauche française et attaquent brusquement Moimay. Les avant-postes du 42ᵉ de marche l'évacuent sans résistance, et se replient sur le gros du régiment en position près du bois de la Bouloye. Un commencement de panique se communique au bataillon le plus avancé; le général Billot reprend en main cette troupe et la jette sur Moimay que nous réoccupons.

Du côté de Marast, les Allemands avaient deux fois vainement essayé de nous chasser du village; leurs efforts avaient échoué devant la ferme contenance du 42°. Malheureusement, dans la soirée vers huit heures, la vigilance de ce régiment s'était ralentie.

Une colonne ennemie sortant du bois de la Genevraye se porta vivement sur la gauche de Marast, surprit les compagnies de garde sur la terrasse, jeta une panique complète dans nos troupes qui évacuèrent précipitamment Marast. Deux heures après cependant, le colonel Couston ramenait lui-même un bataillon du 42° très éprouvé, sur les positions que les Allemands se décidèrent à évacuer autour du village, à la faveur de l'obscurité. Ils évacuèrent aussi Moimay. Dans ces engagements, la brigade Leclaire avait perdu une douzaine d'officiers et environ trois cents hommes.

En tombant sur la tête de colonne de Billot, Werder pouvait se faire écraser. Le malencontreux retard de la division Penhoat fut son salut; car il n'eut affaire, à Marast et à Moimay, qu'à la division Feillet-Pilatrie. L'aile droite allemande, sur ces points, ne comprenait que quatre bataillons et trois batteries. La route de Marast à la Grange-d'Ancin n'était défendue que par deux compagnies (1). Si le 18° corps avait profité de la faute commise et attaqué plus énergiquement Moimay, en prononçant un mouvement tournant par Marast qu'il occupa un instant, la retraite de l'aile gauche prussienne eût été fort compromise, de l'aveu même des historiens allemands, et il pouvait en résulter pour Werder une véritable catastrophe; car il aurait pu être débordé à la fois par ses deux ailes. En résumé, l'affaire très honorable du 18° corps ne fut qu'un épisode dans la bataille.

Revenons maintenant au centre. Vers deux heures, un coup de canon se fait entendre du côté de Rougemont, et c'est le canon français. Les colonnes de l'armée de l'Est sont en vue. La partie décisive de l'action va se jouer sur la rive gauche de l'Ognon, autour de Villersexel, enjeu que les deux partis doivent se prendre et se reprendre, se disputer avec

---

(1) LÖLEIN.

acharnement, pendant toute la journée et la plus grande partie de la nuit.

A l'attaque de la ville par les Allemands, dans la première phase du combat, l'artillerie française n'avait pas tiré un coup de canon (1).

Vers onze heures un quart, elle était en batterie sur les hauteurs des Grands-Bois, entre Magny et Cubrial. A midi, elle avait ouvert le feu à l'angle nord du bois de Chailles. L'artillerie allemande la combattait par-dessus l'Ognon. Pendant ce duel on voyait déboucher les têtes de colonne de la division Feillet-Pilatrie.

L'armée de l'Est avait fait son déploiement en demi-cercle sur un front allant de Magny à Esprels, par le sud de Villersexel, le 18ᵉ corps à gauche, le 20ᵉ au centre, le 24ᵉ à droite. Deux de nos batteries ouvrirent le feu à l'est et à l'ouest du Petit-Magny, et durent plusieurs fois changer d'emplacement.

A deux heures, le général en chef venant du château Bournel, qu'il avait quitté au premier coup de canon, arrivait sur le champ de bataille et surveillait le mouvement général.

Cette fois, tout allait changer de face. Bourbaki fit installer deux nouvelles batteries au nord du ruisseau de Peute-Vue, à cheval sur le chemin de Villersexel à Magny-le-Petit. Bien abritées par un pli de terrain, elles ouvrirent un feu efficace contre Villersexel et contre l'artillerie allemande établie en avant de la ville (2). Celle-ci riposta d'abord vivement, puis assez lentement, faute de pouvoir régler son tir en observant les points de chute des projectiles.

Quand le général Clinchant déploya le 20ᵉ corps, il avait à sa gauche la brigade Vivenot au bois de Chailles; à sa droite la division Ségard au sud du bois du Petit-Fougeret, cherchant à se prolonger jusqu'à Villers-la-Ville, et son centre aux Magny. La première division (Polignac) marcha sur le bois du Petit-Fougeret et Villers-la-Ville. Le général de Polignac avait retenu, pour coopérer avec lui, un bataillon de la première

(1) Lölein, relation allemande.
(2) Les batteries Otto et Glogau.

légion du Rhône et le 89e mobiles (Var) du 24e corps. Ce dernier corps d'armée continuait à marcher vers Crevans et Secenans, filant dans la direction de Belfort. Lui du moins était dans la bonne voie. Le combat étant fortement engagé sur toute la ligne, Werder arriva au bois des Breuleux, sur la route de Villers-la-Ville à Villersexel. Il avait appris par des patrouilles de cavalerie que le mouvement de l'armée française sur Arcey était arrêté ; que, sur les routes se dirigeant vers Belfort, on ne voyait plus que de faibles détachements.

Le général bavarois en conclut que toute l'armée de l'Est fait front contre Villersexel. Dès lors, le but de la journée lui semble atteint. Le contact avec l'ennemi est établi. La marche de Bourbaki vers Belfort est enrayée. Dans ces conditions nouvelles, il n'y a plus lieu pour les Allemands de presser l'attaque ; ce qu'il faut seulement, c'est retenir l'adversaire occupé sur son flanc gauche, et lui couper la route de Belfort. Werder ordonne donc à Schmeling de ne pas pousser plus loin son offensive, de se borner à tenir Villersexel jusqu'au soir, après que la retraite sur la rive droite de l'Ognon aura été ordonnée. A deux heures un quart, il fait attaquer Villers-la-Ville et Villargent par le colonel de Loos, fait avancer sept compagnies dans la direction du Petit-Fougeret et des Breuleux, tandis que les deux batteries Otto et Glogau couvrent la ville de leurs obus. La précision du tir des Allemands est surprenante. Leur matériel et leur méthode de réglage ont sur les nôtres une écrasante supériorité. La fusillade devient plus vive sur toute la ligne ; l'offensive se dessine du côté des Français, plus vigoureuse et plus pressante. Le second acte de la bataille est terminé. Le troisième, plus sanglant encore, va commencer.

L'heure était décisive : elle laissa tout son calme au général bavarois. En même temps qu'il dirigeait sa division badoise d'Arpenans à Oppenans, avec une forte avant-garde poussée sur Marast, il mettait en marche sur Villersexel quatre bataillons de landwehr, par la Grange-d'Ancin et les bois.

Cependant les attaques du 20e corps français progressaient et rejetaient dans la ville tous les détachements prussiens aventurés hors de cet abri. La division Polignac reprenait Villers-la-Ville, à l'aide d'un mouvement tournant et par l'attaque de front d'un bataillon de la première légion du Rhône. Comme à Nuits, cette milice se comporta vaillamment.

Vers trois heures, la division Thornton, précédée de deux bataillons du 3ᵉ zouaves de marche, franchit le ruisseau de Peute-Vue sur des ponts improvisés. Deux bataillons de zouaves déployés en tirailleurs se dirigèrent sur Villersexel par le Petit-Fougeret, et culbutèrent les tirailleurs ennemis.

Clinchant invita l'amiral à faire attaquer le bas quartier de la ville. Un violent combat de rues s'engagea aussitôt. Le deuxième bataillon du 52ᵉ enleva les maisons une à une. Des scènes sauvages se produisirent.

Cernés dans un bâtiment, des soldats allemands feignirent de vouloir se rendre. Au moment où le capitaine Brun, du 52ᵉ, va les recevoir à composition, ils font une décharge et le tuent. Ses hommes le vengent, en mettant le feu à la maison, qui ensevelit les Allemands sous ses ruines.

Clinchant fait déployer successivement un bataillon du 52ᵉ de marche, un autre du 52ᵉ et tout le 47ᵉ de marche sur les hauteurs au sud-ouest de la ville. Quelques détachements du 24ᵉ corps forment l'extrême droite de sa ligne. Au moment de cette attaque, le lieutenant-colonel allemand Nachtigal et ses neuf compagnies venaient de se reporter de Villersexel au Grand-Fougeret, pour y prendre du champ. Le sud-ouest de la ville était donc fort dégarni, et nos troupes enlevaient aisément les premières maisons jusqu'à l'église.

Débordé par le nombre, Werder fait repasser son artillerie sur la rive droite de l'Ognon et se concentre dans Villersexel. Il y jette neuf compagnies du 30ᵉ, pour soutenir le 25ᵉ régiment. Ces cinq bataillons d'infanterie se retranchent et luttent dans la ville. L'entrée en scène de la division Penhoat va les en chasser. La colonne légère du colonel Perrin, arrivée à quatre heures à Pont-sur-l'Ognon, y avait traversé la rivière. Puis, son artillerie et deux de ses bataillons avaient pris position au sud-ouest, sur la rive droite; avec un bataillon du 52ᵉ, il renforce les tirailleurs de Clinchant et attaque le parc du château, pendant que l'artillerie s'établit à la ferme du Rullet. Il se maintient sur cette lisière en bonne posture.

Un effort décisif s'impose. Présent sur ce point, le général en chef ordonne au 92ᵉ de se déployer pour enlever le château. La brigade Veneaux pratique une large brèche au mur du parc et pénètre dans l'intérieur. Voyant ses troupes mollir, sous le feu violent que crachent les barricades et les maisons crénelées de Villersexel, Bourbaki retrouve sa brillante intrépidité. Il électrise les hommes, et lève son képi en s'écriant : « Est-ce que l'infanterie française ne sait plus charger? » Les jeunes soldats abordent la lisière du bourg aux cris de : « Vive la France! Vive la République! »

Un peu en arrière, formant échelon pour soutenir le 52ᵉ, s'avance le 92ᵉ de ligne, le dernier de nos vieux régiments revenus d'Afrique. La marche est vive et bien ordonnée. Le premier bataillon du 52ᵉ (commandant de Soulages) force l'entrée principale du parc.

Le gros de la division Penhoat avait été retardé encore par la cavalerie et l'artillerie du 20ᵉ corps qui obstruaient les routes. A dix heures du soir seulement, il atteint Villersexel et se met à la disposition de Clinchant. Celui-ci invite l'amiral à coopérer à l'attaque du château et du bas quartier de la ville. Penhoat prend aussitôt la direction du combat. Il lance dans Villersexel un autre bataillon du 52ᵉ qui, aidé des sapeurs du génie, se fraye un passage à travers les rues barricadées de la ville et parvient jusqu'au pont de l'Ognon. Vers huit heures, le 47ᵉ de marche, appartenant au 20ᵉ corps, se replie, est relevé par des troupes du 18ᵉ, et, à partir de ce moment, l'amiral dirige l'attaque.

Treskow, en présence de forces très supérieures, et voyant la nuit déjà tombée, avait cru devoir prendre sur lui d'ordonner l'évacuation de Villersexel vers cinq heures du soir. Déjà le train de la IVᵉ division de réserve avait commencé à se retirer. Il avait été dirigé par erreur sur la route de la Grange-d'Ancin. On s'en aperçut trop tard pour lui faire faire demi-tour. De son côté, l'artillerie se repliait à travers la ville. Il en résulta un très grand encombrement sur le pont. Une épaisse buée montant de la rivière couvrait la vallée et rendait le choix des directions difficile.

Werder avait bien eu l'intention de ne pas pousser sa pointe au delà de Villersexel; mais il prétendait du moins se maintenir dans la ville jusqu'à la nuit close. C'est à son insu, c'est malgré lui que la retraite avait été si rapide et si complète.

Aussi, tout à coup, vers quatre heures et demie, au milieu de la fusillade et du bruit, le colonel de Loos reçut l'ordre brusque et péremptoire de réoccuper ville et château.

Il fait revenir son régiment qui a déjà atteint le pont de pierre, ainsi que trois demi-bataillons de landwehr du gros, commandés par le colonel de Krane. Serré de près par nos fantassins, le bataillon prussien qui occupait la partie ouest du bourg, avait peine à s'ouvrir un passage. Son chef était blessé et pris.

Un violent combat presque à bout portant s'allume alors dans toute la ville. Il est rendu plus terrible encore par le brouillard et l'obscurité.

Vainement l'infanterie de Loos fait le siège des maisons; vainement elle cherche à pénétrer dans les ruelles étroites et à pente abrupte du centre de la ville. Les Français tirent des coups de feu par les fenêtres et les soupiraux des caves. Leurs petits groupes barrent les rues et sont sur les talons de l'ennemi en retraite. C'est une mêlée générale. La nuit est glacée. Le brouillard s'est dissipé. La lune se lève. Un nuage de fumée couvre la ville, qu'éclairent les flammes rouges et les gerbes d'étincelles des incendies.

La confusion des ordres du commandement ennemi ajoutait à la confusion des mouvements de ses troupes. La division allemande se trouvait coupée en deux. Comment la réunir au milieu de la bagarre générale? Le commandement lui-même s'était éclipsé. Werder, jugeant la bataille terminée, venait de regagner son quartier d'Aillevans. Il était sept heures du soir. En entendant reprendre la fusillade, il s'écria : « C'est un malentendu. Les gaillards sont rentrés à Villersexel et vont se faire égorger dans les maisons. » La ville était déjà, il est vrai, aux mains des Français. Quand le troisième bataillon du 25⁰ allemand repassa le pont pour y rentrer, huit autres bataillons parvinrent à réoccuper les quartiers de l'est. Ils furent arrêtés au sud devant le mamelon du château, principal objectif de ce retour offensif, le plus gros morceau à enlever.

« C'est alors, dit l'historien Lölein, que se développa une action sanglante et opiniâtre, un des combats les plus terribles de toute la guerre, un drame sinistre, une fusillade intense, des corps à corps; les Français chargeant à la baïonnette, les Allemands se repliant devant eux sur le centre de la ville; chaque maison occupée par l'ennemi s'étant retranchée et obligeant les nôtres à en faire le siège. » Le 25⁰ régiment prussien put bien reprendre la sortie est de la ville ; mais la sortie sud, du côté du Rougemont, demeura en notre pouvoir.

Pour empêcher les progrès de l'ennemi, des hommes du 92⁰ et du 52⁰ français incendièrent plusieurs maisons. L'ennemi, à son tour, fit de même quand il ne pouvait autrement débusquer la défense. Ce fut, dans la demi-obscurité d'une soirée précoce, une série d'engagements partiels où l'action des chefs fut presque nulle, où le courage individuel fit tout. Rien n'est terrible comme un combat de nuit. Des soldats allemands cachés dans des caves y furent étouffés par la fumée. D'autres n'en sortirent qu'au bout de deux jours, chassés par la faim, et préférant se rendre que de mourir dans leurs repaires.

On cite la conduite héroïque d'une section d'infanterie française dont la retraite était coupée. Elle se jette dans une maison et refuse de capituler. L'ennemi y met le feu : cernés et environnés de flammes, ces enragés continuent de s'y défendre jusqu'à l'extrémité. Enfin la toiture s'écroule et les ensevelit. Ils disparaissent en poussant une retentissante clameur de mort *(mit gellenden Todesgeschrei)*. Noble fait d'armes cité par un témoin oculaire allemand, et dont les héros obscurs, malheureusement inconnus, mériteraient d'avoir leurs noms inscrits au lieu de leur sacrifice!

Dans le parc du marquis de Grammont, la lutte se prolongea avec acharnement. Un mur peu élevé, écroulé même en certains endroits et bâti sur les pentes, enveloppait le château et ses dépendances. Ce mur se terminait à l'est contre la façade. Au niveau du mur et soutenant la base du château, s'étageaient plusieurs terrasses superposées, garnies de treilles ou d'espaliers. La principale entrée de la cour d'honneur traversait le mur du sud, percé d'une porte grillée. La cour contenait quelques massifs d'arbres. Une avenue y aboutissait. Le porche central s'ouvrait sur un vaste vestibule. Des portes particulières donnaient accès dans les bâtiments d'ailes.

L'attaque nocturne du château fut confiée au bataillon de landwher de Wehlau. Il déboucha du pont de pierre et s'avança par les rues latérales à l'Ognon, pendant que sur la gache le 25ᵉ allemand était fortement engagé.

Les hommes du 92ᵉ de ligne avaient réoccupé le parc et le château, secondés par leurs camarades d'autres corps qui, après le combat du matin, s'étaient cachés dans les sous-sols pour échapper aux Prussiens, et qui maintenant émergeaient de toutes parts. Quand ils s'aperçurent de l'approche d'un bataillon ennemi (celui de Wehlau), ils le saluèrent de leur feu. Peu après, le bataillon de landwehr d'Osterode reçut l'ordre de soutenir son camarade. Osterode marche sur le château par la partie nord de la ville et se heurte contre le demi-bataillon de gauche de Welhau battant en retraite. Il le ramène et attaque avec lui l'entrée de la cour. La grille est restée ouverte, mais les deux petits bâtiments qui la flanquent — communs et loge de concierge — sont garnis de soldats français qui les canardent. Le major de Wüssow les débusque par un assaut à la baïonnette. Il traverse la cour au pas de course, pénètre dans le porche avec ses hommes. Les Français évacuent le vestibule, se retirent dans les caves et au premier étage.

Pour envahir le grand salon du rez-de-chaussée dont les

fenêtres donnent sur la terrasse du côté de l'Ognon, les soldats de Wehlau grimpent de la terrasse aux fenêtres, les uns hissés par les gens d'Osterode, les autres s'aidant des espaliers qui garnissent le parement extérieur du mur.

A ce moment, débouchent sur la terrasse deux nouvelles compagnies d'Osterode qui, bousculées dans leur trajet par le demi-bataillon de gauche de Wehlau, avaient dégringolé le long de la ruelle et gagné le parc par l'entrée de la rivière. Elles pénètrent à leur tour dans le salon du rez-de-chaussée. Cette lutte entre quatre murs devient effroyable. Le sang coule dans les appartements.

Wüssow, à l'arrivée des renforts, essaie de gagner le premier étage. Il s'élance par le grand escalier, avec une fraction de sa troupe; un lieutenant d'Osterode qui a fait la reconnaissance des lieux aborde un escalier de service. L'étage est escaladé sous le feu de trois compagnies du 92e, qui se retirent après une décharge, partie dans une grande salle du premier, partie dans les caves où le major pénètre à leur suite, et fait prisonniers une centaine d'hommes avec l'officier. Ceux-ci d'ailleurs, ne pouvant être emmenés, sont bientôt relâchés.

Secondé par le major Wüssov, le colonel de Krane, commandant le 2e régiment de la Prusse orientale, fait occuper les ailes du château par deux compagnies d'Osterode. Le reste du bataillon, avec Wehlau, garde le pavillon central. A huit heures du soir, les Français avaient réoccupé la loge du concierge et s'y défendaient encore, ainsi que dans une maisonnette voisine.

Ne pouvant venir à bout de la résistance dans les caves, le bataillon de Wehlau fit dire au général de Schmeling que les Français tenaient avec une opiniâtreté irréductible.

Nun so rauchert se hinaus! répondit froidement le farouche général à l'officier qui lui fit ce rapport : « Qu'on les brûle! » Tel le maréchal Pélissier, devant les Arabes invaincus, avait dit, aux grottes du Darah : « Qu'on les enfume! »

L'officier prend ces paroles comme un ordre de brûler le château. Il se hâte d'aller le communiquer à ses chefs, et, chemin faisant, s'imagine voir le pont de l'Ognon aux mains des Français, c'est-à-dire la retraite coupée aux Allemands. Il revient aussitôt au château, avec l'ordre d'incendier et avec la nouvelle alarmante de la perte du pont de pierre. Il fait entasser dans l'aile ouest de l'édifice des meubles, de la literie, de la paille, tout ce qu'on peut trouver d'objets et de matières inflammables. Il y fait mettre le feu. Une partie de l'édifice s'écroule, envahissant sous ses ruines les vivants et les morts.

L'incendie s'était propagé rapidement dans une aile de l'édifice. Le colonel de Krane était redescendu au rez-de-chaussée du bâtiment central avec une poignée d'hommes. Il y est reçu à coups de fusil, et s'aperçoit que le château vient d'être évacué par les siens, et que la cour est au pouvoir des Français. Il y a là des hommes du 92ᵉ et du 52ᵉ. Peu d'espoir de se frayer un passage. Toutes les issues sont gardées et la flamme continue à gagner. Enfin, vers dix heures du soir, arrive au secours de Krane un demi-bataillon de Thorn, s'orientant avec peine dans les ténèbres, mais parvenant néanmoins à se concerter avec les assiégés de cette forteresse improvisée. Grâce à la bravoure de tous les landwehriens, le secours réussit. La baïonnette en avant et en poussant de vigoureux hurrahs, les intrépides soldats parviennent à délivrer le colonel et ses compagnons déjà à demi asphyxiés.

La retraite définitive des Allemands fut préparée par une salve qu'ils tirèrent des fenêtres et du porche contre les Français de la cour d'honneur. Les Prussiens avaient fait signe qu'ils demandaient à se rendre. Dès qu'ils virent leur ennemi à portée, ils lâchèrent sur lui une décharge meurtrière. Plusieurs d'entre eux payèrent de leur vie cet acte déloyal.

La fusillade dans Villersexel et la canonnade par-dessus l'Ognon se prolongèrent jusqu'à trois heures du matin.

Les Allemands enfoncèrent à coups de crosses de fusil la porte de l'hôtel de ville, y saisirent le drapeau des pompiers et un vieil oripeau qu'on étalait au balcon de la mairie les jours de réjouissance nationale; on les porta au milieu de la troupe prussienne, qui ne se laissa pas prendre à la valeur du trophée.

Dans les deux partis, les troupes étaient exténuées, affamées. Les nôtres n'avaient pas mangé depuis vingt heures. Les Allemands nous laissaient maîtres de Villersexel, bien que Werder eût prescrit de s'y maintenir.

Le gros de l'armée de l'Est fut installé en cantonnement-bivouac entre Esprels et les Magny, sur tous les points qui lui avaient été assignés par l'ordre de marche de la veille.

La lutte au nord de l'Ognon s'était déroulée à égalité numérique. A la défense de Villersexel, l'ennemi avait employé neuf bataillons, environ 8,000 hommes. Il avait mis en jeu, pendant cette journée, 15,000 hommes et 50 bouches à feu.

De notre côté, dix-huit bataillons, soit 12,000 hommes, furent effectivement engagés, et la moitié seulement dut donner à fond. Notre supériorité numérique était d'ailleurs largement compensée chez l'ennemi par l'instruction militaire, l'expérience et la discipline, tous éléments en sa faveur.

Le lendemain, du château de Villersexel il ne restait plus que les quatre murs. Plusieurs jours encore, les campagnes environnantes furent éclairées par les flammes sorties de ses flancs, qui vomissaient en même temps de la fumée. Leur âcre odeur trahissait les cadavres carbonisés dont les cendres allaient s'enfouir dans cette nécropole. On en retira deux cents, qui furent étalés dans la cour, tous méconnaissables.

Comment donner le détail des sourdes luttes, des sombres abordages humains qui eurent lieu cette nuit-là dans ces ruines fumantes, sans autre témoins que la clarté de la lune et la lueur de l'incendie? Le brasier était devenu un charnier. L'imagination seule peut se représenter cet envahissement d'appartements somptueux par une soldatesque ivre de carnage et délirante.

Sombre séjour de la mort, construit pour être l'asile du bonheur et de la paix! Qui redira les cris proférés entre tes murs, les élans désespérés, les fins atroces par le fer et par le feu? Ils resteront à jamais ensevelis dans l'oubli. L'histoire ne pourra recueillir que par la pensée de si émouvants épisodes, puisque ceux qui en ont été les héros en furent en même temps les victimes!

En rentrant le soir du 9 au château Bournel, Bourbaki télégraphia au gouvernement de Bordeaux :

« La bataille finit à sept heures. La nuit seule nous empêche d'estimer l'importance de notre victoire. Le général en chef couche au centre du champ de bataille, et toutes les positions assignées à l'armée pour ce soir par l'ordre de marche d'hier sont occupées par elle. Villersexel, clé de la position, a été enlevé aux cris de : Vive la France! Vive la République! A demain le résultat. »

Ce cri de triomphe était justifié. Bourbaki, par son attitude au feu, avait ramené la victoire dans nos rangs, et Billot, Feillet-Pilatrie, Penhoat, Clinchant, l'avaient dignement secondé. Il avait déployé un beau courage personnel, marchant à deux reprises à la tête de ses troupes et les enlevant pour donner l'assaut à la ville. M. de Freycinet lui a rendu, dans son livre, une éclatante justice. On lit, dans *la Guerre en province* : « Au moment où ses troupes faiblissaient sous le feu de l'artillerie, le général en chef parcourut leur front et les ramena à l'assaut avec une bravoure incomparable. Ceux qui étaient auprès de lui et qui n'avaient point eu occasion de le voir dans le combat, parlent avec admiration du changement qui s'opéra en sa personne. Sa physionomie d'ordinaire douce et tranquille s'illumina soudain, et son geste eut une puissance de commandement irrésistible. Les troupes électrisées marchèrent en poussant des acclamations enthousiastes. »

La modestie de Bourbaki reparut dans la courte dépêche qu'il adressa au gouvernement à minuit. Déjà le premier orgueil de sa victoire avait fait place à une grande simplicité de récit :

« L'armée a exécuté hier, 9, le mouvement qui lui était ordonné. Le général Clinchant a enlevé Villersexel avec un entrain remarquable. Le général Billot a occupé Esprels et s'y est maintenu. Nous sommes maîtres de nos positions. »

Sous l'influence des premiers télégrammes et de l'agréable surprise que lui causa la rare nouvelle d'un début de si bon augure, le gouvernement de la Défense nationale ne marchanda pas les éloges. M. de Freycinet adressa coup sur coup trois dépêches de félicitations au vainqueur de Villersexel. « Cette brillante victoire, disait-il, est le couronnement mérité de la savante manœuvre que vous exécutiez depuis quatre jours, avec autant de hardiesse que de prudence, entre les deux groupes de forces ennemies. Je vous en félicite de tout mon cœur, ainsi que votre excellent chef d'état-major Borel, dont j'ai reconnu la main dans plusieurs dispositions. Il nous tardera de récompenser les braves qui se sont distingués dans cette journée et auxquels le gouvernement sera heureux de témoigner sa reconnaissance.

« *Je crois que les conséquences de votre succès seront considérables à bref délai.* »

M. de Serres exprimait la plus entière confiance dans les mouvements de l'armée.

« Nous restons maîtres de choisir la droite ou la gauche pour notre opération ultérieure, réalisée avec la masse totale de nos forces, celles de l'ennemi se trouvant fatalement divisées dès demain en deux parties : l'une vers Belfort, qu'il doit couvrir; l'autre vers Vesoul et sur la route de Luxeuil, qu'il paraît vouloir conserver. »

Telle était bien, en effet, la ligne de retraite de Werder. Quant à gagner Belfort, il y avait plus d'une route à sa portée. Tandis que Bourbaki semblait croire qu'en occupant Villersexel, on coupait le général ennemi de ses communications avec Belfort, et qu'on le mettait dans la nécessité de renouveler, le 10, son attaque du 9, s'il prétendait les rétablir; Werder allait prouver, au contraire, que Villersexel n'était point le lieu d'un passage forcé, qu'il lui suffisait, pour devancer son adversaire, même au prix d'un détour, de montrer plus de rapidité que lui.

Dans la journée du 9, nos pertes par le feu atteignirent

vingt-sept officiers et sept cents hommes, outre les deux cents victimes de l'incendie dans le château de Villersexel, et sans compter cinq cents prisonniers, dont dix-sept officiers.

Les Allemands avaient eu vingt-six officiers et six cents hommes tués, blessés ou disparus, appartenant, pour la plupart, à la IVe division de réserve. Ils durent abandonner leurs morts en se retirant, et se contentèrent d'emmener soixante voitures de blessés. Ils laissaient à Villersexel les plus gravement atteints, une centaine environ. La ville fut plusieurs jours dans un affreux dénuement. Les habitants manquaient de tout, même de pain.

« Messieurs, dit le marquis de Grammont à un groupe d'officiers français qui passaient par là le lendemain, ma maison est brûlée; je n'ai plus rien ici, pas même un lit à vous offrir; mais ces quelques bouteilles de champagne qu'on a retrouvées dans un coin de ma cave, buvons-les ensemble à la France et à la victoire que vous venez de remporter! »

L'état-major prussien s'est décerné un facile éloge, en se targuant de s'être maintenu contre deux corps d'armée français, le 18e et le 20e, plus une partie du 24e. La vérité est que le tiers au moins du 18e corps (les brigades Robert et Perreaux) fut absent du champ de bataille et que le 24e corps y fut à peine représenté. Les Français n'ont eu d'engagées que deux divisions du 18e corps, au plus une division du 20e, et les réserves d'artillerie de deux corps d'armée. Sur certains points de l'action, notamment à Villersexel, nos troupes ont combattu toute la journée avec l'infériorité du nombre. Ce premier acte du grand drame de l'est semblait le prélude d'un heureux dénouement et marquait pour notre armée une étape fort honorable. Elle n'avait pas été ébranlée par le choc. Les têtes de colonnes seules avaient été engagées. Elles avaient franchement, bravement, abordé l'ennemi. L'infanterie allemande avait disputé le terrain pied à pied; mais la ville était restée en notre pouvoir.

Réconfortante pour le moral du soldat, encourageante

pour les espérances des chefs, cette première victoire pouvait avoir les conséquences stratégiques les plus fécondes.

Dans une agglomération de troupes hétérogènes, officiers et soldats s'étaient vus réciproquement à l'œuvre. Ils avaient appris à se connaître et à s'estimer. Entrant directement en contact avec des corps de si récente formation, le général en chef avait partagé leurs périls et donné l'exemple à tous. Ces troupes étaient joyeuses. Elles ouvraient leurs cœurs à l'espérance. Elles accueillaient les prisonniers allemands par des cris tels que ceux-ci : « Napoléon *caput!*... Bismarck *caput!* »

Dans l'état-major du général en chef, on était tenté de s'exagérer la portée du succès. La fortune était si avare de ses sourires pour nos armes! A Bordeaux, on célébra la victoire. L'allégresse fut universelle en France. On regarda la journée du 9 janvier comme l'aube d'une ère nouvelle, le commencement de la délivrance.

Ce jour-là, à Dijon, pendant qu'on se battait sur l'Ognon, Garibaldi, drapé à la romaine dans les plis d'un long manteau gris, entouré du général Pélissier, de Bordone, et d'un nombreux état-major, recevait les corps d'officiers dans les salons de la préfecture, et adressait à chacun des discours où la République universelle tenait la plus large place.

Un mouvement poussé à fond sur Villers-la-Ville pouvait couper la retraite à Werder. Exécuté par tout le 24ᵉ corps, il eût aisément dégagé la route de Belfort. Mais Bressolles fit la sourde oreille et continua à défiler tranquillement vers l'est. La lecture des journaux de marche de ce corps d'armée indique une sorte d'indifférence générale et un fâcheux manque d'initiative chez le commandant de corps.

Des hauteurs de Fallon, de Melecey, il voyait brûler Villersexel. Il traversait des villages, sans se préoccuper de la bataille qu'il entendait crépiter, ardente et prolongée, sur le flanc gauche de sa colonne.

Bien que n'ayant engagé qu'une partie de ses troupes, ce qui fut un tort, Bourbaki eut un succès tactique incontesté.

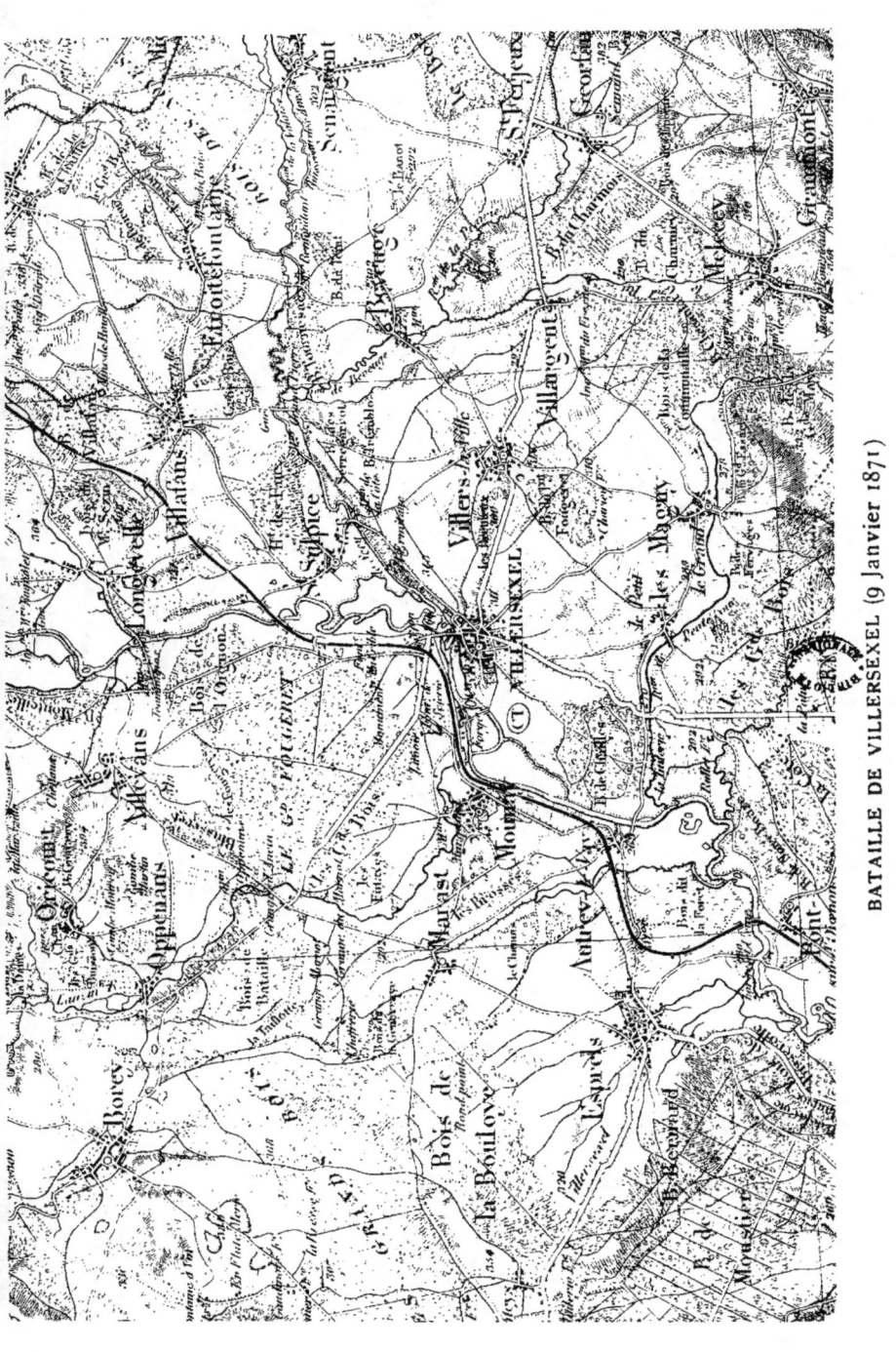

BATAILLE DE VILLERSEXEL (9 janvier 1871)

Dans le domaine de la stratégie, certaines critiques pourraient lui être adressées.

Sa première faute fut de n'avoir jeté la veille que 1,500 hommes dans Villersexel. Il y fallait mettre une division. Elle aurait pu tenir tête aux attaques de Werder, servir de flanc-garde au reste de l'armée, qui eût passé sans combattre et devancé l'ennemi sur Belfort.

Si Bourbaki était résolu à accepter la bataille avec tout son monde, face au nord, il fallait du moins ne pas rejeter l'ennemi sur sa ligne de retraite; mais, au contraire, le couper de cette ligne, lui interdire les communications avec Belfort. Le 24e corps eût dû recevoir pour cela des instructions spéciales. C'était par un mouvement tournant, l'aile droite en avant, qu'on pouvait atteindre un tel résultat. Il fallait marcher sur le Scey, vers Saint-Sulpice. Diriger, comme l'a fait Bourbaki, une attaque de front sur Villersexel, c'était chercher un succès coûteux, sans effet utile. Déborder, au contraire, Villersexel par l'est, c'eût été éloigner l'ennemi de Belfort en s'en rapprochant soi-même. La cavalerie française ne donnerait-elle pas la chasse à l'ennemi? A quoi servaient donc son 7e régiment de chasseurs et ses deux régiments de marche?

Le rôle de la cavalerie fut complètement nul dans la journée de Villersexel et la victoire demeura stérile. Ni exploration, ni découverte en avant de nos divisions. Elles marchaient en aveugles. Pas de cavalerie indépendante : des escadrons comme soudés aux têtes de colonne, ou faisant le service de correspondance, et c'est tout. Pas d'action d'ensemble. Aucune de ces chevauchées, de ces rencontres préliminaires ou finales, comme en offrit chacune des grandes batailles du début de la guerre. L'ennemi lui-même, avec sa cavalerie de landwehr, ne nous donna guère l'exemple et se montra peu entreprenant. L'excuse de la nôtre, c'est qu'elle était trop imparfaite, et aussi que le terrain gelé était trop défavorable aux opérations de cette arme.

Il faut reconnaître que, dans cette mémorable journée,

Werder a manœuvré avec autant d'habileté que d'audace. Cependant certaines critiques peuvent l'atteindre aussi. D'abord, la confusion des ordres de son commandement, d'où est sortie l'échauffourée nocturne de Villersexel. L'action supérieure ne pouvait s'exercer partout à la fois ; car le front de combat (7 kilomètres d'Esprels à Villers-la-Ville) était hors de proportion avec l'effectif allemand. Une ligne si mince devait fatalement être percée par le centre ou forcée aux extrémités. Ce fut aussi un tort d'arrêter le mouvement de la division badoise sur la Lisaine, pour la rapprocher de Villersexel. Il en résulta un retard d'un jour et demi pour l'occupation défensive des lignes d'Héricourt.

N'insistons pas sur la critique et laissons au général bavarois le mérite de sa manœuvre hardie. Comme avait coutume de le dire un maître en tactique, le duc d'Aumale, lorsqu'il professait la guerre à ses officiers : « Il est toujours facile de juger des opérations après coup, quand le résultat est là. Mais la claire vue de l'échiquier n'apparaît pas aussi aisément aux yeux de celui qui opère, et telle est souvent la meilleure excuse de ses échecs. »

CHAPITRE VIII

COMBAT D'ARCEY

Ordre du jour du général de Polignac. — Congratulations pour la victoire du 9. — Situation réciproque des deux partis le 10 janvier. — Difficultés de ravitaillement. — Butin et prises de Bourbaki. — Dispositions pour l'offensive. — Retards forcés. — Hésitation de Bourbaki. — Absence de renseignements. — C'est sur Lure qu'il eût fallu marcher. — Werder se dérobe (10 janvier). — Ses dispositions préparatoires pour la défense de la Lisaine. — Annonce de l'arrivée de Manteuffel à Châtillon-sur-Seine. — Idées de l'état-major de Versailles sur les conséquences de Villersexel. — Détachement Willisen. — Le 15ᵉ corps maintenu provisoirement dans ses positions du 11. — Télégrammes de la délégation de Bordeaux. — Lenteur de Bourbaki ; colère de Gambetta. — Position d'Arcey. — Lettre de Bourbaki à Garibaldi. — Conversion de la première armée vers le nord-est. — Combats d'Arcey et Sainte-Marie. — Retraite des Allemands. — Journée du 14 janvier. — Escarmouches. — Retard de l'aile gauche de l'armée de l'Est. — Marche de Cremer. — Difficultés particulières au 18ᵉ corps. — Situation presque désespérée de l'armée prussienne le 14 au soir. — Danger pour l'armée de siège. — Espoir de la garnison de Belfort. — Sang-froid et résolution de Treskow.

Dans l'ordre du jour que le général prince de Polignac adressait le 10 janvier à la première division du 20ᵉ corps, il exaltait la conduite de ses troupes à Villargent. « Cette journée a été glorieuse pour vous, leur disait-il. La première brigade a enlevé les positions sans coup férir. Le régiment du Jura, placé en première ligne, a comme à Beaune-la-Rolande, marché bravement au canon. Il a débusqué l'ennemi. La nuit seule a arrêté nos troupes. Elles peuvent inscrire Villers-la-Ville sur leurs drapeaux.

« ... Défenseurs du pays! Bien qu'au début de vos armes, vous ayez déjà derrière vous de beaux souvenirs, vous avez devant vous une grande espérance. Non, la France ne périra pas avec vous, jeunes soldats de la jeune République; vous, les gardiens de notre liberté nouvelle, les fils de notre vieille patrie, les héritiers de notre vieil honneur! »

Ces paroles vibrantes avaient un écho dans tous les cœurs. On se sentait renaître à l'espérance. « Général, disait à Bourbaki son hôte le marquis de Moustier, vous serez notre sauveur! » Bourbaki acceptait mélancoliquement les paroles flatteuses, comme les télégrammes élogieux de M. de Freycinet. Cela réchauffait un peu son enthousiasme toujours si prompt à se refroidir ensuite.

Au lendemain de Villersexel, la situation était la suivante. Nous avions obtenu un succès tactique, puisque le terrain du combat nous restait. Mais la victoire stratégique était pour les Allemands, qui avaient arrêté la marche de nos colonnes, en obligeant Bourbaki à modifier son plan. « Le général Werder, dit le major Blume (1), pouvait considérer comme atteint le but de cet engagement, c'est-à-dire l'arrêt du mouvement sur Belfort. » Il n'était pas à supposer que le lendemain Bourbaki continuât tout simplement de marcher vers l'est; il était bien plus probable au contraire que la violence même de la rencontre de Villersexel l'aurait engagé à modifier ses dispositions générales pour l'armée entière, ou tout au moins pour sa majeure partie.

Cette hypothèse allait devenir une réalité. Cependant l'intérêt primordial de Bourbaki restait le même : gagner rapidement Héricourt, afin de ne pas laisser à Treskow le temps de fortifier les lignes de la Lisaine. Prévenir Werder sur cette ligne était le seul moyen de faire débloquer Belfort. Bourbaki, pour profiter de la victoire du 9, devait donc se porter vers l'est à marches forcées. Il tenait la corde de l'arc de cercle qu'avait à parcourir son adversaire. Il semblait en principe qu'il lui fût facile de le devancer; mais la situation commandait un temps d'arrêt pour attendre les approvisionnements nécessaires à 80,000 rationnaires.

« Déjà en effet, comme le dit M. de Freycinet dans son livre,

(1) W. Blume, *Opérations des armées allemandes de Sedan à la fin de la guerre*. Traduction Costa de Serda. Paris 1872, Dumaine; p. 321.

se produisaient dans le ravitaillement de l'armée les lenteurs et les irrégularités qui devaient bientôt lui être si fatales. Or, le pays était trop pauvre et la saison trop rude pour qu'on pût facilement suppléer aux fournitures de l'intendance. »

Cependant les moindres retards pouvaient permettre à l'ennemi de nous barrer la route de Belfort.

Le général de Moltke comptait surtout sur nos difficultés de ravitaillement. Il connaissait bien l'armée de l'Est. « Elle est outillée, écrivait-il à Werder, de la manière la plus défectueuse en vivres et en munitions. Ses opérations restent nécessairement liées à la voie ferrée. Dans le cas d'une marche agressive de l'adversaire contre votre front, toute opération menaçant en queue ses communications avec le chemin de fer sera donc de nature à l'inquiéter vivement. »

La ligne ferrée de Gray à Vesoul, détruite à divers intervalles, n'était pas rétablie. Bourbaki dépendait uniquement du chemin de Besançon à Belfort, jusqu'à la station terminus de Clerval. A cette chaîne de forçat il était rivé. Sa réserve d'artillerie était installée à Clerval. A Clerval s'accumulaient tous les approvisionnements. Pour renouveler les munitions et assurer à peu près la nourriture de son armée, il fallait rester à portée de cette gare. Ce fut sa perte.

La nature humaine, même chez les hommes de cœur, est toujours portée à attribuer à autrui la cause des fatalités dont ils sont victimes. Bourbaki se plaignait de l'intendance, et très injustement de son excellent directeur. Patriote ardent, caractère énergique, Friant était un remarquable administrateur. Il avait fait des merveilles à Metz, pour nourrir son corps d'armée pendant le siège. Pris au dépourvu à l'armée de l'Est, il a tout fait aussi pour obtenir les résultats désirables; mais les moyens matériels lui ont fait défaut, et il s'est constamment heurté à des obstacles insurmontables, à des absences absolues de personnel et d'outillage, à des cas de force majeure où sa responsabilité s'atténue.

Pendant la nuit du 9 au 10, ce qui restait d'Allemands dans Villersexel s'était déjà retiré. Lorsque le lendemain

Bourbaki songea à recommencer le combat, il ne se trouva plus en présence que de faibles détachements d'arrière-garde. Il eût fallu alors lancer sa cavalerie à leur poursuite : pourquoi la division de Brémond d'Ars ne bougea-t-elle pas?

Tout le XIVe corps allemand disparut, laissant entre les mains du vainqueur 1,400 prisonniers et deux drapeaux, qui furent envoyés à Besançon. Restés maîtres de Villersexel, nous le restions aussi de Montbéliard et d'Héricourt. Les deux armées se regardaient, sans s'aborder de nouveau, sans que la nôtre poursuivit. Cependant il semble que tout d'abord Bourbaki ait eu un instant la velléité de mettre à profit sa victoire, sans donner à l'ennemi le temps d'en parer les conséquences. C'est ce qui résulte du télégramme suivant adressé à M. de Freycinet par M. de Serres, et daté de Bournel le 10 janvier, une heure quarante du soir : « J'ai étudié cette nuit avec le général Bourbaki toutes les mesures nécessaires pour préparer la bataille que l'ennemi doit absolument livrer, quelles qu'en soient les conditions, s'il a conscience de sa situation par rapport à la nôtre. Toutes les dispositions sont arrêtées entre nous, et notre situation comme force et positions est beaucoup plus belle qu'hier, où l'ennemi avait tout avantage. Nous prendrons, s'il y a lieu, l'offensive. »

On le voit, l'état-major de la première armée se méprenait complètement sur les intentions de Werder, et il ne se rendait pas exactement compte de la situation.

Bourbaki se flattait que Werder renouvellerait le combat le 10 ; il espérait retrouver ainsi l'occasion de repousser l'ennemi avant de reprendre lui-même son mouvement offensif (1). M. de Serres, qui était toujours auprès de lui, conseiller ou surveillant de ses actes, en augurait ainsi. C'était un leurre. Werder ne songeait qu'à se dérober et il avait raison.

Dans la matinée, Bourbaki passa à cheval devant ses troupes,

---

(1) Dans la nuit du 9 au 10, il écrivait à Billot : « Le 15e corps va se porter en soutien du 20e et du 24e dans le cas où l'ennemi chercherait à déborder notre droite... » Ainsi, quoique vainqueur, Bourbaki se voyait déjà tourné.

qui l'acclamèrent. Le reste de la journée s'écoula en échange de dépêches de congratulations et de politesses entre le quartier général de Bournel et la délégation de Bordeaux.

L'après-midi, Bourbaki alla visiter les positions occupées par l'aile droite de l'armée. Il envoya sa réserve à Courchaton, fit appuyer ses corps à droite afin de renforcer l'aile de ce côté, et confia à la partie disponible du 15e corps le soin d'occuper Onans. Les avant-postes des troupes d'occupation du siège de Belfort délogèrent d'Arcey le rideau chargé de couvrir notre aile droite. « Cela suffit, dit le général de Goltz, pour attirer l'attention de toute une armée, » et il ajoute avec une ironie cruelle : « Tandis que les Français étaient dans l'illusion, le destin tissait déjà les fils qui devaient infailliblement les attirer dans la défaite. »

Il semble que la maladie noire de Bourbaki le reprenne, que ses appréhensions recommencent. Il veut attendre l'arrivée de Cremer, avoir avec lui le 15e corps au complet. Tel n'est pas l'avis de ses généraux, qui ne pensent qu'à marcher, de son chef d'état-major qui le presse. Un fossé se creuse de plus en plus entre l'état-major et le cabinet. L'influence de Leperche prend tout à fait le dessus sur celle de Borel. C'est une sorte d'intrigue de palais menée par un « Père Joseph galonné », comme on a appelé le pauvre colonel Leperche, si honnête pourtant, si désintéressé, inconscient du mal qu'il fait par excès de zèle. Leperche taille, tranche, ordonne. Il se substitue au général en chef. Comme il a des vues courtes, il rétrécit l'horizon du commandement. Plus de conseils de guerre, plus de conférences régulières. Tous les chefs de service sont écartés. Ainsi, au moment où l'étude des itinéraires et la mise en état des communications dominent la situation militaire, le général Séré de Rivière, l'éminent chef du génie de l'armée, « n'a jamais été consulté, n'a jamais été appelé à un conseil (1). » Le chef d'état-major général lui-même, le très distingué Borel, déclarera un jour, chose à peine croyable,

---

(1) *Enquête.*

devant la commission d'enquête, qu'il ne peut fournir aucun renseignement sur les opérations postérieures au 9 janvier 1871, parce qu'il a toujours été tenu en dehors de leur préparation. Sur quelles données se faisait-elle, d'ailleurs?...

D'après une dépêche de Bourbaki, deux jours après Villersexel, l'état-major de l'armée se trouvait encore bien insuffisamment renseigné. Il semble que sa cavalerie ait été, elle aussi, dans l'impossibilité de se mouvoir. Si elle avait fait savoir que la route de Vesoul à Belfort était libre jusqu'à Lure, où il n'y avait plus que les détachements du colonel de Willisen; qu'Arcey n'était plus occupé que par des postes avancés incapables de résister à une poussée sérieuse, que le gros de l'armée ennemie avait abandonné la rive droite de la Lisaine, pour couvrir Belfort sur la rive gauche, de telles constatations eussent permis à l'état-major de s'orienter. Mais rien ne fut fait dans cet ordre d'idées.

« En réalité, dit l'historiographe du grand état-major prussien, dans la matinée du 10 janvier, trois corps français se trouvaient aussi rapprochés de Belfort que les trois divisions allemandes chargées de couvrir le siège de la place (1). »

Cependant l'attaque attendue au château Bournel ne fut pas fournie par Werder. En la considérant comme imposée à l'ennemi par sa situation stratégique, M. de Serres partait sans doute de cette idée que l'ennemi, pour couvrir Belfort, devait nécessairement prendre la route Vesoul-Villersexel-Héricourt, et par suite, qu'en occupant Villersexel on lui avait barré le chemin. C'était une illusion. Pour avoir repassé sur la rive droite de l'Ognon et laissé Villersexel aux Français, Werder n'était pas coupé de Belfort. Il lui restait la route la plus directe, celle qui circule au pied des Vosges, et il pouvait atteindre par Lure et Frahier les positions qui couvraient la place assiégée du côté de l'ouest. Werder sentait que, pendant toute la matinée du 9, il n'avait eu devant lui qu'une avant-garde ; que le gros des colonnes françaises avait donné

(1) 2ᵉ partie, p. 1007.

l'après-midi seulement, et que, le soir, elles devaient être prêtes à recommencer le combat. Trop heureux donc le général bavarois, s'il savait cette fois refuser l'engagement!

Dès lors, il était assuré de pouvoir, même par un détour, conduire heureusement son armée dans les nouvelles positions choisies comme champ de bataille derrière la Lisaine. Pour atteindre ce point, il avait à parcourir, il est vrai, un chemin plus long que l'armée française. Les circonstances lui semblaient donc défavorables. Mais il comptait sur la plus grande solidité de ses troupes pour nous devancer. A huit heures du soir, pendant que la bataille allume l'incendie, et fait rage dans le château du marquis de Grammont, Werder réunit les adjudants de ses différents corps dans la cour de la ferme de la Grange-d'Ancin et leur dicte ses instructions. Toute sa pensée est de disparaître subitement et d'atteindre par une marche de flanc rapide les positions qui couvrent Belfort. Le 10, à sept heures du matin, il commence son mouvement de retraite par le nord-est.

Les troupes françaises occupaient Marast et Moimay, et ne dépassaient pas au nord le bois entre Saint-Sulpice et Villafans. Voyant cette inertie, Werder fit s'échapper la division badoise par la grande route de Lure à Belfort. Elle s'échelonna de Lure à Ronchamp. Cette marche du 10 fut presque une marche forcée, tant Werder avait hâte de se dérober à la poursuite, si elle se produisait. Pour accélérer le mouvement et raccourcir la colonne, son chef Glümer, un tacticien, fit marcher l'infanterie par demi-pelotons, la cavalerie par six, et les parcs par deux. La tête de la division arriva le soir à Ronchamp.

La brigade de cavalerie allemande, massée en position d'attente à Arpenans, se retira l'après-midi sur Magny-le-Vernois, près Lure, où elle passa la nuit.

Werder avait déjà pris une avance considérable. Suivi de son état-major et d'une escorte de cavalerie, il avait couru de toute la vitesse de son cheval vers Frahier, qu'il atteignait le soir même. Après y avoir passé la nuit, il eut à Argiésans une conférence avec le lieutenant-général de Treskow I, commandant le siège de Belfort, et s'entendit avec lui pour la mise en état de défense des positions de la Lisaine. Il reconnut la rivière jusqu'à Héricourt, tandis que son chef d'état-major, le lieutenant-colonel de Leszcynski, faisait de même entre Héricourt et Montbéliard.

Le soir du 10, comme tout le XIV⁰ corps avait gagné la rive gauche de la Lisaine sans être inquiété, Werder donnait un premier ordre pour l'occupation provisoire de la position à défendre.

Les avant-postes avaient mission de se maintenir le plus longtemps possible sur leurs emplacements, pour obliger les Français à se déployer. Les travaux pour la mise en état de défense des positions devaient être commencés immédiatement.

Werder fixait son quartier général au centre de sa ligne, à Brévilliers. Il y recevait dans la soirée une première dépêche du général de Manteuffel, l'avisant que le chef de la nouvelle armée du Sud comptait être ce même jour à Châtillon-sur-Seine avec la 13⁰ division, pour y prendre le commandement de sa nouvelle armée. Ainsi, Werder va pouvoir offrir à Bourbaki, derrière la Lisaine, une bataille défensive et décisive.

La coupure des troupes allemandes destinées à couvrir Belfort était le but poursuivi depuis cinq jours par l'armée française ; elle est désormais conjurée, devenue impossible. Le 10, le XIV⁰ corps a cantonné au nord de Béverne. Le 11, il occupera les positions de la Lisaine et d'Héricourt.

A Ronchamp, au passage, en trottant sur la route de Frahier, le général bavarois avait trouvé une estafette du grand quartier général, qui lui remit, de la part du général de Moltke, d'importantes instructions portant la date du 7 janvier, antérieures de deux jours par conséquent à la bataille de Villersexel. Rien ne l'empêchera plus désormais de les exécuter. Il peut les lire avec confiance. Elles sont déjà en partie remplies par son initiative. Ce qu'il a fait est ratifié d'avance.

D'après ces directives maîtresses, le siège de Belfort sera

protégé à tout prix. Le commandant du XIV° corps résistera à l'offensive adverse jusqu'à l'arrivée de Manteuffel, dût-il employer pour cela toutes les troupes qui ne seraient pas strictement indispensables au maintien du blocus; dût-il détruire, pour la protection de son flanc droit, les routes qui traversent la région méridionale des Vosges. Il surveillera les mouvements de l'ennemi à l'ouest de cette chaîne de montagnes, d'accord avec le gouvernement de la Lorraine. Toute tentative de soulèvement sur les derrières du XIV° corps sera sévèrement réprimée en Alsace ou dans les régions voisines.

Le quartier généralissime ne paraissait pas avoir de grandes inquiétudes pour le flanc gauche du XIV° corps. Ce flanc ne pouvait être menacé que par une opération offensive basée sur les montagnes du Lomont, et entreprise dans une région resserrée entre le Doubs et la frontière suisse. Le flanc droit était plus exposé. Une pointe dirigée de Langres ou de Chaumont sur Luxeuil eût obligé Werder à rétrograder rapidement vers le nord.

En cas de retraite sur Mulhouse et l'Alsace, les troupes de remplacement badoises étaient chargées de protéger la gauche du XIV° corps.

De Moltke escomptait les difficultés de plus en plus grandes de notre ravitaillement, à mesure que, s'élevant vers le nord, l'armée s'éloignerait du chemin de fer.

L'état-major de Versailles attribuait du reste à la bataille de Villersexel plus d'importance qu'elle n'en avait eu en réalité. Il croyait l'armée française profondément ébranlée par le choc. C'était inexact. Nous savons que les têtes de colonne seules avaient été engagées, et qu'à part cela les corps d'armée restaient intacts.

Un détachement composé de trois régiments de cavalerie, huit compagnies et deux batteries (infanterie et artillerie de troupes d'étapes), sous les ordres du colonel de Willisen, avait été laissé à Lure avec ordre de se maintenir dans cette ville, d'inquiéter l'ennemi sur l'Ognon jusque vers Montbozon, de recueillir avec le plus grand soin des renseignements sur son compte et de couvrir en se retirant la route de Giromagny. Voilà une belle mission donnée à un colonel de cavalerie.

La ligne d'Héricourt à la frontière suisse, par Montbéliard et Delle, était gardée par des troupes déjà chargées de couvrir le siège de Belfort (14 bataillons, 4 escadrons), qui avaient poussé leurs avant-postes jusqu'à 8 kilomètres environ vers l'ouest.

Werder décidait alors de maintenir le XIVe corps d'armée dans les positions qu'il occupait le 11 janvier, jusqu'au moment où Bourbaki accuserait d'une manière définitive la direction de son mouvement.

M. de Freycinet demandait de nouveau au général Bourbaki s'il jugeait son subordonné Cremer capable de commander un corps d'armée. La réponse était douteuse, étant donné l'âge de Cremer et l'extraordinaire avancement qu'il venait déjà de recevoir. Elle dénota en effet toutes les hésitations et les perplexités de Bourbaki. Il était toujours à peu près dans le même état d'âme, flottant et timoré. Il connaissait cependant très exactement la force du corps d'armée de Werder qui n'était que de 35,000 hommes (1). Ce qui l'inquiétait le plus, c'est qu'une dépêche du bureau des renseignements du ministère de la guerre lui donnait alors des détails très précis sur la marche du VIIe et du IIe corps allemands, ainsi que sur la concentration des troupes allemandes de Manteuffel. Ce renseignement contenait jusqu'aux noms des commandants de division. Les troupes de siège de Belfort étaient seules signalées à Bourbaki avec un effectif exagéré, que les dépêches portaient à 45,000 hommes.

D'autre part, une foule de renseignements sur l'ennemi, plus ou moins apocryphes, parvenaient des sources les plus diverses et les moins autorisées : préfets, sous-préfets, maires, juges de paix, simples particuliers, etc.! Il était difficile de démêler la vérité au milieu de cet amas de nouvelles confuses et souvent contradictoires.

---

(1) Général DE GOLTZ.

CHAPITRE VIII

Les trois journées du 10, du 11 et du 12 furent consacrées à des mouvements préparatoires (oh! combien lents!) pour placer l'armée de l'Est dans sa nouvelle direction, la même qu'on avait suivie avant le 9, et pour amener les troupes en ordre, vivres assurés, parallèlement à la Lisaine. Le 12, le quartier général fut transféré à Bournois.

Le temps laissé disponible par notre inaction était mis à profit, sans perdre un instant, par nos adversaires, pour accroître la puissance défensive de leurs positions devant Belfort. Le quartier général de Brévilliers était relié par une ligne télégraphique, d'une part avec l'aile droite de la défense à Frahier, d'autre part avec le général Treskow I, à Bourogne.

Des postes de correspondance étaient multipliés. Des tranchées-abris, des emplacements de batteries se construisaient sur tous les points importants, avec l'aide des pionniers du corps de siège.

Parmi les ponts établis sur la Lisaine, les uns étaient détruits; les autres, seulement tenus prêts à une destruction prochaine. Les chemins glissants étaient saupoudrés de sable et de cendre.

Les colonnes de munitions ayant déjà rétrogradé sur Épinal, et ne pouvant revenir que par Strasbourg et Dannemarie, le ministre de la guerre badois était invité à expédier 2,000 obus.

Pendant ce temps, hélas! nous ne faisions rien pour mettre obstacle à la marche de flanc que les Allemands exécutaient sur le front de l'armée française (1).

Bourbaki ne tenait compte des objurgations de M. de Freycinet, qui voulait avec beaucoup de sagacité le diriger vers le nord et télégraphiait le 11 : « Plus j'examine la carte du pays, plus je me rappelle mes souvenirs personnels, plus j'estime que vous avez un intérêt de premier ordre à occuper et à *garder la position de Lure*. C'est non seulement un point central de communication, mais encore la clef de votre ligne de retraite

---

(1) Historique de l'état-major général allemand.

quand vous marcherez sur Épinal. En outre, votre ravitaillement s'effectuera par la ligne Besançon-Lure-Luxeuil. »

Bourbaki préféra poursuivre sa marche vers l'est, mais sans se presser; Werder put accomplir tous ses mouvements du 11, sans recevoir un coup de fusil dans le dos.

Le 12, Bourbaki obtint enfin des renseignements circonstanciés sur la répartition des troupes allemandes dans l'est, entre Auxerre et la frontière. Le général de Zastrow avait à Auxerre un corps de 25,000 hommes, comprenant la XIIIe division du VIIe corps et la division de landwehr Debschitz.

L'orage grondait sourdement par derrière. Il ne fallait pas l'attendre pour frapper le coup décisif. Le général en chef se prépare donc à mettre l'armée en marche le 13 au matin, ou du moins une partie de l'armée seulement. Car le 18e corps, celui qui doit faire le mouvement tournant, celui qui a le plus grand parcours à franchir, va perdre encore une journée. Ce corps est maintenu à Villersexel.

On devine à cette nouvelle les frémissements d'impatience de Gambetta. Ils se répercutent sur l'esprit de M. de Freycinet. Le 12 janvier, à 11 h. 30, il télégraphie à Bourbaki, dans des termes qui laissent entrevoir son peu d'approbation du projet de marche, et surtout qui signalent de nouvelles inquiétudes :

« La prise d'Arcey que vous projetez pour demain ne me paraît pas ajouter beaucoup à l'interception des communications de l'ennemi, telle que vous l'avez déjà obtenue par la prise de Villersexel. Le temps exigé pour cette opération est-il bien en rapport avec le résultat que vous en retirerez?... »

Bourbaki préférait attendre que la concentration de son armée fût entièrement terminée, plutôt que de l'exposer à un insuccès. Il faisait un pressant appel à Cremer, qui, par suite de circonstances imprévues, n'avait pu quitter Dijon que le 8, et atteindre Vesoul que le 13. Il avait l'œil sur le 15e corps, en train de débarquer à Clerval, et dont les avant-gardes allaient prendre le contact du côté d'Héricourt. On croyait la position d'Arcey tellement forte qu'on estimait à l'état-major général n'avoir pas de trop de toutes les troupes disponibles pour l'enlever. Or, le 15ᵉ corps n'était pas tout entier disponible encore. La division Peytavin et la brigade Questel ne devaient l'être que le 13, et la brigade Minot, encore plus tard. Bourbaki télégraphiait au général Martineau (1) à Clerval : « Il faut absolument que votre artillerie de réserve et la brigade Minot soient rendues demain matin à neuf heures à Montenois, et qu'elle entre en action. »

Le général en chef faisait en même temps écrire à Garibaldi, pour lui manifester son désir de rester en relations constantes avec le patriote italien. « Maintenant, plus encore qu'auparavant, vous avez une grande tâche à remplir en nous apportant votre inappréciable concours... »

Arcey marquait une première ligne de défense d'une série de retranchements élevés par la nature et fortifiés avec soin par les Prussiens jusqu'à Héricourt. Depuis le 20 décembre, ils y étaient établis sur les éminences qui entourent le bourg. Ils avaient concentré là de nombreux approvisionnements de toute sorte, principalement des bestiaux et des fourrages.

Croyant rencontrer sur sa route des forces très considérables à Arcey, Bourbaki avait pris ses dispositions en conséquence.

Il laissait à son extrême aile gauche le 18ᵉ corps, pour faire front au nord contre un ennemi qu'il supposait encore sur la route de Vesoul à Lure; il donnait à Billot l'ordre de garder le passage de l'Ognon, en éclairant au loin sur son front et son flanc extérieur.

Il lançait le 15ᵉ corps à l'aile droite, sur Sainte-Marie, Montenois, Onans et Arcey; le 24ᵉ, au centre, sur Gonvillars, Corcelles et Marvelise; le 20ᵉ, à l'aile gauche, sur Crevans, Secenans, Senargent et Vellechevreux, avec l'ordre de se couvrir dans la direction de Saulnot.

L'armée achevait ainsi sa conversion en pivotant sur son aile droite renforcée et en prenant son front au nord-est. La réserve générale devait se porter sur Onans et Faimbe,

---

(1) Bournois, 12 janvier, 4 heures du soir.

derrière le centre de la nouvelle ligne, de façon à pouvoir aisément appuyer à gauche ou à droite suivant le besoin, sur Crevans, Arcey ou Sainte-Marie. Les troupes devaient prendre les armes à neuf heures du matin. Pourquoi ne marchait-on pas carrément sur la Lisaine? C'était l'objectif à atteindre ce jour-là. Mais on se figurait toujours, par la faute de la cavalerie, qu'on allait rencontrer une résistance sérieuse à Arcey.

En réalité, l'armée française se heurta contre une faible ligne à Sainte-Marie et Saulnot, où Bressolles, avec le 24ᵉ corps, se présentait, appuyé à droite par le 15ᵉ, à gauche par le 20ᵉ.

Bourbaki donna son ordre de déploiement. Il établit son aile droite à Sainte-Marie, son aile gauche vers Saulnot, en se reliant aux positions conquises autour de Villersexel et occupées par le 18ᵉ corps. La ligne de bataille tenait près de cinq lieues de développement, et nos troupes avaient généralement l'avantage du terrain.

Entre neuf et dix heures du matin, les patrouilles allemandes de Sainte-Marie, d'Arcey et de Gonvillars signalaient les tirailleurs français à la lisière des bois situés en avant d'Arcey. L'attaque de Bourbaki fut menée conformément aux ordres donnés la veille.

A l'aile droite, le général Martineau, avec la troisième division du 15ᵉ corps, commença son mouvement en avant, après avoir dirigé sur Arcey et les villages voisins le feu de cinq batteries. Vers midi, l'ennemi évacua Sainte-Marie, et se retira sur Saint-Julien. Un bataillon allemand (major Rutschenbach) réussit à reprendre pied sur la ligne de combat. Il allait être enveloppé, quand le colonel de Loos envoya pour le dégager un bataillon de fusiliers du 25ᵉ régiment et une batterie venue d'Échenans.

En même temps que le général Martineau attaquait et refoulait ainsi l'aile gauche allemande, le général de Busserolles débouchait avec sa troisième division du 24ᵉ corps contre l'aile droite du colonel de Loos, à Gonvillars, et en délogeait deux compagnies du 25ᵉ, qui, abandonnant le village, rejoignaient le gros de leur division par les bois. A Sainte-Marie les Allemands perdirent 9 officiers et 245 hommes.

L'attaque du centre de la position ennemie à Arcey fut menée par les généraux d'Ariès et Fournier de La Blanchetée (première division du 24ᵉ corps et une brigade du 15ᵉ).

L'infanterie française sortait en longues chaines très denses de tirailleurs, des bois du Chanet et du Fontampré, qui couronnent les collines à l'ouest de Sainte-Marie; tandis que l'artillerie de la troisième division du 15ᵉ corps (trois batteries, dont une de montagne) ouvrait son feu contre Arcey à grande distance.

Ainsi entrepris sur son front, débordé par sa droite et par sa gauche, menacé même de voir interceptée sa retraite sur Héricourt, le colonel de Loos prolongea la résistance jusqu'à midi et demi et ordonna l'évacuation d'Arcey, ne cédant le terrain que successivement, laissant quelques prisonniers entre nos mains, montrant ce que doit être une retraite pied à pied devant des forces très supérieures, et ce qu'un homme de cœur peut obtenir de troupes bien en main. A la gauche, l'infanterie française avança de Saulnot et des hauteurs entre Saulnot et Secenans, sous la protection de deux batteries. Chavanne fut enveloppé. A trois heures, ayant appris l'évacuation d'Arcey, le lieutenant-colonel allemand Nachtigal, après avoir très honorablement tenu tête à l'attaque, assez mollement conduite d'ailleurs, rompit le combat, et se retira par le Vernois sur Champey. En résumé, nous avions fait un déploiement beaucoup trop considérable contre une simple avant-ligne. Nous couchions sur les positions. Le 13, comme le 9, Bourbaki avait électrisé ses troupes; sur le champ de bataille, c'était toujours le *turco* d'antan. Mais il avait cru voir une victoire là où il n'y avait qu'une affaire sans importance. Son bulletin d'ailleurs fut modeste. « Le 13 janvier, je me dirigeai sur Arcey. J'ai réservé l'honneur de cette journée aux 15ᵉ et 24ᵉ corps. Tous deux campèrent le soir sur le champ de bataille. Leur moral est excellent.

« Les villages d'Arcey et de Sainte-Marie viennent d'être

enlevés avec beaucoup d'entrain, et sans que nos pertes aient été trop considérables, eu égard aux résultats obtenus.

« Je gagne encore du terrain. Je ne perdrai pas de temps, et tâcherai de profiter dès demain ou après-demain de mon succès pour enlever Héricourt et faire lever le siège de Belfort. Je me hâterai de poursuivre l'exécution du programme convenu... »

Le même jour, les positions de la Lisaine furent déjà attaquées au sud d'Héricourt, à Bussurel, Béthoncourt et Montbéliard. Le détachement allemand du colonel Zimmermann qui les défendait dut évacuer la ville de Montbéliard, mais resta maître du château, l'ancienne citadelle.

La rive droite de la Lisaine était tombée entre nos mains. Pendant ce temps, l'ennemi avait fortifié tous les passages de la trouée de Belfort. Montbéliard avait été mis par lui en état de défense. A Delle, les ponts avaient été minés, les murs crénelés. A Grandvillars, des redoutes étaient prêtes à recevoir de la grosse artillerie. A Croix, dans la montagne du Doubs, un village que les alliés avaient brûlé le 28 juin 1815, des travaux considérables avaient été exécutés avant et surtout après le combat d'Abbévillers du 2 janvier. Le long de la trouée de Porrentruy, tous les points stratégiques avaient été reliés et fortifiés, de sorte que l'armée de Bourbaki allait rencontrer, pour arriver jusqu'à Belfort, une ligne hérissée d'obstacles matériels qui décuplaient la force des troupes de défense.

La journée du 14 fut très calme. Un petit détachement du 15e corps, partant de Présentevillers, fit une reconnaissance sur les avant-postes prussiens établis le long du Rupt : tout se borna à une courte fusillade. L'armée française resta sur la rive droite de la Lisaine, sans rien faire pour essayer de franchir ce fossé, qui était un obstacle très sérieux. Il fallut se réapprovisionner en vivres et munitions.

Outre les difficultés d'alimentation chaque jour renaissantes, un autre fait avait obligé Bourbaki à ajourner son attaque de vingt-quatre heures : l'aile gauche de l'armée n'était pas encore entrée en ligne.

CHAPITRE VIII

Les 15ᵉ, 24ᵉ et 20ᵉ corps avaient occupé, à l'aile droite, les positions qui leur avaient été assignées devant Montbéliard et Héricourt. Ils se trouvaient étroitement concentrés sur un front d'environ dix kilomètres, allant des rives du Doubs à Aibre et le Vernois. Mais, à la gauche de notre immense ligne de déploiement, Billot, retardé par une contrée très montagneuse, n'avait pas dépassé Lomont et Moffans.

Le 13 janvier, Cremer était encore sur la route de Vesoul à Lure. Il annonçait vers midi au général Billot son arrivée prochaine sur la ligne de bataille et lui demandait des instructions.

A une heure et demie, Billot lui répondait :

« Je crois que si vous n'avez pas d'ordres contraires du général en chef, vous pouvez, dans deux ou trois jours, faire un grand coup : c'est de mordre à la queue le serpent qui se déroule devant nous, ses bagages à Lure, sa tête vers Héricourt, où il veut nous faire front. Voyez par vos espions si l'idée que je vous exprime est réalisable. »

Vers quatre heures, certain qu'aucune attaque ne pouvait plus être dirigée ce jour-là contre les troupes du 18ᵉ corps, Billot leur fit prendre leurs cantonnements de nuit, sur les points mêmes qu'elles avaient occupés militairement dans la journée.

Vers six heures du soir, les autres corps d'armée recevaient l'ordre fixant leurs postes de combat pour le lendemain.

Le mouvement général devait être appuyé sur la gauche par Cremer.

L'ordre de Bourbaki qui portait la date du 13, à quatre heures et demie, se terminait ainsi :

« Les commandants des corps d'armée enverront ce soir au général en chef un officier pour prendre ses ordres et indiquer exactement les positions des corps d'armée et des quartiers généraux. Ces officiers rendront compte de tout ce qui concerne les forces et les mouvements de l'ennemi. Ils feront connaître les approvisionnements de vivres et de munitions permettant de continuer demain le succès par l'attaque d'Héricourt, dans laquelle le 18ᵉ corps aura à exécuter le principal effort. » L'accomplissement de cet ordre présentait des difficultés particulières pour le 18ᵉ corps.

C'était conformément aux prescriptions du général en chef que ce corps d'armée avait maintenu toute la journée du 13 une partie importante de ses forces à Villersexel et même à Pont-sur-l'Ognon.

Il était difficile de faire exécuter de nuit au 18ᵉ corps une marche de quarante-cinq kilomètres par une température aussi rigoureuse, en suivant des chemins affreux et couverts de neige, à travers les contreforts boisés qui séparent la vallée de l'Ognon de celle de la Lisaine, et d'espérer que ces troupes seraient en état dès le lendemain matin, d'effectuer le principal effort de l'attaque que l'armée devait diriger contre Héricourt.

Avant de recevoir l'ordre du général en chef, Billot lui avait envoyé un officier de son état-major, le major Brugère. Ce commandant fit à Bourbaki l'exposé de la situation du 18ᵉ corps, et lui démontra sans peine que l'ordre dont il venait de prendre connaissance en arrivant à Onans était irréalisable en ce qui concernait le 18ᵉ corps d'armée.

Bourbaki décida en conséquence que le mouvement prescrit ne serait exécuté que le 14, au lever du soleil.

Dès le retour du major Brugère le 14, vers quatre heures du matin, l'ordre de mouvement fut arrêté et envoyé aux divisions.

Le 20ᵉ corps devait se mettre en route à six heures par Mignavillers et aller occuper le bois de Saulnot. Le 18ᵉ devait porter sa droite par les chemins forestiers, jusqu'à Courmont et Béverne; son centre, par la vallée du Rognon, sur Moffans et Lomont; sa gauche, par les vallées de l'Ognon et du Rahin sur Moffans et Lyoffans, s'étendant vers Lure, pour donner la main à Cremer, dont l'arrivée était annoncée, mais en ayant soin de laisser à sa disposition la route de Lure à Lyoffans.

Quelle que fût la bonne volonté des troupes, il ne paraissait pas possible d'avancer le 18ᵉ corps, dans la journée du

14, au delà de la ligne Lyoffans-Lomont-Béverne. Ce ne fut qu'en réglant sa marche sur celle des troupes du 20° corps, que la première division du 18° put franchir le Scey.

Elle ne se mit en mouvement qu'à huit heures du matin. La marche dans ces sentiers fut épouvantable. Des patrouilles ennemies avaient été signalées sur la route de Béverne et dans les bois de Grange : on dut y pénétrer et les traverser sous la protection d'une ligne de tirailleurs, s'avançant à travers bois et tombant dans les fondrières que cachait la neige.

A six heures du soir seulement, après avoir marché tout le jour, les deux brigades étaient réunies à Faymont. La brigade Leclaire avait l'ordre de se porter sur Courmont.

La nuit était noire, des tourbillons de neige rendaient inabordable le plateau du bois de la Baume. La colonne s'égara, manqua l'entrée de Courmont, et s'engagea sur le plateau de Vaudray, où elle resta plusieurs heures, sans feu, sans abri, par dix-huit degrés au-dessous de zéro, sous une tempête de neige.

La troisième division (Bonnet) avait l'ordre de se porter sur les hauteurs qui dominent Béverne. Une fois parvenues à la Forge et à Athesans, les deux brigades Goury et Bremens continuèrent jusqu'à Lomontot et Lomont, mais à une heure bien avancée de la nuit.

La deuxième division (amiral Penhoat), qui était étendue de Pont-sur-l'Ognon à Villersexel, dut avant tout se réunir afin d'être à même de combattre, s'il le fallait. A midi seulement, l'une de ses brigades partit de Villersexel et de Bonnal, pour Villafans et Gouhenans.

La division se concentra à Gouhenans, pour se diriger sur Vergenne et Moffans.

Enfin la division de cavalerie s'était mise également en marche sur deux colonnes : la première, sous les ordres du général de Brémond d'Ars, passa par Villers-la-Ville, éclairant le flanc gauche vers Longevelle et la rive gauche de l'Ognon ; la deuxième colonne par Villargent, Beveuge ; toutes deux se portant sur Athesans, où vinrent aussi s'établir les parcs. Les convois de vivres allèrent de Cubry à Villersexel et Villers-la-Ville, d'où les convois divisionnaires partirent le soir même, pour aller en échelon de ravitaillement approvisionner leurs divisions respectives.

Le quartier général du 18e corps s'établit à Faymont. Dans la nuit du 14 au 15, le corps occupait, sinon Béverne, du moins les hauteurs qui dominent le village, et dès le matin du 15 l'ennemi dut l'évacuer.

Les trois divisions du 18e corps avaient leurs gros à quatre, cinq et neuf kilomètres en arrière.

La division Cremer, entrée à Lure dans la soirée du 14, avait elle-même continué sa route dans la direction d'Héricourt, et était signalée sur la gauche du 18e corps, à dix ou douze kilomètres de Béverne. Ce dernier village ne se trouvait pas d'ailleurs à moins de sept kilomètres de la Lisaine.

Bourbaki entendait, et avec raison, que, dans la journée du 15, l'effort vigoureux fût exécuté par sa gauche, et dès le 13, tous les généraux commandant les corps d'armée avaient été avisés que le principal rôle dans l'attaque de la Lisaine serait dévolu au 18e corps. Billot devait prendre ses dispositions pour obtenir le résultat désirable en utilisant la totalité de ses forces.

Qui dérangea cette belle ordonnance? Une erreur d'interprétation des textes ou les circonstances? Celles-ci, plutôt.

Les mouvements de l'armée étaient extrêmement lents, entravés non seulement par la nécessité de vivre et le mauvais état des chemins dans une contrée neigeuse et boisée; mais aussi, il faut l'avouer, par les difficultés de la discipline de marche. Les soldats se répandaient dans les fermes, dans les cabarets, n'obéissant à personne, pillant les vergers et les champs, et arrivant la plupart du temps trop tard pour faire la soupe et la manger. Les officiers n'étaient plus obéis; les sous-officiers encore moins. Où était le général d'Aurelle, avec ses cours martiales?... Le commandement de l'armée de l'Est n'en usa pas assez.

Des généraux, comme le brave Martin des Pallières, en vinrent à charger sur les maraudeurs et à se faire justice eux-mêmes.

Malgré tout, le 14 au soir, l'armée prussienne était dans une situation presque désespérée, ayant à dos Belfort et la frontière suisse, et pressée sur son front par l'armée française, déjà deux fois victorieuse.

La face de la guerre allemande allait-elle être changée? Le dénouement du grand drame comporterait-il une apothéose pour nos armes?

Et, dans Belfort, à cette heure solennelle, Denfert-Rochereau ordonnait à ses commandants de batterie : « Tirez à blanc jusqu'à la nuit, en signe d'allégresse, cinq coups par pièce : l'armée française s'avance! »

Werder, dont l'habileté de manœuvrier consommée, la ténacité et la hardiesse ne se sont pas démenties dans ces quinze jours pour lui si critiques ; Werder, qui a pu jusqu'alors chicaner et retarder nos progrès, se voit décidément acculé. Bien qu'il ait la chance d'atteindre sans encombre des positions superbes, sa claire vue de la situation lui fait trouver là une compensation insuffisante à la supériorité de nos forces. Le 14, il adresse au général de Moltke cette dépêche datée d'Héricourt, qui ressemble à un appel désespéré, et que pourront toujours invoquer, pour leur justification, nos organisateurs de la campagne, dont le succès a été si près d'aboutir :

« De nouvelles forces ennemies marchent du sud et de l'ouest : de Clerval, le 15ᵉ corps; de Vesoul, Cremer, contre Lure et Belfort. On a signalé des troupes nombreuses à Port-sur-Saône. Aujourd'hui, sur le front, l'ennemi attaque vainement les avant-postes à Bart et à Dung. En présence de forces supérieures, je vous prie instamment d'examiner s'il y a lieu de continuer à tenir devant Belfort. Je crois pouvoir protéger l'Alsace, mais non en même temps Belfort, à moins de risquer l'existence même du corps d'armée. L'obligation de tenir devant Belfort m'enlève toute liberté de mouvement. La gelée permet de franchir les cours d'eau. »

La réponse à cette dépêche angoissée fut l'ordre impérieux

de résister à *tout prix ;* tout mouvement de recul du XIVe corps devant avoir pour conséquence immédiate la levée du siège, et la perte du matériel qui se trouvait devant la place. « On ne savait pas d'avance, dit de Moltke, où s'arrêterait le mouvement de retraite et il ne pourrait que retarder l'action de Manteuffel s'avançant à marches forcées. »

Le danger était grand pour l'armée de siège, non moins que pour celle de Werder. Car si Treskow était obligé de décamper, une violente sortie de la garnison de Belfort mettait le XIVe corps entre deux feux.

Treskow, voyant que le bombardement n'amollissait point la résolution de la défense, se résigna à procéder régulièrement, sans d'ailleurs ralentir sa sauvage et inutile destruction. Le 8 janvier, il surprenait le village de Danjoutin. L'effet moral un peu décourageant produit sur la garnison de Belfort par la perte de Danjoutin, fut heureusement compensé par un événement inespéré : l'arrivée d'un douanier apportant une dépêche du consul de France à Bâle.

Cette dépêche annonçait de façon certaine la prochaine arrivée de Bourbaki, avec 120 à 150,000 hommes. La nouvelle, portée à la connaissance de la garnison par un ordre du jour, lui causa une immense joie et remplit la population d'espoir pour le salut de la place et de la France.

Bientôt, en effet, de tous les points de l'enceinte, on signale de grands mouvements de l'ennemi dans le sens d'un élargissement du blocus. Son tir se ralentit. Les Prussiens arment leur ligne de circonvallation. On entend dans le lointain gronder le canon sur les hauteurs. On sait que Bourbaki est là tout près. On a foi en lui, surtout à l'annonce des succès de Villersexel et d'Arcey. La victoire, se dit-on, frappe à notre porte. Elle vient enfin retrouver le drapeau français. Chacun sent son cœur s'ouvrir à l'espérance. Après son premier succès, l'armée de secours pousse en avant. Le 15, de grand matin, le fort de la Miotte signale son canon près de la ville.

C'est un grondement sourd analogue à celui du tonnerre. Chacun veut l'entendre : on monte sur les parapets, on prête

CHAPITRE VIII

l'oreille et l'on redescend aussitôt, pour communiquer partout la bonne nouvelle. Les habitants sortent de leurs caves et se mêlent à la garnison, sans souci des projectiles ennemis qui sillonnent l'air !

Ainsi, la ville entière est dans l'attente fiévreuse de la délivrance. Pourquoi, entendant le canon qui l'annonce, Denfert ne tente-t-il pas une nouvelle sortie?

Treskow aussi a reçu avis de l'approche de l'armée de secours. Il n'hésite pas, lui! Il faut soutenir la retraite de Werder entamé à Villersexel et se repliant sur l'armée d'investissement de Belfort.

L'artillerie de siège va fournir les grosses pièces, pour rendre infranchissable la ligne de la Lisaine. On les transportera à grand'peine, attelées chacune de douze chevaux, au mont Vaudois, sur les hauteurs voisines, à travers des chemins détrempés et défoncés! A Montbéliard, cette artillerie renforcera les plateaux d'une batterie de cinq pièces de 24 rayé. A Héricourt, elle garnira les hauteurs d'une batterie de huit pièces de 12 rayé. Ainsi, les dispositions seront prises d'avance pour résister sur la Lisaine et l'Allaine (1).

De Montbéliard à Delle, d'autres emplacements seront disposés, et recevront du siège des canons de 6. Le château de Montbéliard recevra deux pièces de 12 et quatre de 6. Toutes les troupes de siège dont on peut se passer dans l'investissement, seront mises à la disposition du corps de Werder.

Le détachement Debschitz (environ 10,000 hommes), qui a été tiré d'Alsace au commencement de janvier, occupe déjà la coupure entre la frontière suisse et Montbéliard. Quelle anxiété chez les Allemands! quelle impatience! Jamais situation ne fut plus dramatique! D'un côté la forteresse qui fera sans doute tous ses efforts pour donner la main à l'armée libératrice; de l'autre, le faible corps de Werder (35,000 hommes à peine) attaqué par des forces quatre fois supérieures!

Cependant Treskow garde le plus grand sang-froid. Son

---

(1) Extrait de la *Revue allemande de l'armée et de la marine*.

devoir est tracé, il n'a qu'à le suivre. Il donne ses ordres comme d'habitude, et ne change rien à la marche du siège. Si Werder est pris entre l'enclume et le marteau, il le soutiendra jusqu'au bout, et opposera aux sorties de la garnison une résistance opiniâtre. Il est sûr de ses troupes, leur ténacité sera à la hauteur de son caractère.

Il entend ne pas perdre le fruit de tant de peine et de misères; il fait passer cette volonté dans l'âme de ses soldats. Pour en obtenir tout, il leur ouvre d'effrayantes perspectives : un ennemi victorieux envahissant l'Allemagne, brûlant et pillant, comme on l'a fait croire sur tout son passage! Et cette pensée, dès lors, semble s'être incarnée dans chaque homme du corps de siège : tenir quand même jusqu'au dernier soupir!

Pris isolément, les soldats prussiens témoignaient un grand découragement. « Ce maudit nid de Belfort — *das verdannte Nest,* comme ils l'appelaient, — déjouait toutes leurs espérances, en dépit des promesses brillantes que leur avaient faites leurs chefs. » Néanmoins, telle était l'organisation de l'armée allemande, que, du moment où il fallait agir, toute hésitation disparaissait.

CHAPITRE IX

BATAILLE D'HÉRICOURT — PREMIÈRE JOURNÉE (15 JANVIER)

Vallée de la Lisaine. — Le mont Vaudois. — Organisation défensive du champ de bataille d'Héricourt par les Allemands. — L'Allaine. — Attitude expectante de Werder. — Points faibles de sa ligne de défense. — Sa réserve générale. — Détachement Debschitz. — Ordre d'attaque de Bourbaki pour le 15. — Défaut de cet ordre. — Première journée d'Héricourt (15 janvier). — Mouvements du 15e et du 24e corps. — Prise du bois Bourgeois. — Echec devant le château de Montbéliard. — Les Français restent maîtres de la ville. — Attaque de Bethoncourt (brigade Minot du 20e corps). — Démonstration du 24e corps sur Bussurel. — Attaque du moulin de Bussurel. — Mouvement du 20e corps. — Position centrale de Werder. — Opérations du 18e corps et de la division Cremer. — Retard et marche de la division Cremer. — Retard du 18e corps. — Son déploiement. — Echecs successifs devant Chagey. — Cremer à Etobon. — Terrible nuit du 15 au 16. — Nouveau plan de M. de Freycinet.

En avant et à l'ouest de la trouée de Belfort, comme pour dédommager la vieille Gaule de n'avoir plus de frontière physique sur ce point, la nature a ouvert une coupure profonde entre les dépressions des Vosges et du Jura. C'est la vallée de la Lisaine, appelée plus communément dans le pays la Luzine. Elle a pour parois des escarpements boisés, et trace du sud au nord une ligne défensive allant de Chenebier à Montbéliard. C'est une barrière solide qui intercepte les routes de Franche-Comté en Alsace. Hélas! en 1870, nous allions la voir se retourner contre nous! Derrière la Lisaine s'était installé Werder. La petite rivière désormais historique ne semble pas en général un obstacle bien sérieux, mais les crues de l'hiver avaient doublé le volume de ses eaux, et la défense y avait ajouté ses raffinements.

Ce cours d'eau prend sa source près de Frahier, traverse

Chagey, Luze, Héricourt, baigne le pied du mont Vaudois, et laisse sur la rive droite le village de Couthenans, en face et à peu de distance de Luze. Il arrose ensuite Bussurel, Bethoncourt et Montbéliard, où il se jette dans l'Allaine, affluent du Doubs.

Aux environs de Frahier, les bords de la vallée s'abaissent, la forêt s'éclaircit. Entre Frahier et Chenebier s'étend un terrain semé de collines au nord du massif boisé de la Thüre et de la Brisée. Le pays s'élargit et offre aux déploiements de plus grands espaces. Les positions sont moins surplombées. Sur la route de Frahier à Belfort, il n'y a d'autre point défensif que le moulin Rougeot, qui domine la vallée de cent mètres environ.

En aval de Frahier, cette vallée se dessine et se resserre peu à peu, creusant son lit entre deux rives rocheuses couvertes de bois. A partir de Chagey et même de Chenebier, la Lisaine, quoique souvent guéable dans les autres saisons, a une certaine profondeur en hiver. Elle était de six à huit mètres en janvier 1871, et sur beaucoup de points on avait établi des barrages, de manière à en relever le niveau. La glace y avait été brisée dans toutes les parties mises en état de défense.

A Chagey, la rivière est dominée par les pentes du mont Vaudois. Héricourt étale dans la vallée ses maisons espacées. En aval de la petite ville, nouvel étranglement entre les bois du Chanois et du mont Dannin. De là enfin jusqu'à Montbéliard, la vallée de nouveau plus spacieuse, a une ouverture de deux mille à deux mille cinq cents mètres, mesurée entre les crêtes des collines riveraines.

Le terrain de la rive droite qui va appartenir à l'armée française, pendant les trois journées d'Héricourt, est le plus accidenté, couvert de forêts, sillonné de routes nombreuses. D'abord la route nationale passant par Lure, qui remonte jusqu'à Ronchamp, et s'y bifurque sur Belfort et sur Épinal.

Puis, la route directe de Lure à Héricourt qui traverse Roye, Lyoffans, Béverne, Couthenans. Une autre route départementale va d'Héricourt à Frahier par Luze et Chagey. Elle passe la Lisaine à quatre kilomètres au nord de ce dernier village. Sur la rive gauche, elle laisse Chenebier à droite, arrose Échevanne et va rejoindre à Frahier la route nationale de Lure à Belfort.

Dans la vallée même, courent la route de Montbéliard à Héricourt et la voie ferrée parallèle de Besançon à Belfort. Cette voie repose dans une partie de son parcours sur un talus élevé. En plusieurs points, c'était alors un second obstacle très favorable à la défense des Allemands.

Au sortir des bois, les routes qui débouchent de Chagey et Couthenans sont sous le feu du mont Vaudois, hauteur arrondie et allongée qui surplombe la vallée d'environ cent cinquante mètres. Avant la construction du fort actuel, elle avait la forme d'un gros dauphin, d'un immense redan, au saillant tourné vers le nord-ouest, ses grandes faces couvrant Héricourt et Brévilliers.

Cette montagne constituait la position la plus forte des environs de Belfort, la clé de la défense. C'était une sorte de citadelle naturelle qui se dressait au-dessus des villages de Chagey, Luze et Couthenans. Elle commandait les débouchés des bois, et surveillait les abords de la vallée de Lisaine. Sorte de tour Malakoff plantée comme un défi au milieu des lignes de Werder, elle nous barrait la route de Belfort. Les hauteurs de la rive gauche de la Lisaine, descendant en glacis vers l'ouest, constituaient pour l'assaillant une zone très dangereuse.

Le champ de bataille d'Héricourt avait été organisé à l'avance par Treskow I, dans les conditions les plus avantageuses pour Werder.

Les localités baignées par la Lisaine avaient été barricadées et crénelées. Les positions étaient d'autant plus difficiles à enlever, qu'il fallait y arriver par des chemins glissants, couverts de neige durcie, où ne pouvaient passer ni notre artilleries ni nos autres attelages.

La ville d'Héricourt, un des centres de la ligne de défense, est située dans un bas-fond dominé de toutes parts, et ne pré sente aucun élément sérieux de résistance. Celle de Montbéliard, construite entre l'Allaine et un rocher qui la domine à cinquante mètres, siège d'une ancienne citadelle disparue, est aussi dominée par le mont Chevis et les autres hauteurs de la rive droite. Mais son château lui donne une action sur cette rive.

A quelques kilomètres en aval de Montbéliard, la Lisaine se jette perpendiculairement dans l'Allaine, qui, venant de la frontière suisse et courant de l'est à l'ouest, forme fossé à son tour, entre cette ville et la chaîne du Jura. Les eaux confondues des deux cours d'eau vont se déverser dans le Doubs, à quelques kilomètres de Montbéliard. A l'est de la Lisaine et parallèlement à son cours, coule la Savoureuse, qui, descendue du ballon d'Alsace, arrose Giromagny, Belfort, puis entre dans une vallée large et marécageuse, entourée de montagnes rocheuses et boisées.

Le flanc gauche de la ligne allemande était protégé par le large ravin où se réunissent les eaux de l'Allaine et de la Savoureuse. Au delà de ce ravin, les villages d'Exincourt, Étupes et Audincourt, mis en état de défense et fortement occupés, servaient de postes avancés à la position, formaient un retour d'équerre de la ligne. Enfin, le flanc droit de Werder s'appuyait aux contreforts des Vosges qui dominent Frahier et Belfort. En même temps que les débouchés arrivant en face du Vaudois, il avait à surveiller la route de Ronchamp à Belfort par Frahier, et celle d'Arcey à Montbéliard. Il occupait ainsi un front de plus de vingt-deux kilomètres.

Retranché derrière la Lisaine dans ses lignes savamment préparées, et, comme le remarque un écrivain allemand, « dans une position adossée à celle du corps de siège de Belfort, » Werder adopta, ainsi que les circonstances le lui commandaient, une attitude purement défensive. Son effectif étant trop faible, c'est là un des cas où la prudence doit l'emporter sur l'audace. Ses ailes étaient suffisamment protégées. Son front était couvert de fortifications et d'artillerie. Les routes rendues détestables par la neige et le dégel étaient défavorables à l'offensive.

Avec la nature boisée et très coupée du champ de bataille, une armée assaillante ne pouvait y cheminer que subdivisée en petites fractions, forcément disséminées pour marcher en avant. Ce qui rendait la liaison des éléments plus difficile encore, c'était la multiplicité des massifs forestiers infranchissables, surtout vers la gauche.

Le point faible des positions de l'ennemi se trouvait à notre extrême gauche, au nord, à Frahier par où l'attaque menaçait directement Belfort. Mais déjà le moment favorable était perdu pour en profiter.

Dans l'armée allemande, l'initiative des chefs peut aller jusqu'à devancer les ordres. Sans attendre les instructions de Versailles, qui ne devaient arriver à Brévilliers que le 15 à six heures du soir (1), Werder avait bravement accepté la lutte.

Dès la matinée du dimanche 15 janvier, à l'aube, ses troupes occupaient leurs positions de combat. Le temps était clair, le thermomètre ne marquait plus que douze degrés de froid. Les pionniers étaient échelonnés le long de la Lisaine pour briser la glace. Werder attendait l'assaut de pied ferme. Par où se présenterait-il ? L'opération stratégique de Bourbaki semblait plutôt menacer son aile droite, tandis que la difficulté de l'armée française à se ravitailler loin de la voie ferrée, induisait à croire que le principal effort se porterait sur Montbéliard, peut-être même plus à droite encore, sur Sochaux et Morvillars, de façon à tourner l'aile gauche de la position et à prendre la Lisaine à revers.

Un peu hésitant et très préoccupé, Werder modifia donc plusieurs fois ses ordres, pour l'occupation des longues lignes qu'il avait à défendre contre un ennemi fort supérieur en nombre, dont, depuis Villersexel, il connaissait l'ardeur. C'est dans sa grosse artillerie que résidait sa force. La configuration

---

(1) Le même jour, M. de Moltke écrivait au général-major de Stiehle : « On ne peut encore savoir s'il (Bourbaki) va marcher avec toutes ses forces contre l'Alsace, ou bien si, laissant cette mission aux bandes de Lyon, il va se porter sur Nancy. »

du sol et le réseau des routes rétablissaient aussi l'équilibre en sa faveur. Il y avait de bonnes communications sur la rive gauche de la Lisaine, tandis que, sur la rive droite, en dehors des voies débouchant sur Montbéliard, Héricourt et Frahier, l'armée française ne disposait que de mauvais chemins. Son déploiement ne pouvait se faire que dans un terrain coupé, mouvementé, parsemé de forêts très peu praticables, mal percées.

Werder avait à tenir un front de trente-trois kilomètres, avec 42,000 hommes (quarante-huit bataillons de huit cents hommes en moyenne) y compris les renforts envoyés par Treskow. Sa ligne de défense, s'étendant en arc de cercle de Frahier à la frontière suisse, avait été constituée à l'avance avec un soin extrême.

Le château de Montbéliard était muni de vivres pour vingt et un jours. Le service des ravitaillements avait été minutieusement organisé. Des relais couvraient les voies de communication en arrière du front.

Une ligne télégraphique reliait l'aile droite et l'aile gauche, Frahier et Delle, au quartier général.

A la droite, Werder mit de Goltz à la défense du front de Saint-Valbert à Chagey (quatre kilomètres), avec sept bataillons.

Le centre, à Héricourt, avec une avancée à Tavey, fut confié à Schmeling, avec sept bataillons, quatre escadrons et cinq batteries, répartis sur un front de quatre kilomètres, allant de Saint-Valbert à Bussurel.

La gauche, sous le commandement de Glümer, eut à défendre le front de Montbéliard à Bussurel (quatre kilomètres), avec six bataillons de landwehr; et, en arrière, une réserve de deux régiments d'infanterie badoise au Grand Charmont.

Toute la ligne de la Lisaine était ainsi bien garnie de troupes et de canons. Sur les pentes, il y avait plusieurs étages de pièces de siège de gros calibre, et les défenses se trouvaient surtout accumulées au centre de la ligne.

CHAPITRE IX

La réserve générale était à Brévilliers, à quatre kilomètres en arrière du centre. Werder avait concentré là sous sa main huit bataillons d'infanterie badoise, six escadrons et cinq batteries. Le major général Keller commandait cette réserve.

En avant de l'extrême droite, à Ronchanp et Champagney, le colonel de Willisen disposait de trois régiments de cavalerie, deux compagnies de chasseurs de réserve et une batterie. Il était chargé d'observer cette dangereuse route de Lure à Belfort, qui eût permis de tourner le système défensif. Deux escadrons le reliaient, soit avec le corps de siège, soit avec Degenfeld, à Chenebier.

A Héricourt commandait le colonel de Zimmermann. Il avait mis en première ligne six bataillons et deux batteries. En seconde ligne, sur les plateaux de la Grange-Dame et du Grand-Charmont : une brigade d'infanterie badoise, un escadron de dragons, deux batteries de campagne et cinq pièces de position.

Au sud de l'Allaine, appuyé à la frontière suisse, était le général de Debschitz, avec huit bataillons, deux escadrons et trois batteries. Son détachement formait équerre à Montbéliard. Il bouchait l'espace compris entre cette ville et Delle.

La réserve particlle du Grand-Charmont était prête à se porter, selon la direction de l'attaque, sur la Lisaine ou sur l'Allaine.

La journée du 14 janvier avait été employée de part et d'autre aux derniers préparatifs pour la lutte très sérieuse qui s'annonçait.

Après avoir repoussé, à Arcey, les avant-postes ennemis, l'armée française était déployée tout entière en face des positions allemandes, de Luze à Montbéliard et Sochaux. Le 15, au petit jour, elle se porta résolument à l'attaque, à travers les campagnes neigeuses, dont la blancheur donnait aux déploiement un saisissant relief.

Le premier coup de canon retentit à huit heures du matin, tiré par une des batteries à double étage du mont Vaudois.

C'était le signal de trois jours de combats successifs, mais non de combats acharnés. C'était surtout le prélude d'une immense canonnade, de la droite à la gauche. Et cependant Bourbaki comptait tourner l'aile droite de l'ennemi, le couper de Belfort, en y employant 40,000 hommes des plus solides troupes de l'armée, avec cent vingt-cinq canons! Mais ces grandes masses de troupes allaient trouver des difficultés insurmontables à se déployer, et surtout le nerf allait leur manquer. Ces centaines de canons allaient devenir en partie superflus, attendu qu'on ne trouverait nulle part d'emplacements pour de grosses réunions de pièces, et qu'on n'allait pouvoir grouper généralement que quelques batteries impuissantes.

Bourbaki donna l'ordre de mouvement à son quartier général d'Onans, dans la nuit du 14 au 15. Cet ordre réglait par là même l'entrée en action des différents éléments, heures, itinéraires, etc.

Ainsi, le 24ᵉ corps, se laissant un peu devancer par le 15ᵉ, devait occuper les bois de Montévillars, du Grand-Bois, de Tavey, de Chanois, et s'emparer des points de passage de la Lisaine. Le 20ᵉ corps marcherait par Tavey sur Héricourt, mais ne s'emparerait d'Héricourt qu'après que l'effet voulu aurait été produit par le 18ᵉ corps et la division Cremer, ainsi que par les mouvements tournants à plus court rayon qu'il devrait exécuter sur sa propre gauche. Le 18ᵉ corps serait chargé d'occuper Couthenans, Luze et Chagey. La réserve générale s'établirait entre Aibre et Trémoins.

Le moindre accroc pouvait jeter la perturbation dans un ensemble ainsi réglé. Et, avec un pays coupé, où les communications étaient difficiles à maintenir, comment se conformer à des dispositifs aussi ponctuels?

Quoi qu'il en soit, le 15 au matin retentit sur toute la ligne « le signal d'alarme des Français (1) ». A sept heures et demie, les troupes allemandes étaient en position. Notre attaque principale fut confiée au 15ᵉ corps. Marchant à la

---

(1) Lölein.

droite, il avait passé la nuit à Montenois et à Sainte-Marie. L'ordre de mouvement semblait l'exhorter à ne pas se laisser entraîner par son ardeur. Il devait aborder la gauche de la position ennemie.

A dix heures, la tête de la colonne de la 3ᵉ division (Peytavin) débouchait par Dung sur Sainte-Suzanne et par Bart sur Courcelles-lès-Montbéliard, qu'occupaient les troupes avancées de la brigade de landwehr de la Prusse orientale. Un combat d'infanterie soutenu par une de nos batteries de montagne s'engagea à Sainte-Suzanne. Les premières troupes allemandes furent refoulées vers onze heures, de Bart et de Dung sur Montbéliard. Huit batteries françaises se déployèrent du val d'Allondans au mont Chevis. A la faveur de leur tir, d'épaisses colonnes d'infanterie essayèrent de s'avancer contre la ville. Mais leurs attaques réitérées échouèrent.

Vers une heure, le bataillon prussien engagé sur la route de Dung battit en retraite, et fit place à une batterie qui prit position près de la vieille citadelle de Montbéliard et gêna le déploiement de nos troupes. La première division du 15ᵉ corps débouchait d'Allondans sur le plateau. Elle mit deux batteries au mont Chevis. Bientôt éclata sur toute la ligne une canonnade effroyable, une tempête d'artillerie plus terrible encore qu'à Frœschwiller et à Gravelotte. L'ennemi avait ses batteries à la Grange-Dame et au château de Montbéliard. Un bataillon du 33ᵉ de marche descendu au pas de course sur Montbéliard, vient se briser contre les défenses du château. A droite du 33ᵉ, un bataillon du Puy-de-Dôme déloge l'ennemi du cimetière de Bart et le poursuit sur Montbéliard. Une colonne prussienne s'est établie, pour fusiller notre flanc, à Courcelles et sur le canal qui est complètement gelé. Les ponts de l'Allaine étant rompus, trois compagnies de Riom la franchissent sur un pont de bois, mettent l'ennemi en fuite et lui font des prisonniers. Deux compagnies du 34ᵉ de marche contribuent au succès. A deux heures, le bataillon allemand de Lotzen, fort éprouvé, bat en retraite.

Dès le matin, la colonne d'attaque de gauche du 15ᵉ corps (première division Dastughe) était partie de Saint-Julien; à dix heures, elle rencontre les avant-postes ennemis.

Après un long combat de tirailleurs, le bois Bourgeois est à nous. La ferme du Mont-Chevis est brillamment enlevée par le 1ᵉʳ zouaves, appuyé de trois batteries.

Le colonel Zimmermann, d'après l'ordre de Werder, fait évacuer complètement la rive droite de la Lisaine. Cette retraite s'opère avec ordre, sous la protection de la grosse artillerie du château. Mais, vivement pressé par les troupes françaises, le défenseur doit leur abandonner successivement la lisière de la ville, puis la ville elle-même. Il ne reste plus dans Montbéliard que la garnison du château.

Vers trois heures, le 15ᵉ corps, déployant ses batteries à l'ouest de la ville, entretient un feu nourri contre la rive gauche. Les turcos du général Questel (troisième division) pénètrent dans Montbéliard en poussant l'ennemi la baïonnette dans les reins. « Ces lions du désert », qui ont fait jadis la renommée de Bourbaki, n'ont pas dégénéré.

Le château des princes de Montbéliard, assis sur une roche isolée, avec des ponts et des murailles d'une solidité à l'épreuve, avait une garnison de cinq cents hommes de landwehr et six pièces de siège avec des vues magnifiques. On ignorait, hélas! dans l'armée française, la redoutable assiette de cette vieille construction du moyen âge. Lorsque le mouvement de nos troupes fut arrêté par l'obstacle inattendu, paraît-il, les chefs de notre infanterie se précipitèrent sur un officier supérieur du génie du 15ᵉ corps, pour lui signaler la situation.

« Comment! s'écriaient-ils stupéfaits... Le château de Montbéliard est donc fortifié? C'est impossible... L'ouvrage est déclassé... » Et certain colonel, démuni de toutes indications, ne peut se faire une idée de la fortification que grâce à une photographie prêtée par un fonctionnaire civil. L'aspect rébarbatif du château l'impressionne.

Au 15ᵉ corps, on hésita sur le parti à prendre contre la résistance de cette forteresse. Les uns proposaient l'établissement de batteries sur les hauteurs de la Petite-Hollande qui voient l'ouvrage de près, par-dessus le canal et le Doubs. Les autres espéraient qu'en cheminant à la sape, on arriverait assez près de la porte pour la faire sauter. En résumé, rien de sérieux ne fut tenté, et le château tint bon jusqu'au soir.

Bien que l'avant-garde du 15e corps eût l'ordre de se borner à couronner les hauteurs de Montbéliard, l'infanterie se lança sans un seul canon dans les faubourgs. Sourds à la voix des officiers, zouaves, turcos, francs-tireurs, s'y établirent, ne prévoyant pas que, bientôt après, les canons du château détruiraient la place, depuis deux mois rançonnée par l'ennemi. L'action fut immobilisée de ce côté. La nuit interrompit le combat.

A Montbéliard, les Français demeurèrent maîtres de la ville, et les Allemands du château. La place fut bombardée. L'antique manoir des Wurtemberg, le berceau de la famille impériale de Russie, cette ville ouverte avait d'abord assez bien reçu les Allemands. Elle n'avait commis aucun acte d'agression. Mais « le brûleur de Strasbourg » n'hésita point à la traiter comme la capitale de l'Alsace, tandis qu'en 1814, Alexandre Ier venant de Delle s'était prosterné en pleurant, devant le berceau de sa mère, l'impératrice Élisabeth de Wurtemberg, et l'avait affranchi du passage des alliés! Autres temps, autres mœurs!

Le 24e corps avait, à partir de deux heures, établi des pièces près de Vyans, et canonné Bethoncourt; le pont de ce village était détruit. La glace avait été rompue. Des tranchées-abri, des réseaux de fil de fer en protégeaient les abords. Notre infanterie s'efforça vainement de s'emparer du Petit-Bethoncourt.

Des hauteurs de la Grange-Dame, Glümer avait observé nos mouvements. Il suivait avec inquiétude l'attaque menée par Bressolles. Il avait installé une batterie badoise au-dessus de Bethoncourt et avait envoyé dans le village un bataillon de grenadiers de la garde badoise.

A quatre heures, deux bataillons de la brigade Minot, en liaison avec l'attaque sur Montbéliard, prennent le Petit-Bethoncourt pour point de passage de la Lisaine. Ils débouchent du bois Bourgeois et gagnent rapidement un bouquet d'arbres situé entre la lisière du bois et la rive. Mais, dès qu'ils sont entrés dans le terrain découvert qu'il faut traverser pour gagner la Lisaine, ils sont reçus, sur cette zone de mort, par un feu rapide bien ajusté de cinq compagnies couchées dans la neige, derrière le talus du chemin de fer, ou embusquées dans les maisons. En même temps, la batterie badoise couvre la plaine de ses projectiles. « On voyait, disent les relations allemandes, les fantassins français se dessiner homme par homme sur la blancheur du tapis. » Ébranlées par la violence de la fusillade et de la canonnade, les lignes d'attaque s'arrêtent hésitantes un instant, puis font demi-tour et regagnent précipitamment le couvert du bois Bourgeois, laissant le terrain jonché de blessés et de cadavres.

Un peloton de zouaves, qui vient de s'emparer de la ferme du Mont-Chevis, marche à la baïonnette sur le Petit-Bethoncourt et arrive jusqu'au cimetière clos de murs, situé sur la rive droite, y cherchant un abri contre la fusillade. Là, il s'aperçoit trop tard que le pont de la Lisaine a été rompu à l'entrée du village. Le cimetière est bientôt entouré par un ennemi nombreux, avec la poignée de braves qui le défend, mais finit par se rendre, faute de munitions. Soixante zouaves y sont faits prisonniers, ainsi que leurs officiers.

Bressolles devait se laisser un peu devancer par le 15e corps, puis s'emparer des points de passage qu'il avait devant lui, et disposer son artillerie sur la rive droite, de façon à battre le mieux possible l'autre rive. « Le corps d'armée, disait l'ordre suprême, ne hâtera pas trop sa marche en avant ». Encore une recommandation faite pour enchaîner l'élan !

Enfin, vers midi, la division Carré de Busserolles débouche de Vyans « en épaisses colonnes », sur Bussurel, et ouvre le feu à grande distance, mettant à profit la supériorité de son fusil.

CHAPITRE IX

Pendant ce temps, les batteries prussiennes canonnent toutes nos positions de la rive droite, et nous font subir des pertes, mais non des pertes « énormes » comme le prétend l'historique de l'état-major allemand. Notre artillerie de réserve réunie sur le plateau du Mont-Chevis leur répond avantageusement. Deux batteries prussiennes cessent le feu. Le 61° régiment de mobiles, sous le lieutenant-colonel Jouneau, traverse les pentes boisées du plateau et se dirige sur Bussurel, profitant assez habilement des accidents de terrain pour se défiler. Il faut avancer à découvert.

Les tirailleurs du 61° qui sont entrés dans Bussurel, font pleuvoir les balles sur la voie ferrée, se portent contre l'aile gauche et ensuite contre le centre de la position de défense. Dans l'une comme dans l'autre direction, ils sont repoussés à l'aide d'un feu rapide.

Aussitôt après, une deuxième attaque part du centre du village. Une violente mousqueterie la soutient. Deux compagnies de Dantzig la reçoivent bravement avec des feux de salve et la rompent comme la première. La rivière n'est pas franchie !

A quatre heures du soir, dans le but de faire enfin une trouée, de passer cette Bérésina chargée comme l'autre de glaces et de malédictions, une troisième et dernière attaque est tentée sur le moulin de Bussurel, pris pour objectif principal.

Werder envoie du renfort aux défenseurs, et voici le colonel de Sachs qui arrive de Brévilliers, avec deux bataillons badois et deux batteries de la réserve principale du général en chef.

Les batteries détournent aussitôt sur elles le feu des nôtres. Elles canonnent en même temps notre infanterie marchant à l'attaque, et jettent le désordre dans les colonnes de réserve de la deuxième division qui se montrent au débouché des bois.

Il est près de cinq heures. Plusieurs bataillons français renforcent l'occupation de Bussurel. Pendant la nuit, aucune opération ne sera entreprise. Trois attaques ont échoué sur ce point.

Rive droite, le bataillon de Dantzig et les deux bataillons envoyés de Brévilliers demeurent sur le lieu du combat. Les grenadiers badois rentrent à Bethoncourt. Les batteries regagnent Brévilliers ou la Grange-Dame, d'où elles sont venues.

De même que le 15e et le 24e, le 20e corps français, placé au centre de la ligne, en face d'Héricourt, avait l'ordre de ne pas pousser à fond son attaque. Aux termes des dispositions de Bourbaki, Clinchant devait attendre, avant d'agir, les résultats du grand mouvement tournant de la gauche. Il se borna donc tout d'abord à conserver le terrain gagné sur les hauteurs boisées, situées directement en face de la position ennemie, et à entretenir une canonnade très vive, sans grand effet d'ailleurs, à laquelle les Allemands ne répondirent qu'avec mesure, la sentant inoffensive.

Clinchant avait passé la nuit à Aibre et à Vernois. Il lança sur Saint-Valbert, sa première division (Polignac); sur Héricourt, sa deuxième division (Thornton), et mit en réserve sa troisième division (Ségard).

La grande route de Belfort, venant de Besançon et Arcey, qui devait le mener à Héricourt, court entre le bois de Tavey et celui des Communaux, traverse le village et le plateau de Tavey, contourne en s'abaissant, la petite colline du Mougnot, puis descend au pont de la Lisaine, où elle croise la route de Montbéliard à Lure. Après avoir franchi la ville, elle remonte sur la rive gauche, entre le mont Vaudois et le Salamon, pour gagner Argiésans, puis Belfort, distant d'Héricourt de dix kilomètres seulement. Il semble que, par là, on touchait au but. Mais ce but était un mirage, s'éloignant dès qu'on s'en approchait!

Soixante-dix bouches à feu de position, dont sept de siège, garnissaient le front de trois mille mètres que Werder avait à tenir entre le Salamon et Luze. Héricourt étant situé dans un bas-fond, le colonel de Knapp de Knappstadt, qui en avait la garde, avait transporté la défense sur les hauteurs de la rive gauche. Il avait transformé la colline du Mougnot en une sorte de tête de pont dont le bois du Mougnot, mis en état, était le point d'appui principal, et dont les abords étaient battus par l'artillerie du Vaudois et du Salamon. Depuis le 12 janvier, des pionniers allemands avaient travaillé jour et nuit à déboiser le Mougnot. On avait creusé des fossés et barricadé la route.

La ferme Marion, située au sud de la colline, avait été crénelée, transformée en un réduit protégé par des abatis profonds. Le flanc droit de la hauteur était couvert à une certaine distance au nord, par le cimetière et par le bâtiment de l'ermitage de Saint-Valbert. Des trous de tirailleurs prolongeaient le flanc gauche, dans la direction de Bussurel. En bas, dans le vallon, les murs de la lisière ouest d'Héricourt étaient munis de banquettes et crénelés. Le pont sur la Lisaine était miné.

Les opérations du 18e corps combinées avec celle de la division Cremer ont donné lieu, après la guerre, à des discussions passionnées devant la commission d'enquête. Les témoignages sont demeurés dans les procès-verbaux, et c'est là surtout qu'il faut aller chercher la solution des questions complexes d'où l'on a voulu faire dépendre l'insuccès de la bataille d'Héricourt.

Le 13 au soir, ainsi qu'il résulte de la déposition du major Brugère, Billot reçut du général en chef l'ordre de s'étendre le 14, par sa gauche, « jusqu'à la route de Lure à Héricourt, du côté de Béverne... » Cet ordre n'était pas encore exécuté strictement le 15 au matin. Voilà le grand reproche de la critique. Le retard de la division Cremer en était la principale cause.

Cette division, si regrettablement maintenue aux environs de Dijon, avait gagné Lure ensuite presque à marches forcées. Elle y était arrivée le 13, en six jours. Là elle fut placée sous les ordres du commandant du 18e corps pour opérer à sa gauche. Le 14, elle recevait pour mission de se relier avec lui,

« en suivant la route directe de Lure à Héricourt », et d'opérer un mouvement tournant à l'extrême gauche de la ligne, par le bois de la Brisée « en gagnant Mandrevillars et Échenans, après avoir passé la Lisaine à deux kilomètres en amont de Chagey ». Cette direction donnée par l'ordre de l'armée se trouvait mauvaise, l'extrême droite ennemie étant plus à gauche, à Chenebier, c'est-à-dire sur les flancs et presque sur les derrières de l'objectif indiqué. Un mouvement n'est réellement tournant que s'il déborde l'aile adverse. La préparation indispensable d'une telle manœuvre consiste à reconnaître le point extrême de la ligne ennemie. C'est à la cavalerie qu'il appartenait de le chercher et de le découvrir. Cette fois encore le commandement n'avait point utilisé cette arme. Pas d'exploration, donc aveuglement complet sur les dispositions de l'adversaire. Un tel oubli ou plutôt une telle impuissance, notre cavalerie étant comme annihilée par les éléments, allait amener le 18e corps, qui devait former notre aile gauche, sur le centre même des positions allemandes, c'est-à-dire sur leurs plus redoutables défenses. Cremer s'en aperçut tout de suite et se plaignit devant son état-major qu'on ne lui eût pas fait suivre sa véritable route, celle de Lure à Belfort, à la fois la plus courte et la plus directe.

D'ailleurs, l'ordre de l'armée expédié du quartier général d'Onans par télégramme le 14, à deux heures du soir, ne lui parvenait à Lure que le 15 à trois heures du matin. Il ne pouvait donc se trouver sur la Lisaine à six heures.

Il est vrai que le général en chef lui avait déjà télégraphié d'Onans, le 13, à onze heures quarante-cinq du soir : « Si vous pouvez après-demain 15 partir de Lure et marcher dans la direction de Belfort, vous aurez peut-être un grand succès. J'attaquerai ce jour-là Héricourt et marcherai moi-même sur Belfort. » Mais alors Cremer n'était pas à Lure. Il n'y entra que le 14 au soir, après en avoir chassé les postes de la cavalerie ennemie. Ce premier télégramme y parvint peut-être, quand le colonel de Willisen s'y trouvait encore. Peut-être même tomba-t-il aux mains de l'ennemi. Quoi qu'il en soit, Cremer déclara ne l'avoir pas reçu : voilà le malheur !

Il mit sa troupe en marche le 15, à six heures du matin, par le grand bois de la Thüre.

Ce mouvement fut très pénible, à travers des amoncellements de neige, des fondrières et des marais gelés. Les sapeurs durent souvent frayer un passage aux fantassins, qui ne pouvaient s'avancer qu'homme par homme. Cremer rendit compte à Billot qu'il ne serait pas à Béverne avant huit ou neuf heures. « Je suis arrivé à Lure à la nuit seulement, hier. Mes troupes et surtout mes chevaux d'artillerie sont très fatigués, mais n'importe... On ira quand même ! »

Pendant ce temps, le 18ᵉ corps était resserré entre le massif montagneux du Saulnot qui le séparait du 20ᵉ, et celui du Chérimont, formant, de Béverne à la route de Lure à Belfort, une barrière infranchissable. Peut-être Billot eût-il pu parer au retard de son corps d'armée en déployant une de ses divisions à son extrême gauche. C'est par cette aile qu'il avait à opérer. Là devait être son principal souci. Il devait aussi se relier au 20ᵉ corps. Il en fut empêché par la région montagneuse et difficile qui l'en séparait.

D'ailleurs le 18ᵉ corps était lui-même en retard. Billot avait reçu l'ordre de l'armée pour le 15, dans la nuit du 14 au 15, à minuit. Il ne put partir le lendemain matin qu'au petit jour. Son retard tenait surtout à une fausse interprétation de l'ordre de mouvement du 14.

Ses divisions ne purent dégager à temps Béverne le 15 au matin. Au lever du jour, Billot aurait dû être près de la Lisaine. Il rendit compte que cela lui était impossible. Une nouvelle cause de retard provint encore de l'enchevêtrement qui se produisit, au débouché de Béverne, entre ses divisions et les troupes de Cremer.

Préoccupé de la gauche, à une heure quinze, Pallu de La Barrière écrivait de Coisevaux un premier billet ainsi conçu : « Aucune nouvelle du 18ᵉ corps » ; et à deux heures et demie seulement ce second billet : « Le 18ᵉ corps est dans Couthenans.

Plus d'inquiétude sur le flanc qui gênait le général Clinchant. »

De son côté, le général en chef, posté au centre de sa ligne, à Trémoins, avait craint, un moment, vers le milieu de la journée, que cette ligne ne fût rompue. Pour parer au danger, il avait porté sur sa gauche une petite réserve qu'il avait sous la main.

L'avant-garde du 18ᵉ corps, engagée dans la tranchée sommière du bois de la Thüre, arriva au-dessus de Chagey vers deux heures et demie, après une marche des plus difficiles. Elle était devant les positions ennemies, à Couthenans, quand elle entendit le canon du 15ᵉ corps (1). La division Feillet-Pilatrie opérait en première ligne ; la division Penhoat devait la soutenir. Billot ne voulait pas attaquer avant d'avoir sous la main toutes ses troupes, et surtout avant d'avoir pu mettre en jeu son artillerie. Une première batterie s'établit au nord-ouest de Couthenans. Le feu du mont Vaudois était si violent, qu'elle n'eut bientôt plus que deux pièces en position. Une seconde batterie eut le même sort, après avoir dû changer trois fois d'emplacement. Enfin, quatre autres batteries établies sur les hauteurs à l'ouest de Luze furent aussi très maltraitées. Bien couvertes, elles se maintinrent avec courage et continuèrent un feu soutenu jusqu'à cinq heures du soir.

Vers trois heures, Pallu mit aussi l'artillerie de sa réserve en batterie au nord de Coisevaux. Peu après il entra en relation avec Billot, et lui offrit pour l'attaque le concours de ses troupes ; mais la nuit survint avant qu'il eût pu recevoir sa réponse (2).

L'ennemi cessa alors son tir, se bornant à envoyer quelques obus pour fouiller les lisières.

Billot a déclaré depuis avec énergie que son attaque opérée trois heures plus tôt ou trois heures plus tard eût échoué de même, en raison de sa direction, qui était une grave erreur du général en chef (3). Il eût toujours fallu se heurter contre les

(1) *Enquête*, Déposition Billot, t. III, p. 474.
(2) *Enquête*, t. III, p. 440.
(3) C'est à tort d'ailleurs que le général de Goltz dit que Bourbaki n'avait pas

batteries de position du Vaudois, sous le feu desquelles l'ordre dirigeait le 18ᵉ corps, en l'envoyant à Couthenans, Luze et Chagey. Attaquer plus tôt, c'était assurément perdre plus de monde ; car, au lieu de deux attaques, on aurait eu le temps d'en faire trois avant la nuit, et l'on eût engagé la division Penhoat sans plus de succès. — « Connaissez-vous, ajoutait Billot, en manière de conclusion, devant l'aréopage de la commission qui l'interrogeait après la guerre, une infanterie capable de marcher dix-huit cents mètres, sur un tapis de neige à découvert, contre des batteries de position couvertes par une rivière et des villages crénelés ?... » D'ailleurs, on eût pris Chagey, qu'on n'eût pu s'y maintenir. La division Bonnet s'y heurta pendant trois heures. Une colonne d'attaque avait été formée par le 4ᵉ zouaves et un bataillon du 18ᵉ mobiles. L'élan du lieutenant-colonel de Boisfleury, qui la commandait, était venu se briser contre des murs qui abritaient un ennemi invisible. Ce jour-là, les zouaves perdirent cent quatre-vingts hommes. Ils s'étaient bravement battus, quoique n'ayant plus de vivres depuis vingt-quatre heures.

Le 73ᵉ mobiles se porta à son tour à l'attaque de Chagey et ouvrit le feu ; mais il fut arrêté tout de suite. Le colonel de Rancourt reçut plusieurs blessures. Il fallut ordonner la retraite. Tous les retours offensifs tentés contre Chagey dans la soirée échouèrent de même.

Voyant qu'il ne pouvait rien obtenir par le combat de front, Billot demanda à porter vers sa gauche la division Penhoat. Il en reçut à la fois l'autorisation et l'avis que l'attaque avortée serait reprise le lendemain. Notre aile gauche n'avait pu progresser suffisamment dans la journée du 15.

Cremer, dont Bourbaki avait espéré voir la division sur la Lisaine à six heures et demie du matin, s'était déjà trouvé aux prises avec l'ennemi à Étobon. Son artillerie, postée aux ruines du vieux château, avait ouvert le feu contre Chenebier et Échevanne. En se rejetant vers le nord, il décou-

de réserve. Il avait Pallu de La Barrière qui n'avait pas brûlé une seule cartouche.

vrit la droite de l'armée allemande à Chenebier. Il l'attaqua dans la soirée; mais l'obscurité fit cesser l'engagement avant qu'il ne fût devenu décisif. Il craignit même un instant que son mouvement « tournant » ne fût devenu un mouvement « tourné ».

La nuit du 15 au 16, passée au bivouac, fut terrible pour nos troupes, qui n'avaient pas reçu de vivres et à peine mangé depuis trente-six heures. On alluma quelques maigres feux à l'abri des regards de l'ennemi, que couvrait la ligne du chemin de fer, et qui avait pu, lui, grouper sans crainte ses secondes lignes autour de la flamme des bivouacs. Il y avait dans les bois un pied et demi de neige. L'excès du froid vint mettre le comble à la misère de nos soldats. Au seul 60° de marche, près de deux cents hommes eurent les pieds gelés cette nuit-là. Elle fut cependant employée à construire quelques ouvrages en terre pour nos batteries. Le petit village de Béverne était encombré de blessés, entassés presque sans secours. Les quartiers généraux de Billot et de Penhoat revinrent néanmoins s'y établir. Attaqué pendant la nuit par surprise, entre Chenebier et Chagey, Cremer se dégagea rapidement. Sa division bivouaqua ensuite dans les bois. Sur la neige durcie, les soldats improvisaient à leurs officiers des lits de fortune, en leur creusant des fosses qu'ils remplissaient de feuilles.

Les troupes allemandes de première ligne bivouaquèrent aussi cette nuit-là sans bois ni paille. Le reste du XIV° corps s'entassa comme il put dans les maisons et les villages les plus proches. Pour ravitaillement, il n'y eut que le peu de vivres qu'on put lui transporter pendant la nuit. Ces stoïques Germains supportèrent avec résignation des privations si rudes. Ils avaient plus d'endurance que nos pauvres jeunes gens.

Et, pendant que se livrait cette lamentable phase de la bataille d'Héricourt, l'imagination toujours fertile de la délégation avait mis sur pied tout un nouveau plan de campagne, dans une autre direction encore. C'était un peu tard!

Le 15, à deux heures dix du soir, M. de Freycinet indiquait à Bourbaki « la meilleure route à suivre pour atteindre le but désirable ». Il fallait, selon lui, marcher « par Chaumont, en gardant sa double ligne de ravitaillement ». « Je suis donc d'avis, disait la dépêche, qu'après avoir *dispersé* (mot plus facile à exprimer qu'à exécuter) l'armée assiégeante de Belfort, vous reveniez sur Vesoul et Combeaufontaine... et vous *remporterez la victoire de Chaumont*, en suite de laquelle vous marcherez sur Châlons-sur-Marne. »

« Si, au contraire, l'ennemi, dépassant Chaumont, s'est avancé dans la direction de Neufchâteau, Nancy, vous marcherez de Combeaufontaine sur Neufchâteau, par Jussey et la Marche, et *vous remporterez la victoire de Neufchâteau*, en suite de laquelle vous marcherez sur Pagny, d'où vous intercepterez les voies ferrées de l'ennemi. »

Que de victoires commandées à une armée qui combattait dans une tout autre direction, et ne devait même pas savoir où se trouvait Combeaufontaine, localité située sur ses derrières !

En rentrant à son quartier général d'Onans, Bourbaki télégraphia à Bordeaux, sans autrement tenir compte de la dépêche du délégué : « Demain, nous recommencerons au point du jour. Quoique nous ayons devant nous des troupes bien plus nombreuses que nous aurions pu nous y attendre, et notamment une artillerie puissante, j'espère m'emparer d'Héricourt, puis aussi de la route d'Héricourt à Belfort. »

Le général en chef se trouvait alors un peu réconforté par un second télégramme reçu dans la soirée, et signé Gambetta. Il résumait les premiers succès de l'armée et se terminait ainsi :

« Je suis personnellement heureux de vous exprimer, en mon nom et au nom de tous mes collègues, la confiance complète que nous avons mise en votre loyauté. Pour ma part, je me félicite tous les jours de n'avoir jamais douté des grandes qualités militaires que vous deviez mettre au service de la France envahie ; je compte bien recevoir promptement de vous de plus complètes et encore plus fortifiantes nouvelles. »

C'est dans ces conjonctures que se termina la première journée d'Héricourt (1).

---

(1) Voici la dépêche par laquelle Werder rendit compte de cette première journée : « L'ennemi m'a attaqué aujourd'hui avec quatre corps d'armée depuis Chagey jusqu'à Montbéliard. Cette attaque a été vivement menée, en apparence avec quatre corps et surtout avec l'artillerie. Mais elle a été repoussée sur tous les points, et sur aucune des parties de notre ligne de bataille, l'ennemi n'a réussi à se faire jour. Nos pertes ont été de trois à quatre cents hommes. Le combat a duré de 8 heures et demie du matin jusqu'à 5 heures et demie du soir. »

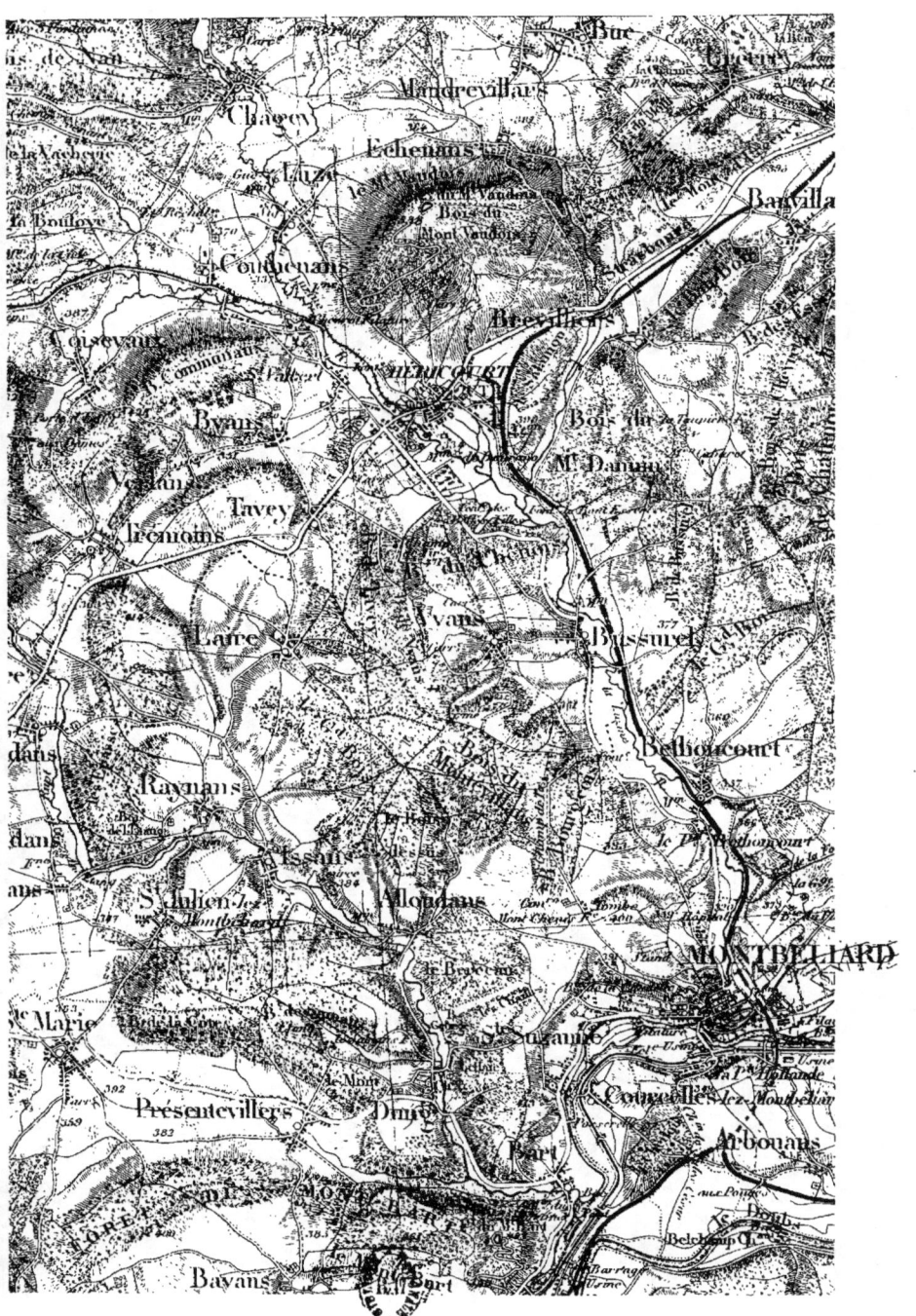

BATAILLE D'HÉRICOURT (15-16-17 Janvier 1871)

CHAPITRE X

BATAILLE D'HÉRICOURT — DEUXIÈME ET TROISIÈME JOURNÉES
(16 ET 17 JANVIER)

Coup d'œil préliminaire sur la journée du 16. — Début des engagements. — Sommation du château de Montbéliard. — Attaque repoussée. — Trois attaques de Béthoncourt (15ᵉ corps). — Débandade des mobiles. — Démonstration devant Bussurel. — Réserve générale. — Attaque du Mougnot (10 heures). — Immense duel d'artillerie. — Opérations du 18ᵉ corps. — Combats de Chenebier et Courchamp. — Dispositif d'attaque contre Chenebier. — La division Penhoat. — Billot fait récompenser et félicite les vainqueurs de Chenebier. — Succès sans résultat. — Inertie de la cavalerie. — La confiance décroit dans la première armée. — Arrière-pensée de Bourbaki pour la retraite. — Le ravitaillement de l'armée aurait pu se faire par le nord et ultérieurement par la Suisse. — Projet de Bourbaki pour l'attaque de Chagey et du mont Vaudois le 17. — Télégrammes de Werder à Manteuffel. — Contre-attaque du général Keller. — Surprise de Courchamp (17 janvier, 4 heures et demie du matin.) — Surprise de Chenebier. — Retraite de Keller. — Prise du bois Serge par la division Cremer. — Défense de Keller à Frahier. — Télégramme de Bourbaki au ministre (16 au soir). — Ordre de l'armée pour le 17. — Vains essais de sortie de la garnison de Belfort (15, 16 et 17). — Reprise du combat sur toute la ligne le 17. — La réserve générale non engagée. — Miribel. — Difficultés d'attaque du mont Vaudois. — L'infanterie ne peut déboucher nulle part. — Rencontre de Bourbaki avec Billot. — Bourbaki consulte ses généraux. — Propos prêté à Bourbaki. — Ordre donné pour la retraite. — Fausse idée dans l'armée française au sujet de l'effectif de Werder. — Avantages de Werder compensant son infériorité numérique. — Souffrances de l'armée allemande. — Résumé et critique des trois journées d'Héricourt. — Degenfeld eût dû être poursuivi jusque devant Belfort.

La bataille du 15 avait été à peu près réduite aux combats de Chagey et de Montbéliard. Celle du 16 va se limiter aux engagements de Chenebier et de Bethoncourt. Sur tout le reste des lignes de la Lisaine tonnera une vague canonnade sans résultat, comme sans objectifs déterminés. L'énervement est déjà si général que tout va se borner à des escarmouches, à des engagements épisodiques plus ou moins reliés entre eux, à des efforts décousus, dont quelques-uns cependant n'ont pas manqué de vigueur.

L'action d'ensemble n'existant pas, il nous faut encore examiner rapidement, de la droite à la gauche, les opérations des différents corps d'armée, dont la situation n'a pas sensiblement changé depuis la veille. La seconde journée d'Héricourt pourrait cependant être décisive. A demi réparés sont les flottements, les mauvaises directions suivies le 15, grâce à Cremer, qui a abouti un peu au nord de la ligne primitivement tracée pour son opération; grâce à Billot, qui a reporté à l'extrême gauche la division Penhoat, empêtrée au milieu des convois.

Le moindre effort couronné de succès, et nous tombons droit sur Belfort : c'est la délivrance de la place, c'est peut-être la délivrance du pays! Donc, une nouvelle attaque des positions allemandes va avoir lieu sur toute la ligne.

Le temps est froid encore. Mais un épais brouillard couvre la contrée. Il remplit surtout le vallon de la Lisaine entre Héricourt et Montbéliard. Pendant une partie de la matinée, les deux armées restent en présence sans s'apercevoir. On se cherche, on tâtonne, on n'ose s'aborder. Un silence de mort règne au milieu des ombres sur le champ de bataille.

La nuit s'était achevée tranquillement. Au point du jour, dans les deux camps, les troupes étaient rassemblées sur leurs positions de combat. A sept heures et demie, les nôtres s'avançaient en lignes épaisses de tirailleurs contre la Lisaine ; mais les hommes ne voyaient pas à cent pas devant eux.

Aussi, la lutte recommença-t-elle un peu plus tard que la veille. Partout les Allemands étaient en forces. Enfilant les vallées, leur artillerie prenait en flanc nos colonnes d'attaque et les empêchait de gagner du terrain. A Montbéliard, l'état des choses restait le même et les hostilités reprirent à huit heures et demie. Des détachements du 15e corps occupaient la ville. Dès la pointe du jour, les Prussiens renfermés dans le château et soutenus par une batterie de 24 installée à la

Grange-Dame, bombardèrent les maisons. Une brigade de la division Peytavin, du 15ᵉ corps, s'était barricadée à la lisière; elle gêna beaucoup par son feu la garnison allemande et surtout le service des pièces. En même temps, un de nos capitaines du génie s'annonçait comme parlementaire, et sommait le major von Olzenski, le gouverneur, de rendre le château, sous peine de bombardement par quarante pièces de canon que Bourbaki allait faire établir sur la rive droite, à l'ancienne citadelle.

Le major avait arboré le drapeau prussien; il répondit, selon la règle, qu'il était résolu à défendre son poste jusqu'à la dernière extrémité, et fit tirer le canon sur notre batterie de la vieille citadelle. Un feu très violent fut échangé jusqu'à dix heures. A ce moment, notre batterie prise de flanc et de face, à huit cent soixante mètres de distance, n'avait plus que deux pièces en état : cinq batteries du 15ᵉ corps et des batteries de 8 de la réserve prirent position entre la ferme du Mont-Chevis et le bois Bourgeois, tirant sur le château de Montbéliard, les batteries de la Grange-Dame et les positions ennemies de Bethoncourt (1). Le feu continua avec intermittences jusqu'à la nuit.

Dans Montbéliard, le général Peytavin avait préparé des abris sur la lisière nord. Les murs et les toits avaient été crénelés. La brigade se borna à investir le château et à le canarder. Dans l'après-midi, on essaya de hisser de nouvelles pièces à la vieille citadelle (2). On les plaça en face de la Grange-Dame et de Bethoncourt et on les enterra. On ouvrit un feu rapide sur l'artillerie et l'infanterie allemandes. Cette dernière souffrit peu ; car elle était en bonne position, et bien couverte. Les batteries ennemies de 24 démontaient les nôtres, dès que celles-ci apparaissaient. Elles inondaient la ville d'obus et de mitraille.

Les rues étaient criblées de balles. Beaucoup d'habitants se

(1) Général DE BLOIS, *L'artillerie du 15ᵉ corps pendant la campagne de 1870-71.*
(2) Six batteries de 12 et deux batteries de mitrailleuses.

retiraient dans les caves. Des vieillards, des enfants, furent tués sur le pas de leurs portes, ou atteints par des coups de feu tirés par les fenêtres.

Quelques Montbéliardais avaient eu la généreuse imprudence de prendre part au combat du 16. La ville fut pour cela, après le départ de l'armée française, frappée d'une indemnité de guerre de 50,000 francs.

La lutte d'artillerie étant terminée, vers trois heures et demie, une brigade du 15ᵉ corps fit, avec quelques bataillons seulement, trois démonstrations successives contre Bethoncourt. L'attaque du village fut confiée à la brigade Minot. Les bataillons de la Nièvre et de la Savoie, réconfortés par la parole d'un brave aumônier, l'abbé Juteau, s'élancent en avant, tandis que le clairon sonne la charge. Au bout de deux cents mètres, ils essuient presque à bout portant une décharge des Bavarois abrités derrière les murs du cimetière. Une trentaine d'hommes sont atteints. Les autres continuent de marcher. En un instant, l'usine, le presbytère, le talus du chemin de fer, les maisons du village semblent s'allumer. L'artillerie prussienne écrase les soutiens d'infanterie dans le bois Bourgeois. La nôtre, faute de munitions de calibre, ne peut tirer que deux ou trois coups de canon. L'affaire est mal engagée, le général fait sonner la retraite. Mais le signal n'est pas entendu. La marche se poursuit et les pertes augmentent. Un certain nombre d'hommes, conduits par leurs officiers, arrivent bien jusqu'aux bords de la Lisaine, dont les eaux sont gonflées par le dégel. Ils essayent vainement de la franchir et pensent s'y noyer. Deux cent cinquante hommes du bataillon de la Savoie gisent là avec plusieurs de leurs officiers, dont le commandant Costa de Beauregard, atteint d'une balle au pied, à cent pas des retranchements prussiens. Le capitaine Besancenot, frappé à la main d'une balle qui a brisé la garde de son épée, saisit la lame de l'autre main et continue de marcher à l'assaut. Une seconde balle l'atteint en pleine poitrine et le couche auprès de ses soldats tués.

Alors, dans un beau mouvement, il prie un sous-officier

moins grièvement blessé que lui de s'abriter de son corps, et il expire en lui disant : « Apprends à ma famille que je suis mort en brave ! » Le capitaine Milon est frappé de deux balles au front et à la poitrine, au moment où, ayant mis son képi à la pointe de son épée, il rallie ses hommes sous le feu. Le bataillon de la Nièvre est non moins éprouvé que celui de la Savoie. Les mobiles ont au feu une magnifique attitude. Mais la mort les guette et la victoire ne veut pas d'eux !

Les Savoyards, fauchés par la mitraille, plient et se débandent. « En avant, la Nièvre ! » s'écrie le colonel de Veyny, des mobiles de ce département. Trois compagnies sortent du bois, déployées. Elles n'ont pas fait deux cents mètres sous le feu violent de la mousqueterie, qu'elles voient revenir les débris du bataillon de la Savoie. L'aumônier, son manteau criblé de balles, est avec les officiers, au milieu des soldats. La rivière est infranchissable, son cours torrentueux, la glace ayant été brisée par l'ennemi. Les hommes s'y noient dans l'eau glacée, en essayant de la traverser à la nage. Ils sont fusillés à bout portant par des feux invisibles. Le commandant du bataillon de la Nièvre et presque tous les officiers sont tués ou blessés. Onze officiers et plus de trois cents hommes manquent le soir à l'appel du bataillon de la Savoie. Le combat de Bethoncourt est l'un des plus beaux épisodes de la fin de la guerre.

« Le champ de bataille, dit Lölein, était, au loin, couvert de morts et de blessés. » Les forces françaises languirent, et notre feu s'éteignit, à mesure que le soleil descendait sur l'horizon. Vers cinq heures, tout était tranquille... Sur aucun point, hélas ! un mouvement offensif assez prononcé ne fut ordonné pour appuyer l'artillerie de l'attaque. Le général en chef de l'armée allemande envoya dans la soirée sur tous les points des officiers d'état-major. Il écouta attentivement et n'entendit rien venir du camp français... « Tous ceux qui en ont été témoins, ajoute Lölein, ne pourront jamais oublier l'angoisse qui étreignait les cœurs. » Que n'en avons-nous profité !

Bussurel était resté occupé toute la nuit du 15 au 16 par l'infanterie du 24ᵉ corps, qui s'y était installée le 15. Comme la veille aussi, le 16 elle avait en face d'elle, sur la rive allemande, le bataillon de landwehr de Dantzig, soutenu en arrière par deux bataillons d'infanterie badoise et deux batteries.

Avant neuf heures, cinq batteries du 24ᵉ corps ouvrent le feu contre les tirailleurs et l'artillerie de la défense, tandis que des masses considérables d'infanterie se concentrent sur le plateau de Vyans et dans le bois du Chanois. Werder, pour parer à une attaque contre Bussurel, dirige sur la hauteur en face le général Keller avec deux bataillons badois et une batterie. Mais l'attaque n'a pas lieu. Seules, les troupes françaises qui tiennent Bussurel, continuent leur tir. A la nuit, Keller retourne à Brévilliers, emmenant ses renforts jusqu'à Frahier.

La réserve générale continue à ne pas brûler une cartouche. Son artillerie seule est engagée. Pallu, n'ayant pas d'ordres, ronge son frein.

Sur le front du 20ᵉ corps, les attaques sont également très molles. On se contente d'entasser sur un point 2,500 hommes, pour en contenir 8,000, qui ne songent qu'à rester sur la défensive, et n'ont aucun intérêt à quitter leurs positions. Dans dix bataillons, les Allemands ne perdent pas plus d'une quarantaine d'hommes.

Au petit jour, le général Logerot, qui commande une brigade, envoie contre le cimetière de Saint-Valbert une colonne d'attaque du 55ᵉ mobiles (Jura). Elle fait bonne contenance, entraînée par un chef patriote, le commandant de Vaulchier, qui est mis hors de combat, la poitrine trouée par une balle, au moment où il crie : « En avant! » Sa blessure fait fléchir sa troupe, qui se retire sur Vyans. On emporte le commandant à demi mort, mais il en reviendra. Il s'était déjà distingué à Beaune-la-Rolande.

A dix heures, la canonnade ayant cessé, de fortes lignes d'infanterie française sortent des bois de Tavey et du Chanois, et attaquent vivement le Mougnot. La fusillade devient bientôt intense et la poussée très forte. La défense se resserre et reçoit de nouveaux éléments. Une fois encore, le feu rapide, bien ajusté et rasant de l'infanterie allemande, embusquée derrière ses abris et dans ses fossés, brise l'élan de nos jeunes troupes épuisées.

Au moulin de Bourangle, au sud d'Héricourt, une attaque d'infanterie sortie du bois du Chanois est encore repoussée avec perte. Les batteries du Salamon, qui domine la ville d'Héricourt, accablent les assaillants de schrapnels. Les troupes du 24e corps tiraillent mollement. Elles mettent vingt-cinq hommes hors de combat chez l'ennemi. Elles font mine de vouloir passer la Lisaine à Bussurel, et c'est tout. On sent déjà percer le découragement dans nos lignes.

Les difficultés que présentait l'enlèvement de front du Vaudois rendaient impraticable tout projet d'assaut, avant que l'aile gauche, en débusquant les Prussiens des positions qu'ils occupaient en face du 18e corps, ne fût libre de concerter son action avec les troupes d'assaut.

Dans la matinée, le commandant du 18e corps fit reconnaître la Lisaine et les endroits guéables en temps ordinaire. On s'aperçut que, par suite de la fonte des neiges, le niveau de la rivière s'était sensiblement élevé. Partout, le passage offrait de grandes difficultés, même au-dessus de Chagey, où les bords marécageux, couverts de roseaux, du cours d'eau, transformaient ce ruisseau en un véritable obstacle.

Billot avait l'ordre de réattaquer Luze et Chagey au pied même du Vaudois. Il confia l'enlèvement de Chagey à la division Bonnet, celui de Luze à la division Feillet-Pilatrie.

Celle-ci traversa le bois de la Bouloye, par le chemin de la Goutte Saint-Sault, à peine large pour le passage d'un homme. La deuxième brigade, engagée sur la route de Chagey, y fut saluée par une canonnade si précise, que ses pièces ne purent se mettre en batterie.

Le seul effort raisonné de cette seconde journée devait être fourni par notre extrême gauche. Toute la partie allait se jouer devant les divisions Penhoat et Cremer, à Courchamp, Chenebier, Échevanne.

Chenebier était défendu depuis la veille par Degenfeld, avec deux bataillons du troisième régiment badois et un bataillon de landwehr. C'était peu.

Le groupe allemand Chenebier-Frahier, isolé de la ligne de défense par un massif boisé et sans routes, constituait une position autonome, flanquant la principale, et couvrant le chemin direct de Belfort, qui n'était plus qu'à huit kilomètres. Toute la préoccupation de Werder se porta, dès lors, de ce côté.

Dans la matinée du 16, Cremer, établi sur la position d'expectative où il venait de passer la nuit, faisait face à Chenebier, avec une partie de sa division et toute son artillerie. Il envoya sur sa droite un bataillon pour appuyer l'attaque qu'il croyait tentée sur Chagey par le 18ᵉ corps.

Vers onze heures, la division Penhoat arrivait à Étobon. L'amiral faisait reconnaître Chenebier, village divisé en trois groupes situés sur trois mamelons. Les batteries Camps de la division Cremer ouvrirent le feu.

A une heure et quart, un officier d'état-major de Billot, M. Bixio, vint annoncer à Bourbaki, qu'il était impossible d'établir des batteries à Chagey, et que le front de l'ennemi était trop fort pour qu'on pût espérer l'emporter. Le général en chef répondit qu'il autorisait le commandant du 18ᵉ corps à pousser son mouvement vers la gauche, aussi loin qu'il serait nécessaire. Dix minutes après, nouvelle dépêche de Billot : « J'ai porté la division Penhoat tout entière du côté de la division Cremer, pour soutenir son mouvement, qui me paraît très important. La division Bonnet appuie à gauche, afin de déborder Chagey. La division Pilatrie s'étend de Couthenans jusqu'à cinq cent mètres en avant de Chagey. Je juge inutile de déployer de nouveau mon artillerie, qui a beaucoup souffert hier. Du reste, le terrain est très mauvais. La seule route par laquelle je pourrais la faire déboucher, est complètement enfilée par le Vaudois. » Ces dispositions rationnelles répondaient bien au plan d'ensemble de la bataille.

Libre désormais de ses actions, Billlot ne songea plus qu'à donner à fond, dans la direction qui était enfin la bonne, et n'hésita pas à confier le sort de cette tentative à ceux de ses sous-ordres dont l'initiative et l'entrain lui inspiraient le plus de confiance : Penhoat et Cremer; l'un, comme tous les marins, brave et entreprenant, prêt à se faire tuer en tête de ses troupes; l'autre, ayant l'allant de la jeunesse, et désireux, comme les officiers de Marengo, de justifier l'avancement extraordinaire dont il était l'objet.

Sa division avait pris les devants; il hésitait à attaquer, redoutant un échec. Carayon-Latour vint lui rendre compte que, harcelé par l'ennemi, il ne pouvait plus tenir dans sa position et demandait à pointer en avant. Cremer se leva en disant : « Allons-y ! » Puis il prescrivit au commandant Camps de préparer l'attaque, qui fut menée très rapidement, selon les ordres du commandant du 18ᵉ corps, et d'après le dispositif ci-dessous :

A l'aile gauche, l'amiral assaillant directement Chenebier, avec le 12ᵉ bataillon de marche de chasseurs à pied et le 92ᵉ de ligne, tandis qu'il ferait tourner l'ennemi par le 52ᵉ de marche à travers la lisière est du bois de Monteclin.

Au centre, le colonel Poullet, chef d'état-major de Cremer, attaquant Courchamp avec le 57ᵉ de marche et le 86 mobiles (Saône-et-Loire.)

A l'aile droite, Cremer avec le premier bataillon du 32ᵉ de marche, le bataillon de mobiles de la Gironde et le 83ᵉ mobiles (Aude et Gers), débordant la gauche ennemie et prenant pour objectifs : le moulin Collin, le bois Féry, le bois d'Essoyeux.

Penhoat fit porter en avant plusieurs lignes de tirailleurs échelonnées vers la gauche, pour l'attaque de front, du côté d'Étobon. Il lança d'abord le 12ᵉ bataillon de chasseurs de marche et une partie du 77ᵉ mobiles, sous ses ordres personnels, tandis que le colonel de l'Espée, chef d'état-major de la division, dirigeait plus à gauche, par le bois de Monteclin, le reste du 77ᵉ et le 52ᵉ de marche. L'amiral envoya ensuite un bataillon du 52ᵉ pour tourner la droite de l'ennemi, par la route de Ronchamp et les bois. A deux heures, Cremer fit avancer vers la droite deux régiments de sa division, le 57ᵉ et le 86ᵉ, ainsi que deux bataillons de mobiles : l'un du 83ᵉ, l'autre de la Gironde.

Le général Caroll-Tevis, un aventurier américain qui servait comme auxiliaire dans le corps de Cremer et y commandait la 2ᵉ brigade, la déploya sur la crête du plateau de la Thüre et ouvrit le feu contre Chenebier.

Sentant sa position critique, Cremer le fit connaître au général en chef et n'en reçut que cette réponse : « Renforts impossibles. » La brigade Caroll-Tevis est portée en avant et attaque. Le colonel des mobiles du Gers, Puech-Testanière, tombe frappé d'une balle au front. A trois heures, le 57ᵉ de marche et le 86ᵉ mobiles, débouchant du bois de la Thüre, abordent résolument le plateau qui domine Chenebier et le hameau de Courchamp. Ils sont accueillis par une vive fusillade du 3ᵉ régiment badois, mais ils ont l'avantage du nombre. Carayon-Latour a pris le commandement du 83ᵉ à la place de Puech-Testanière. Il donne vaillamment sur l'ennemi avec ce bataillon et celui de la Gironde. Vers quatre heures, les clairons du 57ᵉ sonnent la charge. Un bataillon du 86ᵉ se joint au mouvement, et Chenebier est enlevé aux cris de : Vive la France !

Assaillis de tous côtés, presque cernés, les fusiliers badois reculent, défendent un instant les barricades élevées à la sortie du village, puis se retirent dans la direction d'Échevanne, poursuivis par le 57ᵉ, qu'ils canonnent pendant leur retraite. La poursuite est faite par le 92ᵉ et le 52ᵉ (brigade Perreaux) et le 12ᵉ bataillon de chasseurs.

Degenfeld avait résisté désespérément à cette vigoureuse attaque. Il se retira sur Frahier, laissant 1,200 morts ou blessés sur le carreau. Les Français avaient fait des pertes un peu moindres.

Arrivé après l'engagement sur le théâtre de l'action, Billot loua la bravoure des régiments de mobiles. Caroll-Tevis, qui avait mené l'attaque à l'aile droite, fut décoré sur le champ de bataille. Le commandant de Carayon-Latour s'était distingué là comme à Nuits. Nos troupes avaient rivalisé d'entrain sous l'impulsion de leurs vaillants chefs. En moins d'une heure, Chenebier et Courchamp étaient tombés en notre pouvoir. Les Bordelais avaient montré l'aplomb d'une vieille troupe. Le gouvernement les mit à l'ordre du jour au *Moniteur officiel;* ils avaient bien mérité de la patrie !

A trois heures, les deux divisions Penhoat et Cremer pénètrent dans Échevanne et occupent le bois d'Essoyeux. Degenfeld est coupé de Belfort, dont la route nous est ouverte. Et sur cette route, dans la direction d'Essert, entre nous et le cordon d'investissement, pas un fusil, pas un canon prussien ! De quatre à six heures, le passage reste libre ! Il eût fallu soutenir les troupes lancées ainsi en avant, par un mouvement général de l'armée sur la gauche. Quant à la division Cremer, elle n'avait plus que le temps, avant la nuit, de se barricader dans le village placé en flèche du côté de l'ennemi. Mais nos généraux ne peuvent se résigner à croire au succès. Leur hésitation lasse la fortune.

En résumé, l'opération contre Chenebier a réussi, mais on en reste là. Chacun se retranche dans son bivouac de la veille. On n'ose pas s'aventurer avec des troupes peu solides, en avant des positions conquises et dans l'obscurité. Le manque de cavalerie ici encore se fait particulièrement sentir. L'ennemi n'est pas plus serré de près après Chenebier qu'il ne l'a été sous Metz, après Gravelotte et après Servigny. La division de Brémond d'Ars était restée sur les derrières de l'armée.

Degenfeld profita de notre inaction. Ne se sentant plus inquiété à Frahier, il ramena par la Grange-Rouge au moulin de Rougeot ses débris exténués, sans recevoir un coup de fusil dans sa retraite, et Werder lui envoya des renforts.

Pendant ce temps, la place de Belfort tirait le canon en l'honneur de la victoire remportée par les armes françaises ; mais, remarque le maréchal de Moltke, elle ne tenta rien, aucune sortie sérieuse contre les troupes d'investissement, affaiblies par les détachements qu'elles avaient dû faire. Celles-ci, de leur côté, continuaient la construction de leurs batteries. Une très vive anxiété régnait dans le corps de siège, réduit à un simple cordon de troupes qui s'appliquait surtout à tromper la garnison, redoutant sans cesse une sortie sérieuse. Ah! si Denfert-Rochereau allait donner la main à la gauche de l'armée de secours! Déjà les Prussiens de Treskow avaient tout disposé pour leur retraite, comme s'ils s'attendaient à être forcés dans leurs lignes!

La nouvelle de l'évacuation de Frahier provoqua chez Werder de sérieuses réflexions. Si la gauche de l'armée française poursuivait sa marche dans cette direction, elle ne se trouvait plus qu'à huit kilomètres de Belfort. Il était possible que le premier succès fît renoncer Bourbaki à des attaques jusqu'ici assez mollement conduites sur tout le front de sa ligne de bataille, pour se jeter avec sa masse principale sur la droite allemande et percer coûte que coûte.

Bourbaki avait-il les yeux fixés sur le débouché qui s'ouvrait enfin devant lui?... Il semble que sa pensée fût déjà ailleurs... du côté de la retraite! Il poussait les hauts cris, lorsque, dans son entourage, on lui parlait de faire appuyer vers le nord ces 120 ou 130,000 hommes, qui se morfondaient les pieds dans la neige, inertes et passifs, hypnotisés par la vue des positions fortifiées de Werder... « Et notre base de ravitaillement? » s'exclamait-il à chaque proposition de ce genre.

La veille il avait adressé à Besançon, à l'intendant général Friant, une dépêche alarmée. « Si vous ne pouvez être personnellement à Clerval, envoyez-y un intendant, afin de ne pas laisser absorber par un seul corps les ressources de tous les autres. Il faut que les désordres qui me sont signalés cessent sur-le-champ. »

Le général en chef pouvait faire donner sa réserve générale, s'il ne voulait pas dégarnir sa première ligne. Un si faible déplacement tactique n'eût pas eu une influence sérieuse sur le ravitaillement, qui eût pu se faire ensuite par le nord, par la ligne de Vesoul à Belfort, puisque de grands approvisionnements étaient réunis par cette ligne à Lure et gardés par toute une division de cavalerie! D'ailleurs, si le succès était poursuivi, que Werder fût rejeté en Alsace, que Belfort fût débloqué, le service des vivres reprenait aussitôt son élasticité; de nouveaux moyens de l'assurer surgissaient, soit par la Suisse, soit par Montbéliard. Mais on perdait de vue le but, pour ne s'occuper que des moyens!

Que Cremer eût donné à Châlonvillars, et Penhoat à Frahier, Bourbaki eût bien été obligé de marcher. Billot eût peut-être pu obtenir ce résultat. On s'arrêta en si beau chemin!

Dans la soirée du 16, le général en chef eut avec le commandant du 18e corps, à Couthenans, une entrevue au sujet du mouvement de l'aile gauche de l'armée. Billot supplia Bourbaki d'étendre sa gauche plus au nord, jusqu'à Frahier. Bourbaki protesta et bondit à l'idée d'allonger ainsi son front. « Ma ligne s'étend de Montbéliard à Étobon (17 kilomètres); c'est déjà énorme; je ne puis la développer davantage, je suis obligé de quitter le chemin de fer de Besançon à Montbéliard. Et si nous étions coupés par là?... Comment mangerions-nous?... On m'avait dit qu'il y avait 40,000 hommes autour de Belfort; je crois qu'il y en a 80,000! (1) »

C'est à Luze et à Couthenans, toujours en face du mont Vaudois, que Bourbaki voit le nœud de la situation. Il veut s'acharner contre l'impossible, embrasser sa même chimère, se heurter à une porte de fer! Il donne encore l'ordre à Billot d'établir là des batteries de position. Billot fait-il des objections? Il est probable qu'il s'incline en soldat discipliné. Les batteries sont construites dans la nuit du 16 au 17, pour canonner le mont Vaudois, le 17, dans un troisième essai désespéré.

De la journée du 16, du sang versé à Chenebier, il ne restera rien... qu'un peu de gloire pour nos armes. L'armée n'a pas avancé d'une semelle, quand elle s'endort le soir ou

---

(1) *Enquête*. Déposition du général Billot, t. III, p. 476.

plutôt quand elle s'engourdit sur ses positions de la veille, pour y bivouaquer dans la neige fondante!

« Demain nous attaquerons de nouveau ! » avait dit le général en chef à Billot, le 16 au soir. Bourbaki ne voulait pas encore abandonner la partie. Il ordonnait pour le 17, que tous les corps se maintiendraient dans leurs positions, prêts à se porter en avant au premier signal. Billot comptait faire enlever Luze et Chagey par son infanterie, après la préparation par l'artillerie. Mais ce projet fut dérangé par l'écrasement de nos batteries.

Werder ne supposait pas que des engagements décisifs se renouvelassent au centre. Dès lors, ils pouvait porter toute son attention sur son aile droite, le point faible de sa position. Pour rétablir avant tout la situation de cette aile, il ne disposait plus que de quatre bataillons, quatre escadrons et deux batteries, dont il fit une réserve générale à Brévilliers et Mandrevillars, en les tirant des points les moins menacés et même du corps d'investissement de Belfort.

Dans la soirée du 16, il télégraphait à Manteuffel, à Prauthoy : « L'ennemi a attaqué aujourd'hui tous les points de ma position, avec des forces et une énergie plus ou moins considérables ; il a été partout rejeté. Seul, le général Degenfeld a évacué, devant des forces supérieures, ses positions de Chenebier, et s'est retiré jusqu'à Châlonvillars. Je fais mon possible pour regagner Chenebier. Mes pertes ne sont pas grandes. » Puis il donnait ses ordres de combat. « Demain matin à sept heures, toutes les troupes seront dans leurs positions, celles du moins dont n'aura pas disposé le major général Keller (1). »

La journée du 17 se leva sur une contre-attaque de l'ennemi dirigée contre notre extrême gauche. Keller avait pour mission d'empêcher Billot de continuer son mouvement offensif par Frahier et de reprendre Chenebier à tout prix. Cette mission allait provoquer dans la matinée le combat le

(1) Maréchal de Moltke.

plus vif de cette troisième journée. Résolu à tenter une surprise nocturne, Keller demanda au général de Goltz de concourir à l'opération, en lui envoyant quelques bataillons de renfort empruntés aux troupes de siège ; puis il se mit en mouvement avant minuit sur deux colonnes. A hauteur du moulin Rougeot (1), Keller apprit que le colonel Beyer avait déjà réoccupé Frahier. Un peu plus tard, avec les fusiliers du 67e allemand relevés du service des tranchées devant Belfort, le général disposait de huit bataillons, deux escadrons et vingt-quatre pièces. La nuit était noire, terrible. A Échevanne, la colonne Keller se scinda.

Résolument, les Allemands pénètrent avec vingt compagnies dans le bois des Évaux, où s'engage une lutte à travers les ténèbres. D'épais taillis séparent les combattants, des coups de feu partent de tous côtés. On s'aborde, on se prend corps à corps. Mais les nôtres sont les plus nombreux et résistent opiniâtrément. Il fait si sombre qu'amis et ennemis ne peuvent se reconnaître. Les Allemands ne progressent pas. Leur major Jacobi, gravement blessé, remet le commandement au major de Lanc. La mêlée est générale, le bruit de la fusillade assourdissant, dans cette nuit profonde, déchirée par les éclairs des fusils. Les cris des combattants augmentent le tumulte. Le major de Lane, craignant que ses troupes ne perdent leur direction et ne se dispersent, renonce à pénétrer plus avant dans les taillis, et retire ses hommes à la lisière du bois.

A quatre heures et demie du matin, en pleine obscurité, la colonne Keller (4e badois) tombe, en poussant des hourrahs, sur Courchamp, hameau mal gardé par les mobiles. Elle y ramasse quelques centaines de prisonniers.

Alors, trois bataillons de la colonne de droite s'avancent dans le plus grand silence contre la partie nord de Chenebier, trois autres contre la partie sud. Pas une grand'garde française, pour éventer cette attaque de nuit. Tout le monde dormait à Chenebier comme à Étobon. Au premier coup de feu,

(1) Le parc de siège avait installé pendant la nuit trois pièces de position à l'est du moulin Rougeot, pour battre la route de Frahier.

on court aux armes. L'agilité rachète en partie la coupable insouciance. Hourrah! les Badois s'élancent, bousculent les premiers groupes français qu'ils rencontrent et les désarment. Une lutte acharnée s'engage au hasard et devient une mêlée confuse.

Réveillé par le commandant Camps dans son quartier général, Billot monte aussitôt à cheval. Il tombe avec son état-major dans un parti allemand, est dégagé par la rencontre opportune des bataillons de la division Penhoat, dont il va rejoindre le chef. Bientôt, toute la division Penhoat a pris les armes. Trois bataillons de la division Cremer, sortant du bois de la Thüre, arrivent à la rescousse : d'abord, un bataillon du 32e, dont le commandant Pardieu tombe mortellement blessé à la tête de ses hommes, puis deux bataillons du 57e de marche.

Le combat est engagé maintenant sur toute la ligne, du bois des Évaux à la tuilerie de Courchamp. Le jour est venu, et, dans les deux camps, on peut ajuster les coups. A huit heures et demie, le colonel Beyer, du parti allemand, se voit forcé d'évacuer Chenebier, dont il occupe une partie. Ne pouvant plus avancer et essuyant de grosses pertes, Keller, serré de près par nos troupes, est refoulé sur Frahier. Lentement, disputant le terrain pied à pied, les Badois se retirent, repassent la Lisaine et vont prendre une position de repli sur la rive gauche. Ils emmènent avec eux quatre cents prisonniers français dont sept officiers, et quelques voitures de bagages (1).

Les fusiliers du 4e badois protègent la retraite. Leur chef tombe en combattant. Nos troupes avancent encore et la division Cremer marche à l'assaut du bois Férye. D'un vigoureux élan, elle gagne la hauteur et rejette les Badois sur le bois des Essoyeux, débordant l'aile gauche allemande et menaçant la route de Châlonvillars.

Le 17, à une heure du soir, le combat dure encore au bois

---

(1) De Wengen, p. 402.

des Esserts et au bois des Évaux. Keller, qui a reçu un bataillon par Chatebier, tente un troisième retour offensif du bois Férye et du moulin Collin : il est repoussé vigoureusement. Les Français ouvrent sur les assaillants un feu des plus meurtriers ; « c'est ainsi, dit de Moltke, qu'une mitrailleuse, d'un seul coup, étendit à terre vingt et un Badois montant à l'assaut (1). » Encore une fois, l'aile droite allemande était compromise et à la merci d'une offensive vigoureuse.

Le maréchal de Moltke avoue que, vu la faiblesse de l'effectif d'un côté et la supériorité numérique de l'autre, il ne fallait plus songer à rejeter les Français au delà de Chenebier, du moment où la surprise n'avait pas eu de résultat. L'historique du grand état-major, malgré son euphémisme habituel, laisse entendre que « la mission de Keller ne pouvait plus consister à chasser l'adversaire de ces positions, mais seulement à l'empêcher de marcher sur Belfort », but qui fut atteint. Peu prodigues de ces sortes d'éloges, les Allemands proclamèrent la vaillance de nos troupes à Chenebier, tout en ajoutant que les Français furent tenus en échec par les quatre batteries que Keller avait concentrées auprès de Frahier.

Werder se sentait désormais assez maître de la situation pour renvoyer le 67ᵉ dans les tranchées de Belfort. Sa cavalerie était en liaison avec le détachement Willisen. Le danger était conjuré pour l'aile droite du corps d'armée allemand.

Bourbaki avait son quartier général à Aibre ; dans la soirée du 16, à dix heures, il avait adressé au ministre, à Bordeaux, une dépêche assez découragée.

« Demain matin nos efforts seront renouvelés : j'espère que le mouvement tournant par notre gauche pouvant enfin s'accomplir, ils seront couronnés de succès ; *s'il en était autrement, il y aurait lieu d'aviser aux mesures à prendre ultérieurement ; mais je ne songerai que demain soir à modifier le plan adopté, après avoir épuisé tous les moyens d'obtenir le succès de ce côté.*

« Les forces de l'ennemi sont considérables et son artillerie

---

(1) *Mémoires* du maréchal DE MOLTKE (la guerre de 1870), p. 418.

formidable; le terrain, par sa configuration et par les obstacles de toute nature qu'il présente, facilite beaucoup la résistance qu'il nous oppose. »

« *S'il en était autrement, il y aurait lieu d'aviser aux mesures à prendre.* » On voit déjà ici germer dans l'esprit du général en chef une arrière-pensée de retraite. C'était l'arrêt de mort de l'armée de l'Est. La journée du 17 allait décider de son sort.

Si du moins l'effort allait réussir ! Le général en chef va essayer encore de forcer le passage de la Lisaine, en lançant des colonnes sur le village de Chagey. Les ordres de l'armée pour cette troisième journée sont très nets.

A l'aile droite, les 15e, 24e et 20e corps se maintiendront dans leurs positions, se tenant prêts à se porter en avant au premier signal. A l'aile gauche, le 18e corps forcera le passage de la Lisaine par Chagey. La première division (Pilatrie) attaquera Luze et le mont Vaudois. La troisième (Bonnet), Chagey et le mont Vaudois. Ces attaques simultanées ne se dessineront que lorsque notre artillerie aura réduit les batteries ennemies au silence. Mais ces neuf batteries sont abritées par de forts épaulements qui annulent pour ainsi dire l'effet de nos projectiles.

On décida de poursuivre avec les divisions Penhoat et Cremer le mouvement offensif de l'extrême gauche, par Chenebier et Mandrevillars, de façon à tourner par le nord la formidable position ennemie.

Pour l'exécution d'un tel mouvement, il eût fallu des troupes plus solides.

Les Allemands de Treskow avaient redoublé le feu contre Belfort. De son côté, Denfert se tenait prêt à tendre la main à Bourbaki, aussitôt que sa troupe serait en vue. Le 16, deux démonstrations avaient été tentées. Nos troupes, vigoureusement conduites, étaient arrivées à proximité des tranchées de l'assiégeant et s'y étaient maintenues pendant trois quarts d'heure.

Ces efforts étaient peu décisifs. Il en eût fallu d'autres

CHAPITRE X

pour briser l'étreinte. Leur seul résultat fut de tenir Treskow en haleine. Il ne put prêter à Werder que quelques rares bataillons.

Après la retraite de Keller, les feux d'infanterie reprirent sur toute la ligne de Montbéliard-Héricourt et Chagey.

La réserve générale de l'armée n'avait pas donné encore.

Le général Pallu de La Barrière, un brave marin comme l'amiral de Penhoat, avait sous ses ordres une infanterie intacte. Animé des sentiments d'un ardent patriotisme, il lui semblait que toutes les chances n'avaient pas été épuisées.

Dans la soirée du 16, par un billet de sa main, Pallu avait soumis ces réflexions au général en chef. Il lui proposait d'ouvrir pendant la nuit, à travers bois, avec un demi-régiment, un chemin conduisant à un plateau circulaire qui dominait le Vaudois. Il exprimait l'espoir de réduire par là les batteries ennemies. Il prétendait ensuite lancer à l'assaut l'infanterie de la réserve et faire tout céder sous le choc. Il avait 10,000 hommes de troupes sûres, disait-il, d'une attitude excellente et brûlant de s'engager. Leperche reçut ce billet. Le mit-il sous les yeux de Bourbaki, ou prit-il sur lui d'y faire cette réponse laconique? « Les ordres sont donnés. Le parti une fois pris, il est préférable de ne pas en différer l'exécution. »

La nuit survint, sans que la résolution espérée par le général Pallu eût été adoptée. Le lendemain, quand le combat recommença, la situation avait changé. Les nouvelles batteries prussiennes avaient été fortement enterrées et n'offraient plus la même prise à nos troupes. C'était, dans la pensée de Pallu, une occasion manquée.

Bourbaki s'entêtait devant le front. Vers deux heures, le lieutenant-colonel de Miribel fit amener en face des batteries de position ennemies des mitrailleuses qui les réduisirent au silence, en produisant des ravages parmi les servants ou dans les attelages.

La réserve d'artillerie était formée par deux batteries de marine qui furent mises en position près de Luze et de Couthenans. Elles furent accablées d'une telle avalanche d'obus, que l'ordre de cesser le feu leur fut intimé.

Deux autres batteries mobiles de l'Isère, dirigées par Miribel, eurent plus de chance et purent se maintenir, malgré le tir redoutable d'un nombre de bouches à feu ennemies cinq fois supérieur à celui des pièces françaises, deux seuls canons de 12 de campagne.

Miribel montra dans cette circonstance un calme et une bravoure admirables. Il donna à tous un magnifique exemple d'abnégation et de devoir, faisant déjà pressentir l'homme éminent qui couronnerait sa carrière. Le général Pallu avait établi au-dessus de Verlans des pièces qui prenaient d'écharpe la foudroyante artillerie du Vaudois. Malgré tout, vers trois heures, au moment fixé pour l'attaque, le feu ennemi était aussi soutenu que dans la matinée, et les batteries françaises n'étaient pas parvenues à prendre le dessus sur celles de l'adversaire.

En face de Luze, les lignes épaisses de nos tirailleurs bordent la lisière des bois, prêtes à se porter en avant; tenues en échec par l'artillerie allemande, elles ne prononcent pas l'offensive.

Au bout d'une demi-heure, notre infanterie, ne pouvant plus tenir, se retire sous bois. La canonnade a allumé un grand incendie dans Luze. Une troisième attaque partielle contre Chagey, appuyée par l'artillerie, n'a pas plus de succès que les précédentes.

Sur toute la ligne, l'infanterie française a recommencé la fusillade : nulle part elle ne peut déboucher. A deux heures du soir, le mouvement offensif a pris fin, et nos troupes se replient sur la lisière des bois, en laissant un peu de monde à l'ancienne citadelle devant Montbéliard.

Les grosses pièces allemandes de la Grange-Dame et du château prennent la ville sous leur feu, jusqu'au moment où une députation civile des Montbéliardais se présente pour demander qu'on épargne leur cité, sous l'affirmation que l'armée française l'a entièrement évacuée. Un bataillon de landwehr occupe alors la gare et rétablit la communication.

avec la garnison du château. Quelques obus ont allumé des incendies dans Montbéliard.

La division d'Ariès, du 24ᵉ corps, continue à occuper les crêtes dans le bois en face de Bethoncourt. Devant Héricourt, l'attitude du 20ᵉ corps demeure absolument passive. Pas plus que les généraux Martineau des Chenetz et Bressolles, le général Clinchant n'a poussé une attaque à fond.

A Bethoncourt, à Bussurel, pas un effort décisif.

Dès midi, Bourbaki a compris l'impossibilité de vaincre sur la Lisaine, malgré la supériorité numérique de ses troupes, l'opiniâtre résistance que lui opposent les 42,000 hommes et les cent quarante-six bouches à feu de son redoutable adversaire.

Ce chef d'armée est une victime parée pour le sacrifice ! Écrasé sous le poids des circonstances et peut-être, hélas ! conscient de sa propre insuffisance, il ne trouve plus dans l'extrémité du péril, ni une inspiration de général en chef, ni même un élan de colonel de turcos. Il ne va pas jeter son bâton de commandement dans les lignes de Belfort... Il va jeter... le manche après la cognée. Mais son calvaire n'est pas fini. Il lui faut encore porter sa croix, tandis qu'il promène à travers ses lignes son œil terne, son front ravagé par les soucis ! Son masque émacié rappelle celui de Napoléon III à Sedan.

Informé des événements de Chenebier, il avait vainement compté sur une sortie générale de Belfort, une « sortie torrentielle », comme on disait à Paris. Se cramponnant à son aile gauche avec ses dernières espérances, il parcourait vers midi le champ de bataille, pour recueillir l'opinion des commandants de corps d'armée.

Il rencontra Billot, comme la veille, auprès de Luze. Les deux divisionnaires Pilatrie et Bonnet étaient là aussi. On descendit de cheval, on entra sous bois ; on réunit les généraux du 18ᵉ corps, et l'on tint une sorte de conseil de guerre improvisé. « On voyait devant soi, dit de Goltz, cette haute montagne hérissée de batteries et de retranchements. On se consultait pour savoir si l'on devait encore l'attaquer. »

La pluie tombait à torrents. Entourés de leurs états-majors et de leurs escortes, les généraux délibérèrent, tandis que, à l'écart, les officiers d'ordonnance attendaient anxieux ce qui allait sortir de ce débat.

Peut-être le sort de la campagne pouvait-il encore se décider en notre faveur, si l'on menait à un dernier assaut les divisions Cremer, Penhoat, Pilatrie et Bonnet. Le général en chef se tourna vers le général Billot:

« Que pensez-vous faire? lui dit-il. — Attaquer. — Réussirez-vous? — De front, difficilement. Mieux vaudrait entourer la position.

— Mais vous faites un mouvement tournant? — Pardon, je fais un mouvement tourné, car les positions ennemies débordent mon aile gauche.

— Que pense le général Clinchant?

— Il est d'avis qu'il faut renoncer à nos tentatives de percer les lignes allemandes (1). »

A son tour, le général Bonnet déclare impossible de tenter l'attaque ordonnée. « Je marcherai, dit-il, avec ma division, si le général en chef le trouve bon; mais je suis certain d'avance de ne pouvoir pas réussir. »

Interrogé de nouveau, Billot est obligé de reconnaître qu'il considère aussi le mouvement comme impossible. Il énumère lui-même les difficultés qui s'y opposent. — « Alors, reprend Bourbaki, l'avis des autres commandants de corps d'armée étant le même que le vôtre, il n'y a plus qu'à battre en retraite dès demain. » Mais aussitôt, se ressaisissant, Billot fait remarquer que son corps d'armée n'est pas entamé; que la détermination de commencer une retraite lui semble prématurée; qu'il y a peut-être lieu de reprendre l'offensive.

Le major d'artillerie Brugère, attaché à l'état-major de Billot, insiste pour l'attaque. Il suppute les résultats d'un mouvement général de l'armée par le nord et la route directe de Vesoul à Belfort.

---

(1) *Enquête.* Déposition Billot, t. III, p. 477.

— « Vous êtes un fou, lui répond le commandant de l'armée. A votre âge, j'aurais peut-être pensé comme vous; mais je suis général en chef : j'ai l'expérience. » Et, un instant après :

« Commandant! les généraux devraient avoir votre âge! »

Puis Bourbaki fait une vive sortie contre les conseils téméraires donnés après coup et en dehors de toute responsabilité.

Le major Brugère n'était pas, comme le général en chef, au courant des difficultés des vivres. Il faut le reconnaître : c'eût été rendre le ravitaillement impossible que de s'éloigner encore de Clerval pour se rapprocher des Vosges, au moment où hommes et chevaux étaient épuisés. C'eût été offrir à l'ennemi, débouchant par Montbéliard ou par tout autre point de passage sur la Lisaine, une occasion facile de couper notre ligne de retraite sur Besançon. Werder n'eût pas manqué, dans ce cas, de lancer quelques troupes légères, qui eussent suffi pour empêcher nos convois d'arriver à destination.

Billot revint à la charge :

« Je ne réponds pas de la prise du Vaudois. C'est une position formidable... Mais nous pouvons masquer notre mouvement, et l'infléchir vers la trouée de Belfort... »

Surpris de ce langage, Bourbaki reprit vivement :

« Si vous me poussez, général Billot, je vais vous charger de l'attaque. »

Puis, prenant à part le commandant du 18e corps :

« Les Prussiens sont à Gray. Ils marchent sur Dole! Si j'étais sûr du succès, j'attaquerais Werder; mais, si j'échoue, nous serons faits prisonniers. Les troupes seront complètement démoralisées, et de plus, elles auront derrière elles l'armée de Manteuffel. La situation sera désespérée. »

Saisissant colloque, où l'on sent l'étreinte des cœurs, chez ces braves gens, impuissants à sauver la France, lorsqu'ils affronteraient pour cela mille morts!

Cette fois, Billot ne répliqua pas. Son corps d'armée s'était bien battu, trois jours de suite. Il avait enlevé des positions et les avait conservées. Il allait les abandonner seulement pour obéir à des nécessités stratégiques. En obligeant le 18ᵉ corps à déboucher sur un front trop étroit devant le Vaudois, le haut commandement lui avait ôté toute possibilité de déployer les forces dont il disposait. C'est que Bourbaki venait d'apprendre dans la matinée même l'approche des IIᵉ et VIIᵉ corps allemands. Des forces ennemies considérables débouchaient sur ses derrières, menaçant ses communications avec Dijon et Besançon. Des dépêches du préfet de la Côte-d'Or les signalaient en nombre vers Is-sur-Tille.

Après tous ces pourparlers, l'attaque de Chagey fut contremandée, et en quittant Billot, le général en chef lui annonça aussi qu'il allait ordonner la retraite. La journée était finie, la campagne était virtuellement terminée ! « La puissance de l'armée de Bourbaki est détruite », dit une relation allemande ; le mouvement de recul est décidé. Cette alternative ulcérait le cœur du général en chef.

En rendant compte au ministre, dans la soirée du 17, du résultat négatif de cette dernière journée, Bourbaki lui exposa les motifs qui l'empêchaient de recommencer une quatrième épreuve. Et cependant, peut-être n'était-il pas impossible de la renouveler !

Les officiers prussiens se croyaient perdus (1). Tous leurs préparatifs de retraite étaient faits ; le découragement du général en chef de la première armée pouvait être prématuré...

Du reste il ne renonçait pas complètement à la revanche. Sa dépêche au ministre, rédigée dans la soirée du 17, le laissait entendre. « J'ai décidé, à mon grand regret, que l'armée occuperait de nouvelles positions à quelques lieues en arrière... Si l'ennemi se décidait à nous suivre, j'en serais dans l'enchantement. Car il pourrait nous offrir ainsi l'occasion de jouer à nouveau la partie, dans des conditions beaucoup plus favorables. » Ce pronostic allait-il se réaliser ?... « Le chef de l'armée avait trop d'expérience, dit l'historique de l'état-major alle-

---

(1) M. Tallichet, correspondant de journaux.

mand, pour pouvoir conserver à peine une illusion à cet égard. Une armée telle que la sienne n'était pas apte, après un mouvement rétrograde, à entreprendre des opérations rapides et audacieuses. » D'ailleurs, les vivres manquaient, et le ravitaillement devenait de plus en plus difficile.

C'était une opinion faussement répandue dans l'armée de l'Est, qu'elle avait devant elle un ennemi très supérieur en nombre. Le général en chef s'était cru en présence de 80,000 hommes, et, dans les états-majors, on citait des chiffres plus élevés encore. On parlait de quatre-vingt-quinze trains qui, en deux jours, devaient avoir amené 100,000 hommes de renfort à l'armée de siège de Belfort (1). Il n'en était rien. L'armée de siège avait au contraire été affaiblie de toute l'artillerie de position, installée par Werder sur les points principaux de la ligne, à la Grange-Dame, au château de Montbéliard et au mont Vaudois. Quant au XIVe corps, il n'avait reçu, depuis le 1er janvier, outre les bataillons de landwehr de Debschitz, que deux compagnies de chasseurs de réserve et deux batteries expédiées à Vesoul par le gouverneur général de la Lorraine (2). En réalité, grâce à ses excellentes positions, et surtout à la valeur morale et matérielle de son armée, Werder avait tenu tête pendant trois jours aux forces trois fois supérieures en nombre de l'armée de l'Est, avec 42,000 hommes et cent quarante-six bouches à feu. Il avait perdu, dans les trois journées des 15, 16 et 17, 60 officiers, 1,586 hommes tués ou blessés; tandis que l'armée française perdait 8,000 hommes (tués, blessés ou disparus) (3).

La ténacité des Allemands prouve une fois de plus qu'à la guerre, du général au soldat, chacun doit faire son devoir, dans la limite rigoureuse du possible ; car on ne sait jamais si la résistance de l'ennemi n'est pas arrivée à son terme, et si un effort négligé ne serait point précisément celui qui aurait triomphé.

(1) *Enquête*. Déposition Bressolles, t. IV.
(2) Von der Wengen, p. 154.
(3) *Rapport du grand état-major*, t. IV, p. 1064. V. *Enquête parlementaire*. Dépositions des témoins, Paris, 1873, t. IV, p. 396.

Pour contre-balancer son infériorité numérique, Werder avait eu comme avantages : celui des positions et l'incontestable supériorité du tir de son artillerie. Bourbaki, depuis la bataille de Villersexel, lui avait laissé quatre jours de répit. On sait comment Werder en avait usé, pour mettre en état de défense les merveilleuses positions naturelles que lui offraient les bords de la Lisaine.

De nos jours, une école récente soutenue par nos généraux les plus autorisés, a prononcé cette formule, un peu absolue : « Il n'y a pas de positions. Le seul objectif, c'est l'ennemi. »

De même que les places fortes seront toujours, pour une bonne part, l'enjeu de la guerre, les positions, ces forteresses du champ de bataille, en seront toujours la clé, au moins dans la défensive. Si Werder avait continué à combattre en rase campagne, il eût été infailliblement écrasé ou enveloppé par le nombre. Derrière ses lignes, il devint inexpugnable. Il eut surtout l'incalculable force que prennent des troupes aguerries, disciplinées, rompues au métier, mobiles et manœuvrières, fermement résolues à vaincre ou à mourir, en face d'une armée de formation nouvelle, sans homogénéité, sans cadres solides, et à laquelle il manquait la foi dans le succès.

Werder méritait les plus hautes félicitations. Le roi Guillaume voulut les lui adresser lui-même. Il lui télégraphia le 20 janvier : « Votre héroïque et victorieuse défense de trois jours, une forteresse assiégée sur vos derrières, est un des faits d'armes les plus grands de tous les temps. Je vous exprime, à vous, pour la manière dont vous avez exercé votre commandement, à vos troupes, pour leur dévouement et leur ténacité, ma reconnaissance loyale et ma plus haute gratitude, et vous envoie comme témoignage de ces sentiments, la grand'croix de l'ordre de l'Aigle rouge, avec les épées. GUILLAUME. »

De quelle mâle et patriotique émotion dut battre le cœur du général bavarois, au reçu d'une telle lettre et d'une si noble récompense! Comme le roi Guillaume avait su essuyer d'un trait de plume toutes les incertitudes et toutes les perplexités des jours passés, dans l'esprit d'un chef qui venait d'accomplir un tel acte pour les destinées de son pays! Cette lettre royale scellait de son sceau par avance la tombe de l'armée de l'Est!

Avant de boire la coupe du triomphe, Werder avait absorbé trois jours durant le calice des pires angoisses qui peuvent assaillir un général en chef.

Dans ses lignes aussi, le ravitaillement en vivres et en munitions était devenu précaire et difficile. Sur la rive gauche de la Lisaine aussi, les troupes avaient souffert de la faim et du froid. De nombreux bataillons avaient aussi passé la nuit en plein air, soit aux avant-postes, soit sur leurs emplacements de combat, dans l'inquiétude générale où l'on était, qu'un vigoureux coup de collier des Français ne vînt percer la ligne de défense si longue et si faiblement occupée.

Déjà, le 16, second jour de la bataille, l'artillerie avait dû ménager ses munitions et en ralentir la consommation. Le 17, à la Grange-Dame, plusieurs batteries n'avaient plus de projectiles. L'artillerie allemande avait tiré plus de onze mille coups pendant les trois fatales journées. Ce tir sans doute n'avait pas été très meurtrier, mais il avait barré le passage : c'est tout ce que la défense lui demandait.

Placé entre la forteresse de Belfort, qui n'était pas réduite, et une grande armée marchant sur lui, le XIVe corps allemand s'était trouvé dans la situation la plus critique. Il jouait sa partie sur une dernière carte. Sa ligne de retraite était compromise, encombrée d'un énorme matériel de siège. La position « était une de celles, dit Pallu de La Barrière devant la commission d'enquête, qu'on ne va pas choisir, mais qu'on accepte par nécessité après une défaite, pour s'y tenir et pour y puiser une dernière chance avec une troupe solide ».

Longtemps, on a montré près d'Héricourt un arbre placé sur un point culminant, et dans les branches duquel l'état-major allemand avait disposé une caisse remplie de matières inflammables. Ce devait être, pour le cas d'une catastrophe,

---

(1) *Enquête parlementaire.* Déposition Pallu, t. III, p. 441.

le signal de la retraite générale. Que l'on compare cette énergie, toutes les forces vives de l'armée allemande, depuis l'ordre impératif de Moltke jusqu'à la défense de la dernière compagnie, jusqu'au tir de la dernière batterie derrière la Lisaine, à la mollesse, au décousu des instructions du commandement et de l'exécution dans l'armée française ! Les ordres de combat de Bourbaki, ou plutôt de Leperche, étaient donnés en termes tels qu'ils dispensaient de tout effort suprême les trois corps d'armée de l'aile droite devant Montbéliard et Héricourt. Ils subordonnaient tout à l'action de l'aile gauche. Mais alors, il fallait la renforcer, cette aile, au lieu de la laisser à ses propres et insuffisantes ressources !

Résumons et examinons d'ensemble les trois fatales journées d'Héricourt. Les opérations du 15 janvier, sorte de reconnaissance des positions ennemies, avaient démontré nettement que le plan général de l'attaque était rationnel, justement adapté au terrain, et que, si l'on n'avait pas abouti du premier coup, c'est que l'effort contre l'aile droite allemande, à Étobon et à Chenebier, n'avait été ni bien acheminé, ni assez vigoureusement soutenu. Cela a tenu aussi à la difficulté de placer notre artillerie dans des positions avantageuses. Partout, les bois, de notre côté, et le commandement des hauteurs occupées par l'ennemi, s'y sont opposés. Or, le lendemain matin, la situation était exactement la même que la veille au soir. On devait s'apercevoir qu'il eût fallu donner sur Chenebier et Frahier, non sur Luze et Chagey. Et cependant la même faute fut renouvelée ! Si l'on eût prélevé sur la masse peu mobile, mais si nombreuse de l'armée, 15 à 20,000 hommes, empruntés à la réserve générale, que Pallu de La Barrière brûlait de conduire au feu, pour opérer offensivement par la route Chenebier-Frahier-Belfort, on n'aurait rencontré dans toute cette région d'autre obstacle que les quatre bataillons et les deux batteries de Degenfeld. Il était là aussi faible qu'il l'avait été à Villars-Fontaine, sur le champ de bataille de Nuits, et il aurait battu en retraite devant l'offensive des nôtres, comme il l'avait fait devant notre artillerie du plateau de Chaux. Et l'affaire se serait appelée bataille de Belfort au lieu de s'appeler bataille d'Héricourt !

Il eût suffi à Bourbaki de laisser les moins bons de ses régiments sur le front Montbéliard-Chagey, pour y contenir l'ennemi. Aussitôt Frahier et Mandrevillars tombés entre nos mains, ce front eût fatalement subi le même sort.

Une colonne d'attaque composée de troupes choisies et munie d'une artillerie suffisante eût assuré le succès, le 16, soit en soutenant les divisions Cremer et Penhoat et en leur permettant de pousser de l'avant après avoir occupé Chenebier, soit encore en refoulant la contre-attaque de Keller.

Au lieu de ce coup de bélier, de cette action énergique sur un seul point, le point faible de l'ennemi, action exercée avec le meilleur des forces de l'armée, qu'avait-on fait? On avait dépensé trois journées entières en attaques partielles, condamnées d'avance à l'avortement.

Il y avait donc à la fois faute d'énergie dans le commandement, faute d'énergie dans les troupes : manque de confiance du haut en bas de l'échelle. Nos munitions d'artillerie se gaspillaient dans une lutte qui ne pouvait être que stérile, puisqu'elle n'était jamais suivie d'attaques d'infanterie (1). Ou, si l'infanterie entrait enfin en ligne, c'était par petits paquets, par brigades, par divisions, les troupes voisines de droite ou gauche ne se croyant pas tenues d'appuyer l'effort. Or, sans le coup de bélier, « il n'y a rien de fait. »

Du côté des Allemands, s'il faut en croire M. de Moltke, on était convaincu que l'attaque ne serait pas renouvelée, tant, dit-il, était déplorable l'état des troupes françaises, tant Werder avait bien pressenti les causes d'affaiblissement qui les minaient !

Le sort de la campagne était donc décidé. Les espérances de gloire s'étaient rapidement dissipées. Le succès n'était plus possible. La victoire seule eût pu souffler à la levée en masse l'esprit dont elle avait besoin pour délivrer la France.

(1) *Enquête parlementaire*, t. III, p. 440.

Hélas! Cette victoire ne vint pas! La défaite, à chacun de ses coups, avait brisé les nerfs de l'armée. Sans volonté désormais, réduite à l'état de troupeau de moutons livide et inconscient, elle allait battre en retraite par où elle était venue... Vers Besançon! Bourbaki avait encore l'illusion de croire que Werder la suivrait peut-être étourdiment, et lui offrirait des chances meilleures : pure chimère d'un brave général vaincu!

Pendant les trois fatales journées, il lui avait manqué un éclair, un élan! C'est fini! La dernière ressource de la Patrie, l'armée de l'Est dissoute par l'inaction, par les attentes, les contre-marches, l'influence désastreuse d'une retraite, va s'en aller vers la Suisse!

Et Belfort prête toujours l'oreille! Mais la voix des canons libérateurs s'est tue, et la vaillante cité reste seule inébranlable sous une pluie de fer et de feu! Sa garnison, à part une sortie faiblement conduite, exécutée le 16 sur Essert et facilement repoussée, est demeurée, malgré le grondement du canon, dans une inaction étrange, pendant ces trois jours de bataille d'où elle attendait le salut!

CHAPITRE XI

RETRAITE DE BOURBAKI SUR BESANÇON

Gambetta annonce à la France l'échec de Bourbaki. — M. de Freycinet éclaire Bourbaki sur le danger qui le menace. — Bourbaki se replie sur Besançon. — Évacuation des blessés d'Héricourt. — Mouvement général de retraite (18 janvier). — Destruction des ponts de la Saône et de l'Ognon. — Défense du Lomont par le 24ᵉ corps. — Détail des ordres de mouvement. — Treskow reprend les opérations du siège (19 janvier). — Attitude expectante de Werder le 18. — Combats de Clairegoutte et Villers-la-Ville. — Le colonel de Willisen à Ronchamp. — Mission de Cremer. — Lenteur de la retraite de l'armée. — Nouvelle conception de M. de Freycinet. — Jugement des Allemands sur ce plan. — Dépêche du délégué à Bourbaki (19 janvier). — Passage de l'armée de Manteuffel à Gray le 18. — Projets d'embarquement pour Nevers. — L'armée de l'Est est coupée de la France. — Le 24ᵉ corps et la défense du Lomont. — Bourbaki aurait dû tenir la route de Besançon à Lons-le-Saunier. — Envoi d'un détachement à Mouchard (21 janvier). — Quartier général à Roche (22 janvier). — Bourbaki suspend autour de Besançon la marche en retraite de la première armée. — Arrivée de l'armée autour de Besançon (22-24 janvier). — Dangers de l'approche de Manteuffel. — Injonctions de M. de Freycinet. — Promesses fallacieuses qui avaient été faites à Garibaldi. — L'armée n'est plus qu'une horde affamée et grelottante. — Aspect des ambulances de Besançon. — Le 23, il ne reste à l'armée que les lignes de Bourg et Mâcon. — Bourbaki perd son avance et ses dernières chances de salut.

Comment cacher à la France que la campagne sur laquelle on avait échafaudé tant d'illusions échouait plus tristement encore que les précédentes?... La grande armée de l'Est, la victorieuse de Villersexel et d'Arcey, était battue! Était-ce le signal d'un dernier et irréparable désastre? La fatalité allait-elle s'acharner jusqu'au bout sur nos armées?...

Gambetta annonça ces mauvaises nouvelles au pays, en termes voilés et laconiques (1). « L'armée du général Bour-

(1) Circulaire aux préfets; de Bordeaux, 18 janvier 1871, 5 heures soir.

baki a de nouveau exécuté hier une attaque générale. L'ennemi s'est tenu sur une défensive constante, et a subi des pertes sérieuses. Mais, grâce aux renforts qu'il a reçus de tous côtés et à la valeur de la position qu'il occupait, il a pu résister à tous nos efforts. Sa ligne n'a pas été entamée. »

M. de Freycinet fut indulgent cette fois pour le commandant de l'armée de l'Est :

« Quand la France connaîtra vos dépêches, elle ne pourra que rendre hommage à la bravoure de la première armée, à l'énergie, au sang-froid et aux capacités de son chef.

« La première armée a fait tout ce que les circonstances permettaient de faire ; elle ne pouvait à la fois vaincre un ennemi supérieur en nombre et les éléments. Elle a le droit d'être fière de sa conduite. »

Après cet exorde élogieux, mieux éclairé ou renonçant à feindre, s'apercevant un peu tard que les renseignements de Garibaldi l'avaient trompé, le délégué déchirait le voile et signalait tout d'un coup à Bourbaki la présence inopinée sur son flanc de troupes allemandes, dont on n'avait pu jusqu'ici que soupçonner la présence.

« Deux corps d'armée, celui de Zastrow et celui de Fransecki, sont signalés comme suivant la route de Semur, Is-sur-Tille et Champlitte. Il doit bien y avoir là une quarantaine de mille hommes que je suppose se rendre vers la route de Vesoul à Langres, pour tourner à droite sur Combeaufontaine. Autant qu'on en peut juger par des dépêches assez confuses, le gros de cette force doit être actuellement à la hauteur de Gray, vers Fontaine-Française.

« L'armée de Garibaldi, renforcée cependant de mobilisés, *n'a rien fait pour les inquiéter*. Dans ces conditions, je crois qu'il pourrait devenir dangereux pour vous, à un moment donné, de stationner devant l'armée de Belfort, tandis qu'une nouvelle force vous prendrait par derrière.

« Peut-être un parti préférable serait-il *de se dérober* rapidement devant cette armée. »

C'était là un avertissement sérieux, à travers lequel Bourbaki entrevoyait, comme un arc-en-ciel, la bienveillance inattendue de la délégation.

« Le généralissime a lu devant moi la dépêche que vous venez de lui envoyer, écrivait le 18 au soir M. de Serres. Un tel témoignage de satisfaction et de reconnaissance, donné en ce moment par un cœur comme le vôtre, est pour lui la plus belle récompense et en même temps l'encouragement le plus précieux; car il rend à son âme ce qu'elle avait perdu : la confiance dans le jugement équitable de ses concitoyens. Merci en son nom, pour tout le bien que vous lui faites; merci au nom du pays, pour tout le bien que vous lui ferez encore. »

La personnalité sympathique du général paraît ainsi avoir de temps à autre forcé le délégué, naguère encore si plein d'irritation, à des démonstrations d'un attachement sincère.

« Je regrette vivement l'obligation de battre en retraite », télégraphiait de son côté Bourbaki (1); je cherche à le faire dans les meilleures conditions. Le mouvement de Pontailler rend cette tâche bien difficile. J'attendrai d'être plus complètement renseigné sur l'attitude de l'armée de Belfort, comme sur les projets du II⁰ corps et du corps Zastrow, pour prendre un parti. »

Bourbaki remerciait des encouragements. Il se montrait touché qu'après Héricourt, on ne l'eût pas tout de suite accusé de trahison et de lâcheté. Mais il n'adhérait pas franchement à la proposition du délégué. Sa réponse était un public aveu d'indécision; on le sentait mené par les circonstances et non par une volonté ferme. Ses opérations contre la ligne de la Lisaine n'ayant pas été couronnées de succès, il se résignait à opérer un changement de front en arrière sur son aile droite, de manière à se placer derrière la ligne du Doubs, à l'abri d'une poursuite trop pressante. Il était naturel qu'il songeât à se replier sur Besançon, sa base de ravitaillement. C'était le centre le plus proche, où ses soldats épuisés pouvaient trouver

---

(1) Télégramme de 10 h. 55 soir, le 18.

un peu de repos et de sécurité. Il annonça cette résolution à Bordeaux, et M. de Freycinet l'approuva. « Elle est de beaucoup la plus sage, lui répondit-il, tant que la fatigue de votre armée et la difficulté des approvisionnements ne permettront pas de prendre rapidement l'offensive dans une autre direction.

« Il n'est que trop vrai que ni le général Pélissier ni Garibaldi n'ont fait ce qu'ils auraient pu et dû faire pour entraver la marche de l'ennemi. »

« L'observation, dit le général de Goltz, était curieuse; car, le délégué à la guerre, en opposition avec toute la France, avait félicité d'une manière inouïe le vieux chef de partisans, justement sur cette époque de la campagne. »

M. de Freycinet avouait maintenant les fautes de Garibaldi. Le mouvement de Manteuffel devenant de plus en plus pressant, il demandait à Bourbaki « d'arrêter, avec le commandant de l'armée des Vosges, un plan de coopération parfaitement net, à lui faire connaître, soit de vive voix par M. de Serres, soit par l'intermédiaire de Bordeaux ». Il parlait en même temps d'une diversion à faire opérer sur Troyes ou Chaumont. Il invitait Bourbaki à laisser seulement le 15ᵉ corps en observation devant l'armée ennemie, et à prendre les 18ᵉ, 20ᵉ et 24ᵉ, pour livrer bataille aux deux corps de Manteuffel. La première armée allait donc commencer son mouvement rétrograde dès le 18 janvier. Renonçant à l'espoir de pénétrer jusqu'à Belfort, elle n'avait nulle raison de stationner plus longtemps devant cette Lisaine que, pendant trois jours consécutifs, elle s'était vainement épuisée à vouloir franchir. Elle avait au contraire de puissants motifs pour s'en éloigner au plus tôt : les troupes de Werder, constamment renforcées devant son front; derrière elle, l'armée du Sud menaçant sa marche! Il n'avait guère à choisir qu'entre ces deux alternatives : laisser devant Héricourt un corps d'armée d'observation pour dissimuler ses mouvements, et se porter avec le gros de ses forces à la rencontre de Manteuffel; ou ramener toute l'armée à Besançon, en prenant les précautions commandées par les circonstances, pour barrer les voies d'approche de l'ennemi et se diriger de là sur Dole ou sur Lons-le-Saunier.

De ces deux plans, Bourbaki choisit le second. Il ordonne la retraite au sud. Mais, dérouté par les renseignements contradictoires qu'il reçoit sur la marche de Manteuffel, trop confiant peut-être dans la résistance que peuvent opposer à la nouvelle armée ennemie les troupes de Dijon, il néglige de couvrir son flanc gauche et d'occuper en temps voulu les passages de l'Ognon ou du Doubs, qui assurent les communications avec Lyon.

Dès le commencement de la nuit du 17 au 18, nos blessés, nos malades, nos malingres, montés sur des voitures vides, s'étaient mis en marche avec les convois, par la route de Béverne à Lyoffans. Toute la journée du 18, les troupes du 15e, du 24e et du 20e corps tinrent tête à l'ennemi sur la lisière des bois qui faisaient face à Montbéliard. Les grand'gardes continuèrent à serrer de près Saint-Valbert, Luze et Chagey. A notre extrême droite, nous cédions le terrain. Le 18e corps et la division Cremer avaient l'ordre d'aller occuper Coisevaux et Champey. Le 20e corps devait se retirer à Trémoins et sur le plateau de Tavey; la réserve générale, à Semondans, Desandans, Échenans.

Ordonné pendant la nuit précédente, le mouvement général de retraite s'effectua le 18, au petit jour. Les divers bataillons des divisions furent ralliés, et toutes les positions furent successivement évacuées. Les tirailleurs furent laissés en arrière, face à l'ennemi, et les feux de bivouac demeurèrent allumés, pour masquer le mouvement. Les soldats, tête basse et silencieux, se replièrent par les routes neigeuses.

Le 19, Bourbaki mit son quartier général à Soye. Les mouvements préliminaires de la soirée du 18 pour la retraite n'avaient pas été inquiétés; mais le général en chef s'était surtout préoccupé de ses derrières. Les avertissements de la délégation avaient porté. Le 18, il télégraphiait à Bordeaux :

« La menace de l'ennemi du côté de Gray et Pontailler est sérieuse. Je prends mes dispositions pour qu'elle ne soit pas suivie d'une attaque combinée avec l'armée qui occupe la Lisaine. Je me trouverais placé dans de très fâcheuses conditions, si je ne pouvais éviter le combat, ayant le Doubs à dos, et le flanc droit aux prises avec les 90,000 hommes contre lesquels je viens de lutter pendant trois jours. Je m'inspirerai des circonstances et je vous ferai connaître au fur et à mesure la situation de l'armée, les nouvelles que j'aurai de l'ennemi, les moyens que je me proposerai d'employer, pour atteindre le but que je vous ai indiqué : mettre l'armée en mesure de le tenir de nouveau en échec. »

Pour se mieux garantir, Bourbaki faisait détruire les ponts de la Saône et de l'Ognon. Il s'informait si ceux du Doubs, à l'Isle, à Clerval, à Baume-les-Dames, étaient en état de supporter le passage de l'artillerie (1). Il faisait occuper solidement l'excellente position de flanc de Blamont et se tenait prêt à la renforcer. Il ne négligeait rien pour empêcher la retraite de dégénérer en déroute.

Le 15° corps à peine débarqué et le 24° allaient servir de base au mouvement. La division Cremer, formant l'arrière-garde, à l'extrême gauche, couvrirait la marche du côté du nord et en particulier protégerait les lourds convois du 18° corps. Elle restait sous les ordre de Billot.

Le 15° corps fut dirigé vers l'Isle, sa droite appuyée au cours du Doubs. Le 24° fut désigné pour traverser ce fleuve, et pour occuper, face au sud, sur la rive gauche, les importantes positions du Lomont, entre Clerval et Pont-de-Roide, allant jusqu'à Brétigny, Faimbe et la Guinguette. Le 20° corps, suivant la grande route d'Arcey, gagna Onans et Marvelize. Le 18° passa par Crevant, Secenans et Vellechevreux. La réserve, par Semondans, Desandans, Échenans et Geney.

La direction générale était Besançon. Les ordres de mouvement prescrivaient aux divers généraux de prendre leurs mesures pour se mettre à même de résister à chaque instant à une poursuite de l'ennemi. Bourbaki faisait un pressant appel

(1) Télégramme du 18, soir, au général Rolland.

au concours de la place de Besançon. Toute ses dispositions portaient déjà l'empreinte d'une situation désespérée.

Dans les lignes allemandes, il devenait clair pour tout le monde que l'armée française de secours s'éloignait. Le matin du 19, on cessait d'entendre son canon; rien n'annonçait plus sa présence.

Alors Treskow se remit à l'œuvre, renforça sa batterie du Bosmont et reprit le bombardement de Belfort. Il allait pouvoir retirer le fruit de la prise de Danjoutin, après avoir dû employer momentanément une partie de ses ressources à fortifier ses lignes de circonvallation contre l'armée de secours.

Très ébranlé par la défense qu'il avait soutenue trois jours durant devant la Lisaine, Werder avait senti le besoin, avant de poursuivre l'adversaire en retraite, de remettre de l'ordre dans son armée, d'assurer son ravitaillement en munitions et en vivres.

Le 18, les positions de la rive gauche de la Lisaine avaient été occupées comme la veille. Toute la journée avait été consacrée à observer nos mouvements sur la rive droite, et à constater les préparatifs de départ de la première armée. Quelques troupes allemandes poussées en reconnaissance firent le coup de feu avec les postes français laissés sur la lisière des bois pour couvrir la retraite. L'artillerie prussienne, à Montbéliard, à Héricourt, à Chagey, dirigea à plusieurs reprises un feu lent sur la rive opposée.

Le gros du XIVe corps occupait Étobon. Une colonne de dix compagnies, douze escadrons et trois batteries, suivait la route de Luze, lançant ses patrouilles de découverte jusqu'à Vesoul et Villersexel.

Werder n'éprouvait nullement le besoin de nous pousser l'épée dans les reins, et se montrait peu pressant. Il se contentait de suivre et de surveiller notre mouvement. L'armée allemande fut contenue pendant toute la journée du 18, par l'attitude de quelques bataillons d'arrière-garde. Là où l'ennemi chercha à nous arrêter, il fut partout accueilli par des feux nourris qui l'obligèrent à se tenir à distance. Sur certains points cependant, nous étions serrés de près. A Sainte-Marie, les Prussiens enveloppèrent les chasseurs à pied du 21ᵉ de marche. Ceux-ci ne parvinrent à se dégager qu'en perdant près de 80 hommes. A Chenebier, les Allemands saluèrent l'évacuation par une courte et inoffensive canonnade, à laquelle répondit notre artillerie.

Les seuls incidents marquants de la journée du 18 furent les combats de Clairegoutte et de Villers-la-Ville.

A la droite de Werder, le colonel de Willisen avait l'ordre de chercher à se mettre en communication par Vesoul avec la cavalerie de Manteuffel. Il quitta les Auxelles et Plancher-les-Mines, et arriva, le 18, à Ronchamp, où il rallia des compagnies badoises. Il en envoya trois à Clairegoutte, où fut livré, à plusieurs reprises, un combat acharné. L'ennemi chercha d'abord à enlever le poste de la Tuilerie en avant du village. A notre extrême gauche, un régiment de chasseurs d'Afrique de la division de Brémond d'Ars resta en position jusqu'à la nuit pour masquer la retraite.

Les bataillons d'Afrique ne devaient abandonner leur position qu'après le passage de la division Cremer, précédée par le convoi de la deuxième division du 18ᵉ corps, afin de permettre le sauvetage des approvisionnements qui se trouvaient à Lure. Une compagnie laissée à Clairegoutte fut attaquée et rejetée sur Magny d'Anigon. La division de cavalerie reçut l'ordre de quitter Lyoffans et de se retirer sur la Vergenne. Dans la soirée, une troisième attaque des Prussiens se produisit sur Clairegoutte, faiblement défendu. Le mouvement de retraite s'exécuta sur tout notre front avec assez d'ordre, malgré le feu rapide de l'artillerie ennemie. Les Badois ne furent maîtres du village qu'à la nuit. Le 18ᵉ corps se replia par Champey, en formant l'aile marchante du mouvement général.

Pendant ce temps, Cremer couvre bravement la retraite et soutient à Villers-la-Ville un autre combat.

L'armée française, dans sa marche rétrograde, a pris une forte avance ; et comme le XIVᵉ corps a reçu le 22 janvier un jour de repos, comme il a marché lentement entre le Doubs et l'Ognon, il perd le contact. Ne rencontrant plus nulle part devant lui des forces considérables, Werder en conclut que le gros de la première armée se retire sur Besançon par la rive gauche du Doubs. Il en rend compte à Manteuffel et prend le parti, lui aussi, de franchir le Doubs.

« Notre retraite, dit le général Seré de Rivière devant la commission d'enquête, au lieu d'être menée vivement, se fit au contraire à petites journées. Les conséquences de cette lenteur doublèrent les maux de la marche, accrurent les fatigues matérielles, et, avec l'espoir en moins, amenèrent la démoralisation en plus. »

Cette marche de plusieurs jours, à travers les neiges, fut pour les troupes un douloureux calvaire. Dans les vallons désolés, les rivières semblaient mortes sous l'épaisse couche de glace qui les emprisonnait. Des vols de corbeaux s'acharnaient sur les malheureux chevaux à bout de forces que laissaient le long des routes les convois en retraite. Les hommes souffraient beaucoup du froid, qui atteignait, certains jours, 18° Réaumur. « Nous souffrions surtout, dit un officier, de la patrie mutilée et tendant vers nous ses mains désespérées, sans que rien nous fût possible pour arracher et rejeter loin d'elle le monstre impitoyable qui lui rongeait le cœur. »

Les étapes se succédaient, toujours les mêmes, harassantes et mornes : de l'Isle-sur-le-Doubs à Clerval, de Clerval à Baume-les-Dames, de Baume-les-Dames à Roche et Chalèze, autour de Besançon.

Le général en chef avait décidé que le 24ᵉ corps (1) couvrirait la retraite, sur la rive gauche du Doubs, en allant, par l'Isle, occuper la chaîne du Lomont, entre Clerval et la frontière suisse. Une division passa le Doubs sur le pont de l'Isle et prit la route de Glainans, afin de pousser le lendemain une brigade sur Pont-de-Roide, une brigade sur Blamont. Les deux autres divisions, après avoir franchi le Doubs à

(1) Le 18ᵉ et le 20ᵉ corps, passant par Villersexel et Rougemont, la division Cremer formant l'arrière-garde, le 15ᵉ corps passant par Baume-les-Dames.

Clerval, s'établirent, le 20, entre Anteuil et Chaux; le 21, entre Dambelin et Pont-de-Roide.

« Si je trouve une bonne occasion, télégraphiait Bourbaki à Bordeaux, j'attaquerai l'ennemi. Mais, si je ne crois pas être en forces, je me tiendrai sur la défensive, en passant sur la rive gauche du Doubs, afin de ne pas combattre dans des conditions douteuses, avec une rivière à dos. » Le 20, il établit son quartier général à Baume-les-Dames.

Les convois réguliers étaient insuffisants, et les ravitaillements se faisaient très péniblement, à l'aide des rares voitures franc-comtoises réquisitionnées dans le pays.

« Le reste de la campagne, dit le général de Goltz, n'est plus guère pour les Français que malheur et misère. D'ailleurs, le poids de la fatalité qui les menace n'est pas encore immédiat. C'est le calme précurseur de la tempête. Non seulement le gouvernement, mais Bourbaki lui-même, reprend courage, et forme, plein d'espérance, de nouveaux projets. »

C'était surtout le gouvernement qui les formait.

Ne pouvant s'accommoder de renoncer à tenter la fortune, et voyant bien qu'il n'y avait plus rien à faire du côté de Belfort, le délégué à la guerre songeait encore à un autre plan. Il le fit mettre sous les yeux de Bourbaki par le jeune de Serres, en réclamant, au sujet de cette nouvelle conception, l'avis du général en chef.

La première moitié du projet fut conforme au plan de retraite déjà passé en cours d'exécution. La seconde semblait bien chimérique. Il s'agissait, après avoir redescendu entre le Doubs et l'Ognon, vers Besançon, de laisser d'Auxonne à Besançon une force suffisante pour tenir l'ennemi en respect sous les murs des deux places; puis d'embarquer tout le reste de l'armée à Besançon, sous le commandement de Bourbaki, pour se rendre où?... à Nevers, d'où cette pauvre armée venait, et à quel prix!

« Si ce mouvement est bien combiné, écrivait le délégué, je me charge de le concerter avec la compagnie du chemin de fer; il devra se faire en six jours. Pendant ce temps, le 25ᵉ corps

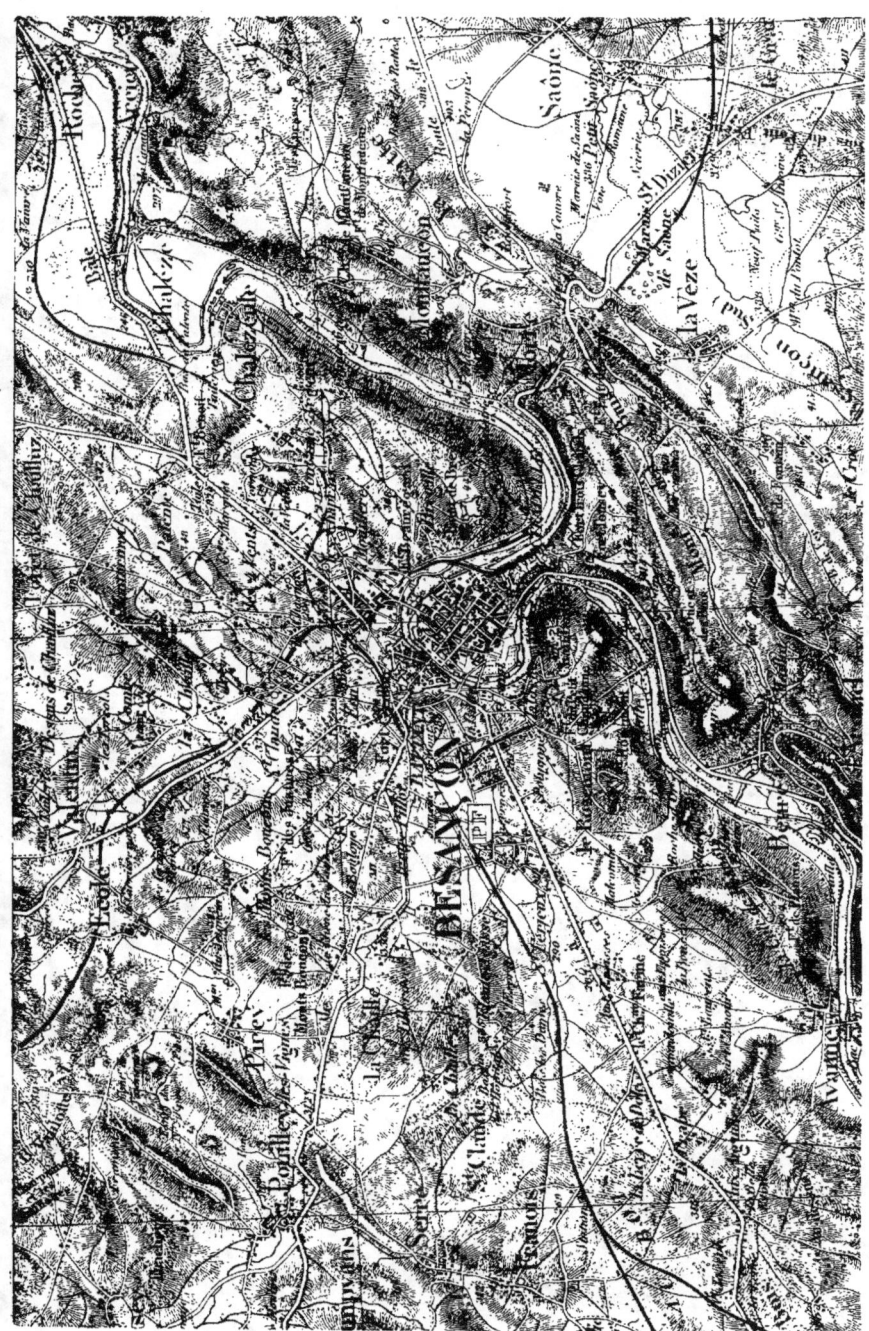

ENVIRONS DE BESANÇON (Janvier 1871)

se rendrait à la Charité et passerait sous les ordres de Bourbaki.

« L'ensemble des forces se réunirait à Clamecy, pour de là se diriger sur Auxerre, Troyes, Châlons-sur-Marne, et finalement opérer jonction avec l'armée de Faidherbe, qui est actuellement près de Saint-Quentin.

« Ce plan m'est suggéré par la pensée que le mouvement tenté dans l'est est irrévocablement manqué, et qu'il ne faut point s'acharner à le poursuivre.

« L'attention de l'ennemi est éveillée; il a eu le temps de se concentrer, et désormais le général Bourbaki le trouvera en forces supérieures dans toutes les directions. Au contraire, par la nouvelle ligne que j'indique, on trompera l'ennemi, qui pendant quelques jours continuera à chercher Bourbaki dans l'est, et on opérera, sur les armées de Paris et d'Orléans, une seconde puissante diversion, qui obligera l'ennemi à détacher une nouvelle *couche* de forces. Quant à Bourbaki, s'il marche avec rapidité, il aura vraisemblablement la ressource de se réfugier, à la dernière extrémité, sous la protection des places du nord. »

Bourbaki retournerait à Nevers avec son armée, mais ce serait pour la conduire ensuite dans le nord! Ce n'était pas précisément suivre la ligne droite. Par ce zigzag, dans la pensée des stratégistes de Bordeaux, on joue à cache-cache avec l'ennemi, et on l'oblige « à détacher une nouvelle *couche* de forces » !

« Ainsi donc, s'écrie un auteur allemand (1), l'armée française devait, comme un jouet, être lancée de-ci de-là, sur ce même chemin de fer qui était alors à peine en état d'amener les approvisionnements nécessaires, et dont l'exploitation irrégulière avait provoqué les plaintes les plus violentes. A des troupes qui avaient employé plusieurs jours pour faire quelques kilomètres, on demandait tout à coup l'agilité nécessaire pour traverser avec la rapidité du trait la moitié de la France. Cette armée qui n'avait pas été en état de battre les

---

(1) Le général DE GOLTZ.

troupes disparates que le général Werder avait réunies à la hâte, le délégué à la guerre la jugeait, après sa défaite, capable de faire de nouvelles marches immenses, et capable aussi de venir à bout des armées allemandes de la Loire et de Paris. Il y avait toute une série d'impossibilités entre lui et son idée fantaisiste, sans qu'il en soupçonnât aucune. »

On ne peut que s'incliner devant la brutale exactitude de ce jugement. Gambetta avait sa part de responsabilité dans l'étrange conception de la délégation de Bordeaux. Il était en voyage et écrivait le 22 janvier :

« Dans l'est, Bourbaki poursuit son mouvement sur Besançon. Nous avons concerté avec lui un plan qui consiste à le diriger avec une très grande rapidité, par un changement complet de son objectif, sur un tout autre point. » Sur le papier, tout cela semble très simple: en réalité, c'est impraticable. M. de Freycinet y insiste cependant. Le 19, il revient à la charge et télégraphie de Bordeaux à Bourbaki :

« Plus j'étudie la question, plus je suis convaincu que vous devez vous rabattre vers Besançon, avec toute la rapidité possible... Je ne crois pas que vous soyez menacé entre Gray et Pontailler. Aucun renseignement ici ne nous confirme la présence de l'ennemi dans cette direction. Enfin, je crois que vous ne devez chercher une vigoureuse offensive que sur un autre théâtre que celui où vous êtes. »

Suivait l'exposé du plan pour le transport à Nevers. — « Je suis tout disposé à mettre le projet à exécution, dès que les détails seront complètement réglés », répondait le général en chef. M. de Freycinet ne jugeait point la situation telle qu'elle était; il subissait l'influence des dépêches de Bordone, qui ne voyait pas ou affectait de ne pas voir l'orage se rapprochant de jour en jour.

Il est certain qu'on ne pouvait plus reprendre l'offensive que sur un nouveau théâtre de guerre. Encore fallait-il pouvoir l'atteindre. A l'heure même où la délégation de Bordeaux informait Bourbaki qu'il n'y avait pas de menace de l'ennemi par Gray et Pontailler, l'armée allemande du Sud traversait la Saône à Gray, Dampierre, Vaite, sur des ponts intacts. Le lendemain, Fransecky passait l'Ognon à Pesmes. Le surlendemain, son avant-garde occupait, à Dole, le pont sur le Doubs. Sur aucune de ces trois rivières, l'ennemi n'avait rencontré de résistance sérieuse.

Malgré tout, Bourbaki accepte la dernière conception de M. de Freycinet avec une étonnante facilité. Il demande seulement que ses troupes s'embarquent sur différents points. Il veut qu'elles soient dirigées immédiatement sur Nevers et aussi loin que possible. Du moins, l'entreprise avait cela de bon qu'elle allait réduire les marches à pied sur la neige et le verglas.

M. de Serres poussait plus loin encore l'idée de son chef. Il parlait de transporter la première armée jusqu'à Angers, pour réunir toutes les forces de l'est et de l'ouest entre les mains de Chanzy. Quelle cacophonie! quels tiraillements! Enfin, on se fixa au transport sur Nevers. Le 22, il était en voie d'exécution. M. de Freycinet donna les ordres et envoya sur place M. de La Taille, inspecteur de l'exploitation de Vierzon, pour surveiller l'embarquement et le transport, comme représentant du ministère de la guerre. La mise en marche du premier train fut fixée au 23, à six heures du soir (1). Les mouvements devaient continuer jour et nuit, à raison de deux cents trains par vingt-quatre heures, de manière à enlever en six jours « 90,000 hommes, cinquante batteries, la cavalerie et tous les accessoires ». On devait multiplier les points d'embarquement (2). Le parc et le matériel d'artillerie se chargeraient à Besançon; l'infanterie, entre Besançon et Baume-les-Dames. Les trains seraient acheminés par Lons-le-Saunier, ou mieux par Dole et Dijon, si l'ennemi laissait libre cette direction.

Malheureusement l'ennemi allait intervenir. Le 23 janvier, au moment où l'opération devait commencer, Manteuffel fixait son quartier général à Dole, tandis que ses troupes détruisaient à Quingey le chemin de fer de Lons-le-Saunier à Besançon,

(1) *Enquête parlementaire*. Rapport Perrot, t. II, p. 717.
(2) Bourbaki à Guerre, 21 janvier, 1 h. 45 soir.

en même temps que ses avant-gardes abordaient le Doubs à l'Isle, Clerval et Baume-les-Dames.

L'occupation de Dole par les Allemands rendait inexécutable le transport de l'armée en chemin de fer vers le centre de la France; car un nœud de voies ferrées aussi important que Dole ne pouvait être tourné par les trains destinés à ce transport.

Les francs-tireurs du colonel Bombonnel avaient été refoulés autour de Gray. L'ordre donné, le 18 janvier, au commandant de la place d'Auxonne de faire sauter le pont de Pesmes, n'avait pas été exécuté, pas plus que l'ordre de détruire le pont de Gray, dont le soin incombait à la place de Besançon.

Le lendemain, l'importante gare de Mouchard était occupée par la cavalerie de Manteuffel; ainsi, les communications de l'armée de l'Est étaient coupées avec la vallée du Rhône comme avec la Saône. Il ne lui restait plus, pour gagner Lyon et le centre de la France, que les routes de Besançon à Champagnole et de Besançon à Pontarlier.

Au reste, Bourbaki n'avait jamais eu une foi robuste dans l'exécution du plan de Bordeaux. S'il s'y était soumis, c'était dans l'espoir de retirer ses troupes des montagnes du Jura; de les soustraire à la neige et au froid qui y faisaient tous les jours de nombreuses victimes, de leur procurer quelques jours de repos pendant le trajet en chemin de fer (1).

Au début, il n'avait pas conçu de très vives inquiétudes pour sa retraite. Il espérait, selon les éventualités les plus défavorables, pouvoir établir son armée dans la région entre les monts Lomont, le Doubs et la Loue, avec Besançon comme point d'appui et comme centre de ravitaillement. Cette zone était d'un périmètre considérable et d'une défense aisée.

Les rives du Doubs sont escarpées et rocheuses, les passages rares et difficiles. Les monts Lomont, qui dessinent la corde de l'arc creusé au nord par le Doubs, constituent une

---

(1) Général Bourbaki; p. 294, d'Héricourt à Besançon.

seconde ligne de défense très solide. Les défilés qui la traversent peuvent être barrés avec de faibles effectifs. Besançon était entouré d'ouvrages avancés dans un rayon suffisant pour protéger la place d'un bombardement. Enfin, au sud, la Loue coule entre deux murailles verticales de hauts rochers. Le cours de cette rivière, une véritable brèche dans le plateau jurassique, est encore plus facile à défendre que celui du Doubs. L'investissement de ce camp retranché naturel semblait impossible. On pourrait y tenir aussi longtemps que Besançon aurait des vivres. Il n'y a en France que quatre régions défensives qui peuvent lui être comparées : le Morvan, l'Auvergne, le Perche et la Bretagne. Le ministère avait promis que Besançon serait bondé d'approvisionnements.

Le général en chef faisait fonds sur les troupes de Dijon et sur celles d'Auxonne. Il s'était borné à la rupture des ponts, et il comptait sur le 24ᵉ corps pour la défense du Lomont (1). S'il s'était mis en marche lentement, tranquillement, afin que l'armée harassée, affamée, gelée, n'allongeât pas trop ses colonnes sur les routes glacées, pour le reste (2) il voulait conserver sa liberté d'action et se diriger selon les événements. Il lui semblait que les communications avec le chemin de fer de Bourg par Quingey et Mouchard ne pourraient être coupées avant que l'armée n'atteignît ces points. Le moindre effort des troupes chargées de garder les communications paraissait devoir suffire à lui donner le temps nécessaire. Illusions encore !

Bourbaki eût-il été inquiet de sa ligne de retraite sur Lyon, au delà de Besançon il aurait certainement pris des mesures de précaution et de résistance plus énergiques à l'égard de l'armée du Sud. Alors même que Besançon eût été en mesure de lui fournir des vivres en suffisance, il ne pouvait considérer cette grande place que comme une étape sur le chemin de la France. Il devait par conséquent garder en son pouvoir la route de Poligny, qui circule au pied de la falaise jurassique,

(1) Dépêche de Soye, 19 janvier 1871, à 11 heures, au gouverneur de Besançon.
(2) *Enquête*. Dépositions Bourbaki et Leperche, p. 352.

sous peine de n'avoir plus à sa disposition que celles de Champagnole et Pontarlier, à travers la montagne, dans un pays sans ressources, encombré de neiges, et où le cheminement des convois de vivres ne pouvait être que très précaire et difficile.

Bourbaki se lamentait que tous les approvisionnements ne fussent pas venus à Besançon, comme il l'avait prescrit. « Je ne comprends pas, écrivait-il (1), que l'inspecteur des chemins de fer n'ait point obéi. Si nous avions des ailes, nous assommerions certainement l'avant-garde prussienne, mais nous n'avons que des pieds endoloris par la fatigue et le verglas ; on marche, et on marchera encore cette nuit.

« Les coupables sont les 30,000 hommes qui sont à Dijon et qui n'ont rien fait pour protéger l'aile gauche de l'armée ; le monde ne nous manque ni à droite ni devant nous. Quant à Mouchard, j'espère que les régiments que j'envoie empêcheront qu'on attente à cette voie ; du reste, à deux ou trois jours d'ici, nous serons en force sur ce point. »

Sans ajouter entièrement foi à toutes les dépêches qu'il reçoit, concernant l'effectif et les mouvements de l'ennemi du côté de la Saône et de l'Ognon, le général en chef est obligé de reconnaître la nécessité de hâter son mouvement sur Besançon (2). On s'est battu à Dijon, Dole est aux mains de l'ennemi. Le 21 au soir, Bourbaki envoie par chemin de fer un détachement occuper Mouchard. Pour tenir cet important point stratégique, il arrivera trop tard. Le 22, la division Cremer, le 18ᵉ corps et la réserve générale campent sur les glacis et dans la banlieue de Besançon. Le 15ᵉ et le 20ᵉ corps gagnent les environs de Baume. Bourbaki les fait ravitailler.

Bressolles occupe Blamont et Pont-de-Roide. Le général en chef lui laisse toute latitude pour la meilleure répartition à faire de ses forces, en lui rappelant le but à atteindre : occuper le plateau de Blamont et s'y fortifier, pour en assurer la possession ; tenir solidement Pont-de-Roide ; conserver Clerval le

(1) Baume-les-Dames, 21 janvier 1871 (8 heures du soir).
(2) Déposition du 21 janvier, 11 h. 50 soir.

plus longtemps possible ; ne faire sauter le pont de Clerval qu'au cas de nécessité absolue.

« L'armée, lui écrivait Bourbaki, appuiera demain sa droite à Baume, sa gauche à l'Ognon, vers Moncey... Je me maintiendrai dans ces positions, jusqu'à ce que le ministre ait arrêté ses opérations ultérieures (1). » Le quartier général de l'armée est à Roche. La réserve est à Pouilley-les-Vignes, le gros du 18ᵉ corps à Châtillon-le-Duc. Ce jour-là, les renseignements sur l'ennemi deviennent graves. Il a passé l'Ognon en plusieurs points, sa présence est constatée par des reconnaissances à une faible distance de Besançon. Il campe à Saint-Vit. Bourbaki apprend de Bordeaux que Manteuffel, infléchissant son mouvement vers le sud, cherche à couper les communications du chemin de fer avec Dijon et Lyon, dans la direction d'Arc-Senans. A cette nouvelle, le général en chef envoie par voie ferrée à Quingey la division Dastughe du 15ᵉ corps (environ 6,000 hommes), pour couvrir la ligne de Lons-le-Saunier et la forêt de Chaux. Le défaut de matériel fait traîner le transport jusqu'à la matinée du 23.

Cependant une reconnaissance de l'avant-garde du IIᵉ corps allemand, partie de Dole vers le sud, trouva, jusqu'au Déchaux, les ponts de la Clauge, de la Loue et de l'Orain intacts, « prêts à servir, » dit Wartensleben. Comment ne les avions-nous pas fait sauter?...

Bourbaki eut une erreur plus grave. Au lieu de laisser la garnison de Besançon se défendre avec ses propres ressources, sauf à les renforcer, s'il était nécessaire, il crut devoir se rendre aux instances du gouverneur, qui demandait que l'armée vînt occuper les hauteurs auprès d'Audeux, pour soutenir les mobilisés de la Haute-Saône préposés à la défense des passages de l'Ognon.

Sous l'influence de l'attraction fatale des belles positions que présentaient les abords de la place, persuadé sans doute qu'il ne pourrait résister à l'ennemi en rase campagne, espé-

---

(1) *Général Bourbaki*, par d'Eicutual, p. 293.

rant que celui-ci commettrait l'imprudence de venir l'attaquer dans ce camp retranché, le général en chef suspendit la marche en retraite de la première armée.

Cependant, dans la soirée du 21 janvier, le 24ᵉ corps était déjà sur la rive gauche du Doubs, et l'on pouvait prescrire au reste de l'armée de franchir cette rivière, le 15ᵉ corps à Baume-les-Dames, le 20ᵉ à Chalèze, le 18ᵉ sur le front de la place de Besançon. La réserve générale pouvait être portée par les voies ferrées jusqu'à Byans, pour défendre la ligne en avant de Quingey.

Si ce mouvement était commencé dès le matin du 21, l'armée pouvait se trouver, dans la soirée du 23, en arrière de la Loire. Elle était sauvée ; car il lui était facile de tenir tête aux faibles avant-gardes qui seules pouvaient l'atteindre ce jour-là.

Malheureusement, loin de préparer cette marche rapide, Bourbaki avait tout d'abord songé à se maintenir entre le Doubs et l'Ognon.

Il avait même déjà prescrit à l'armée de se retrancher dans les positions qu'elle occupait le 21 au soir, et des ordres étaient donnés à toutes les divisions pour exécuter, dès le matin du 22, les dispositions défensives dont le général de Rivière, commandant le génie de l'armée, avait indiqué les conditions générales. Enfin le service de l'intendance avait reçu l'ordre de réunir sur les bords du Doubs un approvisionnement de huit jours de vivres pour l'armée.

Toutefois, dans la soirée du 21, on apprenait que les mobilisés de la Haute-Saône avaient abandonné les postes qui leur avaient été confiés sur les bords de l'Ognon, en présence des avant-gardes du VIIᵉ corps allemand, dont l'opération n'avait pu être entravée par le 18ᵉ corps, faute des ordres nécessaires. L'avant-garde du IIᵉ corps ennemi s'emparait de Dole et le XIVᵉ corps s'établissait aux environs de Rougemont.

Sur ces tristes nouvelles, Bourbaki renonça à maintenir son armée dans les positions qu'elle occupait le 21. Mais il eut le tort de la faire appuyer vers l'ouest, de manière à couvrir plus complètement Besançon. Aussi, dès le 22, il avait là des forces qui lui permettaient de contrarier la marche de Manteuffel. Mais il eût fallu agir. Au lieu de cela, c'était l'inaction. L'armée se pelotonnait autour de la ville et s'y engourdissait. Il était évident que l'approche de Manteuffel rendait la position de cette armée très précaire. Elle pouvait être bloquée sous les murs de la place, si elle ne hâtait son mouvement de retraite, ou ne changeait sa situation par un vigoureux retour offensif. Les soldats eux-mêmes s'en rendaient compte. Le nombre des traînards et des déserteurs se multipliait; il y avait là de graves symptômes de démoralisation, s'ajoutant aux effets de la faim et des souffrances. La division Cremer passait la nuit du 22 au 23 au bivouac, à la gare de Besançon, sans aucune distribution de vivres. Cette condition anormale durait depuis le 13. Les hommes n'étaient plus en état de marcher.

Le 23, Bourbaki établit son quartier général à Besançon. L'armée se concentra sur la rive droite du Doubs, autour de la ville. La totalité des impedimenta fut mise à l'abri sur la rive gauche.

Le général de Rivière, homme plein de zèle et de perspicacité, pressait Bourbaki d'envoyer des troupes du génie renforcer la ligne du chemin de fer de Lyon, aux environs de Quingey. Le général en chef rejeta cette sage proposition. Il était aux abois. Il opposait désormais la force d'inertie, cette résistance des faibles, au péril grandissant, et même aux injonctions du gouvernement, qui lui écrivait :

« L'ennemi paraît avoir été repoussé à Dijon; mais il s'est emparé de Dole et marche sans doute sur Arc-Senans. Son insuccès à Dijon semble indiquer qu'il n'est pas encore en très grande force. Cependant il y a lieu de se préoccuper sérieusement de cette situation et peut-être feriez-vous bien, s'il en est temps encore, de diriger des troupes sur le point menacé. »

A ces conseils se joignirent presque les remontrances :

« Je ne comprends pas, télégraphiait M. de Freycinet, le 23, comment, aujourd'hui encore, et en présence des faits graves qui s'accomplissent dans notre voisinage, vous pouvez vous borner à me dire que vous prendrez demain une détermination, selon ce que vos nouvelles vous apprendront. Votre décision devrait être prise depuis longtemps et même être déjà exécutée.

« ... Au reste, vous connaissez bien mon opinion sur l'ensemble de vos opérations. Autant j'admire votre tenue sur le champ de bataille, autant je déplore la lenteur avec laquelle l'armée a manœuvré avant et après les combats. Le pays n'est pas autrement fait pour les Prussiens que pour vous, et cependant je vois l'ennemi vous surpasser en vitesse, et poursuivre à côté de vous son entreprise avec une rapidité, une audace incroyables, et avec un bonheur inouï. »

Justes reproches, peut-être! Mais celui qui les dictait était le même homme qui, quelques jours plus tôt, lorsque l'armée de l'Est était déjà près de succomber sur la Lisaine, se leurrait et leurrait son commandant en chef des plus folles espérances, lui annonçant pompeusement « qu'il allait faire venir quatre-vingt-cinq mille hommes de la Haute-Loire, exhortant Bourbaki, après la victoire de Belfort, à avancer rapidement par Langres, pour remporter la victoire de Chaumont ».

Le plan le plus hardi n'est un chef-d'œuvre de génie que quand les moyens sont en rapport avec la grandeur de la conception.

Si le ministère avait su, comme il aurait pu et dû le connaître, qu'une armée de soixante mille hommes se portait sur la Saône, sans que Garibaldi voulût ou pût retarder sa marche, il aurait avisé avec le général en chef, pour conjurer le danger, au lieu de l'aveugler sur l'étendue du péril. Averti en temps utile, Bourbaki eût pu tenter de se soustraire au désastre.

L'ignorance de la marche de Manteuffel est imputable d'abord à Garibaldi, ensuite au ministre, qui avait commis l'imprudence de mettre le sort d'une de nos dernières armées à la discrétion d'un général étranger, et qui n'avait fait garder ni les flancs ni les derrières de l'armée de l'Est.

CHAPITRE XI

L'arrivée de l'armée devant Besançon causa à la population bisontine une stupéfaction profonde. C'est le 21 janvier au soir seulement que son gros vint camper sous les murs de la place. Ainsi, il avait fallu près de cinq jours à l'armée de Bourbaki, exténuée de fatigues et de privations, pour parcourir les quinze lieues qui séparent Besançon de la Lisaine.

Ce n'était plus, hélas! qu'une multitude en déroute. Elle offrait, à l'arrivée, un navrant spectacle. Les soldats, épuisés par le froid et le manque de nourriture, se traînaient à la débandade, sans ordre, sans discipline. Ils brûlaient pour se réchauffer tout ce qu'ils trouvaient sur leur passage. Ils traitaient les villages francs-comtois presque en pays conquis. Devant le remblai de Saint-Ferjeux, aux portes de Besançon, ils dévalisèrent trente wagons de vivres et d'effets d'habillement.

Provisions de sucre, caisses de biscuits, habits, pantalons, pris dans ce pillage, tout était bon aux yeux des infortunés pour alimenter leur feu. On voyait des soldats placer des pains de sucre sur deux pierres, les faire flamber, s'en servir comme de bûches, afin de réchauffer leurs membres engourdis.

Que dire de l'esprit public en Franche-Comté? Les populations n'en pouvaient croire leurs yeux.

On s'était figuré, d'après les bulletins du gouvernement de Bordeaux, que la marche en avant de l'armée de l'Est avait été triomphale. Et l'on voyait revenir, au bout de si peu de jours, dans la capitale de la province, une horde désordonnée! « C'est la fin de tout! » se disait-on. « Cette fois, la prolongation de la résistance est impossible! »

La plupart des maisons de Besançon étaient converties en ambulances. Hôpitaux, couvents, casernes, regorgeaient d'hommes malades de la petite vérole, de la poitrine, ou simplement de la misère. Les trois quarts avaient les pieds gelés.

La cavalerie n'était pas en meilleur état. Les chevaux morts remplissaient de leurs cadavres les fossés de l'enceinte et les places publiques. Le gouverneur, pour éviter l'encombrement et l'épuisement des approvisionnements, faisait fermer les portes de la ville aux soldats. De tristes représentants d'une armée française, sans souliers et les vêtements en loques, erraient dans la banlieue, s'entassaient dans les maisons de campagne, où ils trouvaient du feu, des aliments, un abri quelconque. Les soins médicaux leur manquaient totalement.

Bourbaki avait réussi à se soustraire au contact de l'ennemi pendant sa marche entre l'Ognon et le Doubs : pas assez cependant pour lui cacher l'état de délabrement de ses forces. Les avant-gardes du XIVe corps allemand ramassaient nos traînards par centaines et faisaient de nombreux prisonniers dont les propos dénotaient un découragement profond.

Les routes par où avaient passé nos troupes, les localités où elles avaient séjourné la nuit étaient jonchées d'armes, d'effets d'équipement, de voitures de guerre, de chariots, de bagages abandonnés, de carcasses d'animaux. Dans les villages, dans les hameaux, dans les fermes, on trouvait des blessés en détresse, des malades du typhus, de la petite vérole, de la dysenterie, laissés sans soins sur place (1).

A l'état-major de Bourbaki, on ne se rendait que trop compte d'un si douloureux état de choses.

Le mouvement en chemin de fer concerté entre le ministre et le général en chef eût pu être exécutable encore, si l'on eût usé de la ligne de Clerval à Besançon et Dole pour évacuer rapidement un corps d'armée dans la direction du centre. Maintenant, on ne pouvait plus se dérober que par les lignes de Bourg et de Mâcon, les lignes autour de Dole pouvant être interceptées.

A Bordeaux, les écailles tombaient des yeux. « J'ai lieu de croire (2), écrivait le délégué à Chanzy, qu'une partie des forces qui vous étaient opposées est en voie d'être dirigée vers l'est. La situation de Bourbaki est demeurée à peu près la même au-dessus de Besançon... L'ennemi paraît se renforcer

(1) Von der Wengen, p. 496.
(2) Lettre à Chanzy, Laval 24 janvier.

de jour en jour dans cette région, dans l'espoir d'envelopper la première armée. »

La décomposition physique et morale qui régnait dans les troupes explique certes que Bourbaki ait voulu leur ménager un repos de quelques jours. Elle n'explique pas que la cavalerie et le chemin de fer n'aient point été employés pour couvrir cette halte : la cavalerie, en tenant l'ennemi à distance ; le chemin de fer, en jetant rapidement quelques détachements sur Pesmes et sur Dole, pour assurer les passages de l'Ognon et du Doubs. Bourbaki allait perdre l'avance qu'il avait prise sur la poursuite de Werder, faute de précautions suffisantes contre la marche de Manteuffel, qui, elle, avait été si rapide ! Bourbaki allait être pris entre deux feux ! Il était sans doute fort difficile à un officier général d'exercer avec vigilance et activité le commandement d'une armée où tous les liens de la discipline étaient relâchés, depuis les états-majors jusqu'aux derniers degrés de la hiérarchie. Mais il semble qu'au quartier général même régnât toujours une incertitude persistante sur le parti à prendre, et ces hésitations perpétuelles étaient non moins fatales !

CHAPITRE XII

LE GÉNÉRAL ROLLAND

Le général Rolland. — Création du camp retranché de Besançon. — Le capitaine Huot. — Soulèvement des populations dans l'est. — Combats sur les plateaux de Croix et de Blamont. — Les colonels de Vezet et Bousson. — Affaire de Voujaucourt (23 novembre). — Expéditions des corps francs. — Les Vengeurs. — Rôle du 24ᵉ corps. — Occupation du plateau de Blamont. — Second combat de Voujaucourt (13 janvier 1871). — Combat de Croix. — Prise de Thulay et Bondeval (18 janvier). — Rappel à Besançon de Vezet et Bousson. — Faiblesse de la défense de Besançon. — Lettre affolée du gouverneur à Bourbaki. — Le colonel Perrin à Baume. — Passage du Doubs par les Allemands. — Rappel à Besançon du 24ᵉ corps (24 janvier 1871). — Confusion dans les ordres donnés au général Bressolles. — Abandon des positions. — Contre-ordre donné le 25 à Bressolles. — Retraite de Comagny sur Pontarlier. — Les colonels Bourras et Bousson seuls au Lomont. — Ambulances de Besançon. — Position précaire de la place. — Démission du préfet du Doubs M. Ordinaire.

La défense nationale a donné un relief inattendu bien caractéristique à nos amiraux et à nos officiers de marine, en les montrant également bons sur terre et sur mer. Aussi vaillants, nul n'en pouvait douter; aussi avisés, l'expérience le prouva. Les Jauréguiberry, les Jaurès, les Gougeard, les Penhoat, les Pallu de La Barrière, pour ne parler que des amiraux, ont tenu dignement leur rôle dans la guerre en province. Ils ne pouvaient faire moins bien au commandement d'une place qu'à la tête d'un corps d'armée. Le capitaine de vaisseau devenu gouverneur peut se croire encore à son banc de quart. Il n'a qu'à faire appel à l'esprit de résolution dont sa carrière primitive a eu le secret.

Au mois de septembre 1870, la défense de Besançon échut à un homme de cœur et d'énergie, à un vieux marin sans peur et sans reproche, le général de division auxiliaire Rolland, ex-capitaine de frégate. Il avait succédé au général de Prémonville, divisionnaire du cadre de réserve, un ancien officier de gendarmerie timide et hésitant, qui ne s'était pas montré à hauteur des circonstances, et qu'il avait fallu remplacer dans l'intérêt de la défense. Rolland tenait la barre de son gouvernement avec une indomptable énergie, décidé à se faire sauter plutôt que de rendre sa place. Il inspira bientôt une confiance universelle, et devint très populaire dans la capitale de la Franche-Comté.

C'était un curieux type de Marseillais doublé d'un loup de mer. D'une stature imposante, les épaules carrées toujours en mouvement, toisant l'interlocuteur avec un regard farouche, arpentant son cabinet de long en large, les mains derrière le dos, il lançait des ordres sévères de sa voix de stentor, marquée d'un fort accent de la Canebière. Quand on l'abordait au dehors, il faisait tournoyer sa canne dans sa main d'une manière inquiétante. Sous la rudesse de ses formes, la bonté de son cœur et sa grandeur d'âme se révélaient dans une foule de circonstances. Elles étaient bien connues de ses familiers qui l'affectionnaient, tout en souriant de ses originalités.

Ses longs cheveux gris bouclés étaient enfouis sous une énorme casquette de marin qu'il ne quittait jamais. Sa redingote déboutonnée flottait sur son pantalon enfermé dans de longues guêtres de cuir noir. Habile, intelligent, gouailleur, se dépensant sans cesse, allant faire des rondes de jour et de nuit, visiter les forts et les positions ; montant à cheval comme un marin, c'est-à-dire s'y tenant de longues heures, et chavirant sur sa monture à des allures désordonnées ; ayant dans ses entretiens avec ses officiers des mots humoristiques, bientôt répandus dans la ville : homme en un mot sympathique par ses bonnes intentions, malgré ses boutades, et bien à sa place par l'inflexibilité de son sentiment du devoir.

Avec les émissaires de l'ennemi surtout, il ne plaisantait pas et les éconduisait rapidement. Un officier de uhlans lui arrive un jour en parlementaire. Après lui avoir fait enlever le bandeau traditionnel, le général s'enquiert du but de sa mission : un échange de prisonniers, et en particulier, le renvoi d'un jeune neveu de Bismarck, le lieutenant de Bonin. Tout en fixant l'officier allemand avec des yeux féroces, voici le langage qu'il lui tient :

« Faites savoir au général de Schmeling que je ne recevrai plus aucun émissaire. Quant à M. de Bonin, il m'est trop précieux, et je ne le rends pas. Au premier coup de canon tiré sur Besançon, vous verrez se balancer son corps au clocher de la cathédrale... Rompez! »

Le parlementaire ne se le fit pas dire deux fois. Rolland ne laissait pas un point du périmètre de la place qu'il n'eût vu par lui-même. Les forts étaient « ses enfants », disait-il. Il en avait fixé les emplacements. Il avait créé autour de Besançon un vaste camp retranché. Un des ouvrages portait son nom. Le fort Rolland, les monts Boucons, la chapelle des Buis, le Rosemont, Planoise, Châtillon-le-Duc, Montfaucon, avaient été rapidement improvisés. Ils furent bientôt prêts pour la défense.

Emprisonnée dans une boucle du Doubs, la vieille cité romaine, *Vesontio*, était déjà du temps de César fièrement campée dans sa presqu'île. Sa pittoresque citadelle, qui ferme l'isthme et repose sur un rocher gigantesque, est décrite dans les *Commentaires* avec une précision que ratifie encore aujourd'hui la nature. Sous Louis XIV, au moment de la conquête de la province, la ville a subi un siège mémorable. Avec les engins modernes, elle ne serait plus qu'un nid à bombes, si elle n'était protégée par la ceinture de forts qui l'entoure, depuis la réorganisation de la frontière. En 1870, il n'y avait rien, que des projets ou des ébauches. Il fallut aller au plus pressé, faire des ouvrages du moment, les armer, remuer beaucoup de terre et de canons : le principal honneur en revient au général Rolland et à son digne collaborateur, le lieutenant-colonel de Bigot. L'exécution fut confiée au génie et à l'artillerie.

CHAPITRE XII

Malgré la pénurie du personnel et des moyens d'action, Rolland fit régner une activité fiévreuse dans tous les établissements militaires de la place et de ses annexes.

Il exigea de la garnison une discipline de fer. Malheur à l'officier ou au soldat embusqué dans les estaminets, rencontré hors de son poste! Le coupable, quel qu'il fût, était aussitôt traduit en cour martiale. Un jour, par son ordre, et en vertu de l'état de siège appliqué dans sa pleine rigueur, la police saisit d'un coup de filet toutes les filles de mauvaise vie de la place et les enferma dans une casemate. C'était, disait le général en riant, une mesure de salubrité publique. Il forma à Besançon un corps d'éclaireurs à cheval bien encadré, bien monté, composé de cavaliers pris dans la garnison. Il fit surveiller les mouvements de l'ennemi par les compagnies de francs-tireurs chargées de garder les passages comme postes avancés.

De temps en temps, l'état-major organisait des coups de main. Il était servi à souhait par le capitaine Huot, un chef de francs-tireurs émérite, dont les hauts faits devenus légendaires rappelaient ceux du capitaine Lacuson, au dix-septième siècle Le 24 décembre, une reconnaissance enlevait à Oisclay un convoi de farine préparé pour les Prussiens. Tous les jours, c'était quelque exploit de ce genre. Le capitaine Huot, quoique blessé, ramenait des prisonniers, et la brave cité bisontine fêtait son retour en l'acclamant. Avec la prolongation de la guerre et l'invasion de plus en plus terrible, il régnait dans tout l'est une exaspération croissante contre l'occupation ennemie. Les populations de nos villages frontières cherchaient de temps en temps à se soulever. Les paysans de la Haute-Saône prenaient des fusils et essayaient partout des représailles bien justifiées; car les Prussiens avaient commis des atrocités dans le département.

Outre le gouvernement de Besançon, le général Rolland n'oublie pas qu'il a la garde du territoire jusqu'aux frontières de Suisse et d'Alsace. Sa préoccupation constante, c'est la défense des hauteurs qui dominent le Doubs : le plateau de Blamont, le Lomont et les positions voisines.

Sur les crêtes de Blamont, les deux partis sont en présence, assez près l'un de l'autre. La vallée du Gland les sépare. Et, pendant deux mois, de petits combats vont se livrer chaque jour entre eux, à l'extrême frontière, à Croix, à Abbévillers, à Hérimoncourt. Les Prussiens sont peu rassurés dans ce pays d'embuscades. Aussi ne craindront-ils pas de faire marcher en tête de leurs colonnes d'exploration les maires, les pasteurs, les notables. C'est dur, mais « c'est la guerre ! » comme ils disent. Ils n'ont d'abord en face d'eux que deux détachements commandés par deux chefs de bataillon de mobiles très énergiques, MM. de Vezet et Bousson. Le premier est un gentilhomme franc-comtois qui connaît le métier, ayant porté le sac en Crimée, ex-lieutenant aux grenadiers de la garde, démissionnaire après la campagne d'Italie. Il avait su rapidement acquérir l'estime et la confiance des officiers et des hommes.

Soldat loyal, brave, actif, il avait communiqué son ardeur à ces troupes improvisées qui luttaient contre des légions aguerries, et avait obtenu d'elles un dévouement sans bornes.

Le second est un ancien capitaine de zouaves, jurassien de bonne race et de bon terroir, blessé en Crimée, ayant fait son apprentissage en Afrique et devant Sébastopol, un homme aussi sur lequel on peut compter !

Par suite de la nature un peu isolée des opérations dans les montagnes du Doubs, tous deux sont appelés à jouer un rôle indépendant pendant cette partie de la campagne, et, dans son mouvement sur Héricourt, Bourbaki aura les yeux sur eux. Ils lui serviront d'auxiliaires.

Leurs opérations commencent par le combat de Voujaucourt. Deux bataillons du Doubs préposés à la garde de ce poste avaient enlevé aux Prussiens un convoi de farine qui se dirigeait sur Montbéliard. Le 23 au matin, les ennemis, troublés dans leurs réquisitions, tentèrent une attaque sur les positions de la rive gauche du Doubs. Ils établirent deux batteries à Audincourt et à Exincourt. La grand'garde de Voujaucourt se retira sur Mathay. Le commandant de Vezet, rassemblant sa réserve à **Mathay**, reprit sa position. Le 1ᵉʳ décembre, une attaque plus sérieuse eut encore lieu à **Voujaucourt**. Deux colonnes d'infanterie allemande s'avancent jusqu'au pont, et leur chef est blessé en tête de sa colonne. Les Prussiens sont rejetés dans la gare, derrière la levée du chemin de fer.

Cependant, de toutes parts, s'organisent des corps francs, sous l'impulsion de quelques hommes résolus. L'un des meilleurs était la création d'un député alsacien, M. Keller, qui avait su réunir sous sa vaillante main nombre de compatriotes, pour la défense de leurs foyers communs et de la France.

De son côté, un ardent capitaine du génie, Bourras, allait devenir un vrai chef de compagnies franches, dans cette région.

Originaire de Pompignan dans le Gard, où un monument sera élevé plus tard en son honneur, il avait fait la guerre d'Italie comme sous-officier du génie. En 1870, devenu capitaine, il s'échappe de Sedan et est envoyé dans les Vosges, pour y commander les corps francs en formation. Avec l'aide de son collègue de l'arme, le capitaine Varaigne, un futur commandant de corps d'armée, il arrive rapidement à constituer un noyau de troupes solides, énergiques, décidées à lutter jusqu'au bout. A peine formé, le corps Bourras débuta au combat de la Bourgonce. Puis il lutta à Gray, à Vougeot, à Châteauneuf ; il servit ensuite d'éclaireur à Bourbaki, et livra plusieurs engagements dont quelques-uns furent heureux.

Il y avait à **Saint-Hippolyte** une troupe des Vengeurs de la Mort, formée dans les faubourgs de Lyon, et qui n'était qu'un ramassis d'éléments de toute sorte : douze à treize mille Français, Italiens, Polonais, la lie des populations. Cent cinquante cavaliers, moitié spahis, moitié uhlans ; une compagnie du génie ; un bataillon d'infanterie, formé de zouaves, de turcos et de francs-tireurs ; de tout en somme, mais rien de bon dans ces éléments, pas même celui qui les commandait, un certain Malicki, réfugié polonais ; il pouvait passer pour un chef de bandes, presque pour un chef de brigands. Chaque affaire qu'il livrait, il la donnait comme une victoire. Généralement ses rapports étaient faux et mensongers. De fait, les Vengeurs buvaient beaucoup, pillaient un peu, maraudaient davantage, mais ne se battaient guère, s'il faut en croire les commandants de mobiles qui opéraient auprès d'eux, et se montraient peu flattés de leur voisinage.

Le 1ᵉʳ janvier 1871, Malicki prétendit avoir chassé les Prussiens du plateau de Blamont, et avoir entamé une attaque sur toute la ligne Bondeval-Hérimoncourt-Glay. « Il est six heures, télégraphiait l'aventurier... Je suis maitre de ces points. » Or, on sut depuis que tout le mérite de l'occupation revenait au commandant de Vezet. Les Vengeurs débandés après une courte fusillade, se croyant cernés, sont pris de terreur panique : vingt officiers et cinq cents hommes se réfugient en Suisse. On les désarme, on les ravitaille. Ils sont exaspérés contre leur chef, l'accusent de trahison, le soupçonnent même d'avoir emporté la caisse du corps. Demeuré d'abord à Blamont, pour se porter, dit-il, sur les points où sa présence sera nécessaire, Malicki gagne sournoisement Clerval et disparait. Le lendemain, il franchit la frontière déguisé en paysan. Il est arrêté à Délémont, et on le trouve porteur de la solde du détachement, qu'il s'est appropriée. Le reste de la troupe retourne à Besançon, avec ses armes, sans argent, sans vivres, sans chefs, en pleine désorganisation.

La diversion par la trouée de Belfort était une manœuvre si naturelle, de la part d'une armée attaquant le front de la Lisaine, que les Allemands ne la mettaient pas en doute. Ce fut d'ailleurs, au début, l'une des parties principales du plan français. Bourbaki en avait parlé au général Rolland. Il avait d'abord été question de détacher un corps d'armée pour occuper le plateau de Blamont. Ensuite, il ne s'agit plus que d'une division, puis d'une brigade. En définitive, il n'y a qu'une faible partie de l'armée de l'Est qui ait donné dans cette région montagneuse, avec quelques partis de mobiles et de mobilisés, appartenant à la septième division militaire.

Bourbaki semble avoir perdu de vue la trouée de Belfort

où s'adossait Werder. C'est cependant là qu'était la défense de Besançon.

Alors que soixante-dix mille de ses soldats ne tirèrent pas un coup de fusil, pendant les journées des 15, 16 et 17 janvier, alors qu'il lui était bien facile de consacrer tout le 24ᵉ corps à un mouvement tournant par sa droite, il se bornait à harceler le général Rolland de télégrammes, lui prescrivant d'envoyer le plus de monde possible vers Blamont, sans songer qu'on ne pouvait dégarnir une place exposée à un investissement.

Il était cependant urgent d'occuper la position de Blamont, pour faire une pointe sur les derrières de l'ennemi, entre Delle et Montbéliard, tandis qu'il serait engagé d'Arcey à Héricourt. « Hélas! écrivait Rolland à Bourbaki, le 18, je n'ai plus aucune troupe à envoyer à Blamont. Veuillez donc y faire diriger une brigade au moins, avec une ou deux batteries, qui pourront franchir le Doubs au pont de l'Isle. Le plateau de Blamont, étant fortement occupé par nos troupes, ainsi que la rive gauche du Doubs face à Montbéliard, au-dessus de Voujaucourt et d'Audincourt, l'ennemi sera bien obligé de rester dans ses positions, sans pouvoir s'y avancer vers Vesoul, ou Besançon, par la vallée de l'Ognon. Il ne pourra vous suivre, sans risquer d'être coupé ni de voir débloquer Belfort. Je fais occuper les ponts de la Saône et du bas Ognon.

« Il faut à tout prix *empêcher l'ennemi de monter sur les plateaux de la rive gauche et de tourner la position de Besançon.* » Rien n'était plus sage que ces observations.

Le 13 janvier, jour du combat d'Arcey, pour faciliter à Bourbaki sa marche sur la Lisaine, on jugea plus que jamais utile une diversion sur l'extrême gauche allemande. Le général Rolland envoya de Besançon au commandant de Vezet nommé colonel du 54ᵉ de marche l'ordre d'attaquer avec toutes ses forces, à la pointe du jour, et de couper aux Prussiens le chemin de Delle. Au second combat de Voujaucourt ou de Dasle (13 janvier 1871), ses troupes ne dépassaient pas trois mille hommes. Il avait devant lui le corps du général Debschitz, fort de douze mille hommes et trente pièces de canon. Le rassemblement du 54ᵉ fut un peu lent. On perdit du temps à délibérer. Bref, Vezet n'attaqua qu'à midi. Les lignes ennemies étaient gardées par six bataillons de landwehr, un régiment de cavalerie et deux batteries d'artillerie, en tout 7,000 hommes. Un bataillon du 54ᵉ se déploie en avant de Bondeval en face du bois de la Charbonnière, soutenu à droite par la compagnie du capitaine Viette, soutenu en arrière par un autre bataillon de mobilisés. Vezet n'a que de petites pièces de montagne. La fusillade éclate, vive et soutenue de part et d'autre. Nos mobiles font bonne contenance, et la ligne de retraite de l'ennemi se trouve un instant compromise. Mais, à la fin de la journée, il reçoit des renforts, ce qui oblige Vezet à faire sonner la retraite et à se replier sur le plateau de Blamont.

Des combats acharnés se livraient aussi dans les montagnes du Doubs entre les troupes du colonel Bourras et l'ennemi. Dans la journée du 18, à deux heures, les Prussiens, qui occupent le plateau de Seloncourt-Audincourt, veulent exécuter un mouvement tournant, pour couper la retraite sur Bondeval à un bataillon du 54ᵉ de marche. Ils foudroient avec leur artillerie le poste d'Audincourt, qui ne peut se défendre ni riposter, et doit se replier dans le bois situé en arrière, n'étant pas soutenu.

Nos troupes du plateau de Blamont n'avaient plus aucune relation avec l'armée de l'Est, qui opérait en face, sur la rive droite du Doubs. Ce fut par une dépêche de Bordeaux que ces détachements apprirent la bataille de Villersexel. Notre armée n'était cependant éloignée que de quelques kilomètres. L'intempestive destruction des ponts avait supprimé toute communication entre les deux rives.

Cependant la lutte devenait trop inégale. « Nous tiendrons jusqu'à l'extrémité à Pont-de-Roide, télégraphiait Bousson le 18. Il nous faut des renforts et de la grosse artillerie. » Ce jour-là, les Prussiens entrent sans coup férir à Thulay. Le village était occupé par une compagnie de mobilisés; ils l'abandonnent sans tirer un coup de fusil. L'ennemi attaque ensuite Bondeval.

Le 54ᵉ déploie des tirailleurs sur le plateau. Mais Roches tombe aussi au pouvoir de l'ennemi, les francs-tireurs chargés de le défendre ayant lâché pied. Les troupes de Blamont tiennent un instant, puis se retirent à la nuit sur Noirefontaine. Celles de Bondeval quittent la place, descendent à Mandeure et vont cantonner à Bourguignon.

Bousson garde les ponts avec deux compagnies. Les mobilisés se sont débandés. Il les envoie à Noirefontaine et surveille le passage du Doubs à Mandeure. Il n'a pas de pièces de campagne, et pourtant on lui envoie des gargousses. Un convoi de munitions et de vivres lui arrive à Dambelin. Les attaques de nos mobiles avaient prouvé qu'ils étaient résolus et pleins d'entrain. Mais que pouvaient-ils contre la tactique et les moyens d'action de l'ennemi? Le rapport sur un de ces combats disait assez naïvement : « N'eût été l'artillerie prussienne, l'ennemi eût éprouvé de sanglantes défaites. » — Oui, mais l'artillerie prussienne y était. Les derniers engagements livrés aux environs de Montbéliard avaient été acharnés. Il était resté, disait-on, dans les vignes une foule de cadavres.

« Les Prussiens, écrivait le colonel de Vezet, ont rétabli le pont de l'Isle à notre barbe. On m'a ordonné de venir prendre position en avant de Pont-de-Roide, sur la rive gauche, sans me dire que Blamont était abandonné. Quand je suis arrivé ici, par une marche de nuit dérobée à l'ennemi, tout le monde avait disparu. » Du 14 au 20 janvier, sans un moment de répit, par des froids de 18 à 20 degrés, Vezet avait fait tête à l'ennemi. Et son camarade le colonel Bousson lançait ce cri de colère : « Nous sommes éreintés, je me trouve ici avec deux bataillons seulement. Prussiens par devant, Prussiens par derrière! J'avais promis au général Bressolles de partir le dernier : je tiens parole... je refuse formellement d'être nommé général comme me le propose Bressolles. Je ne me sens pas capable de commander à de si mauvaises troupes! »

La ligne du Doubs nous échappait. Le 23, à Baume-les-Dames, au moment où le détachement français laissé à la défense de la rive droite passait sur la rive gauche, l'ennemi prenait aussitôt nos positions abandonnées de la Boussenotte. Le pont de Baume sautait, et à dix heures une colonne prussienne faisait son entrée dans la ville. Besançon n'était plus très loin !

Depuis plusieurs jours, la population bisontine était affolée par l'approche de l'ennemi. Il y arrivait des renforts, mais ce n'étaient que des mobilisés inutilisables. Ils faisaient sans doute partie des fameux cent mille hommes du midi, que M. de Freycinet avait annoncés au début de la campagne ! Le 22, il en venait dix-neuf cents de Vaucluse, deux mille six cents de la Drôme, deux mille quatre cents de l'Hérault, cinq mille de la Haute-Savoie, à peu près autant du Doubs : des troupeaux d'hommes, pas même de la chair à canon, car ils n'entendaient jamais le canon que de loin ; ou bien ils fuyaient devant lui.

Si ces « vieux garçons » avaient l'amour de leurs foyers déserts, ils songeaient plus à les rejoindre qu'à les défendre.

Quelques bataillons cependant furent envoyés au dehors, pour tenir la campagne, avec une organisation rudimentaire. Les autres restèrent comme un embarras.

Le 23 enfin, Bourbaki se décide à faire passer sur la rive gauche du Doubs une première division du 24ᵉ corps, celle du général d'Ariès. Le 60ᵉ de marche va occuper Blamont. Dans cette marche forcée, nombre d'hommes restent en arrière, malgré les efforts des officiers. Les maladies, les pertes par le feu, les congélations, les distributions irrégulières ont beaucoup diminué les effectifs. L'autre division (Comagny) passera le lendemain à son tour, « de façon, écrit le général en chef, à assurer complètement la position, en occupant le Lomont. » C'est une sage mesure. Le Lomont et Blamont se flanquent mutuellement, et en voici la garde assurée. Confiant dans la réoccupation, lorsque Bourbaki apprend du gouverneur de Besançon qu'on va faire revenir les colonels de Vezet et Bousson, il se borne à répondre par dépêche : « Je reçois à l'instant le télégramme par lequel vous m'annoncez l'évacuation de Blamont. »

Le 23, cinq mille Prussiens attaquent Roches avec des obusiers de montagne. Un bataillon du 61ᵉ de marche défend vigoureusement le village. Le lieutenant Vinciguerra, malgré trois blessures, continue à commander sa compagnie. A quatre heures, il faut évacuer la position et se retirer sur Saint-Hippolyte. Le 25, toute la division prend la route de Maiche. Les mobiles se débandent et se répandent dans les fermes.

Cependant, l'orage gronde de plus en plus autour de la capitale de la Franche-Comté. La panique des habitants de la contrée se communique aux mobilisés et même aux troupes régulières.

Le général Rolland demande à Bourbaki, à Baume-les-Dames, de faire occuper les abords de la forteresse par une bonne brigade installée sur la rive gauche de l'Ognon. C'est par Voray et Cussey que la place a été menacée le 22 octobre : c'est par là qu'elle l'est encore à ce moment.

« Vous me mettez dans une situation épouvantable, écrit Rolland. Besançon est défendu aujourd'hui par cinq bataillons qui n'ont pas de cartouches. Je suis menacé par la gauche, Marnay, Pin et Pesmes ; et, si l'attaque est sérieuse, le chemin de fer de Besançon à Dole et de Dole à Mouchard peut être coupé. Aujourd'hui, un régiment de lanciers a pris une panique affreuse. Soixante hommes des grand'gardes sont partis au grand galop jusqu'à Besançon, semant l'épouvante.

« Je suis monté à cheval et j'ai brûlé la cervelle au premier que j'ai rencontré. J'ai cassé en face du régiment un lieutenant qui descendait la grand'garde sur les lieux, et qui n'a pas su arrêter les fuyards.

« Je saurai me faire tuer. Mais cela ne sauvera pas la place de Besançon, qu'il est impossible de défendre dans ces conditions. »

Le 22 janvier, de Serres y est envoyé à la hâte pour aider le gouverneur à rétablir l'ordre.

« Situation grave, télégraphiait M. de Freycinet à Bourbaki (1). La garde nationale mobilisée est menacée d'une désorganisation complète. Son commandant supérieur se retire, ses chefs de légion en font autant. Ils ont été si souvent insultés grossièrement par le général Rolland! »

Le 22, vers quatre heures du soir, l'ennemi, venant de Rougemont et Clerval, attaquait au nord de Baume-les-Dames les positions de la Boussenotte, avec huit mille hommes. Le général Peytavin, qui disposait dans Baume de quatre mille hommes, avait reçu, la veille, l'ordre d'embarquer ses troupes en chemin de fer, à destination de Quingey, de sorte que, au moment de l'arrivée de l'ennemi, il ne restait plus à la défense que quinze cents hommes avec deux pièces de 4, qui furent mises en batterie au sommet de la position. L'ennemi riposta à leur tir avec deux batteries situées à deux mille mètres, dont les obus n'éclataient pas et faisaient fougasse dans la terre meuble. Le soir, une colonne ennemie de douze cents hommes s'empara d'un coteau boisé, à cinq cents mètres en avant du col de la Boussenotte. Nos troupes, commandées par un officier du génie, le colonel Perrin (ex-capitaine de son arme), repassèrent sur la rive gauche du Doubs, et, à trois heures du matin, on fit sauter incomplètement le pont sur la rivière, dont deux arches seulement furent détruites.

On fit couler les bacs et échouer les barques du voisinage. Un bataillon de mobilisés reçut l'ordre de tenir Baume. Mais, après le départ de la brigade Peytavin pour Quingey, il ne voulut pas y rester et se rendit à Pont-des-Moulins. Les traînards demeurés dans la ville faillirent être faits prisonniers. Le colonel Perrin resta presque seul sur la rive gauche du Doubs; il ne put empêcher l'ennemi de reconstruire le pont et de s'emparer de la gorge du Cusancin.

Quelques heures après, la colonne allemande entra à Baume. L'avant-garde alla occuper Guillon et Pont-des-Moulins. Le gros de l'ennemi franchit le Doubs, à Cour, sur un pont de bateaux, et, dès la matinée du 23, il avait pris posi-

(1) Bordeaux, 21 janvier, 10 h. 40 soir.

tion, sans résistance, sur la rive gauche. La nuit suivante, le colonel Perrin se retira avec la deuxième légion du Rhône sur Adam-les-Passavant. Le général Bressolles était à Clerval. Il fit occuper les positions de Pont-des-Moulins par la division d'Ariès. Il était trop tard. La légion du Rhône était déjà repoussée. Le 63ᵉ de marche, avec le général Castella, fut engagé contre 3,000 Prussiens, sur les hauteurs boisées entre Adam et Pont-des-Moulins. Deux compagnies furent faites prisonnières par l'ennemi. Le reste du régiment, conduit par son colonel, à qui il ne restait que deux cent cinquante à trois cents hommes, faillit être pris aussi. L'ennemi s'avança jusqu'à Passavant et s'en empara. Le général Bressolles se retira sur Vercel, puis sur Pontarlier.

L'abandon du pont de Baume avait permis à l'ennemi de se porter sans difficulté sur les plateaux, Nancray, Ornans et Pontarlier. Il ne lui restait plus qu'une barrière à franchir, celle du Lomont.

Bressolles avait l'ordre de défendre les défilés à tout prix. Bourbaki lui reprocha amèrement devant la commission d'enquête de les avoir abandonnés, malgré des prescriptions formelles. Bressolles se défendit énergiquement, en alléguant qu'il avait été rappelé le 24 à Besançon de la façon la plus impérative.

De ces deux affirmations contradictoires, laquelle semble la plus fondée?...

Tout porte à croire que, fidèle à sa funeste tendance d'appeler à lui tout son monde et de ne supporter aucun détachement, Bourbaki télégraphia à Bressolles de prendre ses dispositions pour se porter à Besançon avec son corps d'armée, de remettre aux colonels Bousson et de Vezet, du 54ᵉ mobiles, le soin de défendre Blamont et Pont-de-Roide, enfin de laisser deux bataillons seulement à la garde de chacun des ponts de Clerval et de Baume.

Dans la soirée du 24, Bressolles recevait de l'état-major de l'armée un nouveau télégramme ainsi conçu :

« Laissez la division Busserolles à Pont-de-Roide, occupant avec des détachements Baume-les-Dames, Anteuil, Glainans, Dambelin, et revenez avec les divisions d'Ariès et Comagny. »

Le gros de la division rétrograda à Servin et à Lanans.

Lourde négligence de Bressolles, plus lourde faute de Bourbaki! Celui-ci a complètement oublié ses ordres. Il entre dans une colère violente en apprenant que les passages du Doubs sont au pouvoir de l'ennemi, et que Bressolles revient sur Besançon. Le 24 au soir, un peu avant minuit, l'officier d'ordonnance du général Bressolles vient rendre compte au quartier général à Besançon des mouvements du 24e corps.

Bourbaki se fâche de nouveau et soutient tout d'abord qu'il n'a donné aucun ordre d'évacuation des positions de Blamont et de Pont-de-Roide, qu'il attachait au contraire la plus grande importance à leur maintien. Renseignements pris et inspection faite du registre de bureau contenant la copie de l'ordre, c'est le cabinet qui avait donné cet ordre, et la responsabilité en revenait au lieutenant-colonel Leperche, qui l'avait prescrit à l'insu du général en chef. Voilà un exemple des erreurs que peut commettre un état-major, lorsqu'il prend une mesure sans s'assurer qu'elle ne contrarie pas la pensée du chef. Ici, la mesure était fatale. L'évacuation ne pouvait que livrer à l'ennemi l'accès des derniers refuges de l'armée de l'Est.

Le général Borel a énergiquement décliné devant la commission d'enquête toute participation à une faute qu'il n'avait pu commettre, étant toujours resté, d'une manière absolument anormale d'ailleurs, étranger aux ordres élaborés par le cabinet.

« Il est inexplicable, dit-il, que le 24e corps ait évacué des positions aussi formidables et aussi faciles à défendre. Ce n'est qu'à Pontarlier que j'ai eu le mot de l'énigme. *La dépêche prescrivant ce mouvement n'avait pas été transmise par mon intermédiaire.* »

Quoi qu'il en soit de l'origine de ce malheureux ordre, Bourbaki, mieux informé, prescrivit le 25 à Bressolles d'arrêter son mouvement de retraite, de se porter le lendemain, en deux colonnes, sur Vaudrivillers et Passavant; de refouler l'ennemi sur Pont-des-Moulins, de rappeler le général Comagny, de réoccuper les passages.

Bressolles semble ne pas comprendre. Il télégraphie son embarras, laisse entendre qu'il ne sait plus que faire. Exaspéré de cette inintelligence de la situation, Bourbaki lui enjoint de défendre, sinon encore le plateau de Blamont, du moins les défilés du Lomont.

La dépêche du général en chef subit un retard. Elle ne parvient à Bressolles que le 25 janvier, à dix heures du matin. Sa retraite sur Besançon est déjà très prononcée. Il se trouve trop loin des positions à réoccuper pour espérer quelque succès de ce retour sur ses pas. Il arrête néanmoins sa marche et demande de nouvelles instructions.

Évidemment, dit le rapport de la commission d'enquête au sujet de ce douloureux incident, le sentiment qui dominait le général Bressolles fut la crainte de mettre son armée en contact avec l'ennemi, sentiment fatal qui gagnait de proche en proche et animait désormais presque toutes nos armées! Comme si le Dieu qui les avait soutenues pendant des siècles leur refusait désormais cette force qui avait fait nos gloires passées! On ne voyait plus, hélas! partout que postes évacués, positions abandonnées! L'ennemi n'avait plus qu'à se baisser, pour ramasser les moissons de lauriers que nous lui abandonnions!

Il est vrai que tous nos services étaient désorganisés, même celui de la solde, qui est, comme chacun sait, le nerf de la guerre. Le 20 janvier, Bressolles faisait vainement rechercher le payeur du 24e corps. Entrepreneurs, conducteurs, troupes, personne n'était soldé dans le corps d'armée. On refusait de marcher.

Bressolles, en s'élevant sur les plateaux, avait laissé derrière lui la division Comagny, avec mission de garder les passages du Doubs jusqu'à la relevée par des troupes mobiles. Comagny communiqua cet ordre aux troupes placées sous son commandement, puis il se rendit à Saint-Hippolyte, d'où il se porta vers Pontarlier, sous sa propre responsabilité. « Il y arriva, dit le général de Goltz, comme l'avant-coureur du torrent désordonné qui devait le suivre bientôt. » Qu'y avait-il encore à la garde des passages, le 26? Le colonel Bourras et quelques détachements du 54ᵉ. Vezet télégraphiait : « J'occupe Chamesol avec le colonel Bousson. Il y a des mobiles à Pierre-Fontaine et Villars-sous-Blamont. Je n'ai guère qu'un millier d'hommes. Je défends le Lomont de mon mieux. Je demande quelques renseignements pour pouvoir me rendre utile. Quelles positions dois-je occuper de préférence? »

Le général Rolland, voyant tout perdu de ce côté, ne s'occupait plus que de défendre sa place, comme sur mer il eût défendu son vaisseau. Il laissa la première armée à son destin et reprit avec plus d'énergie encore le commandement du territoire suburbain.

Tous les forts du périmètre bisontin furent armés et approvisionnés. On les confia à la garde nationale et aux mobilisés.

La division Rebillard fut chargée de concourir à la défense. La surveillance des ponts et des débouchés de l'Ognon fut remise à un régiment de lanciers.

De jour en jour, se sentant plus menacé, Rolland devenait plus terrible. C'est par vingtaine que les soldats passaient en cour martiale. Tous les jours il se faisait au polygone des exécutions militaires. Le gouverneur avait à lutter contre trois fléaux : l'épidémie, l'épizootie, l'affluence des traînards et des réfugiés de l'armée de l'Est. La place de Besançon eût été perdue si la volonté de fer qui la défendait n'eût trouvé remède à tout.

Chaque matin, le général Rolland visitait les ambulances, le revolver au poing. Si d'aventure il y découvrait un traînard ou un « embusqué », il le menaçait de son arme, le faisait lever et conduire en prison. On organisait des convois de tous ces « fricoteurs ». La gendarmerie les évacuait à vingt kilomètres de la place et les portes se refermaient sur les bouches inutiles.

Des patrouilles munies des ordres les plus sévères parcouraient ville et banlieue, arrêtaient les isolés, les gens suspects. L'ordre se rétablit peu à peu sous la férule du gouverneur.

Une épizootie s'était déclarée dans les troupeaux de l'armée de l'Est. Sans hésiter, le général Rolland fit abattre toutes les têtes de bétail.

La retraite de la première armée sur Besançon et l'approche de ces cent vingt mille hommes affamés et désemparés rendaient très précaire la situation de la place. Le général Rolland craignait de voir s'y renouveler ce qui s'était passé à Metz. L'armée et la forteresse pouvaient avoir à capituler ensemble. Elles risquaient de se perdre l'une par l'autre. Les moyens de défense étaient insuffisants. Pour le service de trois cent quarante-huit bouches à feu, on ne disposait que de deux mille artilleurs tant mobiles que sédentaires. Il en eût fallu presque le triple.

Depuis un mois, le chemin de fer n'amenait plus aucun ravitaillement. Toutes les voitures publiques ou privées étaient requises. La population passagère avait augmenté le chiffre des rationnaires. Il fallait livrer à la municipalité un très grand approvisionnement de farines, de lard, de fourrages, etc. Et s'il y avait assez de denrées pour la garnison, c'était à la condition de ne fournir quoi que ce fût à la ville ou à l'armée.

Le découragement était grand partout, dans la population et chez les fonctionnaires civils.

Prévoyant l'invasion des Vosges, du Rhin, de la Haute-Saône et du Doubs, le préfet de ce dernier département, M. Ordinaire, était entré depuis longtemps dans la ligue de l'Est. Il avait transformé l'hôtel de la préfecture de Besançon en intendance des départements envahis. Il avait organisé les mobilisés du Doubs et les avait fait diriger sur Lyon, pour être versés dans l'armée active. Il voulait, à Besançon, utiliser tous les éléments qui pouvaient concourir à la défense du pays. Gambetta ne consentit ni à seconder ses efforts ni à lui laisser la liberté d'agir. Il s'opposa au développement de la ligue de l'Est, et n'eut peut-être pas tort; car, entre les mains d'Ordinaire, cette ligue était surtout un instrument politique. Quoi qu'il en soit, mécontent de ce refus, en dissentiment avec le gouverneur, peu soutenu par ses administrés, le préfet donna sa démission le 23 janvier.

CHAPITRE XIII

GARIBALDI A DIJON

Garibaldi en 1870. — Rôle assigné à l'armée des Vosges pendant la campagne de l'est. — Nécessité de l'unité d'action. — Transport de l'armée des Vosges à Dijon par voie ferrée. — Conflit entre Garibaldi et Pélissier. — Bordone est nommé général. — Expédition de Ricciotti entre Montbard et Grancey. — Ricciotti lâche les défilés de la Côte-d'Or. — Renseignements sur l'ennemi adressés à Garibaldi. — Quiétude de Garibaldi. — Démonstration des garibaldiens sur Messigny. — Dépêches comminatoires de M. de Freycinet à Bordone (19 janvier). — Mise en état de défense de Dijon. — L'armée des Vosges. — Les mobilisés. — Combats de Kettler contre Dijon (21 janvier). — Affaire du 22 janvier. — M. de Freycinet se réconcilie avec Bordone. — Rentrée triomphale de Garibaldi à Dijon. — Troisième attaque de Kettler (23 janvier 1871). — Combat de Pouilly. — Belle défense de Ricciotti dans l'usine de noir animal. — Épisode du drapeau. — Pertes allemandes dans la journée du 23 janvier. — Kettler est battu, mais sa mission a réussi. — Résultats des trois journées de Dijon. — Erreur de M. de Freycinet au sujet de Garibaldi. — La délégation fait venir une brigade de Châtellerault.

Quelque opinion qu'on ait du célèbre condottiere, on ne peut contester le prestige de la popularité que Garibaldi sut conquérir en Italie, ni méconnaître qu'il avait possédé jadis l'art d'entraîner des légions. Ses proclamations, dont les termes emphatiques rappelaient notre langage de la période révolutionnaire, ne manquaient pas alors d'une certaine saveur poétique, propre à exciter les imaginations de vingt ans. En 1859, dans un appel fait aux volontaires de l'Italie, après avoir exalté leur amour de la patrie et de la liberté, il terminait en leur disant :

« Je ne dispose de rien et ne vous promets ni faveurs ni récompenses. Ceux qui me suivront auront pour tout abri la voûte du ciel, pour nourriture le pain le plus grossier, pour breuvage l'eau du torrent. » En 1870, une si belle flamme s'était éteinte dans le cœur du vieux partisan, et il ne trouvait plus les mêmes accents. Le moral et le physique faiblissaient chez le vieillard. Ses proclamations ne respiraient plus que l'emphase. Elles frisaient parfois le ridicule.

Aussitôt que fut résolue la campagne de l'est, M. de Freycinet avait envoyé le jeune de Serres à Autun, le 23 décembre. Il y trouva Garibaldi gravement malade, et, à défaut du général, dut discuter avec le chef d'état-major Bordone la coopération des garibaldiens aux mouvements de Bourbaki. Car on ne donnait pas précisément des ordres à Garibaldi. Il y fallait plus de ménagement. « L'armée des Vosges, dit M. de Freycinet, était un corps difficile à manier. Elle était sous mes ordres, sans y être cependant d'une manière bien précise. Garibaldi, à cause de sa personnalité particulière, échappait à la hiérarchie. Il fallait lui parler le langage italien, s'adresser à sa loyauté, mettre en jeu à son égard des modes de relation qui ne sont pas dans les habitudes françaises. » De Serres arrêta, d'entente avec Bordone, qu'aussitôt Dijon évacué par les troupes allemandes, Garibaldi y transporterait ses quartiers (1).

On se mit d'accord sur le but à atteindre, mais on négligea de créer entre l'armée d'opérations et la flanc-garde de Dijon un lien suffisant.

La « coopération » garibaldienne, comme on appelait le rôle de l'armée des Vosges, était indépendante du commandement de Bourbaki. Voici l'étrange disposition qu'on avait trouvée pour régler ces rapports délicats : « L'armée des Vosges conservera son indépendance ; mais Garibaldi sera prié d'accueillir les propositions du général commandant en chef, en vue d'une action commune de son armée avec celle du général français (2). »

Cette formule contenait en elle-même le vice du système. La politique l'avait dictée. Les considérations militaires

(1) *Enquête parlementaire.* Dépositions Freycinet et Serres.
(2) *Enquête*, t. II, p. 123.

avaient passé au second plan. En fait de commandement, subordination vaut mieux que coopération. Pour marcher de pair, deux chevaux d'attelage doivent être dans la même main : autrement, chacun tire de son côté.

On n'établit pas même entre les deux quartiers généraux un service régulier de renseignements réciproques.

« Tout ce que je souhaitais, dit franchement Bourbaki, c'était que ni Garibaldi ni ses officiers ne se trouvassent en rapport avec mon armée (1). » Bourbaki avait raison ; car les garibaldiens, c'était le dissolvant. Mais, avec une telle défiance, si justifiée fût-elle, quel concours l'armée de l'Est pouvait-elle attendre de l'armée des Vosges (2) ?...

C'est par le défaut d'unité dans l'action des Cambriels, des Garibaldi, des Fauconnet, des Lavialle, que Werder avait pu, le 30 octobre, s'emparer de Dijon ; c'est par le manque d'accord entre Garibaldi et Cremer que l'attaque de Dijon occupé par les Allemands n'avait pu se faire, les 24, 25 et 26 novembre, et que, le 3 décembre, sous les hauteurs de Châteauneuf, la brigade Keller avait échappé à la destruction.

C'est encore grâce au système de la « coopération » que Garibaldi n'était pas intervenu à temps sur le champ de bataille de Nuits. C'était déjà beaucoup que les généraux français qui commandaient dans la région de l'est voulussent bien rester en contact avec l'armée des Vosges, et continuer leurs opérations avec plus ou moins d'entente avec elle.

Le 27 décembre, Werder avait évacué Dijon.

Pour se conformer aux conventions arrêtées à Autun avec M. de Serres, il eût fallu que Garibaldi s'y transportât aussitôt. Le jour même, il avait été avisé de l'évacuation par ses propres troupes, les francs-tireurs du Doubs et de Colmar, qui, sous les ordres des commandants Euveline et Ordinaire, avaient pénétré dans la ville sur les talons des Allemands, et l'avaient réoccupée.

Mais ce n'est que le 8 janvier que l'armée des Vosges

(1) Bordone, récit officiel. *Enquête*, t. III, p. 256.
(2) *Enquête*, t. II, p. 589. De Serres à Freycinet, Dijon, 30 décembre.

s'ébranle et, en dépit des ordres du ministère, en dépit surtout de la raison, le mouvement se fait par voie ferrée. Et c'est au moment des plus forts encombrements causés par le transport du 15ᵉ corps! En vain la compagnie du chemin de fer fait valoir auprès de l'état-major garibaldien les prohibitions du gouvernement. Le colonel Lobbia lui répond avec outrecuidance :

« Le ministre n'a pas le droit d'empêcher un transport ordonné par Garibaldi. »

Et comme l'état-major de l'armée des Vosges a l'habitude d'accompagner ses réquisitions de menaces de coercition, la compagnie s'exécute. Du 8 au 11 janvier, elle fournit dix-huit trains spéciaux. Seule, l'artillerie suit la voie de terre.

Cette fantaisie du condottiere fut, comme on l'a vu déjà, l'une des causes du retard qui se produisit dans le transport du 15ᵉ corps, puis des effets désastreux qui en résultèrent pour les opérations de Bourbaki entre Villersexel et la Lisaine (1).

Le 12 au soir, Garibaldi et Bordone s'installent à Dijon, à la préfecture. Dès le lendemain, fidèles aux habitudes qu'ils rapportent d'Autun, ils entrent en conflit avec le général Pélissier, commandant des mobilisés de la place. Pour trancher la question, le ministère prononce que Garibaldi exerce le commandement en tout ce qui se rapporte à la défense de Dijon et aux opérations extérieures, y compris la désignation des points à fortifier, tandis que les mobilisés, rassemblés dans le département et non placés expressément par le ministère sous les ordres de Garibaldi, demeureront sous la main de Pélissier (2). On crut ainsi, à Bordeaux, avoir écarté tout nuage entre les deux états-majors. On se trompait. Pendant le reste de la campagne, Pélissier demeura l'objet des procédés jaloux et des tracasseries de Bordone. Enfin, le 13 janvier, pour apaiser l'ex-pharmacien d'Avignon, le gouverne-

---

(1) Note sur le transport de l'armée de Bourbaki et les services requis par Garibaldi, t. II, p. 319-320.
(2) *Enquête*, t. II, p. 653.

ment eut l'ingénieuse idée de le nommer général. C'était une étrange faiblesse! « En vous conférant ce grade, disait la lettre ministérielle, nous avons voulu augmenter votre autorité, récompenser vos services militaires, et faciliter ceux plus grands encore que la République attend de vous. » On voit que le langage du gouvernement avait promptement changé en faveur de Bordone. En même temps Gambetta priait Garibaldi de considérer la promotion de Bordone comme une preuve nouvelle de « sympathie et de respect (1) ». Jusque-là, le colonel Frappoli avait été titulaire de la fonction. Cette fois, il semblait que tout dût marcher régulièrement. Bordone général, ses attributions bien définies, la mission de l'armée nettement déterminée, il ne restait plus qu'à se mettre en campagne. Mais cette nomination révolta l'opinion.

Garibaldi, d'Autun, avait envoyé son fils Ricciotti avec une colonne mobile de mille à douze cents hommes, dont soixante chemises rouges, pour observer Zastrow, entre Chaumont, Châtillon et Auxerre. Ricciotti explorait la contrée de Montbard depuis les premiers jours de janvier. Il avait eu, du 6 au 9, des engagements honorables. Il avait si hardiment poussé sa pointe, que, pendant ces trois jours, on avait ignoré à l'état-major ce qu'il était devenu. On n'avait pas osé parler à Garibaldi des inquiétudes que faisait éprouver la disparition de son fils.

Le 11 janvier, on apprenait que le jeune partisan s'était battu à Baigneux-les-Juifs, où il avait fait quelques prisonniers; qu'ensuite, fortement entrepris par l'ennemi, il avait dû rétrograder sur Aignay-le-Duc, où il avait passé la nuit du 12 au 13.

Il avait dans sa brigade une Anglaise, Mme Vyte-Mary, directrice des ambulances, qui lui servait d'espionne. Une nuit, elle arrivait de Châtillon, en voiture, pour traiter, disait-elle, de l'échange des médecins pris par les Allemands. En

---

(1) Freycinet à Garibaldi (13 janvier).

réalité, elle venait rapporter à Ricciotti ce qui se passait dans le Châtillonnais.

Cependant, aux environs de Châtillon, une véritable armée de 50 à 60,000 hommes était concentrée.

Le 13 janvier, à cinq heures du matin, avant que l'armée de Manteuffel se fût mise en marche, Ricciotti avertit son père, par un message spécial, de ce qu'il venait d'apprendre (1). Puis, se sentant sérieusement menacé à Aignay, se tenant d'ailleurs pour suffisamment renseigné sur les forces et les intentions de l'ennemi, il abandonnait la contrée montagneuse où il venait d'opérer depuis dix jours, pour se retirer sur Grancey.

Il n'y allait point disputer les défilés à l'ennemi. Il cheminait, tout en battant en retraite, parallèlement aux deux routes suivies dans la partie la plus accidentée du pays par les colonnes prussiennes. Devant lui, au nord, il avait la colonne du centre (Manteuffel). Derrière lui, celle de droite (Fransecki), qui suivait la vallée de l'Ignon. Le 14 au soir, Ricciotti arrivait à Avot. Le 15, le colonel Lobbia l'y joignait avec un autre parti de garibaldiens. Après avoir pris connaissance des instructions paternelles, Ricciotti jugea bon d'évacuer la contrée qu'il était chargé de défendre.

Lobbia, raisonnant de même, gagne la plaine et se rend à Fontaine-Française. Ricciotti tourne court, devance de vitesse la colonne prussienne de l'Ignon et arrive avant elle à Is-sur-Tille. De là, il peut retourner sans coup férir à Dijon, où, au dire des témoins, il fait une entrée solennelle, comme s'il revenait d'une expédition victorieuse (2).

Ainsi, les manœuvres des lieutenants de Garibaldi, Ricciotti et Lobbia, avaient consisté surtout à éviter l'ennemi. A cela ils avaient déployé toute leur dextérité; ils avaient livré tous les passages menant vers la Saône.

Les Prussiens, qui suivaient les colonnes garibaldiennes sans pouvoir les atteindre, se portèrent sur Grancey, où ils

(1) *Enquête*, t. II, p. 483.
(2) V. les dépositions Laborie, Darcy et Grancey.

espéraient enfin les rencontrer. Ils se félicitèrent de n'y trouver personne.

Indépendamment des renseignements de son propre fils Ricciotti, Garibaldi avait reçu encore d'autres avis de l'approche de Manteuffel.

Le comte de Grancey, un officier de marine en congé, qui avait été nommé chef de bataillon de la garde nationale, avait organisé dans le pays un service de reconnaissances au moyen duquel il renseignait journellement Langres et Dijon. Dès le 12 janvier, il avait informé Garibaldi des grandes concentrations de troupes qui se faisaient aux environs de Châtillon (1).

Les fonctionnaires publics de Dijon étaient aussi tenus au courant du danger. Le 15 janvier, M. Luce-Villard, le préfet de la Côte-d'Or, télégraphiait à M. de Serres que l'ennemi s'avançait de Montbard par Fresnes et Chanceaux; qu'Is-sur-Tille était menacé, ainsi que Selongey, Gray, Champlitte (2).

Quoi de plus clair ?

Le 16, autre dépêche: « 3,000 Prussiens sont à Is-sur-Tille. » Et Ricciotti est rentré à Dijon, où il a rejoint Garibaldi et Menotti!

Le 17, arrivent des renseignements circonstanciés sur la force et la composition des corps ennemis en marche vers Gray. Garibaldi sait que le lendemain 30,000 hommes pourront être à Gray et à Champlitte; que, le surlendemain, il y aura dans cette région de 40 à 50,000 hommes. Entre Auxonne et Gray, le chemin est coupé.

Le préfet de la Côte-d'Or télégraphie :

« Il y a ici 20,000 garibaldiens, qui, depuis quatre jours, auraient pu, sinon arrêter, du moins contrarier le mouvement entre Chanceaux et Is-sur-Tille (3). »

Pélissier signale à M. de Freycinet la marche continue, au nord de Dijon, des colonnes de Manteuffel passant les défilés sans discontinuer.

(1) *Enquête*. Déposition Grancey, t. IV, p. 130.
(2) *Enquête*, t. II, p. 670.
(3) *Enquête*. Rapport Perrot, t. II, p. 686.

Et Bordone d'écrire :

« Gray n'a jamais été menacé ; ce n'est pas pour l'heure l'objectif ennemi ; et sa possession ne compromettrait en rien les approvisionnements de l'armée de Bourbaki.

« C'est parce que *je veille trop* que je n'en dis pas davantage ce soir ; et les dépêches qui ont provoqué celle que vous avez envoyée au général, et à laquelle il a répondu autrement que je l'aurais fait moi-même, ne m'ont pas troublé un seul instant. J'ai répondu à ce sujet à Bombonnel, au préfet, à Pélissier, etc., mais surtout à l'administration du chemin de fer, qui nous cause les plus grands ennuis. L'ordre d'arrêter les convois et d'évacuer les gares était stupide ; mais entre l'autorité, la division, la subdivision, le préfet et tant d'autres, on ne sait à qui s'en prendre. Soyez tranquille. »

Voilà la prose de M. Bordone !

Pendant ce temps, au contraire, le préfet écrivait au ministre de l'intérieur :

« Je vous ai prévenu des mouvements de l'ennemi ; ses mouvements continuent par Is-sur-Tille et Selongey, c'est-à-dire de Montbard à Is-sur-Tille et de Châtillon à Selongey. Demain, 30,000 ennemis peuvent être à Gray et à Champlitte, et après-demain 40 à 45,000 hommes. Il faut que je sache où est de Serres. *Il ne s'agit pas de préserver Dijon, qui avec 4,000 hommes peut être garanti, mais d'empêcher que Cremer et l'armée de l'Est ne soient pris en queue.*

« Nous avons ici 20,000 garibaldiens prévenus par moi depuis cinq jours. »

Cette fois voici un homme clairvoyant, bien au courant de la situation, ne disant que ce qu'il sait, mais le disant sans crainte de déplaire.

Au lieu de tenir compte de ces sages avis, le ministre mettait Bourbaki en garde contre ce qui pourrait lui en venir.

« Ne vous arrêtez pas aux dépêches du préfet de Dijon, qui d'ordinaire est inexactement renseigné et en outre tire de ses renseignements de fausses inductions. Avec une très bonne volonté, il vous induirait en erreur. »

Cependant, quand le lendemain Pélissier annonce à Bordeaux que des trains de matériel, expédiés ce jour-là de Dijon à Gray, ont dû rétrograder, le délégué commence à s'émouvoir : « Ce fait nous étonne et nous inquiète. En outre, il dérange toutes nos combinaisons. » Le mot était lâché, c'était celui de l'abbé Vertot. Leur siège était fait !

A Dijon, grâce à mille moyens d'informations, l'opinion publique est au courant des mouvements de l'ennemi à travers les défilés. Tout le monde comprend d'instinct l'imminence du danger ; mais tout le monde connaît aussi les difficultés qu'opposent les passages des montagnes à la marche d'une armée nombreuse. On est stupéfait de l'immobilité de Garibaldi, inconscient de ce qui se passe si près de lui. M. de Laborie, ingénieur départemental des ponts et chaussées, qui, lui aussi, avait organisé un service de reconnaissances et des relais de cantonniers, avait parlé à Garibaldi, lui avait fourni un ensemble de données sur l'approche de Manteuffel, avait attiré l'attention du général sur les dangers qu'elle faisait courir à l'armée de Bourbaki. « Soyez tranquille, avait répondu Garibaldi, mes précautions sont prises. » Le 10 janvier, M. de Laborie reçoit de Châtillon-sur-Seine une note pressante : « De nombreuses troupes, formant un corps d'armée d'au moins vingt mille hommes, traversent la ville, se dirigeant sur Montbard et le vallon de l'Armançon... Ils sont sous les ordres du général Zastrow. » Le 12, à six heures du matin, il porte à Garibaldi une seconde note arrivée de Châtillon, et précisant les mouvements de l'armée prussienne. « Elle se replie sur Chaumont, venant d'Auxerre ; on prétend qu'elle se dirige sur Belfort. Elle a à sa tête quatre généraux, dont un prince. » M. de Laborie ne parvient qu'à grand'peine à pénétrer dans le cabinet de Garibaldi, gardé par l'entourage. Il peut remettre enfin sa dépêche en disant : « Il est certain que l'armée allemande fait ou va faire un effort pour aller au secours de Werder, acculé à la frontière. » Garibaldi, toujours calme, répond : « Soyez sans inquiétude. Tout va bien. Ricciotti lui-même occupe les défilés entre Grancey, Is-sur-Tille et Dijon. »

Ainsi, à cette date, non seulement Garibaldi est bien obligé de reconnaître qu'il doit défendre les défilés; il affirme en outre qu'il a chargé son fils de l'opération.

A la suite de ce second entretien (1) arrivent au château de Grancey trois envoyés de Garibaldi, porteurs d'instructions spéciales pour Ricciotti et Lobbia. Et c'est après les avoir reçues que ces deux singuliers chefs s'arrangent pour se placer hors de portée de l'ennemi. « Pourquoi donc vous en allez-vous ? » disent naïvement les habitants aux garibaldiens. — « Mais parce que les Prussiens arrivent. » L'aveu est dépouillé d'artifice. Voyant rentrer Ricciotti à Dijon, M. de Laborie stupéfait retourne chez Garibaldi. « Comment se fait-il que votre fils ait si mal exécuté vos ordres ?... » — « Mon Dieu! répond le vieux chef de bandes d'un ton pleurard, on me trompe! Je n'apprends jamais les choses qu'après coup. Que voulez-vous que j'y fasse ?... appelons Bordone! »

Bordone, c'était le Père Joseph de l'aventurier. — « Monsieur de Laborie, reprend celui-ci, il faut avoir égard à la douleur d'un père. Mon fils Ricciotti! Je crains qu'il ne soit sur son lit de mort. Il a pris une fluxion de poitrine! Il y avait avec lui une douzaine de jeunes gens *bien éduqués* qui n'étaient pas habitués à cette vie de fatigue... Voyez cependant ce qu'ils ont fait. » Et le général montre sur la carte le chemin parcouru par eux entre Autun et Is-sur-Tille. C'était s'en tirer par une scène de comédie. M. de Laborie a beau faire ressortir que les plus graves intérêts sont en jeu, que si en défendant les défilés, on oblige les Prussiens à faire un détour au nord de Langres, leur marche sera retardée de huit jours, que le sort de la campagne en peut dépendre : « Vous le voyez, il faut aviser! »

— « Oh! vous pouvez être certain que Dijon ne sera pas attaqué », riposte le héros de Caprera. — « Mais je ne songe pas du tout à Dijon. Je songe à l'armée de l'Est. » — « Point d'affaires! je vais prendre des mesures! »

(1) Déposition de M. de Grancey.

Le mouvement de Manteuffel se poursuivit et Garibaldi ne bougea pas. Le 18 janvier, l'armée des Vosges se décide enfin à partir et à faire une grande reconnaissance. Elle se porte en deux colonnes vers Is-sur-Tille, où il n'y a plus qu'un détachement ennemi. En réalité, elle ne fait que sept à huit kilomètres : une des colonnes jusqu'à Norges ; l'autre jusqu'à Messigny, pour observer le détachement allemand qui opère de ce côté.

Mais ses officiers, qui ont faim et ne trouvent rien à manger dans le village, réclament à haute voix le retour à Dijon. Garibaldi cède aussitôt et fait faire demi-tour aux colonnes, sans avoir ni vu ni rencontré l'ennemi. On tourne le dos à la bataille et l'on rentre triomphalement dans la capitale de la Bourgogne au son de *la Marseillaise*.

Les Prussiens qui étaient à Savigny saluèrent, dit-on, avec dédain cette démonstration ridicule. Ils se tinrent les côtes sur la place du village, et allèrent aussitôt prévenir leurs généraux que l'armée de Manteuffel pouvait en toute liberté continuer sa marche.

« Si le mouvement de Garibaldi avait été poussé seulement jusqu'à Is-sur-Tille, dit la relation officielle du grand état-major allemand, il eût eu pour conséquence des engagements avec des fractions de la IVe division de réserve, et il eût fort bien pu occasionner un temps d'arrêt dans la marche des colonnes allemandes. Mais ce ne fut qu'une démonstration sans effet utile (1). »

Malgré les dénégations intéressées de Bordone, les dépêches alarmantes du préfet Luce-Villard et du colonel Gauckler tenaient le ministre de la guerre dans les plus grandes perplexités. Le 17, répondant à son ami Gauckler qui lui signalait les approches de l'ennemi, M. de Freycinet lui télégraphiait :

« Ta dépêche me prouve que le corps prussien qui passe près de vous se rend à Gray sans que vous vous en soyez

---

(1) *Rapport du grand état-major*, t. V, p. 1136.

doutés. Comment cela peut-il se faire?... Vos reconnaissances se sont complètement *mises dedans* et vous y ont *mis* avec elles. Une autre fois, je serai moins confiant... »

Et à Bordone, M. de Freycinet télégraphiait le 18 :

« Je persiste à penser que vous auriez pu troubler l'ennemi davantage, et nous aviser plus tôt de cette marche, que très certainement vous n'avez crue ni si rapprochée de vous, ni si considérable. »

Cependant M. de Freycinet se sentait encore rassuré par l'excès même de quiétude qu'il constatait chez son correspondant. Le 17, il télégraphiait à M. de Serres : « Bourbaki parle d'une menace de l'ennemi par Gray et Pontailler. Mes renseignements ne l'indiquent pas. Je crois la menace plus au nord, par Vesoul. Mais je n'ai pas ouï dire que Gray fût occupé, et que par conséquent l'ennemi suivît la direction de Gray à Pontailler (1). »

Pourtant les faits s'imposaient et parlaient plus haut que les dépêches. Ils allaient d'heure en heure à l'encontre des mensonges de Bordone. Ce même jour 19, M. de Freycinet lui écrivait sur un ton, cette fois enfin comminatoire :

« Je ne comprends pas les incessantes questions que vous me posez pour savoir qui commande ; non plus que les objections qui surgissent toujours, au moment où, dites-vous, vous allez faire quelque chose... Vous êtes le seul qui invoquiez sans cesse des difficultés et des conflits, pour justifier sans doute votre inaction. Je ne vous cache pas que le gouvernement est fort peu satisfait de ce qui vient de se passer. Vous n'avez donné à l'armée de Bourbaki aucun appui, et votre présence à Dijon a été absolument sans résultat pour la marche de l'ennemi de l'ouest à l'est. En résumé, moins d'explications et plus d'actes; voilà ce qu'on vous demande (2). »

Voyant que Garibaldi s'obstinait à ne pas surveiller les mouvements de l'ennemi dans les vallées de la Tille et de la

(1) *Enquête*, t. II, p. 706.
(2) *Enquête*, t. II, p. 714.

CHAPITRE XIII

Vingeanne, poussé à bout par des résistances incessantes, le délégué à la guerre lui adressa le 21 janvier une sorte d'ultimatum : « Vos dépêches ne répondent nullement aux miennes. Je vous ai seulement demandé de diriger de fortes expéditions en travers de l'ennemi, pour empêcher et peut-être rompre ses longues mais minces colonnes. *C'est ce que vous n'avez jamais voulu comprendre,* pour vous dispenser sans doute de le faire. »

Quand cette dernière dépêche parvint à Dijon, la ville était attaquée depuis les premières heures du jour par la brigade de Kettler. Bordone, chose extraordinaire, se trouvait sur le théâtre de l'action. En l'absence du chef d'état-major à la préfecture, le colonel Gauckler y reçut et y décacheta le virulent télégramme. Il hésita à le réexpédier au destinataire. « Ce n'est peut-être pas le moment », écrivit-il à M. de Freycinet en lui demandant de surseoir. Le délégué consentit et Bordone n'eut jamais connaissance de la verte réprimande qui lui avait été adressée.

Enfin, les garibaldiens allaient se montrer.

Le 14 janvier 1871, le général de Manteuffel s'était mis en route pour son audacieuse entreprise contre le flanc de l'armée de l'Est, en retraite sur Besançon. Il avait laissé à Noyers le major général de Kettler, pour couvrir la marche de ses colonnes avec la VIIIe brigade d'infanterie. Il lui avait adressé des instructions très spéciales, le mettant en garde contre les pointes que Garibaldi pourrait tenter contre lui, et lui avait donné pour mission de prendre au besoin « une offensive avantageuse », selon les circonstances. « Il n'en est pas moins vrai, dit le maréchal de Moltke dans ses *Mémoires,* qu'à l'état-major du général de Manteuffel on s'exagérait la faiblesse de l'ennemi, en donnant au général de Kettler l'ordre de prendre Dijon. »

Dijon avait été mis en état de défense, autant que peut l'être une ville ouverte. Il était protégé par de nombreux ouvrages en terre et des bâtiments crénelés. Les villages de Talant et Fontaine avaient été transformés en deux forts indépendants et armés de pièces de gros calibre, battant les lignes d'approche.

Kettler avait atteint Turcey et Saint-Seine-l'Abbaye. Le 21 janvier, il se mit en marche en deux colonnes sur Dijon, qui n'était plus qu'à une vingtaine de kilomètres. D'Is-sur-Tille, le major de Conta lui amenait un léger renfort. Les Allemands délogèrent sans grandes difficultés les francs-tireurs de la Mort, la compagnie de la Revanche, d'autres corps francs ou détachements de mobiles, et les refoulèrent au delà du Suzon.

La garnison de Dijon était nombreuse. Elle se composait de deux parties : l'armée des Vosges et les mobilisés : la première, sous les ordres de Garibaldi vieux et infirme, se prélassant à la préfecture de Dijon dans le prestige un peu suranné de sa légende.

Pélissier sortait peu de son bureau et s'occupait surtout de l'administration de sa troupe : brave cœur, officier issu de l'artillerie de marine, ayant plus de bonne volonté que de savoir en tactique.

L'armée des Vosges, dirigée par un état-major bariolé et chamarré, comptait dix-huit à vingt mille hommes, dont à peine neuf mille fantassins combattants : mobiles de l'Aveyron, des Basses-Alpes et des Alpes-Maritimes; Italiens, étrangers, francs-tireurs. Il manquait surtout à la tête de cette petite armée un homme capable d'y faire naître et d'y entretenir la discipline, inspirant confiance aux officiers, utilisant leur bon vouloir, au lieu de les laisser du matin au soir à l'oisiveté des cafés, pendant que la troupe, dont le service et l'instruction militaires étaient limités à un appel par jour, avait l'oisiveté des cabarets. Les mobilisés comptaient de quinze à dix-huit mille hommes, assez pauvrement encadrés. Tout cela formait un ensemble de trente-cinq à quarante mille hommes, mais sans cohésion ni centralisation, avec deux chefs vivant juxtaposés, en mauvaise intelligence.

Voyant que l'armée des Vosges ne bouge pas, la colonne d'observation de Kettler franchit, le 21 janvier, le vallon escarpé du Val-Suzon, dont le passage n'est disputé que pour la forme. Le défilé de la Casquette, faiblement gardé par des mobiles de l'Aveyron, est vite enlevé. Kettler se porte ensuite à l'attaque de Dijon. Il a l'ordre de ménager la ville, qui garde dans ses murs un certain nombre de blessés et de malades laissés par Werder au départ du XIVe corps allemand.

A midi, Menotti Garibaldi est sur la route de Talant avec 1,200 hommes (mobiles des Basses-Alpes et Italiens). L'action se présente par le côté le plus fort de Dijon, et s'engage à Daix sur la route de Troyes, où elle va se prolonger jusqu'à la nuit.

Le major de Knesebecke, avec deux bataillons prussiens, enlève, au pas de charge, le village de Plombières, vigoureusement défendu par un bataillon de mobilisés de Saône-et-Loire, qui perd un certain nombre d'hommes dans l'engagement. Kettler s'empare de Daix, concentre le feu de son artillerie sur Talant, et, à cinq heures du soir, ordonne l'attaque générale.

Toute la ligne se porte en avant et refoule les garibaldiens jusqu'au pied des escarpements, là même où s'élève aujourd'hui une colonne commémorative du combat. Vers quatre heures, les deux brigades Bossak et Menotti dessinent contre Daix une contre-attaque, cherchant à déborder l'aile gauche ennemie. Pendant ce temps, une compagnie allemande désarme, dans la Combe-au-Diable, sept officiers et deux cents hommes de l'armée des Vosges. Les positions de Talant et de Fontaine sont des oppidums inexpugnables qui tiennent bon.

Au nord de Dijon, le major de Conta attaque Messigny avec quelques compagnies. Dans les vignes, les jardins, les vergers clos de murs, la lutte est très vive. Le terrain est défendu pied à pied, autour du village, entre le bois de Norges et Asnières. Messigny est enlevé, puis repris par Ricciotti Garibaldi, avec sa brigade d'un millier de francs-tireurs. Conta ne réussit pas à opérer sa jonction avec Kettler avant la tombée de la nuit.

Les audacieux assaillants se virent ainsi arrêtés à Talant, devant le front de la position transformée en forteresse, et dans la zone battue par notre grosse artillerie. Kettler, discernant la supériorité numérique triple ou quadruple des défenseurs de Dijon, se borna finalement à en contenir les sorties. Il fit prisonniers aux Français sept officiers et quatre cent trente hommes, mais sa brigade perdit elle-même dix-neuf officiers et trois cent vingt hommes, ce qui prouve l'opiniâtreté de la résistance. La troupe allemande était d'ailleurs harassée par les marches, ses munitions étaient épuisées.

Vers six heures du soir, Kettler fit donc cesser le feu et ses hommes bivouaquèrent sur leurs positions. Sa mission avait en partie réussi, puisqu'il avait attiré sur lui l'armée des Vosges, l'avait occupée un jour entier et lui avait fait quatre cents prisonniers. On retrouva le lendemain, près du Chêne d'Observe, le cadavre du général de brigade Bossak-Haucké, réfugié polonais. Cet intrépide partisan, dans le combat du 21, dirigeait une reconnaissance et cherchait à rallier les mobiles de l'Aveyron un peu épars, lorsqu'il se vit face à face avec un bataillon prussien. Il n'hésita pas à charger l'épée à la main, avec son état-major, et trouva ainsi la mort du soldat.

Dans la nuit du 21 au 22, Kettler somma inutilement Garibaldi de se rendre. La légion des mobilisés de Saône-et-Loire, laissée en l'air au village d'Hauteville, fut surprise et ramenée en désordre. Malgré leur succès relatif, nos troupes avaient dû se replier assez près de la ville, et l'armée des Vosges reçut quelques renforts. Les garibaldiens étaient rentrés triomphalement à Dijon, avec cette pompe qui accompagnait leurs moindres mouvements militaires. L'état-major se réinstalla à la préfecture, et son chef, Bordone, dans son rapport officiel, donne une description pittoresque de ce campement improvisé. « La chambre à coucher de l'impératrice Eugénie présentait, dit-il, un curieux spectacle. »

Sans songer à tenter pendant la nuit aucune entreprise sérieuse pour gêner le cantonnement des troupes ennemies, le chef d'état-major, la cheville ouvrière de l'armée des Vosges, informa aussitôt le ministère du succès de la journée, et de l'abandon des positions par Kettler, qui avait eu plusieurs pièces démontées. « Nos pertes, disait le rapport, sont sérieuses ; celles de l'ennemi très considérables. » Il y avait toujours de la boursouflure dans les comptes rendus de Bordone.

— « Votre dépêche me réconcilie avec vous, répond M. de Freycinet. J'avoue que je commençais à perdre confiance. Enfin je retrouve la brave armée de Garibaldi et son habile chef d'état-major. Général Bordone, vous pouvez nous rendre de grands services ! Suivez vos inspirations naturelles, et vous vous en féliciterez vous-même plus tard. »

Les inspirations naturelles de Bordone, on sait à quoi elles se réduisaient. « A le voir si absolument inactif, dit M. de Moltke, le général de Kettler supposa que le gros des forces françaises était parti pour se porter par Auxonne au secours de l'armée de l'Est, et il résolut de le forcer à revenir à Dijon, en attaquant de nouveau la ville. » Soin superflu ! Bordone n'avait pas bougé, mais Garibaldi avait repoussé une sommation. Il se cramponnait à Dijon. Dans la réalité, Manteuffel, désireux de masquer son grand mouvement sur Dole, n'avait fait que simuler avec sa flanc-garde une attaque contre la capitale de la Bourgogne. Ce n'était pas Dijon qu'il fallait à Manteuffel. C'était Bourbaki avec son armée !

Le 22, la confiance était revenue aux mobilisés. Échelonnés en grand nombre derrière les meurtrières des murs de Dijon, ils ouvrirent un feu nourri qui fit reculer très rapidement les assaillants au moment où ils se présentaient aux portes de la ville. On se fusillait de très près. Un épais brouillard empêchait l'artillerie de donner. Comme la veille, Garibaldi suivait des yeux le combat, du haut de l'église de Talant. L'ennemi dut abandonner les positions de Saint-Laurent et de Chaumont, dont il s'était emparé. Vers la fin du jour, Dijon, voyant s'éloigner les assaillants, dut se croire délivré et salua avec des cris de joie notre auxiliaire comme un sauveur. Garibaldi y rentra vers quatre heures au milieu d'un véritable enthousiasme. Sa voiture fut dételée et traînée par la foule. L'écho de cette allégresse retentit encore aujourd'hui dans le cœur de la population dijonnaise, qui n'a pas assez regardé au delà de sa propre et éphémère émancipation.

Kettler revint une troisième fois à l'attaque, accomplissant jusqu'au bout la mission qui lui incombait d'occuper et de retenir, avec ses six ou huit mille hommes, l'armée des Vosges tout entière, pendant que le généralissime de la II⁰ armée allemande exécuterait son opération dans l'Est.

Le matin de cette troisième journée, le 23, les Prussiens avaient commis à Hauteville un acte odieux, contraire au droit des gens chez les nations civilisées. Dans leur irritation de voir Dijon tenir ainsi, ils avaient massacré, sans provocation et sans sévices à venger par représailles, tout le personnel de l'ambulance de Saône-et-Loire qui fonctionnait, sous le drapeau de la Croix-Rouge, dans ce petit village : deux médecins, sept infirmiers ! Que le sang de ces innocentes victimes retombe sur les mains barbares qui l'ont répandu !

La dernière attaque de Kettler fut la plus sérieuse. Après avoir dispersé sur la route d'Hauteville à Ahuy un détachement de mobiles, sa brigade avait pris position au nord de la ferme Valmy. La cavalerie en exploration à Ruffey avisa le général que des forces françaises importantes se dirigeaient sur Auxonne. Kettler se proposa aussitôt de fixer l'adversaire par une vive attaque, sous les murs de Dijon. A une heure après midi, il fait balayer l'infanterie française au nord de Pouilly. Le château et le parc étaient clos de murs. L'ensemble formait un grand rectangle entre la route de Langres et celle de Saint-Julien. Les mobilisés avaient crénelé les murs et défendaient la lisière extérieure de l'enceinte.

La résistance est acharnée. Le 61⁰ régiment poméranien doit prendre d'assaut les bâtiments un à un. Réfugiés dans les étages supérieurs, les défenseurs du château ne consentent à se rendre que lorsque l'ennemi y a mis le feu. Force est alors aux mobilisés de céder le terrain et de se replier sur Dijon. Pendant ce temps l'artillerie ennemie de Valmy et de Fontaine achève de rendre les Allemands maîtres de Pouilly. A la fin du combat, une panique se produit à l'entrée de

Dijon. Les nombreux curieux qui se sont massés sur la route de Langres prennent la fuite en poussant des clameurs, et en bousculant les mobilisés qui se portent en avant, comme renforts. Enfin, malgré notre faible artillerie du mont Chapet, les Prussiens peuvent installer leurs batteries à quinze cents mètres au nord de Dijon. Ils envoient des obus sur le faubourg Saint-Nicolas et le quartier Saint-Bernard. Mais tout n'est pas terminé.

Ricciotti Garibaldi, le plus vaillant des fils du condottiere, s'était enfermé avec un millier d'hommes dans une usine de noir animal, située à gauche de la sortie de Dijon sur la route de Langres, à neuf cents mètres de la ville. Ricciotti était, comme on l'a vu, le héros de plusieurs coups de main dont la surprise de Châtillon-sur-Seine est restée la plus populaire.

« L'assaillant, dit de Moltke, s'était rendu compte que toutes les forces ennemies se trouvaient à Dijon. Dès lors, le but de l'opération était atteint. Malheureusement pour Kettler, on s'obstina à vouloir enlever la fabrique, grande bâtisse que l'infanterie était incapable de prendre à elle seule, et il se produisit alors un curieux épisode. »

Le fait dont parle le grand stratège allemand mérite d'être raconté. Il n'est pas seulement curieux : il est glorieux pour nos armes.

Des fractions du régiment poméranien débouchaient de Pouilly et, soutenues par le feu de l'artillerie, s'avançaient jusqu'à trois à quatre cents mètres de nos lignes. Notre artillerie postée à l'est de la route de Langres les force à s'arrêter. Kettler a déployé sur les bords du Suzon deux bataillons tirés de la position de Valmy et a rejeté les défenseurs sur les faubourgs. Mais l'usine tient encore. Un feu violent est concentré sur le 61e allemand. Deux de ses officiers sont mis hors de combat; une de ses compagnies est réduite à soixante-dix fusils. La nuit approche. Ordre est donné à un jeune chef de peloton, le lieutenant Weyse, de s'emparer à tout prix de la fabrique. Il saisit le drapeau de son bataillon et se lance à l'assaut, sous une grêle de balles. La compagnie à laquelle il appartient est massée dans une tranchée, derrière un talus glissant et escarpé. Une quarantaine de soldats seulement émergent, gravissent le talus et suivent leur chef. Le lieutenant en premier tombe blessé : on le ramène en arrière. Le lieutenant en second, Schultze, relève le drapeau, se précipite, puis tombe à son tour atteint par deux balles. Un sous-officier poméranien prend alors le drapeau et est frappé aussitôt. D'autres cadavres s'abattent sur l'enseigne. Le lieutenant de Puttkamer, adjudant du bataillon, accourt. Il est tué comme les précédents. Enfin le sergent-major de la compagnie ramène dans la tranchée les rares survivants du massacre. Les Allemands s'aperçoivent alors que le drapeau du régiment est resté sur le lieu du carnage. Quelques hommes vont à sa recherche. Ils paient de leur vie cet acte de bravoure. Car Riccioti Garibaldi, toujours embusqué dans la cour de l'usine, fait soutenir le feu énergiquement. Malgré tant de sang versé, l'étendard du deuxième bataillon du 61ᵉ poméranien tombe entre les mains des garibaldiens : voici par quelle heureuse fortune.

Le combat était terminé, la nuit venue. Le commandant des chasseurs de l'Isère et l'un de ses francs-tireurs fouillaient du bout de leur sabre entre les corps morts, lorsqu'un soldat des chasseurs du Mont-Blanc, nommé Pierre Cubat (1), apparut, tenant entre ses mains triomphantes l'enseigne ennemie qu'il cherchait avec ardeur, ayant vu pendant l'action les cadavres poméraniens s'amonceler tout autour ! Ce drapeau n'était plus qu'une loque inondée de sang, déchirée par les balles ; sa hampe était brisée. Elle nous est restée comme un trophée précieux, hélas ! unique en son genre. Mais l'épisode en rappelle un autre, celui de l'étendard des zouaves pontificaux, passant de main en main jusqu'au dernier survivant. A Patay du moins, cet emblème sacré n'est pas resté au pouvoir de l'ennemi, comme le fut ce drapeau allemand sous les murs de Dijon !

(1) Volontaire de la 4ᵉ brigade de l'armée des Vosges, mort à Annecy en 1904.

CHAPITRE XIII

L'histoire ne saurait manquer de faire un rapprochement impartial entre deux faits de guerre semblables quoique opposés, tout à l'honneur des deux partis en lutte, et le maréchal de Moltke, ému par le glorieux épisode du 23 janvier, n'a pas dédaigné d'en reproduire le détail, dans ses *Mémoires*. « Les garibaldiens, ce jour-là, écrit-il, se montrèrent d'héroïques serviteurs de la France. Le drapeau du 61ᵉ poméranien fut le seul qu'aient perdu les Allemands pendant toute la campagne, et l'on peut dire qu'ils l'ont honorablement perdu. »

Un ordre du cabinet de l'empereur Guillaume, en date du 9 août 1871, remplaça l'étendard du bataillon qui en avait si bien disputé la possession. L'ordre cherche naturellement à atténuer l'importance de la perte. « Ce drapeau, dit-il, n'a pas été abandonné par une troupe découragée. Il est tombé sous les cadavres de ses braves défenseurs, sur le champ de bataille où il avait glorieusement flotté, jusqu'au moment où l'obscurité le cacha aux regards de ses protecteurs. » Et le drapeau neuf à l'aigle bicéphale, octroyé au bataillon allemand, lui parvint décoré de la médaille commémorative de la campagne. Sa cravate portait la frange d'or du drapeau capturé par les Français. Les Allemands avaient retrouvé sur le terrain cette frange lacérée, témoin de la chaleur de la lutte. Quant à l'insigne lui-même, il nous restait! Que ce soit dans les rangs d'un parti ou d'un autre, tout ce qui relève le drapeau contribue au maintien du prestige des armes et rehausse le sentiment militaire dont tout soldat doit être imprégné.

Les pertes accusées officiellement par l'ennemi dans cette troisième et sanglante journée de la bataille de Dijon sont de 36 officiers et 724 hommes : presque tous grenadiers poméraniens de M. de Moltke, les meilleurs soldats de l'Allemagne, mais non les plus civilisés, s'il faut en croire un fait non moins odieux que le massacre d'Hauteville. Ils furent accusés d'avoir brûlé vif dans le château de Pouilly un officier garibaldien blessé. La guerre a de ces hontes dans ses profondeurs secrètes.

L'armée des Vosges avait perdu cinq cents hommes pendant les trois journées des 21, 22 et 23. Les mobilisés de Pélissier eurent aussi quelques pertes à enregistrer. Ceux de Saône-et-Loire avaient repris à la baïonnette le château et le parc de Pouilly. « Ce sont les mobilisés qui ont fait le plus », déclara devant la commission d'enquête, avec un peu d'exagération peut-être, un témoin sérieux, M. de Laborie (1).

Malgré la bravoure déployée par l'armée des Vosges dans ces combats, surtout dans la dernière journée, elle s'était contentée de résister derrière les ouvrages de fortification passagère qui faisaient de la position de Dijon un véritable camp retranché. Elle avait été tenue en arrêt devant Dijon, tandis que Manteuffel avait continué sa marche. La mission de Kettler avait donc abouti sur un point essentiel, et sa brigade, il faut le reconnaître, s'était brillamment acquittée de sa tâche. Contre une ville armée d'une centaine de bouches à feu et occupée par une quarantaine de mille hommes, elle avait déployé six bataillons et deux batteries. Les félicitations officielles ne manquèrent pas à Garibaldi. « Honneur à vous, lui écrivait M. Crémieux sur un mode lyrique, honneur à vos soldats garibaldiens, immobiles d'abord devant l'ennemi comme une muraille, et se précipitant ensuite contre lui comme un flot, avec tous les nôtres, à qui vous communiquez votre fureur guerrière ! Merci, cher Garibaldi. Vous savez combien je vous suis affectionné; continuez à vaincre ! »

— « Garibaldi a encore remporté un très grand succès hier, télégraphiait M. de Freycinet à Gambetta. C'est décidément notre premier général. Il vaut mieux que Bourbaki, piétinant sur place entre Héricourt et Besançon. »

Hélas! les trois journées de Dijon ne devaient pas nous sauver. Les garibaldiens, « immobiles d'abord comme une muraille, et se précipitant ensuite comme un flot, » ne firent bonne contenance devant Dijon, que parce que l'ennemi

---

(1) *Enquête*, t. IV, p. 65.

vint les y chercher. Pendant ce temps, Manteuffel avait pu sans obstacle achever le grand mouvement qui devait perdre l'armée de l'Est.

Il avait été convenu que Garibaldi ne se bornerait pas à tenir Dijon, si l'ennemi l'y attaquait, mais qu'il occuperait et défendrait les passages, dans le massif montagneux entre Dijon et Langres. « Le Val Suzon peut devenir grâce à vous, écrivait M. de Freycinet au général italien, une barrière infranchissable. » L'état-major garibaldien en avait conclu que là devait se borner la défense. Là, au contraire, elle devait commencer. Malheureusement, Garibaldi avait pour principe de ne pas entreprendre une opération quand il l'estimait au-dessus de ses forces. S'il n'a pas disputé les défilés, c'est qu'il a trouvé « l'affaire trop grosse ».

Il eût fallu comprendre à quel point Bourbaki était compromis, si l'on n'arrêtait ou retardait du moins la marche de l'armée du Sud. La battre, Garibaldi ne pouvait l'espérer; mais ne pouvait-il lui disputer le terrain et entraver sa marche?

En annonçant à Bordeaux la victoire des trois journées, 21, 22 et 23 janvier, Bordone avait eu soin d'en attribuer l'honneur exclusivement à l'armée des Vosges, accusant même les troupes de Pélissier d'avoir déserté le combat, ce qui était inexact; car, on l'a vu plus haut, les mobilisés avaient concouru à la défense de Dijon avec une bravoure digne d'éloges.

M. de Freycinet avait remis à Garibaldi le commandement total des forces réunies à Dijon et dans la Côte-d'Or. « Vous savez mieux que moi, général, que les grandes situations imposent de grands devoirs, et que vous avez habitué le monde à vous les voir remplir... Ce que nous vous demandons c'est à la fois d'assurer inébranlablement la défense de Dijon, et de diriger sans délai une forte expédition sur Dole et Mouchard, en vous mettant en rapport avec le général Bourbaki à Besançon, de manière à produire une diversion utile à ce général. La tâche est difficile; mais elle n'est au-dessus ni de votre courage ni de votre génie (1). » Ces flatteries allaient-elles produire leur effet?

M. de Freycinet donnait en même temps l'ordre de diriger de Châtellerault sur Beaune, par les voies rapides, une brigade d'infanterie du 16ᵉ corps, en voie de formation, pour appuyer et prolonger le mouvement de Garibaldi. Enfin, le 28 janvier, on apprit à Bordeaux que cette marche sur Dole avait commencé avant l'arrivée des ordres. C'était un nouveau leurre. Le chef de l'armée des Vosges resta à Dijon avec le gros de son armée. Il se borna à envoyer Canzio et Menotti, avec deux brigades, à Bourg et Saint-Jean-de-Losne, tandis qu'un parti de sept cents francs-tireurs s'avançait dans la direction de Dole et s'allait poster au mont Rolland. Entreprises avec de si faibles effectifs, ces démonstrations n'eurent aucune influence appréciable sur les opérations de l'ennemi. Trois jours après, Clinchant, entièrement coupé, en était réduit à passer en Suisse avec son armée. A qui la responsabilité de ce suprême désastre? Le héros de Caprera en avait sa bonne part.

(1) *Enquête*, t. II, p. 757.

CHAPITRE XIV

MANTEUFFEL

Manteuffel et l'armée du Sud. — Directives du grand état-major de Versailles. — Les projets de Bourbaki n'ont pas encore transpiré le 8 janvier. — Le VIIe corps (Zastrow) balloté entre Auxerre et Montbard. — Le rideau se déchire. — Composition de l'armée du Sud. — Mouvement de l'armée du Sud à travers le plateau de Langres. — Corps francs opposés. — Les trois colonnes allemandes franchissent les défilés. — Dépêche de Manteuffel (17 janvier). — Combats de flanqueurs. — Manteuffel est rassuré sur le sort de Werder. — Nouveau plan de Manteuffel. — Son seul objectif : l'armée de l'Est. — Il prend le commandement supérieur des deux armées (19 janvier). — Appréciation de M. de Moltke sur ce plan. — L'armée du Sud franchit l'Ognon et le Doubs. — Prise de Dole (21 janvier). — Prise de Mouchard par Manteuffel. — Ses instructions à Werder (22). — Ordre de Werder pour le 23. — Manteuffel et Wartensleben discutent la situation de Bourbaki. — Hypothèses probables. — Directives de Manteuffel (25 janvier). — Werder a perdu le contact. — Prise par l'ennemi d'Arbois, Poligny, Quingey, Byans.

L'ordonnance d'un drame procède souvent par tableaux. C'est ce qui fait embrasser au spectateur toutes les faces de l'action. Il nous faut ainsi, tour à tour, changer de camp et aller voir ce qui se passe chez l'ennemi. Nous connaîtrons mieux ainsi les dessous et les dehors d'une campagne fertile en coups de théâtre. Maintenant, nous allons voir entrer en scène un des plus brillants chefs des armées allemandes, un stratégiste, émule peut-être de M. de Moltke, un disciple de la grande école napoléonienne, ayant du chef d'armée ces qualités maîtresses, ou, comme le disaient nos pères, « certaines parties d'un grand capitaine, » qu'on n'a guère rencontrées que chez Chanzy, dans nos généraux d'alors : l'initiative, l'audace, la persévérance. C'est le général de cavalerie baron de Manteuffel, commandant la première armée dans le nord, où

il a succédé au général de Steinmetz, sous les murs de Metz.
— « Les Prussiens sont à Gray et marchent sur Dole », avait dit Bourbaki à Billot, le troisième jour de la bataille d'Héricourt. Si j'étais sûr du succès, je réattaquerais Werder ; mais, si j'échouais, nous serions pris entre deux feux ! »

C'était trop à prévoir, certes! Le 17 janvier, bien que n'ayant que des éclaireurs, Manteuffel, avec les deux corps d'armée qu'il conduisait au secours de Werder, avait déjà accompli la première et non la moins pénible partie de sa tâche. Il faut remonter plus haut, pour en examiner l'origine.

Il convient d'entrer ici dans quelques détails. L'historien militaire ne peut se défendre d'un plaisir de dilettante à exposer les plans d'un vrai stratège, même quand le patriotisme en doit souffrir.

Au commencement du mois, à la nouvelle de l'entreprise française dirigée vers Belfort, le grand quartier général allemand avait décidé la formation d'une armée du Sud, avec les II•, VII• et XIV• corps, sous les ordres du chef qui, avec le prince Frédéric-Charles, inspirait le plus de confiance au grand organisateur de la lutte. Des troupes extraites des armées de Paris et du Nord avaient été rassemblées de divers points, vers l'Yonne et la Côte-d'Or. Le II• et le VII• corps étaient dirigés sur Châtillon-sur-Seine, d'où ils devaient rejoindre le XIV•, engagé sous Werder entre Vesoul et Belfort.

Appelé d'Amiens par télégramme, Manteuffel était accouru le 10 janvier à Versailles. M. de Moltke lui avait donné verbalement ses instructions ; et, pour le mieux orienter dans son nouveau rôle, lui avait remis un mémoire daté du 8, veille de la bataille de Villersexel, lui exposant à grands traits la situation dans l'est. Le mémoire était basé sur les nouvelles télégraphiées de Berne par le général de Röder, ministre de la confédération de l'Allemagne du Nord en Suisse. Il montrait Bourbaki progressant avec son armée très nombreuse vers Belfort, et se portant de façon menaçante contre la petite armée de Werder.

« Depuis trois jours, disait le factum de l'état-major allemand, les troupes avancées des 18°, 20° et 24° corps français sont au sud et à l'ouest de Vesoul, ainsi qu'au sud de Belfort, en face des troupes de Werder; hier, on a remarqué qu'elles se groupaient vers la route de Besançon à Vesoul. On ne peut préciser encore si les 18° et 20° corps sont réunis en entier. »

On voit, par ce mémoire du 8 janvier, que l'état-major prussien, à Versailles, était resté longtemps sans discerner l'objet précis des mouvements de Bourbaki. L'évacuation de Dijon par Werder avait eu lieu le 27 décembre, c'est-à-dire avant que nos troupes fussent arrivées en Côte-d'Or. On pouvait donc supposer nos projets éventés. Ils ne l'étaient que très imparfaitement. Cela ressort de deux publications allemandes d'un caractère officiel : celle du major Blume et du lieutenant-colonel de Wartensleben, le chef d'état-major de Manteuffel.

Tous deux exposent par le menu les mouvements des corps allemands et s'appliquent à justifier les opérations faites, en expliquant les motifs qui les ont fait ordonner.

Mal fixée sur nos plans, la direction suprême avait supposé que l'armée de Bourbaki proprement dite était dirigée sur Montargis. Nous avions propagé cette erreur, que la présence du 15° corps en avant de Bourges devait accréditer. Se croyant sûr de nos projets, M. de Moltke, dès les premiers jours de janvier, alors que notre première armée était déjà en mouvement vers l'est, avait pris toutes ses dispositions pour recevoir le choc de Bourbaki à Montargis.

Le 3 janvier, il y avait dirigé le II° corps (Fransecki) emprunté à l'armée d'investissement de Paris. L'erreur dura trois semaines. D'où les mouvements incohérents de Zastrow, s'agitant entre Châtillon-sur-Seine et Auxerre, et ne sachant s'il devait aller à droite ou à gauche.

Le VII° corps avait été appelé de Metz, à la fin de novembre, pour occuper la Bourgogne et empêcher le retour de hardis coups de main, comme celui que Ricciotti Garibaldi venait d'exécuter à Châtillon-sur-Seine. Du 15 au 20 novembre, il se porta à Auxerre. Le mouvement était opposé à la marche supposée de Bourbaki sur Montargis.

Revenant sur ses pas, Zastrow se rabattit ensuite sur Montbard. Après le 19 décembre commencent les mouvements de notre armée vers l'est. Le 29, le corps de Zastrow reparaît à Auxerre, à l'heure où Dijon vient d'être évacué, grâce à la seule apparition de Bourbaki à Chalon. C'est que, mal informé encore, l'état-major du grand quartier général à Versailles croyait Bourbaki à Bourges et supposait toujours que ce nouvel ennemi allait marcher vers le nord.

Le 5 janvier seulement, le rideau se déchire. Un premier engagement au sud de Vesoul entre les troupes de Werder et celles de Bourbaki révèle aux Allemands la véritable situation. A ce moment, des renseignements certains font connaître à Versailles la véritable direction et le véritable objectif de Bourbaki.

M. de Moltke, ainsi tardivement informé, sut trop bien et trop vite pour notre cause réparer son erreur. Il prit aussitôt la résolution de faire parvenir à Werder des secours importants, empruntés aux dépôts, et de faire marcher à son aide toute une armée nombreuse, aguerrie, bien commandée, afin que le résultat de la lutte ne pût être un seul instant douteux.

En conséquence, le corps de Zastrow, récemment augmenté, devint le noyau d'une nouvelle armée et dut retourner à Châtillon-sur-Seine, où l'on dirigea en même temps par les voies ferrées un autre corps emprunté à l'armée des Ardennes.

Enfin le IIe corps prussien (Fransecki), qui avait été envoyé de Paris sur Montargis où il venait d'arriver, reçut l'ordre de se porter à marches forcées sur Nuits-sur-Ravières, pour y former la gauche de l'armée de secours.

Manteuffel fut investi du commandement en chef de toutes ces troupes. Afin d'assurer l'unité de vues, on lui donna la direction supérieure des opérations, en lui subordonnant même le général de Werder. On ne pouvait faire un meilleur choix de généralissime.

Avec ses trois corps (Fransecki, Zastrow et Werder), l'armée du Sud présentait, dans son ensemble, 118 bataillons, 54 escadrons et 51 batteries, soit environ 95,000 hommes, 6,900 chevaux, 288 bouches à feu (1). C'était une force redoutable qui allait s'opposer à Bourbaki. Le II⁰ et le VII⁰ corps étaient concentrés entre l'Armançon et la Seine, de Nuits-sous-Ravières à Châtillon-sur-Seine, face à l'espace compris entre Dijon et Langres, prêts à se porter en avant. Le 12 janvier, Manteuffel arriva à Châtillon pour prendre son commandement. Il était muni des instructions du gouvernement et accompagné du colonel de Wartensleben.

Pour aller au secours de Werder se repliant sur la Lisaine, il fallait passer des versants de la Seine sur ceux de la Saône, en traversant les montagnes boisées situées entre Dijon et Langres. Il y avait à se garer à la fois de ces deux places et la tâche était scabreuse.

Langres a une garnison d'une dizaine de mille hommes, sous les ordres du général Mayère. Mais elle n'est guère en mesure de faire une sortie importante. Il suffira de la surveiller.

A Dijon, il y a une quarantaine de mille hommes, dont 15,000 garibaldiens et les 25,000 mobilisés de Pélissier. On masquera cette place en faisant contre elle une démonstration, qui sera confiée au général Kettler, du II⁰ corps. Nous en avons déjà vu le résultat.

Aux yeux de Manteuffel, la situation ne comporte aucun ajournement des opérations. L'objectif, c'est l'armée de Bourbaki. Deux combinaisons s'offrent à l'esprit du commandant de l'armée du Sud.

L'une consiste à passer par Dijon, dont l'accès est facile par suite des routes qui y convergent. La grande cité est une proie tentante ; les troupes qui s'y trouvent ont peu de consistance ; mais son occupatio nfera perdre du temps.

L'autre, la meilleure, consiste à aller droit au but, en traversant le plateau de Langres et les montagnes de la Côte-d'Or.

(1) II⁰ corps, vingt-six mille hommes ; VII⁰ corps, dix-neuf mille ; XVI⁰ corps, cinquante mille (dont dix-sept employés sous Treskow, au siège de Belfort).

L'ordre général de marche de l'armée, dicté à Châtillon-sur-Seine le 13 janvier et rédigé par Wartensleben, est un modèle du genre à opposer aux textes longs et diffus des ordres du lieutenant-colonel Leperche, à l'armée de l'Est.

Pour traverser le massif montagneux qui le séparait de la Saône, Manteuffel divisa son armée en trois colonnes. Elles durent, pendant plusieurs jours, cheminer isolément les unes des autres, faute de routes latérales pour se relier entre elles, à raison surtout de la quantité de neige qui couvrait la contrée. Pour sa prise de possession, Manteuffel adressa à son armée un ordre concis, mais expressif : « En me confiant le commandement de l'armée du Sud, Sa Majesté le Roi m'a dit que notre mission serait difficile, et qu'elle connaissait ses troupes. Avec le secours de Dieu, nous justifierons la confiance que notre seigneur et roi nous témoigne. »

Heureuses les armées qui invoquent de tels secours, de tels encouragements!

L'essentiel était de marcher vite pour tomber comme la foudre sur les derrières de Bourbaki. Il fallait autant que possible n'être ni arrêté, ni même aperçu, et dissimuler par conséquent le mouvement sur ses deux flancs. Werder, auquel on allait porter secours, se trouvait à plus de dix jours de marche. A la distance où l'on était de Belfort, toute communication directe avec le XIVe corps devenait impossible. Les dépêches à adresser à Werder devaient passer par Versailles.

Enfin, le commandant de l'armée du Sud ne savait pas même exactement, à son arrivée à Châtillon, sur quel point précis il devait se diriger, pour opérer sa jonction le plus rapidement possible. Mais, quoique réduit à des hypothèses et à des tâtonnements, il n'hésita pas. Avec son grand esprit de décision et sa rapide conception, il eut bientôt arrêté ses vues.

Dans une telle marche par trois routes parallèles, sans communication entre elles, le commandement direct de l'ensemble échappait au général en chef; chaque colonne avait ses instructions particulières. On peut comparer l'opération à celle de l'armée de Turenne à travers les Vosges, en 1673, mais sur une plus grande échelle.

La marche serait aussi accélérée que le permettait l'état de fatigue des troupes, et, en refoulant au besoin l'ennemi, s'il tentait de s'opposer au passage. Les hommes recevraient double ration. On procéderait à des réquisitions rigoureuses, afin d'entamer le moins possible les convois. Les communications entre les colonnes et celles avec le commandant en chef seraient établies en arrière, au moyen de relais passant par Châtillon-sur-Seine. En débouchant dans la plaine, les têtes de colonne se déploieraient à droite et à gauche ; on s'assurerait que les autres issues seraient libres, en déblayant le terrain au besoin. « Avant tout, il faut aller vite », disait en terminant le général. L'habileté stratégique de Manteuffel consistait surtout dans la grande simplicité de son plan. « Il voulait prendre une détermination qui ne permît plus le moindre doute sur celui des deux partis à qui devait appartenir la possession du champ de bataille (1). »

« Dans le cas où les Français voudraient se rejeter vers la frontière suisse, alors nous les suivrons, et le IIe corps ainsi que son avant-garde les forceront à livrer bataille ou à passer la frontière.

« Si les Français nous attendent auprès de Besançon, nous les laisserons épuiser leurs vivres et nous attendrons qu'ils nous attaquent eux-mêmes. »

Ainsi, rien n'est oublié : toutes les précautions sont observées, et en peu de mots, avec des ordres si bien donnés et de si bonnes troupes, il n'est pas d'entreprise qui ne réussisse, si aventureuse soit-elle.

La partie septentrionale de la Côte-d'Or que l'armée du Sud avait à traverser, pour joindre le XIVe corps, est une région montagneuse, l'épine dorsale de la France, séparant les affluents de la Seine de ceux de la Saône. Elle est coupée de nombreux vallons, de gorges profondes, couverte de bois et

---

(1) Général DE GOLTZ.

de taillis impénétrables. Les routes qui suivent les vallées sont bonnes, mais sans communications entre elles. Elles vont parallèlement les unes aux autres, dans les directions de Gray et de Dijon.

Des corps francs nombreux et entreprenants, la plupart détachés de l'armée des Vosges, occupaient, d'après la rumeur publique, les défilés et les gorges de cette région, aux détours les plus aisés à défendre, aux points où une poignée d'hommes résolus pouvait arrêter une brigade. Ceci d'ailleurs était erroné. Dans la réalité, rien de ce qui aurait dû être fait pour enrayer la marche ennemie ne l'avait été par les garibaldiens. Ainsi, les trois colonnes de Manteuffel ont pu arriver sur les versants de la Saône à heure fixe et sans coup férir. Après avoir destiné les brigades Kettler et Dannenberg à observer et masquer Dijon, Langres et Auxonne, Manteuffel conserve, pour agir directement contre Bourbaki, le VII° corps tout entier et les brigades restantes du II°, soit 44 bataillons, 72 escadrons, 156 bouches à feu. C'était une masse imposante.

Le 13 janvier, à peine son ordre lancé, Manteuffel pousse ses avant-gardes sur les routes à suivre. Le 14, ses trois colonnes se mettent en mouvement pour franchir simultanément les défilés. Le difficile était de faire vivre les troupes. Il fallut laisser une brigade en arrière, à la garde de la voie ferrée de Tonnerre à Châtillon-sur-Seine, jusqu'à ce qu'on pût établir les lignes d'approvisionnement par Épinal.

La colonne de gauche (Zastrow), par Montigny-sur-Aube, Arc-en-Barrois et Chameroi, se dirige sur Longeau. Elle atteint le 16 la route de Dijon à Langres, sans autre incident que des escarmouches avec des détachements isolés venant de la place, qui doivent se retirer, n'ayant pu opposer de résistance sérieuse.

La colonne du centre, commandée par Manteuffel en personne, passe par Recey-sur-Ource, Auberive et Prauthoy, où le général en chef établit son premier quartier général, le 16, assuré désormais du succès de son entreprise. Il y va rester deux jours.

Enfin, la colonne de droite (Fransecki), qui a le trajet le plus long, le plus âpre, le plus dangereux, vient de Nuits-sous-Ravières et Montbard, par Chanceaux, la Margelle, la vallée de l'Ignon, et débouche à Is-sur-Tille, défilant ainsi à six ou sept lieues au nord de Dijon, presque à la barbe de Garibaldi. A peine inquiétée sur son flanc droit par quelques groupes francs aisément repoussés, cette colonne, malgré une marche pénible, atteint, le 17, la route de Langres, vers Selongey et Is-sur-Tille. Le 17 au soir, l'armée du Sud est maîtresse de la vallée de la Tille.

Dans la matinée du 15 au 16 janvier, le temps changea. On avait eu jusqu'à quatorze degrés de froid. Maintenant le vent alternait avec la pluie. Une couche d'eau recouvrait le verglas, et ce fut au prix des plus grandes fatigues que le VIIe corps parvint à Prauthoy, le IIe à Moloy.

Il ne restait plus à Manteuffel qu'à profiter de ce premier avantage, en se portant rapidement sur les flancs et les derrières de l'armée de l'Est. Il avait été tenu par l'état-major de Versailles journellement au courant de ce qui se passait devant Belfort. De son côté, il informait Werder des progrès de sa pointe, et de Prauthoy lui annonçait le 17 l'arrivée des avant-gardes de l'armée du Sud à Champlitte.

« La direction ultérieure de ma marche, disait-il, dépendra des renseignements qui me viendront au sujet de la situation de Votre Excellence. Je désire que nos cavaleries puissent bientôt se joindre par votre aile droite à mon aile gauche, soit par Luxeuil, soit plus au sud; je donnerai mes ordres en conséquence. » La cavalerie de l'armée du Sud rend compte que Champlitte, Fontaine-Française, Autrey, Mirebeau, sont inoccupés.

Le 18, l'avant-garde, fournissant une marche de cinquante kilomètres, atteignit les ponts de Gray. Après quelques petits engagements, on avait réussi à franchir le plateau de Langres, et l'on se trouvait dans la vallée de la Saône, où il était plus facile de faire vivre les troupes.

La brigade Dannenberg a poussé jusqu'à Is-sur-Tille et y a

pris position. L'avant-garde de la colonne de gauche a rejeté sur Langres un détachement d'un millier d'hommes qui occupaient le village de Marac. Un corps de flanqueurs a refoulé sur Saint-Seine-l'Abbaye trois mille garibaldiens rencontrés à Bligny-le-Sec sous les ordres de Ricciotti (1).

Dès lors, toute la droite de l'armée du Sud est en situation de s'avancer contre Dijon « et d'y infliger, comme l'a écrit le général de Goltz avec une cruelle ironie, une sévère leçon aux aventuriers de l'Europe entière, rassemblés sous les drapeaux de Garibaldi. » Mais on se contente d'amuser le condottiere par une fausse attaque, comme on l'a vu plus haut.

La traversée des montagnes avait duré quatre ou cinq jours. L'opération téméraire par laquelle le commandant de l'armée du Sud avait résolu de voler au secours de Werder se trouvait accomplie de façon inespérée.

Le gros de ses forces était concentré à cette date à Fontaine-Française et à Dampierre-sur-Salon, tandis que ses avant-postes s'avançaient jusqu'à Scey-sur-Saône, cherchant à se joindre à la cavalerie de Werder, du côté de Luxeuil et de Saint-Loup. D'autres détachements étaient dirigés sur Mirebeau et Gray. Ainsi, tandis que Bourbaki tournait déjà le dos à Belfort, Manteuffel s'avançait vers l'est. Il ne connaissait pas encore la retraite de son adversaire. Il présumait cependant qu'elle se ferait sur Besançon. Aussi, tout en continuant à marcher sur Vesoul, pour joindre Werder, donnat-il à tout événement l'ordre de faire appuyer quelques éléments de son armée vers sa droite. Il commençait à se rassurer sur les opérations du XIVe corps. De ce côté, la situation était complètement dessinée. Les télégrammes des 15, 16 et 17 janvier, annonçant que les assauts de l'armée française contre la Lisaine avaient été repoussés, étaient parvenus à Manteuffel les 16, 17 et 18. Dans le dernier de ces bulletins, Werder lui avait rendu compte qu'après trois jours de combat, les atta-

(1) Le 18, Manteuffel avait reçu de Versailles l'ordre de se porter sur Gray et de se réunir à Werder par la marche en avant.

ques françaises s'étaient ralenties, affaiblies et prenaient déjà le caractère de simples actions d'arrière-garde.

« Si la retraite de l'ennemi se confirme, disait Werder, je prendrai immédiatement l'offensive. Nous avons perdu environ douze cents hommes pendant ces trois journées. Les brigades badoises II et III ont particulièrement souffert. »

Quel soupir de soulagement dut pousser Manteuffel, au reçu de cette dépêche, qui ne laissait plus aucun doute sur le mouvement de recul des Français !

En arrivant le 12 à Châtillon, il avait été bien perplexe au sujet de la situation de Werder. Il n'avait eu alors qu'une pensée : lui donner la main par les voies les plus directes. D'où la marche qu'il venait de faire à travers les défilés. Rassuré désormais, et apprenant qu'après trois jours de combats livrés devant Belfort les Français ont été obligés de se retirer, il conçoit une nouvelle idée, très hardie, très spontanée, presque géniale, et qui, hélas ! en raison des circonstances, ne réussira que trop bien !

Le 18 au soir, Werder reçut l'ordre de ne laisser en arrière que le nombre de troupes strictement nécessaire à l'investissement de Belfort, et de prendre l'offensive avec toutes ses forces disponibles, pendant que Manteuffel, à la tête des deux autres corps de l'armée du Sud, couperait à Bourbaki la retraite sur Lyon. Quoique la jonction ne fût pas encore faite, les trois corps allaient marcher de concert, dans la direction du sud et du sud-est, pour entourer et acculer Bourbaki à la frontière suisse. Le repousser dans la direction de Lyon eût abouti à le rejeter vers sa base d'opération, d'où les renforts devaient lui venir ; c'eût été une faute. « Grâce aux procédés de la levée en masse, dit Wartensleben, son armée pouvait encore renaître de ses cendres, se réorganiser, reprendre la lutte plus tard, comme l'avaient fait, dans des circonstances semblables, l'armée de la Loire et l'armée du Nord. »

La résistance de Werder sous Belfort avait mis momentanément l'Allemagne du Sud à l'abri de tout danger. Pour que le péril en fût écarté d'une manière définitive, Manteuffel estimait qu'il ne fallait pas seulement poursuivre, mais détruire l'ennemi. L'entreprise lui sembla possible. La situation de l'armée de l'Est, serrée entre trois armées et la frontière suisse, lui permettait cette confiance.

Manteuffel n'avait rencontré aucun obstacle dans sa marche et n'avait pas été inquiété par les troupes de Dijon.

La Saône, cours d'eau profond et large de soixante mètres, charriant des glaces à ce moment, pouvait constituer pour nous une ligne de défense. Mais nous avions abandonné Gray. Vainement le colonel Bombonnel, qui y était posté, avait demandé à être renforcé pour pouvoir défendre les passages. On refusa de le soutenir, en alléguant que Dijon était trop gravement menacé.

L'avant-garde du IIe corps y avait trouvé les ponts intacts, sauf celui du chemin de fer, que Werder avait coupé. Après un court engagement avec une centaine d'hommes dans Gray, elle s'était emparée de la gare et du télégraphe.

L'avant-garde du VIIe corps passa également le fleuve par le pont du chemin de fer, à Savoyeux, que nous avions aussi négligé de détruire, et sur un pont de bateaux que les pontonniers allemands établirent plus en avant. Le lendemain les deux corps se portèrent dans la direction du sud : le VIIe sur Gy, le IIe sur Pesmes.

A Pesmes, il y avait eu aussi combat. Il avait fallu chasser à coups de canon des mobiles qui défendaient le passage, puis jeter des pontons, le XIVe corps ayant fait prédécemment sauter le pont sur l'Ognon. A Essertenne, à Marnay, à Pin, les passages étaient intacts. L'armée du Sud allait donc atteindre le Doubs, sans que sa marche eût été retardée de façon notable.

Laissant de côté règle et méthode, comme lorsqu'on exécute un grand mais aventureux dessein, Manteuffel a pris brusquement son parti. Il va marcher sans relâche, poursuivant un seul but : l'armée de l'Est. On peut remarquer une douloureuse analogie entre la situation de Bourbaki et celle de Mac-Mahon avant Sedan : deux gloires militaires de l'Empire atteintes par un désastre semblable ! Bourbaki est moins favorisé encore que le maréchal. Car, s'il doit être acculé à la frontière suisse, comme celui-ci l'a été à la frontière belge, c'est avec des chances plus mauvaises, opérant sa retraite en plein hiver, dans des montagnes glacées et inhospitalières, poursuivi par deux traqueurs qui peuvent presque à l'avance calculer l'heure où le gibier tombera entre leurs mains. On se rappelle que, dès les débuts de la campagne, Bourbaki a entrevu la menace d'être pris à revers. Ce danger, contre lequel on ne l'a pas suffisamment prémuni, se réalise subitement pour la première armée.

L'ennemi est là, par derrière. Il s'avance avec rapidité. M. de Moltke lui-même n'a pas osé concevoir une entreprise si audacieuse, que Napoléon n'eût pas désavouée.

Manteuffel va exécuter son plan avec une extrême résolution, sans se laisser arrêter par les objections du grand état-major. S'autorisant des pouvoirs qu'il tient du roi, il prend, le 19, la direction supérieure des deux armées. Werder a reçu de M. de Moltke l'ordre de se concentrer devant Belfort. Manteuffel trouve à Fontaine-Française communication de la retraite de Bourbaki. Il fait exécuter à ses troupes un mouvement de conversion à droite, de manière à prendre Dole pour objectif au lieu de Vesoul.

Le 20 janvier au matin, il a établi son quartier général à Gray et oriente sa marche de flanc vers Pesmes et Dole. Il court ainsi de grands périls; car il s'isole et s'éloigne de ses lignes de ravitaillement. Il s'expose à être coupé par l'armée de Garibaldi, que la seule brigade Kettler tient en échec. Mais le succès à la guerre favorise les audacieux. D'ailleurs, Manteuffel sait l'armée française démoralisée. Ses quarante mille hommes valent mieux que les cent vingt mille de Bourbaki. Il est curieux de voir comme le maréchal de Moltke appréciera plus tard un acte si personnel. « Ce plan hardi, écrit-il dans ses *Mémoires*, fondé sur un profond mépris de son adversaire, aurait dû être expié chèrement. » N'y a-t-il pas un peu de jalousie de métier dans ce jugement du grand stratégiste? Il attribue le succès de son subordonné aux erreurs du ministre français.

« Quelle lourde faute, dit-il, d'avoir détourné le 15ᵉ corps et la division Cremer de leur destination primitive ! Il est certain que Manteuffel n'aurait ni réussi, ni même tenté une telle marche, avec le 15ᵉ corps en queue et la division Cremer en flanc. Et l'absence sur la Lisaine de ces quatre divisions eût été de nul effet, puisque six divisions y sont restées inutilisées. » Ce jugement de M. de Moltke pourrait bien demeurer définitif.

Le 21 janvier, le quartier général de Manteuffel est à Pesmes, au centre de ses opérations. Ce même jour, le VIIᵉ corps allemand prend Marnay, après un engagement où les Français perdent 150 hommes.

Le bourg est défendu par 500 mobiles de la Haute-Saône, qui ne peuvent tenir contre 10,000 Prussiens. Ceux-ci occupent ensuite Pin, Étuz, Audeux, villages gardés par la garnison de Besançon. Nos soldats, en se retirant, oublient de faire sauter les ponts sur l'Ognon. Le soir du 21, l'ennemi vient s'établir à Saint-Vit et capture à la gare des wagons de denrées. A Dampierre, il passe le Doubs et se porte vers Quingey. Le général Osten-Sacken, commandant la XIVᵉ division, va s'emparer des ponts d'Émagny et de Cussey. La conservation de tous ces passages si facilement livrés à l'ennemi lui est particulièrement favorable. Car, bien que les colonnes de pontonniers du VIIᵉ corps se trouvent au nombre des trains qui suivent depuis Épinal, cet équipage ne pourrait suffire à jeter des ponts sur une rivière aussi large que l'Ognon.

Le 21, à midi, l'avant-garde du IIᵉ corps se présente devant Dole sous les ordres du général Koblinski (six mille hommes avec de l'artillerie). Tandis que Dijon est attaqué par le général Kettler, Koblinski a l'ordre de couper la voie ferrée, le télégraphe, et d'observer Auxonne et Dijon.

A midi, l'approche des Prussiens est signalée sur la route de Gray. Le tocsin sonne ; on bat le rappel dans les rues de Dole. Il n'y a plus là de troupes régulières depuis deux jours. Il n'y reste que la garde nationale, avec quelques francs-tireurs, notamment la compagnie franche de Bombonnel, passé lieutenant-colonel. Il se présente deux cent cinquante à trois cents gardes nationaux pour concourir à la défense; par petits groupes, sans chefs, armes ni munitions. Une lutte violente s'engage dans les rues. Les habitants y prennent part.

Il fallut enfoncer les portes d'un hangar, pour enlever des fusils à piston qui y avaient été déposés; chacun, sans avoir le temps de choisir, s'empara de ce qui lui tomba sous la main et se procura comme il put de la poudre. Ce fut dans ce triste attirail que cette poignée de combattants se porta bravement au devant des Prussiens, sans s'inquiéter du nombre. S'abritant derrière les maisons du faubourg et la tranchée du chemin de fer, ils engagèrent la fusillade avec les troupes du général Koblinski (un régiment de grenadiers et deux batteries). Ces Dolois étaient les dignes descendants de leurs ancêtres, les défenseurs de 1636.

Vers quatre heures, se voyant près d'être enveloppés, ces deux à trois cents braves, après avoir perdu une dizaine d'hommes, rentraient dans la ville, où, bientôt, les Prussiens se précipitaient sur leurs pas en poussant des hurrahs. Koblinski traversa aussitôt le pont sur le Doubs, qui fut trouvé intact, Bourbaki ayant oublié d'en ordonner la rupture, et poussa ses avant-postes sur la rive gauche pour menacer directement la gare de Mouchard. A celle de Dole, deux cent trente wagons de vivres, de fourrages et de vêtements tombèrent entre les mains des grenadiers ennemis. C'est en vain que le chef de gare avait demandé à Besançon des instructions pour l'évacuation de ce précieux matériel. Des ordres et contre-ordres successifs l'empêchèrent de l'opérer en temps utile. Il ne put sauver qu'une faible partie de l'énorme dépôt, laissé sans protection à proximité immédiate de l'ennemi, et qui contenait douze cent mille rations de vivres destinés au ravitaillement de Besançon. Les obus pleuvaient sur la gare pendant l'évacuation.

Deux jours après, il passa à Dole trente à quarante mille Prussiens avec cinquante pièces de canon, trois mille voitures de convoi (bagages, munitions, vivres), un troupeau de bœufs et de moutons. Le chemin de fer de Besançon à Lyon est intercepté au portail de Roche. Des wagons sont mis par les Allemands en travers de la voie. D'autres sont précipités dans la rivière, ainsi que les rails. L'ennemi creuse des retranchements entre le Doubs et le chemin de fer. Le pont suspendu de Reculot étant coupé, il établit un bac à côté. Il marche sans désemparer sur la gare de Mouchard, qu'il trouve non défendue, s'en saisit le 24 et y installe son avant-garde, tandis que le quartier général est à Vaudrey; il est ainsi en possession des communications de Bourbaki avec la vallée de la Saône et du Rhône. Il ferme en même temps la route de Pontarlier à nos convois de ravitaillement. Il lance ensuite trois colonnes de douze cents hommes chacune sur Lons-le-Saunier par Nans-sous-Sainte-Anne, le Deschaux et Parcey. Il coupe le pont d'Arc-Senans et occupe la forêt de Chaux. Plus il s'avance, plus il s'expose à se trouver seul aux prises avec l'armée de Bourbaki; mais il a confiance et rien ne l'arrête.

Cependant, le 22 au soir, Werder avait reçu de son nouveau chef Manteuffel des instructions datées de Gray, qui, tout en lui laissant sa part d'initiative, allaient permettre de faire la jonction et la combinaison des mouvements des deux armées.

« Je me propose, avec la partie de mon armée qui est ici, de barrer le chemin à l'ennemi, que je présume en retraite de Besançon sur Lyon, pour lui couper le plus tôt possible ses communications avec cette ville, pendant que Votre Excellence, prenant l'offensive, retiendra les arrière-gardes ennemies et retardera ainsi la marche du gros des forces françaises.

« On ne voit pas encore clairement si celles-ci sont sur la rive droite du Doubs ou sur la rive gauche; je suis porté à croire que ce dernier cas est le plus probable... Je ne puis me rendre assez compte de l'état des choses de votre côté, pour vous envoyer déjà des ordres directs; mais je compte que Votre Excellence mettra à l'ennemi l'épée dans les reins, le suivra dans la direction prise par le gros de ses forces; que votre aile droite cherchera à se relier avec mon aile gauche... Dirigez vers moi, à marches forcées, par Pesmes, le détachement du colonel de Willisen, au moins sa cavalerie et son artillerie, pour me permettre d'agir sur la communication de l'ennemi.

« De la position Pesmes, Marnay, Dampierre, Dole, qu'occuperont mes troupes et mes avant-gardes le 21, et qui m'assure la possession des débouchés sur l'Ognon et le Doubs, je pousserai des reconnaissances vers la route de Lons-le-Saunier, qui est la ligne la plus courte entre Belfort et Lyon, et leur résultat sera décisif pour mes résolutions ultérieures. »

Werder compte sur son puissant auxiliaire de l'ouest; il a les vents en poupe. Il va marcher lentement, sagement, prudemment, mais avec espoir.

A la IVe division de réserve et au détachement de Goltz, il ordonne de passer le Doubs à Baume-les-Dames, le 23 janvier, tandis que la division badoise cherchera sa jonction avec le VIIe corps par Rioz, et que la cavalerie du colonel de Willisen prendra la route de Pesmes.

Et Werder marche en personne à la tête de son gros.

Manteuffel savait par son service de renseignements que l'armée de Bourbaki était presque entièrement écoulée sur la rive gauche du Doubs, occupant Baume-les-Dames et Clerval, et laissant des forces importantes entre Blamont et Delle. Il faisait connaître à ses généraux que l'occupation de Dole et de Quingey barrait à l'adversaire la ligne de retraite sur Lyon par Lons-le-Saunier, et que les deux voies ferrées de Besançon à Lyon étaient paralysées.

Si son intervention tardive n'avait été d'aucune utilité à Werder pour repousser les attaques de Bourbaki, elle menaçait alors du plus complet désastre cette malheureuse première armée, qui devait porter la peine de l'imprévoyance, incompréhensible vraiment, avec laquelle la délégation de Bordeaux venait d'abandonner ses lignes de retraite à l'ennemi.

A ce moment, le 15, Manteuffel se recueille à son quartier général, et avec les lumières de son chef d'état-major, qui nous en a transmis le détail, il examine la situation de Bourbaki, discute les hypothèses, oppose à chacune d'elles une conclusion pratique. C'est un cours de haute stratégie mis en action. Il en envoie le résumé à M. de Moltke.

« L'armée ennemie, dit-il, aux ordres de Bourbaki, composée peut-être de cinq corps d'armée (car il escompte à tort l'arrivée en ligne du 25e), a pu perdre dix mille hommes dans les trois jours de lutte devant Belfort. Elle s'est retirée sur Besançon et a passé presque en entier sur la rive gauche du Doubs. Elle occupait encore avant-hier Baume et Clerval. Des forces assez considérables sont restées aux environs de Blamont, vers Delle et Montbéliard.

« Kettler, en poussant une pointe offensive contre Dijon le 21, a pu constater, dans un combat sanglant, et en faisant 500 prisonniers, que la force du corps de Garibaldi était d'au moins 25,000 hommes. »

Puis Manteuffel (ou Wartensleben) développe les diverses éventualités que cette situation des armées peut faire naître, en supposant que le XIVe corps avance le 25 janvier d'une petite journée de marche, de Baume vers Besançon. Il énumère les différentes directions que peut prendre l'adversaire et dit la conduite à tenir dans les différents cas. Les trois éventualités qui lui semblent les plus probables, sont : une tentative de Bourbaki pour percer par Quingey et Dampierre, ou une continuation de la retraite par Champagnole.

Si cependant Bourbaki se concentrait à Besançon, pour y attendre l'attaque, il faudrait calculer la durée approximative des approvisionnements en vivres de l'armée française, et assurer les subsistances de l'armée du Sud pour une plus longue durée ; au lieu de tenter un assaut douteux, on chercherait à réduire la forteresse par la famine.

Enfin, dernière hypothèse, Manteuffel examinait les conditions d'une retraite de l'armée française sur la frontière suisse. Il avait réponse à tout. C'était le *Mané Thécel Pharès* de Bourbaki.

Les conclusions de ce mémoire étaient de nouvelles directives données à l'armée.

Werder avait déjà pris, pour le 25 janvier, des dispositions qui ne cadraient pas tout à fait avec ces directives. Le 24, dans la journée, le commandant du XIVe corps avait perdu à peu près tout contact avec l'ennemi. Il n'avait trouvé au sud du Doubs que quelques faibles arrière-gardes, qui avaient été aisément dispersées. Mais il n'avait pas réussi à poursuivre l'épée dans les reins l'armée française en retraite et à en arrêter la marche, comme le lui ordonnaient les dépêches du généralissime. Il ne savait pas même encore sur laquelle des deux rives du Doubs il devait chercher le gros des forces ennemies. Il leur avait laissé prendre sur ses colonnes une avance trop forte.

Dans son incertitude, Werder en vint à se demander si Bourbaki ne tentait pas d'opérer par Gray sa jonction avec l'armée de Dijon. Il se décida donc à rechercher le contact vers l'ouest, à la tête du gros de ses troupes, tandis que la division Schmeling continuerait seule sa marche au sud, par la rive gauche du Doubs. Il demanda, le 24, des ordres à son chef, par une dépêche qui se croisa avec l'envoi des directives de Manteuffel. Le contact fut repris le 25 et tout se trouva bientôt rectifié.

A ce moment, Bourbaki n'avait encore devant lui que l'avant-garde des quarante mille hommes de l'armée du Sud. Il était informé par le gouvernement de Bordeaux de la position critique où il se trouvait. Mais que de temps perdu autour de Besançon! Que de tergiversations, de marches et de contre-marches! Le mouvement était encore une fois manqué. S'il eût marché rapidement sur Lyon, par Dole et Chalon, ou Lons-le-Saunier et Bourg, il n'eût trouvé que peu de monde devant lui, et il eût sans doute obligé un adversaire inférieur en nombre à lui livrer passage, peut-être même en lui infligeant des pertes. Pendant ce temps, Garibaldi n'avait qu'à tenir l'ennemi en échec à Dijon.

Un déplacement stratégique des Allemands aussi considérable ne pouvait passer inaperçu. Dès le 15 janvier, on signalait à Dijon et à Tours de grands mouvements de troupes ennemies du sud-ouest vers l'est. Plus de cinquante mille hommes avaient traversé Montbard. Des files interminables de canons, de caissons, de chariots, de voitures, encombraient la route, qu'il fallait souvent abandonner pour suivre des chemins de traverse. Le bruit se répandait du passage des colonnes allant de Grancey à Is-sur-Tille, avec l'intention évidente de se diriger sur les derrières de l'armée de Bourbaki.

Arbois et Poligny étaient occupés par le IIe corps allemand. La ligne de retraite sur Lyon par le chemin de fer de Lons-le-Saunier se trouvait ainsi complètement interceptée. L'avant-garde de la XIIIe division prussienne s'emparait de Quingey et dispersait les mobiles à Byans. L'ennemi avait entre les mains 150 prisonniers et encore de nombreux wagons chargés d'approvisionnements.

Dans une autre direction, le VIIe corps allemand abandonnait Dole et Gray, et faisait avancer son avant-garde sur la ligne du Doubs aux abords de Besançon. Le cercle se resserrait de plus en plus.

CHAPITRE XV

CHATEAU-FARINE

Nouvel échiquier stratégique. — Fortifications de Besançon. — Alternatives de Bourbaki. — Sa dépêche au ministre (22 janvier). — Nouvelles conceptions de M. de Freycinet. — Ordre de mouvement pour le 23 janvier. — Envoi de la division Cremer à Chemaudin et Dannemarie. — Fâcheux effet sur l'armée de l'abandon de Dannemarie. — Épisode du lieutenant-colonel Reynaud. — Combat de Byans. — Perte de Quingey. — Abandon de Mouchard. — Appel de M. de Freycinet à Gambetta. — Echange de paroles amères entre la délégation et Bourbaki. — Affectation d'opposer l'héroïsme de Garibaldi à l'inertie de Bourbaki. — Repli des 20e et 18e corps sur une deuxième ligne de défense. — Évacuation du Lomont par le 24e corps. — Conseil de guerre de Château-Farine. — Avis du général en chef et de ses généraux. — Le général Billot conseille seul l'offensive. — Colloque entre Bourbaki et Billot. — Séré de Rivière appuie le projet d'offensive. — La retraite est décidée. — Opposition de M. de Freycinet à ce mouvement (25 janvier).

Avec la retraite de Bourbaki, s'ouvre un nouveau rayon d'opérations. C'est le Jura et la frontière suisse qui vont devenir le siège des derniers événements de la campagne, le théâtre de la dernière scène du grand drame lugubre! Un stratégiste du temps, le lieutenant-colonel de Bigot, chef d'état-major de la 7e division militaire, a fait ressortir l'importance défensive du massif jurassique, ou, comme il l'appelle en souvenir de la vieille Gaule, du « plateau séquanais ». Du côté de la Suisse, à l'est, il est couvert par une série de reliefs escarpés. C'est une sorte de place d'armes affectant la forme d'un immense trapèze allongé, qui s'étend jusqu'au Rhône. Son front nord a la vallée du Doubs pour fossé naturel. Par son flanc droit, le plateau s'appuie à la frontière suisse. Son flanc gauche est bordé par une falaise de rochers généralement perpendiculaires, qui montent d'étage en étage au-dessus des plaines du bassin de la Saône.

Quand Bourbaki s'est retiré, au lendemain d'Héricourt, après avoir été retenu trois jours durant devant le front de la Lisaine, il a négligé à tort, dans son mouvement rétrograde, de faire déboucher l'un de ses corps, le 15ᵉ, au sud du Doubs, pour tourner les positions de l'extrême gauche ennemie par le plateau de Blamont. Nous allons voir que lorsqu'il voulut réparer cette omission, il était trop tard. L'ennemi profita de sa faute en s'emparant de ces hauteurs.

Il fallait avant tout occuper le Lomont et le plateau de Blamont. Le cours tourmenté du Doubs offre en face de Pont-de-Roide une coupure remarquable dans la chaîne qui en barre le cours. A l'est de la coupure, depuis les traités de 1815, nous ne possédions plus sur la rive droite que le plateau de Blamont, dont les pentes s'abaissent par étages sur la vallée de l'Allaine.

De Clerval à Baume-les Dames, le Doubs a une largeur moyenne de cent mètres. Il est encaissé dans une vallée profonde et étroite. Sur la rive droite, en aval, s'élève le mont Chailluz, chaîne parallèle au Doubs, qui domine la vallée de l'Ognon d'au moins trois cents mètres.

C'est au sud et sous la protection de ce formidable rempart naturel que se trouve assise la place de Besançon. Le rocher de sa citadelle est dominé par les crêtes élevées de la rive gauche, et par des collines abruptes détachées du plateau sur la rive droite, en amont et en aval de la place.

Au-dessus de Besançon, les escarpements se poursuivent presque sans interruption jusqu'au delà de Thoraise, où le Doubs forme une autre presqu'île. Il court ensuite vers le sud, dans la direction de Byans, pénétrant dans la dépression suivie par le chemin de fer qui sépare les plateaux de la forêt de Chaux.

Le plateau séquanais offre une série de positions à peu près inexpugnables. C'est là que le colonel de Bigot proposait à Bourbaki d'installer son armée en cantonnement, en faisant venir des vivres de la Suisse. Ce projet avait des côtés séduisants, mais offrait aussi de grands dangers, comme toute défensive passive, c'est-à-dire forcément inerte. Le quadrilatère à occuper était d'ailleurs trop vaste. Enfin, en admettant que l'armée n'eût pas pu être aisément forcée dans ces retranchements naturels, la saison hivernale ne se prêtait pas à une occupation prolongée sur les hauteurs glaciales où cette armée aurait été immobilisée sans profit.

La ville de Besançon, indépendamment de ses fortifications propres, était entourée, dans sa partie nord-est et sud, d'un ensemble de positions solides, étendues, mais défendables.

Elle commençait, avons-nous dit, en janvier 1871, à être entourée de forts détachés, qui donnaient action sur l'ennemi dans un rayon suffisant pour la protéger contre un bombardement.

A mesure que l'armée en retraite se rapprochait de la place, le général en chef avait fait occuper les points principaux des positions qui en défendaient les abords. Parti de Roche pour Besançon, le 23, avec le spectacle d'un désordre irrémédiable sous les yeux, l'aspect lamentable de ses troupes ajouté aux airs de détresse de ses généraux, Bourbaki voit venir au-devant de lui, pâle, défait, l'intendant Friant, qui lui annonce la situation terrible! Quelle ne fut pas la douleur du général en chef, quand il apprit que les chemins de fer, faute de matériel, n'avaient pas fourni les transports nécessaires, et que nous possédions à peine sept jours de vivres, quinze jours peut-être en prenant ceux de la place! Il demeura atterré. Au bout de ce temps, on en serait réduit à l'extrémité de livrer à l'ennemi tout ensemble et l'armée et Besançon, sous peine de les laisser mourir de faim! L'intendance aurait pu, paraît-il, à la rigueur promettre dix jours de vivres. De peur de se tromper, elle n'en accusa que sept. Voilà donc ce que valaient les promesses du ministère! Cent mille mobilisés! De copieux approvisionnements! Décevant mirage! Devant l'impossibilité de rester à Besançon, faute de ravitaillement, le général en chef avait deux partis à prendre : aller au-devant de Manteuffel, comme le lui demandait M. de Freycinet, se rouvrir de vive force les rives de la Saône; pousser dans la direction de Dole et d'Auxonne, si l'ennemi n'était pas en nombre par là, et l'attaquer alors dans de bonnes positions avec le gros de ses forces; ou pénétrer dans les montagnes du Jura pour s'y abriter, s'y cantonner.

Pour cela, il fallait faire passer successivement les corps d'armée sur la rive gauche du Doubs, en couvrant par ce mouvement l'occupation des hauteurs en avant de Besançon.

Placé dans cette alternative, Bourbaki préféra abriter son armée dans les montagnes du Jura. Il recevait sur l'approche de l'ennemi de terrifiantes nouvelles, et télégraphiait le 22 à Bordeaux : « Le IIe et le VIIe corps prussiens ont commencé à couper nos communications avec Lyon. Ils passent le Doubs et peut-être la Loue. En me hâtant le plus possible, je ne sais si je parviendrai à les reconquérir. Je prendrai demain un parti selon les nouvelles que je recevrai. Il est au moins étrange qu'aucun renseignement sur la marche de forces ennemies si importantes ne me soit parvenu à temps. L'intendant Friant, malgré ses promesses, n'a pas réuni d'approvisionnements suffisants pour la subsistance de l'armée. »

Le délégué répondit le lendemain matin sur un ton irrité : « Vous n'avez donc pas reçu la dépêche que je vous ai envoyée le 21 à dix heures du soir, par laquelle je vous faisais connaître cette marche de l'ennemi, son intention de vous couper de Lyon, et j'insistais sur l'opportunité pour vous de précipiter (c'était mon expression) votre mouvement vers le midi?...

« D'ailleurs *c'était votre souci de vous renseigner* par vous-même dans une région si voisine de votre armée... » Il est en effet singulier de voir Bourbaki s'étonner le 24 janvier de la marche de Manteuffel, comme d'une révélation, lorsque, dès le 17, il déclarait à Billot, au pied du mont Vaudois, que l'entrée de l'armée allemande du Sud à Gray le déterminait à la retraite. Les hésitations du quartier général français n'étaient dans une certaine mesure que le contre-coup des appréciations confuses, même erronées, sorties du cabinet du ministre.

Enfin, le 24, à deux heures du soir, M. de Freycinet a

arrêté son plan. Il va encore l'imposer au général en chef, sans paraître se douter des difficultés de l'exécution.

« Je crois qu'il serait extrêmement dangereux pour vous de demeurer autour de Besançon, où le mieux qui pourrait vous arriver serait d'être désormais paralysé.

« Il faut à tout prix sortir de cette situation et effectuer par voie de terre, avec les 15°, 18° et 20° corps, le trajet que vous deviez effectuer en chemin de fer.

« Ainsi, il faut, avec les forces que j'indique, gagner le plus vite possible Nevers, ou mieux encore, la région d'Auxerre, Joigny, Tonnerre. Vous trouverez dans cette région une vingtaine de mille hommes que j'y ai disposés pour vous y recevoir. »

M. de Freycinet prévient en même temps Garibaldi qu'on se décide à abandonner la ligne du Jura, en laissant des garnisons à Besançon et à Auxonne. Il l'adjure d'aller défendre les défilés du Morvan « avec ses vaillantes troupes ».

Il songe d'abord à transporter l'armée jusqu'à Angers, « mais ce point peut être occupé par l'ennemi, au moment de l'arrivée du premier détachement » ; jusqu'à Vierzon, « mais c'est un cul de sac » ; jusqu'à Tours : « mais les Prussiens y sont » ; jusqu'à Blois : « mais le pont a sauté » ! On ne peut non plus gagner directement Orléans. « Mieux vaut aller seulement à Nevers... C'est le projet le plus prudent... J'espère qu'en y réfléchissant le général et son conseil seront ramenés à mon avis. Fixez-moi sur la réunion du matériel. » Ainsi s'exprimait le délégué de Bordeaux.

Hélas! La situation avait empiré. La voie ferrée de Besançon à Bourg était tombée au pouvoir des Prussiens. Par le nord et par le sud, au Lomont comme à Quingey, l'ennemi avait débordé l'armée française. Le mouvement tenté le 23 contre Dannemarie avec deux de nos meilleures divisions n'avait pas abouti. Toutes les démonstrations ébauchées, tous les ordres donnés et restés sans exécution, dénotaient qu'une démoralisation profonde gagnait les troupes.

C'était le moment où Kettler allait pousser son attaque sur

Dijon. « Ne pouvez-vous faire un mouvement qui prête appui à Garibaldi ? Il y aurait peut-être là une belle occasion de punir l'ennemi de sa témérité à opérer entre vous et lui. »

Cette dépêche de la délégation arrivait bien mal à propos à Bourbaki, le 23 janvier.

Cependant, à Besançon, les nouvelles reçues du 24ᵉ corps sont des plus mauvaises. L'ennemi se rapproche et menace d'escalader les plateaux. Dans la nuit du 22 au 23, six mille hommes de la 15ᵉ division embarqués en chemin de fer à l'Isle-sur-le-Doubs, vont surveiller la forêt de Chaux et couvrir la voie ferrée entre Byans et Arc-Senans. Une autre division va garder les ponts de Torpes et Thoraise. Les 18ᵉ et 20ᵉ corps restent aux abords de Besançon.

Le général en chef se décide à se retirer sur les hauteurs : c'est dans cet esprit qu'est préparée la marche du 23.

Une division du 15ᵉ corps devait demeurer à Baume ; une autre, passer sur la rive gauche du Doubs. Une partie de l'infanterie s'élèverait sur le plateau par la route de Pontarlier. Le 18ᵉ corps demeurait sur la rive droite du Doubs, face à l'ouest, prolongeant au nord les positions du 15ᵉ, couvrant Besançon entre le Doubs et l'Ognon. Le 24ᵉ corps avait, comme on l'a vu, des instructions spéciales pour la garde des défilés du Lomont et du plateau de Blamont. Le quartier général de l'armée était établi à Besançon.

La division Cremer, qui avait passé la nuit du 22 au 23 sur les glacis de la place, avait l'ordre de se porter le 23 plus à l'ouest, à Grand-Fontaine et Chemaudin, à cheval sur la route de Dole, fouillant les bois traversés par cette route et se reliant par la Felie au 18ᵉ corps cantonné à Franois.

Le 23, à trois heures du matin, l'ennemi était déjà dans les bois de Dannemarie. Cremer arrive avec le bataillon de la Vendée et un bataillon du 86ᵉ mobiles. Il rejette l'infanterie allemande dans le village. Aussitôt les Prussiens démasquent une batterie de huit pièces. Le commandant Camps, qui dirige, comme à Nuits et à Chenebier, l'artillerie de la division Cremer, fait aussi avancer une de ses batteries près de la voie ferrée. La canonnade s'ouvre à quinze cents mètres et dure jusqu'au soir.

Cremer, à couvert du bois, s'occupait d'organiser l'attaque de son infanterie contre Dannemarie et Velesmes, lorsque Billot, attiré par le bruit de la canonnade, arriva sur le lieu du combat. Deux mille volontaires s'offraient à se jeter sur l'ennemi ; mais l'heure était avancée. La division Bonnet, qui devait soutenir, n'arrivait pas. Billot, par prudence, ordonna qu'on remit l'attaque au lendemain. Cremer, apprenant que cinquante pièces de canon allemandes venaient renforcer celles de Dannemarie, espérait pouvoir tenter un coup de main sur cette artillerie, qu'il savait un peu en l'air. Bourbaki désapprouva le projet et rappela Cremer à Saint-Ferjeux. « Comme mon intention, lui écrivit-il, est de passer sur la rive gauche du Doubs le plus tôt possible, je désire que vous vous rapprochiez de Besançon, pour y faire reposer vos troupes (1). »

L'abandon des positions de Chemaudin et Dannemarie fit grand bruit dans l'armée et donna lieu aux interprétations les plus diverses. On alla jusqu'à parler de trahison. C'était injuste. Cremer, en proposant de se jeter avec une poignée de volontaires sur cinquante pièces de canon ennemies, prouvait qu'il pouvait encore compter sur ses hommes.

Mais les malentendus et les défaillances allaient se multiplier. La division Dastughe était chargée d'occuper Mouchard ; le 24ᵉ corps devait couvrir le flanc droit de l'armée, de Clerval à Pont-de-Roide et Blamont. Toutes ces positions étaient abandonnées.

Mouchard est un important nœud de chemins de fer, d'où des voies se dirigent sur Salins, Pontarlier, Arbois. Quingey est relié à ce point par une belle route qui y traverse le Doubs sur un pont de pierre, et se trouve abritée à l'ouest par la vallée de la Loue. Il était indispensable de garder Quingey, où l'ennemi pouvait couper les principales communications de l'armée de l'Est.

---

(1) *Enquête*, t. II, p. 221.

Dans le langage très significatif du pays, le couloir formé par le cours parallèle de la Loue et du Doubs, entre Busy, Vorges, Osselle et Quingey, s'appelle « la porte des plateaux ».

Aussi, dès le 18, le général de Rivière avait-il demandé au général en chef, infructueusement d'ailleurs, l'autorisation de partir en avant pour aller fortifier divers points d'accès des plateaux, dont Quingey. Le lieutenant-colonel Reynaud, chargé d'un service spécial d'exploration, ne trouva à Quingey que le général Minot, commandant la première brigade du 15° corps. Le colonel et son escorte de cavalerie purent entrer dans Quingey sans avoir été arrêtés nulle part. Aucun poste extérieur n'avait été placé. Il en avisa le général Minot, qui se contenta de lui répondre :

« Je suis arrivé ici dans la matinée. Ma brigade ne m'a pas suivi. Mes hommes sont fatigués et ne comprennent rien à notre retraite. Ils ne veulent pas se battre. Ils disent qu'ils sont trahis. J'ai à peine deux cents hommes et ils sont sur les dents ! »

Les troupes qui défendaient Quingey fuyaient sans coup férir, entraînant dans leur déroute les renforts que Bourbaki leur envoyait à Busy.

Pendant ce temps, anéanti au moral et au physique, le général Dastugue ne donnait pas un ordre en vingt-quatre heures. Sa brigade avait été embarquée en chemin de fer à Baume-les-Dames. Elle arriva à Byans dans cinq trains de 1,000 hommes chacun, échelonnés le 22 janvier, de six heures du matin à minuit. Les soldats descendaient à la gare, et n'y trouvaient nulle indication, aucun service de police : de là une affreuse débandade. Toutes les maisons autour de la station, tous les fourrés de la route, étaient pleins d'isolés. Le général ne fit même pas placer un cordon de sentinelles autour de la gare de débarquement. Un certain nombre d'hommes, abandonnés à eux-mêmes, profitèrent du passage d'un train de matériel à destination de Lyon pour y monter. Les autres se rendirent à Quingey, pour s'y embarquer. Une batterie ennemie put donc venir pendant la nuit s'établir à moins de mille mètres de la gare. Et voici que le lendemain 23 janvier, à six heures du matin, arrive un train de malades et de blessés.

Trois locomotives prenaient de l'eau à Byans, lorsque nos petits postes et quelques autres soldats d'infanterie firent feu sur l'ennemi, qui y répondit par des coups de fusil et de canon. Une machine fut emmenée par son mécanicien blessé, et le feu ennemi continua sur le train resté en détresse, atteignant les hommes dans les wagons.

Les plus valides parvinrent à échapper à la mitraille, en débarquant à la hâte et en allant se réfugier dans des caves du voisinage. Une compagnie du 1ᵉʳ zouaves protégea de ses feux la retraite. Les traînards et les éclopés, les échappés du train semèrent la panique dans Quingey. Les cris de cette tourbe apprirent au général Minot à quel massacre avait été exposé le convoi de blessés, malgré la Croix-Rouge de Genève.

Au lieu de réunir tout son monde et de se porter rapidement sur la rive gauche de la Loue ou sur les hauteurs, pour en défendre le passage, il abandonna la position vers midi.

La perte de Quingey, c'était la coupure de notre ligne de ravitaillement. Ce village fut occupé par les Allemands dans la journée du 13, ainsi que Byans et Abbans. Ils firent sauter, à Osselle, le pont du chemin de fer sur le Doubs.

Après l'abandon sans coup férir de Mouchard et Quingey, après la désertion du plateau de Blamont par Bressolles, tout croulait. Il n'y avait plus, à proprement parler, d'armée ; mais un troupeau d'hommes désagrégés, éperdus, devenus, à force de souffrances, insensibles à la voix du devoir et de l'honneur. Chez la plupart des chefs aussi, le moral s'affaissait. On ne pouvait imaginer un rôle plus angoissant que celui de Bourbaki. Car, avec des troupes qui ne voulaient plus ou ne pouvaient plus combattre, il pouvait se trouver d'un moment à l'autre en présence de l'ennemi ; et quelque cruelles que fussent les souffrances imposées par cet état de choses à son patriotisme, la délégation allait les aggraver encore par des appréciations aussi dures qu'injustes, dont elle ne craignait pas de lui adresser l'expression, quand il se débattait au milieu de telles anxiétés.

A bout de ressources et d'expédients, M. de Freycinet en référait en même temps à Gambetta et lui demandait son assistance : « La situation dans l'est, lui écrivait-il, est très sérieuse, beaucoup plus sérieuse que je ne le pensais. Dans ce que Bourbaki a fait de son commandement, oh ! je ne retrouve que l'homme que j'avais soupçonné, plein de bravoure sur le champ de bataille, mais sans énergie, sans persistance, sans conviction en dehors du combat! Il offre presque sa démission. Il dirige son armée sur Pontarlier, c'est-à-dire en Suisse. Il n'a plus aucune confiance dans les troupes; il jette le manche après la cognée! »

En même temps, M. de Freycinet pressait Bourbaki de gagner Nevers, lui signalant de nouveau le danger de rester autour de Besançon, où l'armée pouvait être paralysée. Il lui indiquait aussi, comme centre de refuge, la région Auxerre-Joigny-Tonnerre. « Vous trouverez dans cette contrée une vingtaine de mille hommes que j'y ai disposés pour vous y recevoir. Dans quelle direction précise devez-vous faire ce mouvement? C'est à vous naturellement à la déterminer, d'après la position et les conditions du théâtre de la guerre. Mais il faudrait faire en sorte que ce mouvement profitât à reprendre Dole, à protéger Dijon et à débarrasser nos communications ferrées au-dessus de Besançon. Quant aux corps de Cremer et de Bressolles, vous auriez soin de leur assigner de bonnes dispositions pour couvrir votre mouvement. Je répète, en terminant, qu'il faut *vous hâter*, et que votre propre intérêt est, si je ne me trompe, de vous retirer à tout prix, avec les trois corps sus-indiqués (1). »

Cette dépêche se croisa avec une autre que Bourbaki adressait au ministre et où se révélait dans toute son amertume l'âme du général en chef : « Quand vous serez mieux informé, vous regretterez le reproche de lenteur que vous me faites. Les

(1) V. *Enquête*. Pièces annexées aux dépositions de Bourbaki et Leperche (vol. III).

hommes sont exténués de fatigue, les chevaux aussi; je n'ai jamais perdu une heure ni pour aller ni pour revenir; je viens de voir tous les commandants de corps d'armée; ils sont d'avis que nous prenions la route de Pontarlier : c'est la seule direction que l'état moral et physique des troupes permette de prendre. Vous ne vous faites pas une idée des souffrances que l'armée a endurées depuis le commencement de décembre.

« Les IIe et VIIe corps d'armée prussiens ont commencé à couper mes communications avec Lyon. Ils passent le Doubs et peut-être la Loue. En me hâtant le plus possible, je ne sais si je parviendrai à les reconquérir. Je prendrai demain un parti selon les renseignements que je recevrai. »

Et le délégué de répondre par de nouveaux reproches :

« Vous auriez dû envoyer des forces importantes sur Mouchard et sur Dole! »

M. de Freycinet parlait de quinze mille Allemands à Mouchard et à Dole, quand il y en avait cinquante-deux mille. Il sommait Bourbaki de reprendre avec deux bonnes divisions des positions perdues, quand le combat du 23 janvier, à Dannemarie, bien qu'entrepris avec deux des meilleures de l'armée, avait démontré leur impuissance.

Enfin, il affectait d'opposer aux irrésolutions de l'armée de l'Est « l'héroïsme de Garibaldi ». Ce mot devait froisser profondément le cœur chevaleresque du héros français auquel on osait préférer un général étranger et sénile.

Afin de faire face à la situation si critique dans laquelle les événements du 23 janvier avaient mis la première armée, Bourbaki prescrivit de nouvelles dispositions pour le lendemain.

Toutes les troupes du 20e et du 18e corps furent encore maintenues en avant de Besançon; mais, au lieu de les laisser sur leurs emplacements de la veille, ce qui leur eût permis de prendre quelque repos, on les fit se replier sur une deuxième

---

(1) Besançon, 24 janvier, minuit 5.

ligne de défense, de manière à fermer de nouveau, malgré le départ de la réserve générale, le demi-cercle dont elles entouraient la place sur la rive droite du Doubs.

Le 18ᵉ et le 20ᵉ corps se concentrèrent autour de Besançon. Ils y passèrent une troisième journée, en alerte perpétuelle. Ils prenaient chaque jour de nouvelles positions de combat. Une neige épaisse couvrait le sol. Le froid était excessif, et rendait la situation réellement intolérable.

Les 1ʳᵉ et 2ᵉ divisions du 15ᵉ corps se retranchèrent à Busy. La 3ᵉ division dut aller prendre pied sur la Loue, à gauche des deux autres.

Autre catastrophe : les nouvelles du 24ᵉ corps ! « J'apprends à l'instant, écrivait Bourbaki à Bressolles, que vous abandonnez Pont-de-Roide et les positions du Lomont. Vous transgressez tous mes ordres. Réoccupez immédiatement Pont-de-Roide de votre personne, jusqu'à ce que l'ordre soit rétabli.

« Je vous ai prescrit d'occuper Pont-de-Roide, Anteuil, Glainans ; d'avoir un détachement sur la rive gauche, deux bataillons, pour que l'on ne puisse pas reconstruire les ponts.

« Vous deviez laisser une division bien établie pour ce service ; il est des plus importants, et vous en êtes personnellement responsable.

« Si vous aviez à abandonner Pont-de-Roide, n'abandonnez à aucun prix les défilés du Lomont, qui sont et doivent rester infranchissables pour l'ennemi. »

Il était trop tard : le Lomont était évacué ! Un ordre du général Bressolles daté de Pont-de-Roide, le 23 janvier, avait prescrit à la division Comagny, qui devait garder les passages, de quitter Pont-de-Roide et Blamont le 24, pour aller coucher à Valonne, en laissant toutefois (garde insuffisante) un régiment à Blamont et un à Pont-de-Roide, jusqu'à leur remplacement par le 54ᵉ mobiles. La division devait ensuite se retirer sur Besançon, en trois étapes, par Vellerans et Bouclans.

Cet ordre n'était d'ailleurs que la stricte exécution d'une dépêche du général en chef, arrivée à Pont-de-Roide, le 23 à midi : tout manquait à la fois à Bourbaki : que lui restait-il à tenter? Demeurer paralysé autour de Besançon? C'eût été, comme nous l'avons dit, capituler à brève échéance. Se frayer un chemin vers l'ouest ou vers le sud? Cette trouée désespérée semblait impossible, dans l'état moral et physique de l'armée, après les souffrances de toute sorte qu'elle avait endurées!

La situation à laquelle le général en chef se trouvait acculé était une impasse.

Ne se sentant plus l'énergie d'assumer seul une décision, craignant d'avoir perdu le prestige qui permet aux grandes initiatives de se manifester dans les moments suprêmes, craignant surtout que ses troupes fussent à bout de forces, ce qui n'était que trop vrai, Bourbaki se résigna au parti qui se prend le plus souvent dans les situations de ce genre, et sans grand résultat d'ordinaire. Il voulut, avant d'adopter la résolution que lui imposait la volonté ministérielle, consulter ses généraux. Il les convoqua, le 24, à un conseil de guerre à Château-Farine, sur la route de Besançon à Dole.

Il ouvrit la séance avec des larmes dans les yeux, et, maître de lui cependant, donna sans commentaires communication à ses collègues du télégramme si blessant qu'il venait de recevoir de Bordeaux, et où le délégué, parlant au nom de Gambetta absent de l'héroïsme de Garibaldi, rendait le général en chef de la première armée responsable de tous nos malheurs.

Dissimulant le ressentiment que lui cause la lecture de cette injuste dépêche, Bourbaki se borne à faire connaître à ses collègues ses idées personnelles sur la situation, et prie chacun d'eux, sur son ton de bienveillance habituelle, de donner librement son avis.

Il expose avec une grande lucidité d'esprit et une conviction profonde, « que si l'on ne veut pas avoir un Metz dans Besançon, ce qui semble inévitable, il n'y a que deux moyens de sortir d'embarras : marcher sur Auxonne et Chagny, pour regagner le chemin de Nevers par où l'on est venu, ou marcher sur Pontarlier, et glisser le long de la frontière, en gagnant la vallée du Rhône par Gex. »

Dans l'opinion du général en chef, le second parti est la seule chose dont ses troupes soient capables; car, par là du moins, on pourra peut-être s'échapper sans combattre. Et, si l'on doit se battre encore, il considère qu'avec le peu de forces qui lui restent, il y a plus de chances de battre l'ennemi à l'une de ses ailes qu'à son centre.

Quant à la marche sur Auxonne, indiquée par le ministre, il a calculé qu'il faudrait trois jours pour faire repasser sur la rive droite du Doubs toutes les troupes de l'armée qui sont déjà sur la rive gauche, ainsi que l'artillerie et les convois. L'armée se trouvera ensuite entre deux vallées occupées par l'ennemi, l'Ognon et le Doubs. Elle se sera enfoncée dans le cul-de-sac formé par les rivières, en suivant les routes qui les longent. Au fur et à mesure qu'elle se sera portée en avant, elle aura été attaquée sur ses deux flancs et sur ses derrières. Elle se sera alors trouvée dans la nécessité de faire face à l'ennemi, en ayant la Saône à dos avec un seul point de passage, Auxonne.

La conviction du général en chef est qu'une pareille entreprise ne pourra aboutir qu'à une catastrophe, dans laquelle on ne sauvera ni un homme ni un canon. Il ne dissimule rien de la gravité de la situation. Il montre l'armée menacée au nord, cernée à l'ouest et au sud, coupée de ses communications avec Lyon, acculée sans vivres aux murs de Besançon, se croyant perdue et voyant de jour en jour fondre ses effectifs. Il exhibe une lettre du général Martineau des Chenetz, annonçant que de trente mille hommes, il n'y en a plus que la moitié sous les armes, qu'il ne faut pas se faire d'illusions, que la frontière voisine est une attraction, qu'on s'organise pour fuir et non pour combattre [1].

Le général Clinchant, le plus ancien des officiers présents, parle le premier ensuite. Vouloir passer par Auxonne lui

---

(1) *Enquête*. Déposition Bourbaki, t. III, p. 353-366. Rapport au ministre du 3 mars 1871.

semble « une folie ». Il n'y a d'autre parti à prendre que celui indiqué par le général en chef (1).

Cremer s'exprima dans le même sens que le commandant du 20e corps. Il déclara que sa division était fatiguée par les marches et contre-marches, par les privations, et que le mieux était d'essayer de se jeter dans le Jura (2).

Pallu de La Barrière opina, lui aussi, pour la retraite, bien qu'il crût pouvoir se porter garant de ses troupes en cas de combat.

Quant à l'avis du général Bressolles absent, on pouvait l'escompter en le déduisant de ce qui se passait en ce moment sur le haut Doubs.

Le général Billot parla le dernier. Toujours ardent, il fut le seul à se prononcer pour une offensive. Il avouait bien, en effet, n'avoir plus que seize mille combattants réels, sur les vingt-cinq mille hommes de son corps d'armée qui avaient lutté devant le mont Vaudois. Mais il n'en estimait pas moins qu'avec de l'audace il était possible de percer encore.

Selon lui, une décision énergique pouvait seule nous sauver, l'armée n'ayant plus à sa disposition que cinq jours de vivres; il n'évaluait plus, comme combattants réels, qu'environ la moitié de son effectif. Il comptait sur le 24e corps pour retenir le XIVe tout entier en amont de Baume-les-Dames, sauf à se replier ensuite par la route de Pontarlier. Il proposait de tenter une trouée dans la direction d'Auxonne.

Le 15e corps et la réserve générale, tenant tête sur la rive gauche du Doubs à la plus grande partie du IIe et du VIIe corps allemands, semblaient pouvoir encore reprendre la position de Quingey, occuper Mouchard, dont on ignorait au juste la prise par l'ennemi, et suivre les routes des deux rives de la Loue, pour se porter dans la direction de Dole. Le 18e et le 20e corps n'avaient alors devant eux, sur cette rive gauche, qu'une brigade du VIIIe corps et la brigade de cavalerie du XIVe arrivée à hauteur de Pesmes.

(1) *Enquête*. Déposition Leperche, t. III, p. 399.
(2) *Enquête*. Déposition Billot, t. III, p. 479.

Cette marche des 18ᵉ et 20ᵉ corps le long de la rive gauche de l'Ognon ne manquerait pas d'attirer sur leurs derrières le VIIᵉ corps d'armée allemand, dont la ligne de communication serait ainsi coupée ; mais on dégagerait d'autant la rive gauche du Doubs, et l'on permettrait ainsi au 15ᵉ corps et à la réserve de se porter en avant, de venir franchir la Saône à Saint-Jean-de-Losne pour donner la main aux 18ᵉ et 20ᵉ corps.

Les cinq jours de vivres dont disposait encore l'armée française permettraient de parcourir les étapes qui séparent Besançon de Dijon, et même de stationner deux jours pour combattre. On éviterait ainsi d'achever d'épuiser nos malheureux soldats sur les routes neigeuses du Jura.

Le projet du général Billot, quelques difficultés qu'il présentât, pouvait au contraire ne pas excéder les forces de nos troupes, surtout celles du 18ᵉ corps. Malheureusement, il ne tenait pas assez compte des éventualités qui pourraient survenir si le XIVᵉ corps allemand venait à abandonner les positions qu'il occupait en face du 24ᵉ corps français, et se portait rapidement dans la vallée de l'Ognon pour nous barrer la route de Pesmes.

Ajoutons que la plus grande partie des convois des 18ᵉ et 20ᵉ corps étaient déjà sur la rive gauche du Doubs. Ces deux corps ne pouvaient donc se mettre en route que le 25, dans la matinée, si l'on se décidait à se diriger sur Auxonne.

Or, « changer sa ligne de communication et d'opération, dit Napoléon, est une œuvre de génie, la plus difficile que puisse tenter un général d'armée. » Le parti proposé par Billot, qui était d'ailleurs l'idée de M. de Freycinet, n'eût en tous les cas été adoptable que si, chose douteuse, on eût alors trouvé dans cette malheureuse armée deux divisions assez solides pour en pouvoir disposer utilement.

Et puis, d'heure en heure, la situation empirait. C'étaient la division badoise et la brigade de Goltz qui atteignaient la rive droite de l'Ognon, dans l'après-midi du 24, entre Etuz et Pin. C'était la XIVᵉ division allemande qui allait être reportée sur la rive droite du Doubs ; de sorte que nos

18ᵉ et 20ᵉ corps pouvaient se trouver le 26 au matin attaqués par deux divisions du XIVᵉ corps, du côté nord, et par la XIVᵉ division du côté sud, tandis que leurs avant-gardes auraient eu à enlever les positions occupées par la brigade du IIᵉ corps prussien laissée jusque-là entre Pesmes et Dole.

On vit alors se renouveler devant le conseil de guerre la scène qui s'était déjà passée entre Bourbaki et Billot sur le champ de bataille d'Héricourt. — « Si vous croyez la chose possible, entreprenez-la avec votre corps d'armée, répondait le général en chef, à l'exposé des idées qu'il venait d'entendre. Allez à Dole. Si vous réussissez, et que le cours inférieur du Doubs ne soit plus en possession de Manteuffel, nous marcherons sur Auxonne. Mais je crois que c'est tout à fait impossible, et qu'il n'y faut pas songer. »

Billot se récria aussitôt. Il objecta qu'une opération de ce genre, possible avec l'armée entière, était impraticable avec un seul corps d'armée. Dans ces conditions, il ne pouvait rien tenter.

— « Qu'à cela ne tienne, répliqua le général en chef. S'il vous faut le commandement de l'armée, je vous le donne immédiatement. Mais, je vous le répète, je considère cette tentative comme une folie. »

Billot répondit qu'il n'avait pas sur les commandants de corps d'armée une autorité morale suffisante, et qu'il n'inspirerait pas aux troupes la confiance nécessaire pour une entreprise de ce genre. On compta ce qui restait de combattants. Billot répéta qu'il pouvait répondre de 16,000 hommes sur 25,000; Clinchant, de 10,000 sur 22,000; Pallu, bien que faisant fonds sur toute sa brigade, opinait pour la retraite.

« Il vaut mieux alors, dit Bourbaki au général Billot, vous ranger à l'avis des autres commandants de corps. Quant à moi, je n'exécuterai pas ce plan; et si vous ne vous décidez pas à le faire, ce ne sera pas fait. »

Bourbaki a déclaré plus tard : « J'aurais préféré qu'au lieu de faire des propositions selon moi si peu réalisables, Billot hâtât assez le passage du 18ᵉ corps de la rive droite à la rive gauche du Doubs, pour concourir à la réoccupation du Lomont par le 24ᵉ corps. » En réalité, le parti du général en chef était pris à l'avance. Il semblait qu'en convoquant ce conseil de guerre, il eût eu moins souci de provoquer des résolutions décisives, que de faire couvrir par les généraux son projet de retraite sur Pontarlier. Du moins, la façon dont il accueillait les réponses de ses sous-ordres tendit à le démontrer. Le général Séré de Rivière, commandant le génie de l'armée, homme d'une valeur exceptionnelle, affirma plus tard qu'il partageait l'avis de Billot. Il n'assistait pas au conseil de guerre de Château-Farine. Mais, quand il reçut le 25 janvier l'ordre de Borel de se porter sur Pontarlier avec le génie du 20ᵉ corps, pour préparer les routes, il comprit la résolution du général en chef, et tenta auprès du chef d'état-major une respectueuse démarche pour l'en détourner. Il dit qu'avant de prendre une détermination au bout de laquelle on entrevoyait un passage en Suisse, l'armée n'avait peut-être pas fait ce qu'elle pouvait ; qu'une armée de quatre-vingt-cinq mille hommes soumise à une alternative aussi cruelle devait tenter le sort des armes ; que si la fortune nous était contraire, nous succomberions du moins avec honneur ; que la troupe ne semblait pas dans un état d'affaiblissement physique et moral qui pût motiver une si grave extrémité, etc.

Ébranlé par ce discours, Borel se rendit auprès du général en chef, et rentra en disant que Bourbaki, revenu à d'autres idées, renonçait au mouvement de retraite ; qu'on allait s'établir sur la ligne du Doubs, et tenir tête à l'ennemi pour déboucher au moment opportun (1). D'après ces incidents, il semble que Bourbaki ait hésité jusqu'au dernier moment sur le parti à prendre. Au sortir du conseil de Château-Farine, il reçut la réponse du délégué à ses trois dernières dépêches. Elle était plus pressante et plus froissante encore que les précédentes. Cette fois le général riposta par des paroles amères et télégraphia à l'issue du conseil de Château-Farine : « Votre dépêche

---

(1) *Enquête*. Déposition du général de Rivière, t. V.

me prouve que vous croyez avoir une armée bien constituée. Il me semble que je vous ai dit souvent le contraire. Du reste j'avoue que le labeur que vous m'infligez est au-dessus de mes forces; et vous feriez bien de me remplacer par Billot ou Clinchant. La marche sur Auxerre est impossible. Les deux divisions du 24ᵉ corps qui doivent se rallier n'arriveront qu'après-demain ; mais je commence mon mouvement demain, à moins d'ordres contraires. Ma santé est très altérée (1). »
C'était un peu la théorie du marché à la main. La retraite sur Pontarlier fut décidée.

Il n'y avait plus à compter sur l'armée de l'Est ; il n'y avait plus à compter sur Bourbaki.

Le 24, l'avant-garde du IIᵉ corps allemand s'emparait de Mouchard. La dépêche du général au ministre, datée du 24 à midi, manifeste pour la première fois des inquiétudes sérieuses sur l'issue finale, en même temps qu'une dernière indécision. « Les IIᵉ et VIIᵉ corps d'armée prussiens, dit-il, ont commencé à couper les communications avec Lyon.

« J'éprouve le besoin d'insister près de vous sur les dangers que présenteraient toutes opérations de la première armée sur Nevers, Auxerre ou Tonnerre, quelque désirable qu'en soit la réalisation.

« L'état moral de l'armée est très peu solide. Elle ne pourrait enlever Dole.

« Si je puis la devancer à Salins, mon mouvement se trouvera réduit comme distance, comme difficulté des routes que couvre la neige, et comme temps. Ma grande préoccupation est d'assurer la subsistance des hommes. Elle sera bien réduite, si Besançon ne possède pas toutes les ressources que j'avais demandé d'y accumuler.

« Pélissier écrit qu'il part pour Lyon ; mais si votre intention est de donner au général Garibaldi le commandement de tous les mobilisés, vous pouvez dès maintenant disposer de mon commandement, et accepter ma démission que je vous offre. »

---

(1) Besançon, 24 janvier, 9 heures du soir.

M. de Freycinet insista encore pour son idée contraire et répondit le 25 à Bourbaki : « Des renforts importants paraissent se détacher de Paris ou de l'armée du prince Charles pour aller grossir les forces de l'est. C'est un nouveau motif pour moi de souhaiter que vous vous rangiez à mon avis, et que vous n'alliez pas *au point que vous savez* : car dans peu de jours vous y serez infailliblement entouré par des forces supérieures. » Le pronostic n'était que trop réel, hélas !

CHAPITRE XVI

LE SUICIDE

Dépêche de M. de Freycinet (25 janvier). — Bourbaki refuse de retourner à Nevers. — Situation de l'armée au moment de la retraite par les plateaux. — Bressolles déclare ne pouvoir reprendre le Lomont. — La gauche du 24ᵉ corps à Passavant, le 20ᵉ à Besançon, le 15ᵉ à Busy. — Cremer a l'ordre d'aller à Salins. — Attaque de Salins. — L'ennemi envahit le faubourg Saint-Pierre. — Pourparlers de la population salinoise avec l'ennemi. — Sommation des forts. — Défilé de la colonne ennemie à travers la ville. — Évacuation de Salins par les Allemands (27 au matin). — Attaque de Vorges et Busy (25 et 26). — La division Rebillard. — Opérations du général Schmeling (du 24 au 25), à Pont-des-Moulins. — Découragement du général d'Ariès. — Vains efforts de Bressolles pour arrêter la retraite (26). — Dernière chance de Bourbaki. — Dernière dépêche de M. de Freycinet au général en chef (25-26 janvier). — Désespoir de Bourbaki au reçu de ces nouvelles. — Dernière chevauchée de Bourbaki (26). — Colloque de Bourbaki et de Billot. — Billot refuse le commandement pour la troisième fois. — Arrivée du 18ᵉ corps sur les plateaux. — Rentrée de Bourbaki à Besançon. — Sa tentative de suicide. — Jugement sur cet acte. — Bourbaki échappe à la mort. — Fin de la carrière de Bourbaki.

Le 25 au matin, le délégué reçut à Bordeaux le refus de Bourbaki d'obtempérer à ses derniers conseils. Il s'irrita contre les objections et reprit la plume :

« Je suis tombé des nues, je l'avoue, à la lecture de vos dépêches que je viens seulement de faire déchiffrer.

« Il y a huit jours à peine, devant Héricourt, vous me parliez de votre ardeur à poursuivre le programme commencé ; et aujourd'hui, sans avoir eu à livrer un seul nouveau combat, après avoir fait des mouvements à peine sensibles sur la carte, vous m'annoncez que votre armée est hors d'état de marcher et de lutter ; qu'elle ne comporte pas 30,000 combattants ; que la marche que je vous conseille vers l'ouest ou le sud est impossible, et que vous n'avez d'autre solution que de vous diriger sur Pontarlier. Enfin, vous concluez par me demander mes instructions.

« Quelles instructions voulez-vous que je donne à un général en chef qui me déclare qu'il n'y a pas de parti à prendre? Puis-je, je vous le demande, prendre la responsabilité d'un de ces échecs qui suivent trop souvent la détermination qu'on impose à un chef d'armée? Je ne puis que vous manifester énergiquement mon opinion; mais je n'ai pas le droit de me substituer à vous-même, et la décision en dernier lieu vous appartient. »

En même temps, M. de Freycinet écrivait à Gambetta, qui se trouvait alors (le 25) auprès de Chanzy à Laval :

« La situation dans l'est est très grave, beaucoup plus que je ne pensais. Tous ces jours-ci, j'avais reçu de Bourbaki des dépêches émollientes qui ne me satisfaisaient pas. Sommé par moi de sortir de son immobilité et de suivre un plan quelconque, il me dévoile aujourd'hui une armée profondément démoralisée sous un chef plus démoralisé encore. Ce ne sont que troupes qui se replient, que positions abandonnées, qu'ordres inexécutés. Qu'a-t-il donc fait de son commandement? Ah! je retrouve bien l'homme que je soupçonnais, c'est-à-dire le chef plein de bravoure sur le champ de bataille, mais sans énergie, sans suite, sans conviction hors du combat!

« Il dirige son armée sur Pontarlier, c'est-à-dire en Suisse! Il n'a plus confiance en ses troupes! En un mot, pour employer une expression vulgaire, il jette le manche après la cognée!

« Je n'ai point l'autorité suffisante pour résoudre de telles difficultés; je vous prie de me donner vos instructions. »

Ce n'était pas sans raison que Bourbaki refusait de se laisser entraîner à une retraite sur Nevers. « C'est, écrivait-il, comme si vous ordonniez à la deuxième armée d'aller à Chartres... Si je vais jusqu'à Dole, je ne reviendrai pas à Besançon, et je ne passerai pas plus loin. Je vois une seule chance : la route de Pontarlier.

« L'état moral de l'armée est très peu solide. Elle ne pourrait enlever Dole. ... Ma grande préoccupation est d'assurer la subsistance des hommes.

« La route directe de Lons-le-Saunier est déjà coupée par l'ennemi à Quingey et à Mouchard. Mais, en admettant qu'on ne puisse reprendre ces positions, comme le veut le ministre, on peut encore engager ses colonnes sur toutes les routes de la montagne, car elles sont libres : sur Salins et Champagnole ; sur Amancey et Nans ; sur Ornans, Levier, Nozeroy et Censeau ; sur Lods, Amancey et Chaffois ; sur Pontarlier, soit par Lods et Saint-Gorgon, soit par Morteau et Arçon. »

Bourbaki se décide à prendre une position défensive sur les hauteurs au sud-est de Besançon. La cavalerie, franchissant la Loue, éclairera sur Bolandoz et Déservillers. Le 15ᵉ corps gardera les passages de cette rivière. Le 18ᵉ corps et deux divisions du 20ᵉ resteront encore pendant la journée du 25 sur la rive droite du Doubs. Le 24ᵉ, installé sur le plateau de Vercel, continuera à tenir les défilés du Lomont. La réserve générale, passant le Doubs aux ponts de Velotte, se retirera sur Pontarlier. Un corps spécial, sous les ordres de Cremer, couvrira le flanc droit de la marche, vers Ornans. Bourbaki avait enjoint au général Bressolles de réunir tous les hommes valides du 24ᵉ corps, pour résister à tout prix, sur l'extrême droite, à la poussée de la division Schmeling.

Quand il apprend, le 25, que Bressolles a abandonné Pont-de-Roide et les positions du Lomont :

« Vous transgressez tous mes ordres, lui écrit-il ; réoccupez immédiatement Pont-de-Roide de votre personne et les positions du Lomont, jusqu'à ce que l'ordre soit rétabli. Je vous ai prescrit d'occuper Pont-de-Roide, d'avoir un détachement sur la rive gauche de deux bataillons, pour que l'on ne puisse pas reconstruire les ponts. Vous deviez laisser une division bien établie pour ce service ; il est des plus importants, et vous en êtes personnellement responsable. Si vous aviez à abandonner Pont-de-Roide, n'abandonnez à aucun prix les défilés du Lomont, qui sont et doivent demeurer infranchissables pour l'ennemi.

« Arrêtez votre retraite ; je me porte en avant avec tout le 18ᵉ corps... Je compte vous voir refouler l'ennemi sur Pont-des-Moulins. Rappelez Comagny... »

Bressolles avait rendu compte de ce qui s'était passé sur ses positions : l'occupation de Pont-des-Moulins par l'ennemi, et la tentative avortée du général d'Ariès pour l'en déloger ; la débandade de la troisième légion du Rhône ; la retraite inopinée de Comagny sur le Russey.

« Avec des troupes comme les nôtres, ajoutait-il, il est impossible de songer à reprendre des positions très fortes, abandonnées lâchement par des bandes qu'on a absolument voulu considérer comme des armées. »

Bressolles envoyait en même temps à Besançon un officier d'ordonnance, M. de Heeckeren, pour se justifier. Le mouvement rétrograde lui avait été prescrit. Bourbaki consulta ses registres. Il dut reconnaître qu'il y avait eu erreur de l'état-major, mais il ajouta : « Votre général aurait dû comprendre qu'on s'était trompé et qu'il n'y avait pas à exécuter cet ordre. » Des mesures tardives furent prises pour réparer la faute. La dépêche de Bourbaki au ministre, datée du 26 à une heure du matin, était déjà celle d'un désespéré :

« Je fais occuper les débouchés de Salins et les passages de la Loue. J'avais chargé le général Bressolles de faire garder les défilés du Lomont ; j'apprends que son corps d'armée a *fui tout entier presque sans combattre* ; je pars avec le 18ᵉ corps pour tâcher de reconquérir les positions perdues.

« Vous me dites de m'entendre avec Garibaldi : je n'ai aucun moyen de correspondre avec lui ; mais si vous ne faites pas attaquer l'ennemi sur ses communications, je me considère comme perdu. »

Une colonne ennemie de cinq mille hommes, passant sur la rive gauche du Doubs, cherchait à déboucher sur les plateaux par Pont-des-Moulins, en face des troupes du 24ᵉ corps. Il fallait aider ces troupes à rejeter l'ennemi dans la vallée du Doubs. Deux divisions du 18ᵉ sont pour cela mises en mouvement, traversent Besançon au pont de Battant, et s'engagent sur les rampes qui conduisent, par Morre, aux marais de Saône. La route était encombrée de voitures arrêtées par le verglas. La colonne avait les plus grandes peines à avancer.

Cette journée du 16 fut terrible pour le 18ᵉ corps. Il avait gagné péniblement Nancray et Bouclans, s'était éloigné encore de sa ligne de retraite. Les forces des hommes et des attelages étaient épuisées.

Pour tenir tête à une simple avant-garde de la division Schmeling, le général en chef avait ainsi dirigé sur Baume-les-Dames, non seulement une division du 24ᵉ corps, mais la majeure partie du 18ᵉ, sans se préoccuper de ce que leur retraite était retardée de deux jours par ce mouvement.

Pendant ce temps, la gauche du 24ᵉ corps (division d'Ariès) s'était reportée dans la direction de Baume-les-Dames; elle occupait Passavant. Mais dans la soirée, ne jugeant pas opportun d'attaquer Pont-des-Moulins, elle se repliait sur Vercel et s'engageait sur la route de Pontarlier. La troisième division (de Busserolle) du 24ᵉ corps abandonnait les défilés du Lomont, où elle n'avait du reste pas rencontré l'ennemi, et prenait, elle aussi, le chemin de Pontarlier. Quant à la deuxième division (Comagny), elle avait continué sa marche sur Pontarlier qu'elle avait commencée dès la veille.

Le 20ᵉ corps d'armée avait laissé la première division (de Polignac) pour renforcer la garnison de Besançon. Sa deuxième division avait franchi le Doubs à Chalèse, et s'était portée sur les plateaux au sud.

Le 15ᵉ corps se maintenait dans ses positions de la rive droite de la Loue, de Busy à Rurey. Sa cavalerie couvrait le plateau de la rive gauche de cette rivière, dans la direction de Levier.

Des trois divisions nouvellement placées sous les ordres de Cremer, la réserve générale occupait encore Ornans, envoyant sa cavalerie dans la direction d'Étalans; les deux autres se mettaient en marche vers Salins, afin de couvrir les routes de Champagnole et de Pontarlier.

Après la perte de notre dernière voie ferrée, Bourbaki voulait du moins s'assurer la position de Salins. Elle lui garantirait une ligne de retraite plus éloignée de la frontière, moins périlleuse par suite que celle de Pontarlier.

Cremer avait l'ordre de prendre la route de Chantrans, Bolandoz, Nans-sous-Sainte-Anne et Salins, sans séjourner dans cette ville. Il devait occuper les hauteurs et garder les positions autour du col de Villeneuve, de manière à couvrir Pontarlier et à empêcher l'ennemi de déboucher par la route de Champagnole. Les ordres du général en chef avaient quitté Besançon dans la nuit du 25 au 26. Cremer les réexpédia aussitôt au colonel Poullet, qui avait pris le commandement de sa division à Cléron, lui indiquant comme objectifs de sa marche Andelot et le plateau de Supt. Poullet ne partit qu'après sept heures du matin le 26, malgré l'ordre exprès de se hâter. A Nans, il apprit par des fuyards que les Prussiens étaient déjà à Salins. Les routes étaient encombrées de paysans affolés qui s'écriaient : « Salins est occupé par un corps de quinze mille Allemands. Manteuffel a son quartier général à Arbois, avec vingt-cinq mille hommes. » Le renseignement était prématuré. Salins ne devait tomber au pouvoir de l'ennemi que dans l'après-midi.

Voici ce qui s'était passé : le 25, une reconnaissance allemande s'avança à deux kilomètres de la ville. Favorisés par le brouillard qui les cachait des forts, les soldats de cette avant-garde pénétrèrent dans les premières maisons du faubourg Saint-Pierre, dont ils maltraitèrent les habitants, blessèrent un officier de la garde nationale sédentaire, et perdirent quelques hommes en se retirant. Ils avaient jeté la plus grande agitation dans la petite cité.

Le lendemain 26, au matin, la brigade poméranienne Koblinski, du IIe corps, s'avance et prend contact au sud-est de Pagnoz avec nos tirailleurs. Les batteries allemandes ouvrent le feu, mais sont vivement éteintes par l'artillerie du fort Saint-André. Dans Salins, on bat la générale. Une poignée d'hommes, deux cent cinquante à trois cents, zouaves du 1er régiment, soldats du 84e de ligne, rares débris des combats d'Héricourt, mobilisés, gardes nationaux sédentaires, se portent en avant de la ville et occupent les positions qui dominent la route. Pas de chef : chacun choisit son poste.

A la faveur d'un brouillard épais comme la veille, l'ennemi a caché ses mouvements à l'artillerie des forts qui commandent la ville, enfilant la rue principale. Il s'est déployé en tirailleurs à quinze cents mètres. Sept à huit cents hommes s'avancent en arc de cercle, embrassant tous les abords de la gorge. La fusillade s'engage vers dix heures. Tout à coup, le brouillard se dissipant permet à l'artillerie des forts de battre la colonne ennemie qui se forme et s'avance dans la gorge, en perdant du monde.

Vers midi, l'ennemi occupe tout le faubourg Saint-Pierre. La porte de la ville, sans aucune disposition défensive, est sous le feu des tirailleurs prussiens. Nos gardes nationaux, qui ont fait le coup de fusil depuis le matin, manquent de cartouches. La défense de la ville est abandonnée. En somme, une poignée de défenseurs a su donner du fil à retordre à une force ennemie importante.

Les Allemands avaient fait avancer une compagnie par la montagne et les trois autres par la route. Le gros de la colonne n'avait pu gagner du terrain que par bonds successifs, dans cette profonde vallée rocheuse, impossible à tourner, et non sans des pertes sensibles. Peu à peu cependant, l'assaillant était parvenu à gravir les pentes raides qui s'étendent de chaque côté de la route. Ce n'est qu'après que tout un régiment de grenadiers eut été déployé pour l'attaque, que l'on réussit vers deux heures et demie à pénétrer par le nord dans la gare, en suivant la voie ferrée, et par la route, dans le faubourg lui-même.

Sur ces entrefaites, le général Koblinski, pour faciliter l'attaque, avait gagné du terrain par Saint-Thiébaut, avec le 42e régiment d'infanterie et un escadron. Il laissait un bataillon à Saisenay, pour observer Ornans, et atteignait Salins, peu après que les grenadiers eurent pénétré dans la ville.

Un bataillon prussien, déjà très entamé par le feu des forts, se précipita comme un torrent dans l'étroit passage de la porte Barberine, poussant des hourrahs, enfonçant les portes des maisons, et assommant jusqu'à des femmes et des vieillards, en leur criant : « Francs-tireurs, francs-tireurs! » La colère et la rage les aveuglaient, disent les relations du temps, et ils ne pouvaient pardonner aux Salinois d'avoir fait le coup de feu avec les soldats, pour défendre leurs pénates. La population faiblit, et, sous la pression des mères et des épouses, la municipalité envoie de l'hôtel de ville un parlementaire aux assaillants qui se sont retranchés dans les premières maisons de l'entrée. Une convention assez peu glorieuse pour les Salinois est signée.

Cette négociation est ignorée des forts et des postes de tirailleurs. Ils continuent à tirer sur la colonne serrée qui s'avance derrière la chaîne. C'est à ce moment que l'ennemi perd le plus de monde. A son tour alors, il dépêche au fort Saint-André un parlementaire accompagné d'un drapeau blanc. Le feu cesse, et l'assaillant profite de ce répit pour faire défiler le plus de troupes possible sous le canon des forts devenu silencieux.

A trois heures et demie, l'officier prussien, le front ruisselant de sueur, malgré le froid, le casque sous le bras droit, se campe fièrement debout devant le commandant Fouleux, dont la haute taille le dépasse de la tête. Il lui dit en français, avec l'accent tudesque et des tournures de phrases germaniques : « De l'ordre de mon chef, qui vient de s'emparer de la ville de Salins et qui l'occupe avec ses forces, je vous annonce que la ville va être brûlée, si, dans deux heures, les forts ne sont pas rendus. » Une expression de colère se peint aussitôt sur les visages de tous les officiers français qui assistent à cette scène, et le commandant traduit fidèlement leur pensée, en répondant à ce Prussien avec une hauteur dédaigneuse : « Les forts ne se rendront pas ; si vous mettez votre menace à exécution, ce sera un nouvel acte de lâcheté et de barbarie. Vous pouvez porter cette réponse à votre général. » Le parlementaire salue gravement, se fait bander les yeux, remet son casque et part.

Pendant ce temps, l'interminable défilé de la colonne ennemie continuait. Le passage, commencé vers midi, n'était pas terminé à trois heures.

A cinq heures du soir, huit mille hommes occupaient Salins. Une partie gagna de suite le plateau par Cernans, où elle intercepta la route de Pontarlier. Le reste se logea dans la ville, autant que possible à l'abri du feu des forts. La menace d'incendie n'avait été qu'un moyen d'intimidation. Les Prussiens se souciaient peu de posséder la ville. Ce qu'ils voulaient, c'était passer.

Une fois la chaleur du combat apaisée, ils cessèrent leurs actes de violence. Ils se bornèrent à frapper sur la ville une réquisition de 1,800 francs en argent, somme trouvée dans la caisse municipale. Les fusils de la garde nationale furent brisés sur la place d'armes, aux pieds de la statue du général Cler, un des héros de Magenta.

Le capitaine Brichard, commandant du fort Belin, resta sourd comme son camarade du fort Saint-André à toute négociation engagée soit avec l'ennemi, soit avec l'autorité municipale. Aux ouvertures des Salinois, il adressa cette fière réponse :

« Quand même les lois militaires ne m'imposeraient pas d'autres devoirs qu'à vous, mon patriotisme et les intérêts de la défense nationale m'indiquent d'une manière fixe et certaine quelle règle de conduite je dois tenir. Déjà, dans la journée du 26, au moment où la municipalité arborait le hideux emblème de la capitulation, j'ai dû faire violence à mes sentiments, en m'abstenant de mitrailler la brigade ennemie. »

Le 27 janvier, dès cinq heures du matin, les Prussiens quittaient la ville, et ceux qui n'avaient point passé outre reprenaient la route de Mouchard. L'attitude des forts rendait pour eux impraticable un passage de troupes important à travers la ville. A la pointe du jour, le feu des forts recommença, leur tua une dizaine d'hommes et les accompagna jusqu'à leur complète disparition. Cette lutte d'une poignée de conscrits, soutenue par deux fortins mal armés contre six à huit mille vieux soldats, avait coûté aux Allemands trois officiers et cent dix hommes. Nos pertes furent minimes.

L'estafette chargée de porter, dans la nuit du 25 au 26, l'ordre de Cremer au colonel Poullet, s'était égarée et avait occasionné à la division Poullet un retard funeste. Au lieu d'aller défendre Salins, qu'elle croyait déjà pris, elle gagna Houtaud, dans la direction de Pontarlier, ainsi que les divisions Ségard et Pallu. Toujours pas de cavalerie pour éclairer et rendre compte! Poullet, s'en rapportant légèrement à des récits de paysans frappés de terreur, eut grand tort de renoncer si vite à la marche sur Salins qui lui avait été ordonnée. L'occupation de cette petite place, bien défendue par ses deux forts, eût couvert la retraite des colonnes françaises et menacé la marche des Allemands, qui n'auraient pu y pénétrer.

Pendant que l'armée perdait ainsi, faute de renseignements sûrs, les cols de Salins, l'ennemi fit deux tentatives pour boucler l'investissement de Besançon.

Le 25, il dirigea des attaques contre Vorges et Busy, dont la possession lui permettait de s'élever sur le plateau et de cerner complètement l'armée de l'Est.

Le 26 janvier, il revient à la charge et aborde avec des forces supérieures les points situés en avant des cols de Busy. Cette fois il attaque par les deux routes, avec plus de quatre mille hommes. A la gauche des Français, il se produit une reculade du 25e mobiles, jusque dans les cols. Là s'arrêtent les progrès de l'ennemi. A Vorges, ses efforts viennent se briser contre le 5e bataillon de chasseurs, un bataillon du 39e et quelques compagnies de mobiles de Maine-et-Loire. Une contre-attaque des nôtres le chasse du bois de la Raille, et l'isthme de Busy nous reste.

Ces deux attaques furent repoussées par la division Rebillard (2e du 15e), avec une vigueur qui attestait des troupes bien commandées.

Un bataillon du 39e reçoit l'ordre de s'avancer par l'ancienne route de Quingey. Un bataillon de mobiles de la Gironde gagne par un sentier la crête qui domine cette route et marche parallèlement au 39ᵉ. Le reste du bataillon se tient prêt à la résistance.

A la hauteur du col, les deux bataillons sont assaillis par une violente fusillade. Nos troupes ripostent; après un combat de deux heures, l'ennemi recule, et nous occupons la ferme des Granges du Gros-Bois, en avant du col. Cette rencontre, où l'ennemi avait engagé plus de deux mille hommes, tandis que nous n'en avions guère plus de douze cents en ligne, coûta à l'assaillant 4 officiers et 68 hommes. La division Rebillard n'avait pas subi comme les autres les atteintes du découragement. Elle resta jusqu'au bout fidèle à son devoir.

Pendant que Bourbaki tenait conseil à Château-Farine, le général de Schmeling, commandant la IVᵉ division de réserve allemande, avait laissé à l'Isle-sur-le-Doubs, sous les ordres du colonel de Zimmermann, un détachement destiné à maintenir ses communications avec Montbéliard et à observer Pont-de-Roide. Il avait envoyé un bataillon et deux pièces de canon à Larians, pour conserver le contact avec le gros du XIVᵉ corps, en marche sur Rioz.

Après quoi, il s'était mis en route le 25, au matin, avait bousculé quelques détachements du 24ᵉ corps, et occupé Pont-des-Moulins dans la journée, tandis que son avant-garde poussait jusqu'à Saint-Juan-d'Adam, Adam-les-Passavant, Silley et Villers-le-Sec. Il avait combattu les troupes de la division d'Ariès, qui, par Cuisance et Aïssey, avaient l'ordre de réoccuper Pont-des-Moulins. Ces troupes s'étaient débandées, comme on l'a vu, en laissant quatre cents prisonniers à l'ennemi.

De notre côté, la division Carré de Busserolles, atteinte le 24, à Vellevand, par l'ordre de rétrograder et de reprendre sans délai les défilés du Lomont, avait occupé, dans la soirée du 25, la route de Villers-le-Sec à Crosey-le-Petit, tandis qu'à l'aile droite le colonel Valentin tenait Vellerot-lès-Belvoir et Glainans (1).

---

(1) Colonel POULLET, *Campagne de l'Est*.

Le même jour, le général de Debschitz avait entrepris sur Blamont une nouvelle reconnaissance, qui en délogea un faible détachement français, et le rejeta sur Pont-de-Roide et Villers-les-Blamont. Il trouva Abbévillers assez fortement occupé pour renoncer à l'assaillir.

Le général Bressolles, victime des ordres et contre-ordres qu'il avait reçus, était fort désemparé. Il écrivait le 25 :

« A l'instant, un habitant de Pont-des-Moulins arrive et me dit que l'ennemi est en grandes forces. Je ne puis tenir avec les 4,000 hommes du général d'Ariès. Je l'ai consulté : il m'a dit n'avoir aucune confiance et ne pouvoir compter sur rien. Je ne puis espérer me retirer sur Besançon... La division de Busserolles restera à la garde des défilés du Lomont, et la division Comagny se rabattra sur Vercel, afin de sauver le matériel et d'éviter une débandade. Vous comprendrez, mon général, que je vous écris cette lettre la mort dans l'âme! La décision que je prends est la seule possible. Je ne puis attendre vos ordres, et la retraite est commandée par les circonstances (1). »

Cependant la dépêche de Bourbaki du 26 l'ayant avisé que le 18ᵉ corps allait venir à la rescousse, Bressolles voulut tenter une dernière fois de réunir ses régiments. Il envoya un officier d'ordonnance au général Comagny, pour lui enjoindre d'arrêter immédiatement ses colonnes, de faire demi-tour et de se rabattre sur Passavant. Il fut impossible de trouver Comagny, qui était déjà en route pour Pontarlier.

Le colonel Valentin reçut à trois heures, à Pierrefontaine, l'ordre de se replier sur Vaudrivillers. Il refusa de marcher; et, vu les renseignements qu'il avait sur l'ennemi, vu la fatigue et la dysenterie de ses hommes, fit savoir qu'il se retirait sur Morteau.

Le colonel Valentin fut révoqué quelques jours après par ordre du ministre de la guerre. L'acte d'indiscipline avait été trop formel!

---

(1) *Enquête*, t. II, p. 111.

Quant au brave général d'Ariès, un homme de cœur, à la réception de l'ordre d'attaquer Passavant, de concert avec la division Busserolles, il se rendit près du commandant du corps d'armée, et là, les larmes aux yeux, déclara qu'on les menait à la boucherie; que tout effort était inutile; qu'il ne pouvait plus compter sur ses 15 ou 1,800 hommes pour tirer un coup de fusil et que poursuivre la défense « c'était marcher à un désastre absolu ».

Le ministre de la guerre, ignorant les faits et ne tenant compte, pour faire un exemple, que de l'inexécution des ordres, révoqua Bressolles de son commandement et le remplaça à la tête du 24e corps par le commandant Comagny. Il appert cependant des dépositions devant la commission d'enquête, que le premier avait obtempéré dans la mesure du possible aux instructions reçues, tandis que le second les avait manifestement enfreintes (1).

Bourbaki avait fondé quelque succès sur la combinaison des deux mouvements du 18e et du 24e corps. Il avait supposé que le 18e entrerait en action dans la journée même du 26 janvier, et trouverait devant lui tout le corps d'armée de Werder, qu'on n'avait pas revu depuis le commencement de la retraite et avec qui notre pauvre cavalerie, selon sa coutume, avait perdu tout contact. Sous cette lueur d'espoir, le commandant de la première armée avait annoncé à Bressolles qu'il prendrait lui-même la direction des opérations.

Dans l'entourage du général en chef, on ne doutait pas qu'il ne cherchât une occasion de mourir l'épée à la main, à une attaque de position ennemie. Mais la mort ne voulait pas de lui. Elle n'avait pas voulu non plus de Ducrot, lorsqu'il avait juré de ne rentrer à Paris que mort ou victorieux, et, cependant, lui aussi, avait cherché à se faire tuer!

Le 26, à huit heures du matin, comme il allait monter à cheval pour prendre la tête de la colonne du 18e corps, Bourbaki reçut une dernière dépêche de Bordeaux, un dernier

---

(1) *Enquête*. Déposition Bressolles, t. IV, p. 324.

coup de massue! Elle était datée du 25, à cinq heures trente-trois du soir et conçue en ces termes. Il est de ces textes fatidiques où se résume toute une page d'histoire.

« Plus je réfléchis à votre projet de marcher sur Pontarlier et moins je le comprends. Je viens d'en parler avec les généraux du ministère et leur étonnement égale le mien. N'y a-t-il point erreur de nom? Est-ce bien Pontarlier que vous avez voulu dire? Pontarlier près de la Suisse? Si c'est là, en effet, votre objectif, avez-vous envisagé ses conséquences? Avec quoi vivrez-vous? Vous mourrez de faim certainement. Vous serez obligé de capituler ou d'aller en Suisse; car, pour vous en échapper, je n'aperçois aucun moyen. Partout vous trouverez l'ennemi devant vous et avant vous. Le salut, j'en suis sûr, n'est que dans les directions que j'ai indiquées, dussiez-vous laisser vos *impedimenta* derrière vous, et n'emmener avec vous que vos troupes valides. A tout prix, il faut faire une trouée. Hors de là, vous vous perdez. »

Hélas! les prévisions de ce télégramme n'étaient que trop réelles. Mais le général pouvait-il désormais faire autre chose?

Les officiers de l'état-major étaient fort inquiets de l'état mental de leur chef. Depuis le combat d'Acey, cette infortunée victime du sort avait beaucoup changé. Bourbaki était devenu sombre, colère. Il était pris d'un tel dégoût du commandement, d'un tel pessimisme à l'égard des dernières chances à courir, que l'entourage avait un pressentiment funeste.

Tout s'écroulait à la fois devant le général en chef. Il venait d'apprendre que Quingey et Mouchard étaient tombés aux mains de l'ennemi, malgré l'envoi en chemin de fer de la division du 15e corps qu'il avait chargée d'occuper ces points, afin de maintenir ses communications avec Lyon.

Les ponts de la Saône n'avaient pas été détruits, comme il en avait donné l'ordre. Il s'était alors décidé à essayer de se replier du côté de Salins, ou subsidiairement de gagner Pontarlier, afin de garder la vallée du Rhône.

Et voilà que Gambetta (ou M. de Freycinet), avisé par Bourbaki du projet qu'il cherchait à mettre à exécution, venait de lui faire connaître que, tout en lui laissant la responsabilité des mesures projetées, il estimait qu'il y avait lieu de renoncer à ce parti et de marcher sur *Auxonne!*

Pour les raisons que l'on sait, Bourbaki avait persévéré dans son projet de se glisser le long de la frontière suisse, lorsqu'il reçut du commandant du 24ᵉ corps la lettre lui annonçant qu'à la suite d'une attaque exécutée par des forces insignifiantes, les positions que Bressolles avait mission de garder venaient d'être abandonnées ; que la troisième légion du Rhône s'était retirée de Baume-les-Dames, à la débandade, et qu'elle avait communiqué la panique aux troupes voisines. Et, en réponse à l'ordre au 24ᵉ corps de reprendre les positions, le général en chef apprenait que ce corps avait continué sa retraite sur Vercel. « Oh! a dit Bourbaki devant la commission d'enquête, je savais bien que je m'exposais à être interné en Suisse; mais j'aimais mieux cela que de laisser tomber hommes et matériel entre les mains de l'ennemi! »

Cette fois, le calice débordait! Atterré, plus pâle et défait que jamais, Bourbaki se rendait compte mieux que personne de la gravité de la situation; mais il n'était plus temps de reculer. Il monte à cheval et se dirige sur la route de Morre. Il franchit tristement la Porte-Taillée et s'engage sur les pentes qui mènent au Trou-au-Loup. Il veut présider lui-même au mouvement du 18ᵉ corps. Le spectacle de la colonne dont il avait longé le long serpent était vraiment douloureux. La route se trouvait tellement encombrée que la marche des troupes était non seulement ralentie, mais même arrêtée à chaque pas.

Bourbaki venait de traverser le Trou-au-Loup, un long tunnel sous lequel les caissons du convoi passaient avec un bruit lugubre que répercutaient les échos de la voûte. Il descendit de cheval un peu plus loin, à la bifurcation des routes de Maiche et de Pontarlier. Il était plus de cinq heures du soir. Debout sur l'accotement, Bourbaki regardait passer, l'air profondément abattu, ce qui avait été son armée. Quand se présenta le général Billot, il l'arrêta; un colloque s'établit; Billot l'a rapporté devant la commission d'enquête (1).

Le général en chef paraissait accablé, de plus en plus sombre, et cependant il veillait à la marche des troupes avec sa bienveillance et son énergie accoutumées. Il faisait lui-même déblayer la route obstruée par les neiges et ranger les voitures.

— « Que pensez-vous de tout cela? » dit-il au commandant du 18ᵉ corps. Croyez-vous pouvoir attaquer l'ennemi ce soir? »

— « Vous voyez mon corps d'armée, lui répondit Billot : il *trime* depuis douze heures pour s'ouvrir un passage entre les voitures et gravir une pente glacée. Il n'arrivera guère que de nuit. Demain, il pourra attaquer, si l'ennemi nous attend. Mais je crois que nous devrions prendre un bon parti : pousser, soit sur Pontarlier à gauche, soit sur Auxonne à droite. Il faudrait donner l'ordre dans la nuit, et marcher sans désemparer, pour ne pas être enveloppés. D'ailleurs, nous n'avons guère que cinq jours de vivres. Il nous les faut pour sortir d'ici et gagner les points de ravitaillement. »

Bourbaki répondit qu'il espérait recevoir des vivres par la Suisse, qu'il y avait des trains en route, et qu'une fois à Pontarlier, tout serait sauvé. — « Pourquoi vouliez-vous aller à Auxonne? demanda-t-il à son interlocuteur. — Parce que, répondit Billot, je redoutais ce froid, ce climat affreux, qui tuent nos chevaux et même nos hommes. » Le général en chef reprit : « Les troupes sont trop jeunes. On ne peut avoir en elles la confiance nécessaire pour les conduire à l'ennemi. Voulez-vous prendre le commandement de l'armée? Je vous l'ai déjà offert. Je vous l'offre de nouveau, vous ne semblez pas désespérer des événements. Peut-être serez-vous assez heureux pour en changer le cours. Je vous le cède sur-le-champ avec plaisir, surtout si vous pouvez tirer l'armée d'embarras.

— Non, répondit Billot avec force, comme il l'avait déjà

(1) *Enquête*, t. III.

répondu à Héricourt et à Château-Farine. Je ferai tout ce que vous m'ordonnerez. Mais il faut que l'armée reste commandée par le général Bourbaki. Pour les Prussiens, une armée dirigée par vous, c'est quelque chose ; pour la France, c'est beaucoup. Le prestige du nom ! Commandée par le général Billot qui est inconnu, cette armée ne serait rien. Placez-moi où vous voudrez : à l'avant-garde ou à l'arrière-garde. Je mets tout mon dévouement à votre disposition. Mais il faut que l'armée vous garde à sa tête. Soyez tranquille ; nous arriverons à bon port. » Le général en chef n'insista pas. — « Je vais faire appeler l'intendant général Friant, dit-il, pour lui demander si nous devons conserver l'espoir d'être ravitaillés par la Suisse. »

Voyant tout le mouvement arrêté, comme si le ressort du mécanisme eût été cassé, Bourbaki se retourna vers Leperche et lui dit d'une voix altérée : « Jamais cette marche ne pourra être exécutée en temps opportun. Mon pauvre ami, l'armée est perdue ! »

Dans la soirée cependant, les divisions du 18° corps avaient fini, vaille que vaille, par atteindre les emplacements qui leur avaient été assignés. Dans quel état, grand Dieu ! Ce n'étaient plus des forces vives, ce n'étaient que des machines inertes et impuissantes.

Quand le défilé fut achevé, Bourbaki remonta à cheval et reprit la route de Besançon, se frayant difficilement un passage avec son état-major à travers la colonne montante.

Il était en ville, peu avant la chute du jour, et rentra à son quartier général, qu'il avait installé dans une maison particulière à l'angle de la rue Sainte-Anne et de la rue du Perron. Là, il reçut quelques officiers, entre autres l'intendant général Friant, qui lui annonça n'avoir pas encore de nouvelles de Pontarlier, où, dit-il, il avait envoyé deux intendants pour y préparer l'alimentation des troupes. Le général donna ensuite à son premier aide de camp ses instructions pour l'ordre du lendemain.

Le mouvement de retraite devait continuer sur Salins ou au besoin sur Pontarlier.

Son ordre dicté comme d'habitude, Bourbaki congédie ses officiers et reste seul. Il renvoie même sous un prétexte celui dont il ne se séparait jamais, le lieutenant-colonel Leperche. L'aide de camp se méfie en apprenant que Bourbaki vient de faire acheter un revolver de petit calibre chez un armurier de la ville. Il s'éloigne à regret, mais il doit obéir.

Pendant sa courte absence, le général, peu satisfait du choix de l'arme qu'on vient de lui apporter, se rend sans être aperçu dans la chambre de Leperche, pour y prendre un revolver d'ordonnance, qu'il y trouve pendu au mur. Il rentre dans son appartement, s'étend tout habillé sur son lit; puis, le cœur brisé, il dirige le canon de l'arme sur sa tempe, et lâche la détente à bout portant. Il est sept heures et demie du soir. Dieu ne voulut pas que cette âme si française, un instant troublée par le malheur, s'évadât dans la mort, et le suicide fut conjuré!

Cet acte désespéré, réfléchi sans doute et froidement perpétré, est entouré de circonstances si dramatiques qu'elles excusent presque la faiblesse morale dont il fut l'effet.

Voilà un chef qui attente à ses jours parce qu'il a été abreuvé d'amertume, d'iniques reproches, de soupçons injurieux! Parce que son armée n'est plus qu'un fantôme, un instrument détendu, ne pouvant plus résonner à l'unisson de son âme de soldat; parce qu'il est hanté par le cauchemar d'un nom glorieux tombé dans la disgrâce d'un grand revers! Fondés ou non, les reproches du ministère n'étaient-ils pas sanglants? Dieu lui-même a dû absoudre un si excusable suicide!

Accouru au bruit de la détonation, Leperche trouve Bourbaki étendu sur son lit, couvert de sang, la main droite tenant encore l'arme fatale, mais il n'a subi qu'une forte commotion qui lui a fait perdre connaissance. Il reprend peu à peu ses sens, paraît regretter son acte. Quelques heures après, vers minuit, il fait lui-même à son ami Leperche le récit du drame.

C'est le colonel de Bigot qui, au nom du gouverneur de Besançon, fit connaître à Bordeaux l'incident. Sa dépêche du 26, à cinq heures cinquante du soir, était ainsi conçue :

« Bourbaki vient de se tirer un coup de feu dans la tête; il n'est pas encore mort; l'impression du jugement porté sur ses opérations paraît avoir été la cause de cet acte. Les généraux convoqués ce soir vont s'entendre; mais la situation faite à la place est devenue des plus graves, avec une armée qui va manquer de vivres. Les voies de fer étant depuis un mois employées au transport des troupes, la ville, qui n'a pu non plus rien recevoir depuis cette date, a par le fait déjà connu un mois de blocus. Envoyez-moi des ordres d'urgence. »

Cette dépêche se croisait avec un télégramme de Gambetta (1), qui reculant devant la responsabilité de maintenir plus longtemps en fonction un chef annihilé par les événements, avait pris le parti d'aller au-devant de ses désirs, en le remplaçant.

Bourbaki survécut, grâce à une faveur du ciel inespérée, à sa tentative de suicide. Il garda longtemps de violentes douleurs de tête. En outre, une ancienne blessure qu'il avait à la jambe se rouvrit et l'empêchait de monter à cheval. Il dut résigner son commandement entre les mains du général Clinchant, le doyen de ses commandants de corps d'armée. L'événement n'avait fait qu'aggraver la situation, en interrompant la tentative en cours, en retardant la marche en retraite de l'armée, en frappant plus que tout le reste le moral du soldat; mais il est impossible de ne pas se sentir envahi d'un sentiment de miséricorde, devant l'attentat désespéré de cette victime expiatoire.

Bourbaki se retira en France par Lyon.

Plus tard, le maréchal de Mac-Mahon le nommera gouverneur de Lyon et le récompensera des longs et éminents services que l'ancien chef des turcos avait rendus à sa patrie

---

(1) Bordeaux, 26 janvier, 5 h. 56 du soir.

d'adoption. Cet homme de cœur, jusqu'au bout fidèle au culte de l'Empire, fuira le contact et les honneurs des hommes de la troisième République. Il mourra retiré aux environs de Bayonne, non loin de sa ville natale, Pau, qui lui élèvera une statue sur une place publique.

CHAPITRE XVII

RETRAITE SUR PONTARLIER

Réponse du gouvernement à l'offre de démission de Bourbaki (26 janvier). — Le général Clinchant remplace Bourbaki. — Choix entre trois partis à prendre. — Mission de Clinchant : ramener l'armée. — M. de Freycinet veut combiner une diversion sur Lons-le-Saunier. — Son appel pressant à Garibaldi. — Il tente en vain d'amener Clinchant à percer les lignes ennemies. — Clinchant espère trouver des vivres à Pontarlier. — Nécessité du rationnement pour l'armée en retraite. — Pontarlier, seule direction de retraite possible. — Clinchant espère prévenir l'ennemi sur ce point. — Marche du 18e corps (27 janvier). — Misères de la retraite. — Bivouacs dans la neige. — Episode du général Duricu. — Allégement des convois. — Reconnaissance allemande sur Pontarlier. — Marche des Allemands le 28 janvier. — Surprise de Sombacourt. — Dastughe et Minot. — Jugement sur l'affaire de Sombacourt. — Version de la commission d'enquête. — Combat de Chaffois (29 janvier). — Mouvements de l'armée allemande le 29. — Manteuffel reçoit l'avis de l'armistice et de l'exception de l'armée de l'Est. — Positions de l'armée française, le 30 janvier. — Manteuffel poursuit sa marche sur Pontarlier. — Ordre pour la marche de l'armée française le 31. — Nuit du 30 au 31. — Tactique de la poursuite allemande. — Lignes permettant aux troupes françaises de se dérober. — Hospitalisations à Besançon. — Déception de Clinchant à Pontarlier. — Indifférence de certains officiers pour leurs hommes. — Maladies et misères du soldat. — Désordre inexplicable à Pontarlier. — Clinchant fait un suprême appel à Garibaldi. — Cremer s'échappe de Morez. — Marchés passés en Suisse. — Capture par l'ennemi du grand convoi de l'armée. — Entrée des uhlans à Pontarlier (1er février).

« En face de vos hésitations et du manque de confiance que vous manifestez vous-même sur la direction d'une entreprise dont nous attendions de si grands résultats, je vous prie de remettre votre commandement au général Clinchant. » C'est en ces termes que le ministre acceptait le 26 janvier (1) l'offre de démission de Bourbaki, déjà si souvent présentée. Dans une

(1) Dépêche de 5 h. 56 du soir.

conférence tenue à Bordeaux, on hésita longtemps pour le choix entre Clinchant et Billot. Gambetta trouvait Billot plus capable. Il désigna Clinchant comme le plus ancien. La nouvelle de la tentative de suicide de Bourbaki, se croisant avec son remplacement, causa une stupeur au gouvernement. M. de Freycinet s'en montra particulièrement affecté. Sa dépêche au malheureux général était sincèrement émue. « Il m'eût été extrêmement douloureux de vous voir enlevé à la patrie. En vous parlant ainsi, je crois être l'interprète du pays tout entier, qui n'a jamais douté... de la parfaite loyauté de votre caractère. »

Bien qu'on eût cherché à la leur cacher, la nouvelle de l'événement se répandit dès le lendemain parmi les troupes. Cette première catastrophe était pour elles l'indice d'une autre, plus fatale, qui les guettait dans l'ombre. Le hasard avait voulu que l'heure du suicide marquât la date du décret de révocation du général en chef de la première armée.

Pour plus de sûreté, la délégation avait expédié directement le télégramme au général Clinchant et au préfet du Jura. Le texte à l'adresse de Clinchant était accompagné d'une exhortation :

« Je suis sûr que la résolution et la confiance qui vous animaient à Bourges ne vous ont pas abandonné, et que vous saurez ramener vos forces (1). » Cet appel arrivait trop tard ! Clinchant fut remplacé à la tête du 20° corps par le général Thornton, et Bressolles à la tête du 24° par le général Comagny.

Clinchant, jeune encore, un de nos brillants officiers de la guerre du Mexique, un évadé de Metz, prenait le commandement comme un triste héritage, à peu près dans les mêmes conditions que Wimpffen avait pris celui de l'armée de Mac-Mahon, le 1ᵉʳ septembre, à Sedan. Presque tout se trouvait compromis.

Cependant il avait le choix entre trois partis :

---

(1) Bordeaux, 26 janvier, 5 h. 50 du soir.

1° Rester sous les murs de Besançon ; mais les approvisionnements manquaient. Si la guerre avait duré, on eût perdu les magasins, en même temps que l'armée ; la famine eût obligé à la reddition dans un bref délai. Au moins, fallait-il sauver la ville, une des grandes places militaires de la France.

2° Attaquer les lignes prussiennes par Auxonne et Verdun-sur-le-Doubs, afin de descendre à Lyon par la vallée de la Saône. Il était probable qu'une partie de l'armée viendrait à bout de forcer le passage ; mais que de soldats restés en arrière et diminuant les effectifs !

3° On pouvait enfin se diriger sur Pontarlier : le chemin était libre. Là, on trouverait des vivres ; on aurait la ressource ou de s'y concentrer et de s'y défendre dans de fortes positions, ou de continuer la retraite plus au sud, pour gagner la région de Lyon.

On disposait pour cela de deux routes tracées au fond des vallées parallèles du Jura : l'une, praticable aux voitures, par Mouthe, Foncine et Saint-Laurent ; l'autre, bonne seulement pour l'infanterie et la cavalerie, par Mouthe et la Chapelle-aux-Bois : toutes deux aboutissant à Saint-Claude ou à Morez et Gex.

Le 27 au soir Clinchant prit le commandement en chef et ne se donna d'autre mission que de « ramener l'armée. »

Au ministère de la guerre, on ne s'attendait pas à cette détermination. Dans sa dépêche du 27 au nouveau général en chef, M. de Freycinet semble fort surpris des objections que celui-ci oppose au projet de déboucher par la plaine. Il est convaincu que Clinchant ne donnera suite que contraint et forcé au mouvement de son prédécesseur. Il lui demande en grâce de tirer le meilleur parti possible d'une situation où il déplore de savoir l'armée irrévocablement engagée. Il n'a pas encore perdu tout espoir de la voir renoncer à la fatale retraite sur Pontarlier. Il s'inquiète des moyens de dégager les positions de Besançon par une forte diversion sur les derrières de l'ennemi. Pour cela, il fait appel au concours du général Crouzat, qui commande l'armée de Lyon (1). Il lui demande de former une colonne choisie de 15,000 hommes avec les mobilisés de l'Ain et du Rhône et l'artillerie de campagne de Lyon, en prenant pour point de concentration Lons-le-Saunier, et en donnant le commandement de cette force au général Pélissier, « qui a, dit-il, l'habitude des mobilisés ». Au moment où, de Lons-le-Saunier, Pélissier, à la tête de ce contingent, esquissera une démonstration sur Mouchard, on fera faire à Garibaldi un mouvement concordant, « si Garibaldi daigne s'y prêter, » aurait pu ajouter M. de Freycinet. Tout le mérite de la combinaison serait dans la promptitude, qui doit être « foudroyante ». Le lendemain, le délégué insiste auprès de Crouzat :

« Accélérez à tout prix la réunion des troupes destinées à opérer sous Pélissier et portez le point de concentration le plus près possible de Lons-le-Saunier. »

Encore faut-il obtenir le concours du récalcitrant condottiere qui se prélasse à la préfecture de Dijon. M. de Freycinet espère y arriver par la flatterie. « Je viens confier à votre grand cœur la situation de l'armée de l'Est et vous demander votre appui pour elle. Vous seul pouvez en ce moment tenter une diversion efficace. »

La dépêche ministérielle expose ensuite au général italien la situation douloureuse de l'armée, la nécessité d'une action immédiate sur Dole et la forêt de Chaux. Elle parle des ordres donnés à Crouzat, pour le porter sur Lons-le-Saunier.

Alors, le grand jeu, les grands moyens!

« L'entreprise que nous vous soumettons est très difficile, impossible pour tout autre que vous. Il s'agit de préserver Dijon, d'arracher Dole à l'ennemi et de vous maintenir dans vos positions étendues. Cette entreprise est digne de *votre génie*. Croyez-vous pouvoir la tenter? Répondez-moi d'urgence, je vous en prie. »

---

(1) Bordeaux, **26** janvier, 10 h. 59 soir.

Le génie de Garibaldi était au repos et ne songeait pas à répondre.

En même temps qu'il donnait ces ordres à Lyon et posait à Dijon ces questions indiscrètes, M. de Freycinet revenait à la charge auprès de Clinchant, comme il l'avait fait auprès de Bourbaki, pour que le nouveau général en chef tentât encore de se frayer un chemin à travers les lignes ennemies.

Certes la persévérance enfante quelquefois des miracles. Mais celle du délégué se heurtait à l'impossible.

Clinchant, qui trois jours auparavant, à Château-Farine, s'était déjà prononcé pour la retraite sur Pontarlier, n'avait pas changé d'avis. Il déclare ne pouvoir pas même répondre de conduire l'armée à Lyon; il va tenter de déboucher, soit par Lons-le-Saunier, soit par Bourg, et il redoute beaucoup d'être prévenu par l'ennemi sur l'une et l'autre route.

« Si je ne pouvais percer, ajoute Clinchant, on me fait espérer que j'aurai des vivres à Pontarlier. Je m'y établirai, et je ferai la guerre de montagne, en réduisant mon effectif de toutes les non-valeurs (1). »

Gambetta croit devoir à son tour étayer de ses conseils l'homme de métier qui a déjà fait preuve de tant d'expérience au Mexique. Il trouve trop long le délai de cinq ou six jours indiqué par Clinchant comme nécessaire pour déboucher dans la plaine en avant de Besançon. « Cela ne peut s'expliquer, dit-il, que par le fait que le mouvement sur Pontarlier est déjà fort engagé. »

La question des vivres primait désormais toutes les autres, dans ces montagnes désertes et glacées. Il ne fut plus accordé à chaque officier, quel que fût son grade, qu'une seule ration par jour. Les isolés, se trouvant dans une position irrégulière, n'eurent pas droit aux vivres.

Cependant M. de Freycinet espérait encore pouvoir envoyer des renforts à la première armée. Il donnait des ordres pour

---

(1) *Enquête*, t. II, p. 250.

faire venir par voie ferrée une brigade de Châtellerault. C'était bien loin! Arriverait-elle à temps?

Entreprise quatre jours plus tôt, au lendemain du dernier combat de Dijon, la triple opération de cette brigade, de l'armée des Vosges et de l'armée de Lyon, contre le flanc droit et les derrières de Manteuffel, eût pu encore peut-être dégager la première armée et prévenir la catastrophe finale. Mais, les 27 et 28 janvier, quand l'opération fut décidée, il n'était plus temps!

Clinchant était lancé avec toutes ses troupes dans le Jura, et l'armée allemande l'y avait déjà précédé avec ses avant-gardes, à Salins, à Arbois, à Champagnole.

L'ennemi occupait le pont du portail de Roche sur la ligne de Lons-le-Saunier à Lyon. Il avait coupé la voie, jeté les rails dans le Doubs, mis des wagons en travers de la ligne, fait des retranchements le long du chemin de fer. La route de Saint-Vit à Quingey était également interceptée.

Il ne restait plus de passage possible que par Pontarlier. La position de cette ville peut être tournée par deux uniques routes : celle des Allemands au nord, au sud celle qui traverse le défilé de Vaux. En toute saison, ces chaussées, fortement encaissées dans des vallées profondes, sont très faciles à défendre.

D'après les dépêches de Bordeaux, Clinchant espérait que la présence à Dijon du corps de Garibaldi, et à Lons-le-Saunier ou dans les environs celle de sept à huit mille mobilisés de Pélissier, inquiéterait au moins, si elle ne pouvait parvenir à l'entraver, la marche des Prussiens vers le sud.

Il pensait pouvoir prévenir l'ennemi dans l'occupation de ces points. « Comptant (c'est la conclusion de son rapport devant la commission d'enquête) sur les promesses de vivres que m'avait faites l'intendant en chef, je considérais le salut de l'armée comme certain si je parvenais à la concentrer autour de Pontarlier, à faire occuper les défilés de Vaux, les Planches et le Morillon (1). »

(1) *Enquête.* Rapport Clinchant, t. III, p. 316.

CHAPITRE XVII

Dans les journées du 27 et du 28, le général laissa simplement s'exécuter les mouvements ordonnés par Bourbaki. On marchait au milieu des neiges. On arriva à Valdahon et à l'Hôpital du Gros-Bois.

La retraite de l'armée de l'Est sur Pontarlier est une débâcle inouïe. On ne peut la comparer qu'à la retraite de Russie. Le froid, sur ces hauts plateaux, devient de plus en plus excessif. Une neige épaisse tombant à gros flocons, sans discontinuer, s'amoncelle sur les routes, malgré tous les efforts faits pour la déblayer. Les distributions de vivres aux troupes sont très irrégulières. Les ravitaillements deviennent de plus en plus difficiles. Les chevaux surchargés, affaiblis par le jeûne, s'effondrent à chaque pas. Ils sont ferrés à glace avec de mauvais clous, qui même font le plus souvent défaut. La plupart des fourgons à vivres sont restés en arrière aux environs de Besançon.

Presque toutes les troupes, et avec elles leurs officiers, sont obligées de bivouaquer dans la neige. Les fourgons de bagages et de munitions sont abandonnés sur la route faute de moyens d'attelage. La division Cremer, formant l'arrière-garde, était la plus éprouvée, car elle était la dernière à recevoir sa part dans les vivres. On y marchait en excellent ordre, « non par esprit de corps, dit le correspondant anglais attaché à cette division, mais simplement à cause de la discipline des commandants de brigade, qui étaient toujours à leur poste, encourageant et ralliant leurs hommes. »

Partout ailleurs, soldats de la ligne, zouaves, chasseurs, turcos, étaient mêlés dans une folle confusion, et à chaque pas, c'était : « Mon lieutenant pouvez-vous me dire où tel corps se trouve? » Toute force de cohésion était détruite; cette armée était devenue une foule désorganisée, mourant de faim.

Ainsi s'avançait ce troupeau d'hommes, n'ayant plus pour le diriger ni officiers ni sous-officiers sérieux. Ils allaient, suivant au hasard le chemin qu'avaient pris leurs camarades restés dans les rangs : derrière eux les uhlans rôdaient comme des loups et les suivaient à la trace. Plus de prisonniers : les Prussiens renonçaient à s'embarrasser de gens épuisés par la faim et les maladies. Ils se contentaient de briser les chassepots, et envoyaient mendier où bon leur semblait ces malheureux qui n'étaient plus à craindre. Depuis Héricourt, chaque corps d'armée avait au moins trois mille hommes débandés, voyageant pour leur compte. L'arrière-garde de Cremer et le 18° corps, mieux commandés, faisaient exception.

Malgré la dysenterie et les bronchites qui affectaient beaucoup l'état sanitaire, le moral du 18° corps se soutenait. « Si nous avons à combattre, affirmait son chef, je crois pouvoir répondre de lui. » Le 28, les divisions Cremer et Segard à l'arrière-garde étaient cantonnées à Chaffois, Bulle, Bannans, la Rivière et Bouverans, en colonne, dans la direction de Mouthe. Ce jour-là un bataillon des mobiles de la Savoie, déjà très éprouvé à Bethoncourt, fut entouré par des forces considérables et fait prisonnier.

Les animaux étaient encore plus mal nourris que les hommes. Les paysans cachaient leur foin, qu'une année de sécheresse avait fait rare. Sans fourrages, les chevaux et les mulets mangeaient du fumier, de la neige, rongeaient l'écorce des arbres, le bois des roues des voitures. Ils mouraient d'inanition. Leurs cadavres jonchaient la route et jalonnaient au loin le passage de l'armée de Bourbaki. Entre Ornans et Levier, tous les convois restaient enfoncés dans les neiges, et, malgré les plus grands efforts, ne rejoignaient qu'avec de terribles retards. Les marches étaient horribles, surtout pour les mobilisés, qui les supportaient plus difficilement. Le manque de cavalerie et le manque de montures pour les officiers d'ordonnance, qui étaient presque tous à pied, rendaient aléatoire la transmission des ordres. Les montagnards du Jura s'appuyaient sur le désarroi général pour refuser de marcher, quand ils étaient requis avec leurs chevaux pour le service des convois.

Les habitants de Pontarlier ignoraient encore la retraite de l'armée. Depuis quelques jours, ils voyaient passer isolément des officiers français qui se hâtaient dans la direction de Lons-le-Saunier. Un des premiers qui se présenta ainsi, ce fut le général Durrieu. Il était devenu fou. Il fallut le ramener en France. Tombé en disgrâce après les combats de la Loire, il avait insisté pour reprendre du service. On lui avait alors donné dans l'armée de l'Est un commandement en sous-ordre. Les effets de la disgrâce, les fatigues, les misères de cette dernière période avaient peu à peu ébranlé ses facultés. Il n'avait pas donné un ordre de toute la campagne et se laissait aller, la tête basse, au gré de sa monture. Mais, animé jusqu'au bout de l'instinct militaire, quand on se battait, il descendait de cheval et chargeait à la baïonnette avec les zouaves.

Pour alléger les convois, les bagages des officiers furent réduits. Les réserves d'artillerie se privèrent de quelques batteries de 12, ne conservant que les mitrailleuses et les pièces de montagne.

La division de cavalerie Brémond d'Ars suivait le 18e corps. La division Longueruc prit Morteau et le haut des plateaux.

Enfin, le 28 janvier, tout le gros de l'armée de l'Est est concentré autour de Pontarlier. Le 20e corps occupe la Chaux d'Arlier, Bannans, Dompierre, Frasne et Bulle. Le 15e : Doubs, Arçon, Dommartin. Le 24e est déjà sur la route de Mouthe.

Les soldats reçoivent à peine quelques morceaux de pain.

Cependant Manteuffel, qui pouvait désormais disposer des IIe et VIIe corps d'armée, les poussait simultanément sur Pontarlier, le VIIe en tête, tandis que le IIe ne s'avancerait qu'après avoir complètement coupé notre armée des passages menant vers Lyon.

Le VIIe corps dut se concentrer sur la rive gauche du Doubs, et en particulier sur la grande route qui va de Quingey vers le sud, de manière à pouvoir prendre l'offensive sur le cours de la Loue. Le IIe corps se tint prêt à agir aux environs de Mouchard et de Salins, de manière à se porter, selon les circonstances, sur Quingey, Ornans ou Pontarlier.

Une reconnaissance partie de Salins le 26 sur Pontarlier s'était heurtée près de Villeneuve d'Amont à de nombreux bivouacs ennemis. Elle avait ainsi appris qu'il y avait là le 20ᵉ et le 24ᵉ corps français.

Ce fut un précieux indice pour le général Fransecki, auquel cette nouvelle parvint dans la nuit du 26 au 27.

Dans la journée du 28 janvier, les trois brigades du IIᵉ corps d'armée avaient atteint Champagnole, Pont-du-Navoy, le défilé de Monrond et Poligny. Sa cavalerie se portait au sud jusqu'à Lons-le-Saunier, qu'elle trouvait occupé ; à l'est, jusqu'à Noseroy, où les troupes de Cremer étaient arrivées. Le VIIᵉ corps poursuivait les fuyards jusqu'à Déservillers et Bolandoz, s'y établissait, ainsi qu'à Saisenay et à la Chapelle, et portait dans la soirée ses avant-postes à Levier et Silley.

Le XIVᵉ corps envoyait occuper Quingey et surveiller Besançon.

Pour ne pas s'exposer à frapper un coup dans le vide avec le gros de son armée, Manteuffel avait d'abord à s'assurer s'il fallait chercher la masse principale de l'armée française dans la direction de Pontarlier, ou plus au sud-est. Il prescrivit donc au VIIᵉ corps de ne pas attendre la fin de sa concentration, et de pousser, le 29, sa division de tête aussi loin que possible vers l'est, tandis que le IIᵉ corps ferait occuper les Planches.

Le 29, une brigade mixte allemande se dirige sur les Planches. Les deux régiments de cavalerie de la division Longuerue, qui occupent le col des Planches se voient tournés et l'abandonnent. L'ennemi entre aux Planches, à trois heures. Il occupe ensuite Foncine-le-Bas et s'engage dans la région comprise entre Nozeroy et Censeau. Là, le IIᵉ corps apprend que huit mille hommes au plus de l'armée de l'Est ont déjà passé, se dirigeant sur Lons-le-Saunier. Ceux-là du moins échapperont à l'étreinte.

Une douloureuse affaire venait encore d'assombrir notre retraite : la surprise de Sombacourt, du 29 janvier.

Le VIIᵉ corps allemand forçait la marche de son avant-garde, pour atteindre Pontarlier. Arrivé au Souillot, un bataillon du

77ᵉ allemand tourne par les bois et tombe à Sombacourt sur la première division du 15ᵉ corps (Dastughe), qui n'était ni éclairée ni rassemblée. C'était la queue de notre armée. Les deux généraux Dastughe et Minot étaient attablés dans la soirée au presbytère, sans avoir pris pour leur cantonnement de passage les mesures de sécurité les plus élémentaires. Les Allemands n'eurent qu'à cueillir cette tourbe indisciplinée et fuyante, d'où partirent à peine quelques coups de fusil mal ajustés. Après un court engagement, et au prix d'une perte insignifiante, ils ramassèrent deux généraux, cinquante officiers, 2,700 hommes, dix canons, sept mitrailleuses, quarante voitures de guerre, trois cent dix-neuf chevaux, trois mille cinq cents fusils. Tout cela fut pris d'un coup de filet par les Hanovriens.

Le général Minot, évadé des prisons de l'ennemi après la première partie de la campagne, avait déjà assumé la responsabilité de deux lourdes fautes militaires.

Le 4 décembre 1870, pendant la retraite du 15ᵉ corps sur Orléans, il avait donné l'ordre d'abandonner deux batteries à l'ennemi, sous prétexte qu'elles retardaient la marche de l'infanterie.

C'était lui aussi, on se le rappelle, qui, à Quingey, avait lâché, sans coup férir, un poste capital.

Quelques années plus tard, à l'état-major de Besançon, sur une carte de Franche-Comté appendue aux murs du cabinet du duc d'Aumale, ce nom de Sombacourt était souligné d'une rayure d'ongle. C'est un prince-soldat qui avait voulu marquer ainsi d'un trait ineffaçable la défaillance commise à Sombacourt par deux généraux français, comme il avait stigmatisé dans un procès célèbre la trahison d'un maréchal de France ! La vérité de Sombacourt, c'est un grand oubli du devoir militaire.

Du moins l'honneur de nos armes était-il parfois vengé. A l'heure même de la surprise de Sombacourt, le général Thornton se maintenait à Chaffois, avec le 25ᵉ bataillon de marche de chasseurs à pied et les mobiles des Deux-Sèvres.

C'était l'avant-garde du VIIe corps qui continuait sa marche sur Pontarlier, après avoir laissé un détachement à Sombacourt. A Chaffois, elle surprenait les premières maisons, mais ne parvenait pas à les conserver, malgré le feu intense de deux batteries établies à droite et à gauche de la route, qui couvraient le village de grenades, malgré l'attaque opiniâtre du 53e d'infanterie allemande et d'un bataillon du 77e. Chaffois demeurait, momentanément du moins, au pouvoir des Français.

La grand'garde de la division Thornton, surprise elle aussi, laissa les Allemands s'emparer des premières maisons. Mais les trois bataillons qui occupaient la localité s'y barricadèrent et résistèrent énergiquement. La lutte, qui durait depuis une heure et demie, pouvait se prolonger longtemps encore, lorsque arriva à Chaffois l'ordre du général en chef de cesser le feu. On parlait d'un armistice. Les Allemands, pendant les pourparlers, continuèrent à pénétrer dans le village, visitèrent les maisons et y désarmèrent nos soldats épuisés, surpris. Quand une interruption provisoire des hostilités eut été convenue sur la base du *statu quo*, les Allemands étaient maîtres. La ligne tenue par le 18e et le 20e corps était coupée par le centre.

Le gros du VIIe corps allemand occupait le soir du 29 janvier la route Villeneuve-d'Amont à Chaffois par Levier et Souillot : mais sa XIVe division se cantonnait dans Chaffois même.

Le IIe corps avait, pendant cette journée, continué à s'emparer des défilés dont nous espérions encore pouvoir disposer.

Les reconnaissances allemandes ne rencontraient presque partout que des traînards incapables de résister. A Foncine-le-Bas, cependant, elles avaient été vivement attaquées par l'avant-garde du 24e corps et devaient se retirer devant elle. Le reste du IIe corps allait occuper Nozeroy et Onglière. La brigade de Goltz formait la réserve de l'armée allemande et venait dans la soirée à Arbois, où Manteuffel établissait son quartier général. C'est là que le commandant en chef reçut, avec quelle joie, on le devine! un télégramme officiel l'informant de la capitulation de Paris et de la convention conclue à Versailles. Il en donna aussitôt communication aux commandants de corps d'armée, en les informant que les opérations de l'armée du Sud allaient néanmoins continuer; qu'en conséquence (ô fatalité!) les propositions qui viendraient à être faites par l'ennemi devraient être renvoyées au général en chef, les commandants de corps d'armée n'ayant pouvoir que pour conclure une remise des armes sans conditions!

Acculé à la frontière suisse, Clinchant ne pouvait plus sauver son armée qu'en essayant de faire une trouée par les plateaux vers Lons-le-Saunier.

Manteuffel ayant prescrit au IIe et au VIIe corps de poursuivre leur marche sur Pontarlier, le gros du VIIe corps continua de s'avancer dans cette direction. Il attendit pour prononcer davantage le mouvement en avant de son avant-garde, déjà parvenue à Chaffois, que le IIe corps fût lui-même arrivé en ligne

Toutefois, Zastrow fit connaître dans l'après-midi qu'il allait reprendre les hostilités, si les Français ne lui abandonnaient pas complètement Chaffois. En raison de l'incertitude où les mettait la dépêche reçue par Clinchant, l'ordre fut donné aux compagnies qui occupaient encore quelques fermes à la sortie du village de les abandonner. Il fut d'ailleurs convenu que la division Thornton (du 20e corps) se replierait sur Pontarlier, sans être inquiétée.

L'avant-garde du IIe corps d'armée (Fransecki), arrivée la veille à Censeau, avait, elle aussi, reçu l'ordre de continuer sa marche sur Frasne, où s'était maintenue la division Poullet. Malgré les observations des parlementaires français leur dénonçant l'armistice, les Allemands attaquèrent la forêt située au sud-ouest de Frasne et arrivèrent devant le village à l'entrée de la nuit. Nos soldats, démoralisés par ces ordres et contre-ordres, refusèrent de se battre; l'ennemi pénétra sans éprouver de résistance; il fit prisonniers douze officiers et quinze cents hommes et prit deux drapeaux.

Dans la soirée du 30 janvier, Manteuffel notifia à Clinchant son refus définitif de reconnaître une trêve entre les deux armées.

L'ordre fut en conséquence intimé à l'armée française de reprendre le 31 sa marche vers le sud, afin de profiter encore de la seule route qui nous restait ouverte. Mais la situation était terrible. Les soldats ne voulaient plus ni marcher ni combattre. Les actes d'indiscipline se multipliaient. Dans la nuit du 30 au 31 janvier, vers deux heures du matin, Clinchant prescrivit de suspendre l'exécution des ordres déjà donnés pour la marche du lendemain, et de se préparer à prendre des positions, afin de lutter encore une fois contre les forces allemandes.

Dès le matin du 31 janvier, les parcs et les convois de tous les corps furent dirigés sur les routes conduisant en Suisse. La division de réserve (Pallu de La Barrière) vint occuper Pontarlier et les hauteurs au sud-ouest de cette ville.

La division Peytavin (15ᵉ corps), conservant ses positions de la veille, se mit en mesure de défendre les hauteurs au-dessus des Granges-Narboz, tandis que la partie de la division Dastughe (même corps) échappée au désastre de Sombacourt se concentrait à Vaux.

Les deux brigades de la division Poullet, qui avaient abandonné Frasne, durent arrêter leur retraite pour tenir les défilés en avant de Vaux, tandis que la première brigade de cette division continuait sa marche sur la route de Mouthe et occuperait Foncine-le-Haut.

Les deux divisions du 20ᵉ corps, qui, après l'abandon de Chaffois, avaient traversé Pontarlier, s'établirent sur les hauteurs, au sud-ouest du fort de Joux et à l'est du lac de Saint-Point.

Enfin le 18ᵉ corps, spécialement chargé de garder les défilés qui commandaient nos lignes de retraite vers la Suisse, vint s'établir sur les hauteurs à l'est de Pontarlier et du chemin de fer de Lausanne.

Le pont sur le Drugeon, en avant de Houtaud, avait été

détruit, après le passage du 42ᵉ d'infanterie venant de Dommartin.

Le quartier général du 18ᵉ corps fut maintenu encore le 31 janvier à Doubs.

Les parcs et les convois avaient été envoyés aux Verrières. Le trésor arriva vers minuit à quelques pas de la frontière. L'armée allemande, malgré un froid de douze degrés, nous avait suivis pas à pas.

Du côté allemand, la XIVᵉ division du VIIᵉ corps s'établit à huit kilomètres au nord de Pontarlier.

La XIIIᵉ division occupa Sept-Fontaines. Le soir même, un détachement allemand vint à Saint-Gorgon.

Nos positions de combat prises le 31 ne pouvaient avoir pour résultat que de permettre à tout notre matériel et aux corps de troupe n'ayant pas combattu à l'arrière-garde, de franchir la frontière suisse.

Pendant la nuit du 31 janvier, vers trois heures du matin, les hommes encore valides de la division Poullet reprirent le chemin de la Chapelle-des-Bois, pour s'engager ensuite dans un chemin forestier et gagner par le fort des Rousses la route qui longe la frontière et conduit à Gex. On avait enterré les canons et abandonné les bagages.

Plusieurs parties de cette colonne, se trompant d'itinéraire, se dirigèrent directement sur la frontière et entrèrent en Suisse par la vallée de l'Orbe. Le général Cremer, l'ancien commandant de cette division, se trouvait alors avec trois régiments de cavalerie du 15ᵉ corps à Saint-Laurent et à Morez, et derrière lui la division d'Ariès (24ᵉ corps) continuait sa marche vers le midi.

On ne sut pas, pendant cette nuit-là, profiter de la dernière route dont nous disposions, et y acheminer régulièrement au moins le 20ᵉ corps.

La panique était générale. En résumé, les Allemands avaient poussé leurs têtes de colonne sur tous les débouchés donnant vers le flanc gauche de notre armée, pour nous retarder, nous mesurer l'espace, augmenter la confusion de notre marche rétrograde, et laisser à leurs détachements extrêmes le temps de nous devancer sur notre unique voie de retraite.

Médiocrement favorable était d'ailleurs cette ligne de repli. Elle court le long de la frontière suisse et parallèlement, à une distance de cinq à dix kilomètres. C'est la chaîne du mont Risoux qui la sépare du lac de Joux. De rares sentiers de traverse sillonnant cette chaîne permirent d'alléger l'artère principale, en recevant quelques détachements d'infanterie, tandis que le gros se dérobait directement sur Mouthe et Morez.

La neige, qui n'avait pas cessé depuis Belfort, devenait plus abondante encore.

L'armée avait laissé en arrière, au départ de Besançon, huit à dix mille malades gravement atteints et vingt à trente mille traînards. Les malades furent installés dans les hôpitaux et les ambulances improvisées de la ville. Près de deux mille hommes étaient atteints de la variole.

A Pontarlier, Clinchant éprouva les mêmes déceptions que Bourbaki à Besançon, où l'intendant général Friant avait dû donner l'ordre aux troupes de l'administration de s'armer de revolvers, pour défendre les approvisionnements ambulants contre les maraudeurs (1). Il y avait à Pontarlier de la farine en abondance. Mais, avisé seulement le 26 de la retraite de l'armée, Friant n'avait pu arriver que le 27 dans la ville; par suite il n'avait pas eu le temps de prendre des mesures pour activer la fabrication du pain. La manutention et les boulangeries, n'ayant pas été prévenues, manquaient d'aliments et ne pouvaient fonctionner.

Les mesures prises pour faire affluer des vivres par la Suisse n'assuraient qu'insuffisamment le ravitaillement de l'armée. Ajoutez à cela que l'encombrement des troupes à Pontarlier fut inouï. Le 27 janvier, au dire d'un témoin oculaire (2), pendant toute la journée et par toutes les routes, il se déversa sur ce point des masses d'infanterie, d'artillerie et de cavalerie.

(1) Poullet, *Annexes*, p. 477.
(2) A. Patel, avocat, *La retraite de l'armée de l'Est*, p. 101.

CHAPITRE XVII

Comment loger ou seulement abriter cette cohue d'hommes et de chevaux, comment parquer toutes ces voitures dans une petite ville de six mille âmes? Tous les villages environnants étaient déjà bondés. Les maisons, l'hôpital, la mairie, l'église, regorgeaient de la cave aux greniers. Les malheureux soldats, hommes de toutes armes, affublés de vêtements en loques, et sans couverture pour la plupart, s'étendaient pêle-mêle au hasard dans les carrefours, dans les rues, sur les places publiques, sur les promenades, autour des feux de bivouac allumés vaille que vaille contre les murs. Ils y brûlaient jusqu'à l'absinthe verte ramassée dans les greniers pour la fabrication de la liqueur.

Les officiers étaient devenus trop indifférents aux misères de leurs hommes. Tandis que ceux-ci s'allongeaient sur le sol nu, sans même un peu de paille, nombre de chefs, amollis par les privations et la persistance des revers, se pressaient dans les hôtels et les maisons bourgeoises, où ils se montraient exigeants, prenaient leurs aises. Les hommes grignotaient quelques menus morceaux de biscuit avarié prélevés sur les convois. Dans la nuit du 27 au 28 janvier il en périt un certain nombre d'épuisement. D'autres se suicidèrent.

La plupart de ces infortunés, hâves, décharnés, tremblant de froid ou de fièvre, avaient une toux stridente qui leur déchirait la poitrine. Les Suisses allaient bientôt la nommer d'un nom sinistre : « la toux Bourbaki. » A la porte de la sous-préfecture de Pontarlier, stationnaient du matin au soir des isolés ayant perdu leur corps, essayant d'obtenir leur solde, demandant des renseignements sur le régiment qu'ils n'avaient pu suivre pendant la retraite. Et cette affreuse toux annonçait leur présence!

Mille ou quinze cents chevaux attachés aux roues de leurs voitures, efflanqués, amaigris par des courses forcées dans des chemins couverts de cinquante centimètres de neige, attendaient une misérable pâture qui ne leur arrivait même pas! On les voyait chercher du bout des naseaux dans la neige quelques brins de foin et de paille abandonnés, ronger les rais et les jantes des roues des voitures, ou même se manger réciproquement les queues et les crinières.

Le samedi 28 janvier, une partie de la troupe, qui avait couché à Pontarlier ou dans les villages voisins, se mit en route dans la direction de Mouthe ou de Morez. Mais parvenue à quatre ou cinq kilomètres de Pontarlier, elle reçut l'ordre d'y rentrer.

Le retour de cette troupe et des équipages, coïncidant avec l'entrée en sens inverse d'un corps de 6 à 8,000 hommes, jeta dans la ville une telle confusion qu'il semblait que chaque corps marchât désormais pour son propre compte; qu'il n'y eût ni état-major, ni officiers, ni intendance, ni commandement, ni services. Plus de liaison, plus rien. Les hommes de toutes armes mendiaient isolément.

Le cœur saignait de ne pouvoir soulager tant de misère. Les populations de ces montagnes franc-comtoises sont hospitalières et patriotiques. Mais il fallait vivre tout de même ; avec cette affluence extraordinaire et famélique, le pain manquait aussi bien pour l'habitant que pour le soldat.

Clinchant jugea tout de suite qu'à moins d'être secouru il ne pourrait tenir dans Pontarlier. Il se figurait du moins pouvoir compter sur Garibaldi. Cet espoir était venu aussi précédemment à Bourbaki. En envoyant au sous-préfet de Pontarlier l'ordre de faire partir les gardes nationaux de l'arrondissement dans toutes les directions, Clinchant avait ajouté dans sa dépêche : « Dites aux gardes nationales qu'elles seront soutenues par l'armée *qui arrive sur* les plateaux. »

Armée imaginaire, hélas! comme les cent mille mobilisés de M. de Freycinet.

Clinchant, malgré son peu de confiance en l'armée du condottiere, se décida, dans son extrémité, à lui faire un suprême appel. Écoutez ce cri de détresse : « Je suis enfermé dans Pontarlier et autour de Pontarlier par des forces très supérieures. J'ai peu de vivres, j'agirai de manière à ne pas laisser faire mon armée prisonnière. »

Le grand mot est lâché! Voilà la perspective fatale : cela

ou le passage en Suisse ! En essayant de se frayer une issue vers Champagnole, l'armée de l'Est n'eût rencontré que des forces ennemies très inférieures aux siennes propres.

Au lieu de prendre ce parti héroïque, le général en chef de la première armée commet la même faute que Bourbaki autour de Besançon. Il perd plusieurs jours à Pontarlier sans se décider à rien. Il étudie un plan de retraite sur Lyon, en laissant de côté les plateaux, où il eût trouvé à chaque pas de belles positions pour déployer son armée, ou de secrets passages pour s'échapper.

La longue et étroite vallée où le haut Doubs creuse son sillon entre les rochers était déjà menacée. Il eût fallu lutter de vitesse avec l'ennemi pour le devancer au col des Planches, la clé du passage. La route était frayée seulement pour des traîneaux. On ne pouvait songer à faire occuper le col que par des cavaliers.

Cremer part avec trois régiments de cavalerie, pour essayer de s'emparer des Planches, de Saint-Laurent et de Morez : il y réussit. Mais son mouvement hardi ne profitera qu'à sa troupe. Il est trop tard ! La situation des approvisionnements devenait angoissante. Avisé le 26 janvier, à minuit, de la retraite sur Pontarlier, l'intendant général était sur place dès le lendemain soir. Sur son ordre, les convois régimentaires avaient amené de Besançon pour dix jours de vivres.

A la gare de Pontarlier et dans la ville, on avait trouvé 8 wagons de farine, 197 quintaux de biscuit, 91 de blé, 900 d'avoine, 160 hectolitres de vin, 5,000 kilos de fromage et quelques autres denrées. On en avait recueilli 1,200 quintaux provenant de la gare de Mouchard. On avait requis 30 wagons de biscuit à Bourg ; ils furent acheminés par la Suisse, mais n'arrivèrent pas.

L'habile intendant général avait en outre passé aux Verrières suisses un marché de 1,500,000 rations de riz, sucre, café, viande sur pied, etc. La difficulté était de les faire venir en temps utile.

Le 28 janvier, Clinchant demande à Friant de lui livrer

immédiatement 80,000 rations de pain. « Impossible, répond l'intendant général. Vivez provisoirement sur les dix jours de vivres que vous avez aux convois; j'aviserai pendant ce temps. »

En réalité, on manquait de tout, et cependant il y avait de tout en abondance. Car l'ennemi était là, avide de se procurer ses propres ravitaillements, en capturant les nôtres. Le grand convoi de l'armée tombe entre ses mains : 233 voitures chargées de 18,000 rations de pain et de tout ce que comporte un approvisionnement général.

Ce ne fut qu'après avoir constaté l'impossibilité où il se trouvait de nourrir ses troupes pendant une station prolongée à Pontarlier et dans les environs, que Clinchant, pendant la journée du 28, se préoccupa de se maintenir en possession de la seule route qui lui restât encore pour communiquer avec la France. Une compagnie du génie reçut l'ordre de créer dans la gorge de Vaux des obstacles susceptibles d'augmenter les facilités de la défense. Le colonel du génie Barnabé fut envoyé sur la route de Mouthe, pour couper le pont des Planches et obstruer les défilés des voies qui menaçaient la ligne de retraite.

Enfin Cremer reçut l'ordre de partir avec deux régiments de cavalerie armés de chassepots, pour s'emparer des défilés et en assurer la garde, jusqu'à l'arrivée de l'infanterie. Il était suivi par la première brigade de sa division, et devait être appuyé par les divisions d'Ariès et Comagny du 24ᵉ corps, déjà engagées sur la route (1).

Pendant que l'armée française se concentre ainsi et stationne autour de Pontarlier, l'ennemi a pris de fortes avances. Ayant renoncé à cerner son adversaire à Besançon, il a résolu de le poursuivre plus à l'est, et de le devancer, si possible, sur les lignes de montagne demeurées libres. Manteuffel a par suite ordonné une translation de ses forces de l'aile gauche à l'aile droite de façon à renforcer celle-ci le plus possible

---

(1) Rapport Clinchant. *Enquête*, t. III, p. 317.

et à lui permettre de pousser résolument sa pointe contre la frontière suisse. Peut-être pourra-t-il obtenir le Sedan qu'il cherche.

Il appelle à la rescousse ses auxiliaires du XIVe corps. C'est ainsi que, le 27, il forme et place sous les ordres du général Hann de Weyhern la brigade combinée qu'il avait chargée de réduire Dijon et d'intercepter le chemin de fer de Beaune en donnant la main à la brigade Kettler. De son côté, la division de réserve Schmeling a reçu l'ordre à Saint-Juan-d'Adam de continuer sa marche dans la direction de Pontarlier, en serrant de près l'armée en retraite.[1]

Le 1er février, à midi, voit poindre les uhlans se présentant à Pontarlier. Dès le matin, nos escadrons de chasseurs d'Afrique avaient protégé la retraite. Beaucoup de traînards avaient été enlevés. Manteuffel et son état-major font leur entrée dans la ville, précédant les colonnes. Un notable français est requis de marcher en tête de l'escorte. Les cavaliers allemands tirent des coups de pistolet à droite et à gauche. Une riposte malencontreuse amène des représailles. Des gens paisibles sont blessés à coups de baïonnette. Des maisons sont fouillées.

Les habitants sont sommés de livrer leurs armes. Les crosses des fusils saisis sont brisées sur la place Saint-Bénigne. Tout détenteur d'armes récalcitrant est fusillé. Des patrouilles au galop parcourent les rues. L'artillerie prussienne se porte au grand trot vers les forts de Joux et du Larmont.

CHAPITRE XVIII

L'ARMISTICE

L'armistice excepte l'armée de l'Est. — Fureur de Gambetta. — Divergence entre les textes des communications allemande et française. — Déclaration de Jules Favre au gouvernement de Paris (23 janvier). — Avis de Trochu. — Revirement dans la résolution du gouvernement de l'Hôtel de ville de Paris. — Départ de Jules Favre pour Versailles (24 janvier). — Bismarck ouvre les yeux à Jules Favre sur l'état de Bourbaki. — Funeste condescendance de Jules Favre. — Il se fait assister d'un général. — Choix et mécontentement de Beaufort d'Hautpoul. — Discussion des détails militaires de la convention. — Objections du général de Moltke. — D'Hautpoul refuse de retourner à Versailles. — L'affaire de l'armée de l'Est portée devant le conseil des ministres. — Le général de Valdan remplace Beaufort. — L'armée de l'Est oubliée dans la dernière discussion. — Signature de l'armistice (28 janvier). — Excuses de Jules Favre au sujet de l'exclusion de l'armée de l'Est. — Véritable mobile du négociateur français. — Explication donnée par Jules Favre. — Envoi de télégrammes à Clinchant et à Manteuffel. — Circonstances atténuantes en faveur de Jules Favre. — Opinion des généraux sur l'effet de la dépêche à l'armée de l'Est. — Déclaration de Bourbaki. — Indignation de Challemel-Lacour. — L'armée de l'Est acculée et cernée le 29 janvier. — Effet du fatal malentendu. — Lettre du général Rolland. — Gambetta incité à continuer la guerre à outrance. — Lettre désespérée d'un colonel de l'armée de l'Est. — Réduction des effectifs. — Démission de Gambetta. — Fanfaronnades de Bordone. — Extension de l'armistice aux départements de l'est (13 février). — Reddition de Belfort. — Plan du général de Moltke pour la reprise des hostilités.

Le 28 janvier 1871, le gouvernement de Paris avait conclu un armistice de vingt et un jours. La délégation de Bordeaux en fut avisée par un bref télégramme qui lui parvint le 29 au matin. Quelle ne fut pas la stupéfaction de ses membres, lorsqu'ils reçurent le surlendemain copie exacte de la convention signée à Versailles, et transmise à Chanzy par le prince Frédéric-Charles! Le général d'artillerie Thoumas, attaché au ministère de la guerre, a raconté qu'il se trouvait dans le cabinet de M. de Freycinet lorsque Gambetta s'y précipita, tenant cette pièce à la main. L'armée de l'Est, l'armée des Vosges et la place de Belfort étaient exceptées de l'armistice ! En outre, la délimitation des lignes d'avant-postes était tracée par l'armistice lui-même, non pas en tenant compte de la situation respective des troupes en présence, mais dans le but évident de rendre plus avantageuse sur toute la ligne la position des avant-postes allemands. La connaissance exacte de ce texte, après les ordres expédiés par le gouvernement, fut un véritable coup de foudre. La fureur de Gambetta était à son comble. Il se jeta sur Thoumas, qui n'était certes pour rien dans ce qui se passait, saisit sa cravate et la tordit comme s'il eût voulu étrangler le général : « Je comprends, s'écria-t-il, qu'un avocat hébété par la peur ait commis une pareille balourdise et une semblable infamie. Mais ce Jules Favre était assisté d'un général, quand il discutait avec Bismarck les clauses de la convention ; que le sang de l'armée de l'Est et la honte de la défaite retombent sur lui ! » Puis, oubliant qu'il était avocat lui-même, il pressa Jules Favre de reproches et d'interrogations fiévreuses par dépêches chiffrées.

Jusqu'au 29 janvier, la délégation n'avait eu sur les négociations entamées à Versailles que des renseignements fournis par la presse étrangère. Elle avait reçu, la nuit du 29, un télégramme qu'elle porta dans sa teneur intégrale à la connaissance du pays et de l'armée de l'Est. Pour l'intelligence et l'appréciation des malentendus, ou plutôt des réticences calculées de l'ennemi, il convient de placer en regard de la dépêche envoyée par le gouvernement de Paris et signée Jules Favre, celle expédiée à la même heure par le quartier général allemand et signée général de Moltke. Voici ces deux textes, dont la contradiction est flagrante :

Versailles, 28 janvier 1871, 11 h. 15 s.	Versailles, 28 janvier 1871, 11 h. 45 s.
Nous signons aujourd'hui un traité avec M. le comte de Bismarck. Un armistice de vingt et u jours	Des négociations au sujet d'une capitulation et d'une suspension d'armes viennent d'être conclues

est convenu ; une assemblée est convoquée à Bordeaux pour le 15 février. Faites connaître cette nouvelle à toute la France. Faites exécuter l'armistice et convoquer les électeurs pour le 8 février. Un membre du gouvernement va partir pour Bordeaux.

J. Favre.

avec Paris. L'armistice commence ici de suite et pour le reste du pays, le 31 de ce mois, à midi.

Les départements de la Côte-d'Or, du Doubs et du Jura ne seront compris dans la trêve que lorsque les opérations commencées de votre côté auront amené un resultat.

L'investissement de Belfort doit être aussi continué.

Général de Moltke.

La divergence des textes résultait de l'ensemble des négociations poursuivies à Versailles et des vives discussions auxquelles le débat avait donné lieu. Il faut connaître le détail de ces événements, qui sont intimement liés au sort de l'armée de l'Est et à la catastrophe finale.

Jules Favre, alors ministre de l'intérieur, avait annoncé à ses collègues de l'Hôtel de ville que Paris assiégé n'avait plus que pour huit jours de vivres et que toute résistance ultérieure devenait illusoire. Il avait ajouté qu'il allait se rendre auprès de Bismarck « pour savoir s'il y avait impossibilité de traiter. » Dès longtemps préparé à cette cruelle issue, le gouvernement de la Défense n'avait pas résisté aux ouvertures du ministre et était entré aussitôt en délibération. Il s'agissait avant tout de fixer la portée précise de la mission du négociateur. Dans le rapport d'enquête de M. de Raineville devant l'Assemblée nationale (1), on constate que le conseil eut pour première préoccupation de ne rien faire qui pût entraver les opérations de Bourbaki. Hélas! on croyait le commandant de la première armée en plein succès. Dans cette pensée, Trochu exprima l'avis que l'armistice ne devait concerner que Paris.

Cependant, on avait déjà reçu de mauvaises nouvelles de l'est. Un pigeon avait apporté, le 19 janvier, une lettre de M. de Chaudordy, datée de Bordeaux, le 16, et adressée à

(1) Annexé au procès-verbal de la séance du 22 décembre 1872.

Jules Favre. « L'armée de Bourbaki, disait cette lettre, existe et lutte encore, mais elle doit battre en retraite (1). »

C'était un symptôme avertisseur auquel on n'avait pas prêté grande attention. Le 21 janvier, Jules Favre, dans une lettre à Gambetta, le priait de transmettre ses félicitations à Bourbaki. « Il marche comme un héros, écrivait-il, et son mouvement peut sauver la France. »

Bientôt on va dire au contraire qu'il l'a perdue, et l'accabler de reproches, ô inconséquence humaine ! Mais alors, on était mal informé à Paris, et, dans l'ignorance des réalités, on s'abandonnait volontiers aux illusions.

Le renseignement de M. de Chaudordy était prématuré, d'ailleurs, à la date du 16. C'était la seconde journée d'Héricourt. Bourbaki n'avait pas encore renoncé à l'offensive.

A la première délibération, Jules Favre avait fait observer que les Allemands demanderaient probablement un armistice général. L'objection avait frappé Trochu. Revenant de sa précédente opinion, il avait reconnu que la reddition de Paris « accablerait les armées de province sous le coup moral et sous le nombre ». Il s'était rangé à l'idée d'une convention embrassant toutes les armées françaises.

Cette fois, Trochu voyait juste. Exclure l'armée de l'Est, dans l'intention de lui laisser la faculté de mener à bien les opérations et de débloquer Belfort, c'était commettre une faute de raisonnement.

Clinchant, à Pontarlier, n'avait pas imaginé qu'on eût commis pareille bévue. « Je croyais d'autant plus à l'armistice, a-t-il dit devant la commission d'enquête (2), que je ne pouvais comprendre une convention de cette nature exceptant une armée. Avec une telle exclusion, j'étais sûr d'être battu quelle que fût ma situation. En effet, qui aurait empêché les Prussiens d'amener contre moi trois à quatre cent mille hommes ? »

Ainsi, à l'ouverture des négociations, alors qu'il s'agissait de donner à Jules Favre des instructions générales, le gouver-

---

(1) Jules FAVRE. *Le Gouvernement de la Défense nationale*, t. II, p. 348.
(2) *Enq. parl.* Déposition Clinchant, t. III, p. 312.

nement avait exprimé la volonté de traiter pour toutes les armées.

Moins bien inspiré ensuite, il prit une grave responsabilité, en revenant au plan qui laissait à l'armée de l'Est sa liberté d'action. Les illusions qu'on se faisait à Paris sur la situation militaire, le désir bien naturel de voir Bourbaki aboutir, la crainte de contrecarrer par une intervention maladroite cette offensive contre Belfort, dont on espérait tant de résultats, l'emportèrent sur la logique.

Encore, si l'on eût pu se renseigner! Mais Paris demeurait étroitement bloqué. De temps à autre, un ballon, un pigeon, apportait quelque nouvelle. C'était le seul moyen dont on disposât de communiquer avec le dehors. Le télégraphe était aux mains de l'ennemi : l'ennemi était intéressé à maintenir le gouvernement français dans l'ignorance et les hésitations qui devaient en résulter. Jules Favre avait bien senti cette tendance. Dans un éclair de bon sens, il avait demandé à ses collègues à consulter la délégation de Bordeaux sur la situation de l'armée de l'Est. On avait passé outre. On n'avait plus dans Paris que huit jours de vivres. On était hanté par cette idée. Il fallait se hâter à tout prix. Envoyer un pigeon à Bordeaux était une ressource bien précaire, dans une aussi pressante nécessité. On ne s'y arrêta pas.

Jules Favre était donc parti le 24 janvier au soir pour Versailles, sans rien savoir avec certitude, mais pénétré d'une impression persistante : c'est que, Bourbaki étant victorieux, il ne fallait rien faire qui pût l'entraver dans sa marche sur Belfort. Dès la seconde conférence, le 25 janvier, l'armée de l'Est avait été mise sur le tapis. Bismarck avait annoncé à son interlocuteur que « Bourbaki était en plus mauvaise situation encore que Faidherbe, se trouvant menacé à la fois par les deux armées de Manteuffel et de Werder ». Jules Favre se méfiait que Bismarck eût poussé au noir la situation de cette armée. Il donna donc dans le panneau et abonda dans le sens du chancelier. Il crut que l'adversaire cherchait à enlever tout espoir au gouvernement français, pour l'engager à comprendre la capitulation de Belfort dans celle de Paris. Il refusa l'offre de Bismarck d'étendre l'armistice aux trois départements francs-comtois, en échange de la reddition de Belfort avec libre sortie de la garnison. « En de telles conditions, avoue le triste négociateur que Paris avait envoyé à Versailles, paralyser l'armée de l'Est, qui pouvait être victorieuse et secourir Belfort assiégé, était une résolution bien téméraire. Mon anxiété était affreuse. Il fut convenu que la solution serait réservée jusqu'à l'arrivée des nouvelles, qui, par malheur, devaient seulement nous parvenir par l'intermédiaire de l'ennemi (1). »

Il faut rendre au plénipotentiaire allemand cette justice que, s'il ne révéla pas au ministre français toute l'étendue du désastre dans l'est, il lui en dit cependant assez pour le mettre en garde contre ses illusions. Mais Jules Favre était un rêveur; ou il se laissa berner par Bismarck, ou il fut victime de sa propre hallucination. Il n'en a pas moins emporté dans la tombe le poids de cette faute qui a perdu la France, et dont toute la responsabilité retombe sur sa funeste mémoire : plus tard, il en demandera pardon à Dieu et aux hommes. Le troisième jour des conférences, le 26 janvier, pendant que les deux négociateurs se mettaient d'accord sur les principaux points de la convention, on avait apporté des bureaux de l'état-major allemand au chancelier une dépêche annonçant que « Bourbaki, coupé de sa ligne de retraite, n'avait plus de refuge qu'en Suisse ». C'était le jour même de la tentative de suicide. Bismarck s'était réjoui de pouvoir communiquer la dépêche au gouvernement français. Jules Favre, rentré le soir même à Paris, en avait informé ses collègues, comme il leur avait annoncé la veille que Manteuffel menaçait les derrières de l'armée de l'Est. Il était donc parfaitement renseigné, et le ministère tout entier ne pouvait plus alléguer l'ignorance. Mais, pas plus le 26 que le 25, le conseil de l'Hôtel de ville n'avait attaché grande attention à des communications caute-

(1) Jules FAVRE. *Le Gouvernement de la Défense nationale*, t. II, p. 402.

leuses, sous lesquelles il ne pouvait se défendre de flairer quelque piège secret.

A Paris, après avoir exposé au conseil des ministres le résultat des deux premières conférences, Jules Favre demanda qu'un général lui fût adjoint pour le lendemain. Trochu s'offrit. Toujours confiant en lui-même, il comptait sur sa faconde pour éblouir le chancelier et peut-être l'amadouer. « D'ailleurs, ajoutait-il, cette mission me revient. Je la remplirai, quelque pénible qu'elle soit! »

Les collègues du gouverneur de Paris s'y opposèrent vivement. « Ce n'est pas au chef du gouvernement, dirent-ils, à aller à Versailles. Sa dignité ne pourrait qu'en souffrir. » On fit venir le général Vinoy, commandant des armées de Paris depuis l'émeute du 22 janvier. Vinoy refusa. Il ne se souciait pas de mêler son nom à une capitulation. On borna là les démarches, de sorte que, le lendemain troisième jour des conférences, Jules Favre retourna seul à Versailles, froissé de l'abandon dans lequel on le laissait, et très découragé, voyant qu'il perdait pied davantage à chaque entrevue avec son redoutable contradicteur. Plus tard, ce ministre s'est franchement ouvert de ses dispositions devant la commission d'enquête.

« Je veux, dit-il, que la vérité soit bien connue. Si j'ai demandé un général, c'est uniquement pour éviter de commettre une faute. Quant à ma signature, elle appartenait à ce déplorable traité auquel nulle puissance humaine ne pouvait nous soustraire. On m'avait promis de signer avec moi : on ne l'a pas fait. Je ne me livre à aucune espèce de récrimination. Je ne demandais pas un général pour signer la capitulation ; je voulais couvrir mes collègues et je voulais également protéger l'armée. »

Dès le soir, à Versailles, on put convenir de la cessation du feu autour de Paris. Mais il restait à régler beaucoup de détails, tous militaires : la délimitation des zones neutres, entre autres. Jules Favre renouvela à Bismarck la demande de la veille : il voulait un officier. Le chancelier consentit.

Il en avait parlé au comte de Moltke : « Il faut, dit celui-ci au ministre français, que vous ameniez demain un général. » On convint que ce serait le chef d'état-major de l'armée de Paris. Au conseil des ministres, Jules Favre déclara que, s'il avait eu un officier avec lui, l'armistice aurait pu être signé le jour même. Mais le gouvernement n'accepta pas la désignation convenue à Versailles. Le chef d'état-major était le général de Valdan. On voulait pour conférer avec de Moltke un personnage plus considérable (1).

On choisit le général de Beaufort d'Hautpoul, le plus ancien des divisionnaires de l'armée de Paris, celui qui avait commandé en chef l'expédition française de Syrie.

Beaufort voulait décliner la mission. Il ne savait « rien de rien », pas même qu'on négociât. Quelle figure ferait-il devant Moltke, sans donnée aucune, ni sur la situation des armées et de la ville de Paris ni sur celle de la France? Il demandait instamment qu'on le laissât à ses bataillons de mobiles, qu'on ne l'obligeât pas, lui, vieil officier, à terminer sa carrière honorable par l'apposition de son nom sur un acte humiliant.

Il avait pleuré. Trochu, Jules Favre insistèrent, firent appel au dévouement du divisionnaire, lui montrèrent Paris à la veille de manquer de pain. Le général s'était laissé emmener, puisqu'il le fallait. Mais, à Sèvres d'abord, où des officiers allemands attendaient les plénipotentiaires avec un déjeuner servi dans une des maisons dévastées de la ville ; à Versailles ensuite, à la table du chancelier, il eut soin de laisser voir à ses hôtes qu'il était là contre son gré, forcé par la consigne, et que, s'il n'avait dépendu que de lui, le feu n'aurait pas cessé la veille au soir.

Ce jour-là, la conférence porta essentiellement sur les détails militaires de la convention. Moltke assistait à l'entretien. On discuta la délimitation des zones neutres pour Paris et les armées de province. On traçait les lignes sur des cartes fournies par l'état-major allemand.

(1) *Enquête*. Déposition Jules Favre, t. I, p. 363.

Quand on en vint aux opérations dans les trois départements du Doubs, de la Côte-d'Or et du Jura, Moltke proposa de suspendre la discussion. Il manquait, disait-il, de renseignements précis sur la situation des armées. D'Hautpoul en avait bien moins encore. La seule indication qu'il possédât lui avait été fournie le matin sur la route de Sèvres à Versailles, par Jules Favre. Le ministre lui avait avoué qu'à en croire les renseignements allemands, Bourbaki devait être en pleine retraite.

D'Hautpoul eut alors une illumination soudaine, comme tout militaire sérieux l'eût eue à sa place. Avec un sentiment très juste de la situation, il s'éleva contre la proposition du chef d'état-major allemand. Il demanda qu'il fût statué incontinent sur le sort des armées dans l'est, comme sur les autres; qu'on les comprît dans l'armistice, en laissant à l'armée française pour ses cantonnements le département du Doubs, en neutralisant la Haute-Saône et le Jura.

« Les deux armées sont peut-être en présence, sur le point d'en venir aux mains, objecta de Moltke. Il serait donc impossible de les prévenir à temps. D'autre part, les conditions que vous faites à Bourbaki lui permettraient de se ravitailler et de recevoir des renforts, ce que nous ne pouvons admettre. »

D'Hautpoul se fâcha.

« Comme l'a dit M. de Bismarck, s'écria-t-il en se levant, nous traitons *bonâ fide* et ne voulons point violer un territoire qui se sera fait neutre pour envoyer des renforts à Bourbaki. Laissez-lui au moins le département du Doubs pour vivre. Toute la partie sud-ouest de ce département est montagneuse et presque improductive. M. de Moltke le sait aussi bien que moi (1.) »

Bismarck intervint alors dans la discussion, et, sur les observations qu'il présenta, la décision fut ajournée au lendemain. La violence du général d'Hautpoul avait fait rompre

(1) *Enquête*. Rapport sur les négociations de Versailles, par M. Calvel, lieutenant du corps d'état-major, t. III, p. 768.

les chiens et lever la séance. Il n'avait évidemment pas le tempérament d'un diplomate. « J'étais surexcité, exalté, a-t-il avoué ensuite; mais j'espère n'avoir pas cessé d'être convenable (1). »

Jules Favre avait dû à plusieurs reprises s'interposer pour calmer son collègue; il s'était promis de ne pas le ramener à Versailles le lendemain. C'est d'ailleurs tout ce que celui-ci demandait. « Le général de Beaufort, dit Jules Favre, ne m'a pas paru être celui qu'on avait supposé le plus capable de réussir dans de pareilles négociations. Il me donna beaucoup d'inquiétude. » Le vieux soldat fut pourtant le seul des négociateurs français qui se rendît un compte exact de la situation.

« Les Prussiens, a-t-il affirmé, connaissaient à Versailles l'anéantissement de l'armée de l'Est. Ils le savaient!... Ils n'ont pas voulu le dire, quand ils ont renvoyé la question au lendemain! » *Fides germanica, fides punica* (2)!

Cependant, du 26 au 28, Jules Favre fut tenu au courant de ce qui se passait dans l'est. Il proposa alors au conseil des ministres de consulter la délégation de Bordeaux au sujet de l'armée de Bourbaki. Le conseil ne tint pas compte de cette ouverture. Jules Favre insista, disant que « Bourbaki serait encore en plus mauvaise posture que Faidherbe et Chanzy ». Le lendemain 26, il annonça, toujours d'après les renseignements fournis par Bismarck, que Bourbaki coupé n'avait plus de refuge qu'en Suisse. Enfin, il fit connaître que la délimitation « avait été réservée, pour être ultérieurement tracée du côté de l'armée de l'Est ». Jules Ferry entrevit alors le gouffre qui allait se creuser devant cette armée. Il déclara que si Bourbaki n'était pas protégé par l'armistice, la honte en retomberait sur le gouvernement.

Le lendemain 28, ce fut au général de Valdan à remplacer Beaufort, pour accompagner Jules Favre à Versailles. Modeste autant que distingué, doux et ferme, net et conciliant, il conquit tout de suite l'estime des plénipotentiaires prussiens et

(1) *Enquête*. Déposition Beaufort d'Hautpoul, t. III, p. 165.
(2) *Enquête*. Déposition de Jules Favre, p. 167.

contribua par son excellent esprit à aplanir bien des obstacles. Encore eût-il fallu que ce nouveau plénitentiaire fût mis au courant de la situation; qu'il se préoccupât de la délimitation en cause, et qu'on lui soumît la proposition faite la veille par d'Hautpoul. Mais, dans le trajet entre Sèvres et Versailles, Jules Favre lui avait donné à entendre que les mauvais renseignements fournis par l'état-major allemand pouvaient bien cacher une perfidie. Du reste on avait tout au plus chargé Valdan du règlement des intérêts de l'armée de Paris. Il ignorait encore ce qui s'était passé en province (1).

En fait, on ne discuta plus, le 28 janvier, que les détails de la reddition de la capitale. C'était la grande préoccupation devant laquelle s'effaçait tout le reste. De l'armée de l'Est, il fut peu ou point question. L'esprit de Jules Favre, désorienté par les chausse-trappes qu'il sentait se creuser sous ses pas, l'avait peut-être un peu perdue de vue. Bismarck d'abord, de Moltke ensuite, proposèrent d'exclure les armées dans l'est de la suspension des hostilités et de laisser les opérations militaires se poursuivre dans les trois départements en question. Les négociateurs français ne firent aucune objection sur ce point. Le tour était joué!

L'armistice fut donc signé le 28 janvier à Versailles, d'un côté par Jules Favre, vice-président du gouvernement de la Défense nationale, ministre des affaires étrangères, et de l'autre par le comte de Bismarck, chancelier de l'Empire d'Allemagne.

Aux termes de la convention, la trêve commençait pour les armées devant Paris du jour même de la signature. Le feu avait déjà cessé autour de la ville assiégée, le 26 à minuit. On avait réservé un délai d'exécution de trois jours pour les opérations dans les départements. On avait délimité les zones neutres par une ligne qui, partant à l'ouest de Pont-l'Évêque, sur les côtes du Calvados, se dirigeait vers l'est, « jusqu'au point où, à l'est de Quarré-les-Tombes, se touchent la Côte-d'Or, la Nièvre et l'Yonne. »

(1) *Enquête*. Déposition Valdan, t. I, p. 177.

Puis la convention s'exprimait ainsi : « A partir de ce point, le tracé de la ligne sera réservé à une entente qui aura lieu, aussitôt que les parties contractantes seront renseignées sur la situation actuelle, dans les départements de la Côte-d'Or, du Doubs et du Jura.

« Les opérations militaires sur le terrain des trois départements ci-dessus, ainsi que le siège de Belfort, se continueront indépendamment de l'armistice, jusqu'au moment où l'on se sera mis d'accord sur la ligne de démarcation, dont le tracé à travers les trois départements mentionnés a été réservé à une entente ultérieure. »

L'exclusion était expresse. Il n'y avait pas, semble-t-il, d'équivoque ni de malentendu possible. Dans la région occupée par l'armée de l'Est, les hostilités devaient continuer ainsi que le siège de Belfort.

Aussitôt, de Moltke télégraphia au commandant de l'armée du Sud; Jules Favre avisa Gambetta. On a vu plus haut la différence des deux textes. Dans celui de Jules Favre, il n'y avait pas un mot au sujet de l'exclusion.

Bismarck et le général de Valdan assistèrent à la rédaction de la dépêche. Appelé à se disculper devant la commission d'enquête d'une grave et fatale omission dans la rédaction de son télégramme, le ministre français balbutia :

« Nous en avons arrêté les termes ensemble. J'étais alors dans un grand état de trouble. » « Dans la pensée de Bismarck et dans la mienne, ajoutait l'avocat négociateur, le retard apporté à la délimitation de la zone neutre ne voulait pas dire que la guerre continuerait dans l'est, et que l'armistice ne comprenait pas l'armée de l'Est. C'est ainsi que Bismarck l'entendait et paraissait l'entendre. Il me semblait que, lorsque nous écrivions, Bismarck et moi : *Faites exécuter l'armistice*, sans y ajouter aucune restriction, il ne pouvait y avoir ni exception ni équivoque. J'affirme que l'armée de l'Est a été comprise dans l'armistice, mais que la réglementation de la délimitation de la zone neutre ne pouvait être fixée immédiatement. »

Quand on lui montra plus tard la dépêche tronquée, il déclara : « Je ne me souviens pas d'avoir mis quelque chose en sus des mots du texte qu'on me présente. J'ai signé la dépêche, et c'est tout. » Il s'attendait à la suspension immédiate des hostilités, par le seul fait de la communication de la convention aux chefs d'armées, tandis que Bismarck, s'en référant à la lettre des textes, entendait que les opérations militaires suivissent leur cours.

Mais un autre commentaire échappé à la bouche de Jules Favre porte en lui la condamnation de l'acte qu'il venait d'accomplir.

Il en résulte que, dans sa propre pensée comme dans celle du chancelier allemand, l'armistice ne devait pas entraver les opérations dans l'est et devant Belfort. Voici ce commentaire.

A ses collègues inquiets, qui, le 31 janvier, avaient renvoyé le ministre des affaires étrangères à Versailles, pour s'enquérir de la vraie condition faite à l'armée de l'Est, Jules Favre rapporta la nouvelle de l'internement en Suisse. Pressé de questions, il déclara que, dès le début des pourparlers, on lui avait demandé la forteresse de Belfort. Elle devait, au dire de Bismarck, tomber comme Strasbourg. Dans l'ignorance de son état actuel, Jules Favre n'avait pas cru « devoir céder Belfort, pas plus que comprendre l'armée de l'Est dans l'armistice. » Il avait réservé la situation de ce côté. Pour Belfort, Bismarck offrait de faire sortir la garnison de 16,000 hommes avec les honneurs militaires. Le conseil des ministres fut d'avis de réserver ce point.

Plus tard, dans un livre qui n'était qu'un plaidoyer *pro domo suâ*, Jules Favre mit le public dans la confidence des cruelles péripéties de son horrible mission et de ses angoisses personnelles.

« M. de Bismarck insistait pour la reddition de Belfort. Il ne m'était pas possible, ajoutait le négociateur, de consentir à une semblable concession. De son côté, M. de Bismarck se refusait absolument à comprendre Belfort dans l'armistice, et je n'avais aucun moyen de l'y contraindre. Dans de telles conjonctures, paralyser l'armée de l'Est qui pouvait être victorieuse et secourir la place assiégée, était une résolution bien téméraire. Mon anxiété était affreuse. Il fut convenu que la solution serait réservée jusqu'à l'arrivée des nouvelles, et celles-ci malheureusement ne devaient nous parvenir que par l'intermédiaire de l'ennemi. »

Le chancelier allemand contresigna la fatale dépêche du 28 janvier. Le télégraphe étant aux mains de ses armées, il fallait son laisser-passer, pour qu'elle fût transmise. « Je devais, dit Jules Favre, fixer le jour de la convocation des électeurs, celui de la réunion de l'assemblée. Que d'obstacles à surmonter! que d'impossibilités à vaincre! »

Les deux dépêches similaires, quoique dissemblables, arrivèrent à destination à peu près en même temps, le 27 janvier, entre quatre et cinq heures du soir, l'une à Pontarlier, où était Clinchant, l'autre à Arbois, où Manteuffel avait ses quartiers. Bismarck eut soin de ne communiquer que le 31 janvier les clauses de l'armistice, et encore à titre de simple renseignement.

Tandis que le général en chef de notre première armée, sitôt la nouvelle reçue, faisait cesser le feu sur tout le front de ses lignes, Manteuffel adressait à ses troupes un ordre contraire :

« Soldats de l'armée du Sud! Paris a capitulé. Un armistice est conclu pour les troupes devant Paris, pour la Ire et pour la IIe armée. L'armée du Sud seule poursuivra ses opérations, jusqu'à un résultat définitif (1). »

Le général d'Hautpoul s'est fait le défenseur de Jules Favre : « On l'attaque beaucoup, c'est une injustice. Cela n'eût absolument rien changé. L'armée était en pleine déroute. C'étaient de pauvres enfants qui s'en allaient à la débandade à travers les montagnes. J'ai des parents en Suisse qui m'ont raconté ces désastres. » Malheureusement pour la mémoire de Jules Favre, M. de Freycinet et les généraux qui ont commandé l'armée de l'Est ont exprimé des opinions toutes contraires.

(1) WARTENSLEBEN, p. 63.

« Il n'est pas douteux, déposa le délégué de Bordeaux devant la commission d'enquête, que sans cette erreur fatale qui a permis aux Prussiens de marcher pendant deux jours, tandis que nous étions restés immobiles, il n'est pas douteux que l'armée de l'Est serait arrivée vers Lyon. C'est l'opinion de tous les généraux, qui l'ont déclaré dans leurs ordres du jour et dans leurs dépêches. Je crois que ce fait doit être considéré comme hors de doute (1). »

Clinchant, Bourbaki, Borel ont été en effet d'accord en affirmant que la dépêche du 28-29 janvier avait eu pour conséquence de suspendre les mouvements de l'armée pendant près de quarante-huit heures, tandis que l'implacable ennemi poussait avec énergie ses opérations enveloppantes. Elle avait abattu définitivement le moral des troupes et achevé la dissolution de tous les liens de la hiérarchie, de sorte que, quand l'erreur fut reconnue, l'armée était entièrement désagrégée. La dépêche avait fait le jeu des Allemands.

« Si l'armistice avait été complet, déclara Bourbaki, on serait resté à Pontarlier, et les troupes n'auraient pas été dans l'affreuse nécessité de se faire interner en Suisse; s'il avait été connu dans toute sa teneur, on aurait pu faire échapper l'armée, en repoussant l'aile droite des Prussiens (2). »

Plus à même que les autres de juger la situation, puisqu'il était alors le généralissime, Clinchant ne se faisait pas d'illusion sur l'état dans lequel se trouvaient ses troupes, quand le télégramme de Jules Favre vint le surprendre à Pontarlier. Néanmoins il apprécia sévèrement la clause fatale. « Je ne comprenais pas, dit-il, un armistice qui exceptât une armée. »

Les généraux allemands eux-mêmes ont avoué qu'il était sans exemple dans l'histoire, qu'une armée fût exceptée d'un armistice général; qu'il devait y avoir là une erreur.

Challemel-Lacour télégraphiait de Lyon son indignation : « Ainsi, c'est avéré! L'armistice n'est pas applicable aux départements du Doubs, du Jura et de la Côte-d'Or! Celui qui a

---

(1) *Enquête*. Déposition Freycinet, t. III, p. 21.
(2) *Enquête*, t. III, p. 345.

consenti une pareille condition, quel que soit son nom, est un misérable! »

Quoi qu'il en soit, le 29 au soir, l'armée de l'Est, acculée à la frontière, cernée de toutes parts, devait ou déposer les armes ou passer en Suisse. Le chemin de Mouthe, le sentier de la Chapelle des Bois, ne constituaient pas une ligne de retraite praticable pour une armée de 100,000 hommes, eussent-ils été entièrement à l'abri des coups de l'ennemi.

Comme mesure de précaution, de Moltke avait fait insérer dans le traité qu'afin d'éviter tout acte d'hostilité accidentel durant l'armistice, on déterminerait, le long de la ligne de démarcation fixée, une zone de quinze à vingt kilomètres, qui serait interdite aux soldats des deux armées en opérations. Le siège de Belfort devait se poursuivre. De Moltke calculait avec joie (1) qu'après le 31 janvier il ne serait plus possible aux Français de secourir cette place, le département du Haut-Rhin leur étant interdit.

La délégation de Bordeaux notifia l'armistice à tous les chefs de corps des diverses armées en opérations, le 27 janvier, à deux heures du soir. L'ordre fut exécuté partout. Mais aussitôt, de toutes parts, les commandants de corps d'armée, les chefs de détachement, rendent compte que les Prussiens se refusent à reconnaître la trêve. Le général Rolland télégraphie de Besançon à un sous-ordre, sur un ton indigné :

« Le général allemand qui commande à Saint-Vit prétend que l'armistice ne concerne pas l'armée du Sud, qu'elle a reçu au contraire l'ordre de continuer ses opérations. C'est évidemment une prétention déloyale pour gagner du temps et occuper certaines positions avantageuses. Quoi qu'il en soit, il faut en ce moment redoubler de vigilance et prendre nos mesures pour repousser vigoureusement une attaque possible. »

En même temps le gouverneur de Besançon écrit au général allemand :

« C'était par suite des ordres de mon gouvernement que

---

(1) De Moltke à Manteuffel, 28 janvier.

j'avais dû me mettre en communication avec vous pour délimiter la zone neutre. Vous m'annoncez que l'armistice ne s'étend point à l'armée du Sud. Ne pouvant que me conformer aux ordres que j'ai reçus, je prescris à tous mes avant-postes de cesser les hostilités, de ne point attaquer les vôtres, et de rester sur la défensive. »

Cependant Gambetta recevait de tous les coins de la France, et en particulier de Lyon et de Marseille, des lettres l'incitant à continuer la guerre à outrance, lui offrant le concours des populations du midi.

Il se transportait encore du nord au sud, et répandait dans les grand centres sa parole enflammée. « Avons-nous le droit de sacrifier trois millions de Français à cette avide Allemagne? » s'écriait-il à Lille, le 2 février. « Soyez-en certains, si, dans trois mois, les Allemands sont encore sur le sol français, ils sont perdus! Il faut donc maintenir la résistance. Pas de faiblesse, ô mes chers concitoyens! Faisons-nous un cœur et un front d'airain! Le pays sera sauvé par lui-même, et la République libératrice sera fondée! »

C'étaient là les dernières cartouches de l'éloquence tribunitienne.

Le 31 janvier, le gouvernement de Bordeaux lançait de son côté une dernière circulaire belliqueuse.

« ... Malgré la convention de l'armistice, la politique soutenue et pratiquée par le ministère de l'intérieur et de la guerre est toujours la même. Guerre à outrance, résistance jusqu'à complet épuisement. Employez donc toute votre énergie à maintenir le moral des populations. Le temps de l'armistice va être mis à profit pour renforcer nos trois armées en hommes, en munitions et en vivres. »

A Bordeaux, on s'indignait, on se révoltait contre la dépêche de Jules Favre. Gambetta écrivait à Clinchant, le 30 janvier :

« **La prétention du général de Manteuffel de discuter l'armistice et de refuser de l'appliquer à l'armée de l'Est est la violation formelle de la convention signée à Versailles, dans** laquelle il est dit que l'armistice est immédiat, et qu'il s'applique à toutes les armées de terre et de mer des deux puissances belligérantes. Signifiez ce texte au général de Manteuffel par parlementaire; dressez procès-verbal, tant du retard, des difficultés soulevées, que de la réponse qui vous sera faite, et dénoncez-moi le tout. »

Dans les rues de Bordeaux, une foule en délire criait : « A bas la paix! Vive la guerre! » Les vociférations redoublaient chaque soir devant la préfecture, jusqu'à ce que Gambetta eût paru au balcon et prononcé avec énergie un de ses discours vibrants.

La délégation songeait à repousser une convention conclue en dehors d'elle, à supprimer les élections, à assumer la responsabilité de la dictature, à continuer la guerre à outrance, en concentrant les armées sur de nouveaux points, au centre et à l'ouest, jusqu'à ce que l'ennemi fût chassé du territoire.

Dans l'entourage du dictateur, ni le général Véronique, ni le général Haca, ni le colonel Thoumas, c'est-à-dire toute la partie militaire de la délégation, ne furent de l'avis de celui que M. Thiers devait appeler « un fou furieux ». Le tribun hésitait devant cette opposition. Alors le colonel Thoumas lut à haute voix une lettre reçue le matin d'un colonel d'artillerie de l'armée de l'Est. Elle disait en substance :

« J'ai fermement cru un instant au succès. Mais on a perdu du temps, lorsqu'il fallait à tout prix se hâter. Après Villersexel, on s'est laissé amuser par les démonstrations de faibles détachements... A Héricourt, le 20ᵉ corps était bien insuffisant pour la rude besogne d'enlever la position.

« Au lieu de cela, on bataillait sur les deux ailes, et de ces trois attaques décousues, trop éloignées pour concourir à un but commun, est résulté l'échec.

« Si du moins, à l'heure du combat, on eût pu amener en ligne le nombre de soldats sur lesquels on aurait dû compter d'après les situations d'effectifs! Mais illusion! Des compagnies de 178 à 180 hommes fournissaient à peine 40 ou 50 hommes au feu.

« Le reste *clampine* en arrière, se cache dans les fermes, se blottit dans les étables, se remise dans les bois, et ce sont les déserteurs du rang qui, à la première alerte, se débandent, s'enfuient effarés, sèment le désordre et la panique dans les localités qu'ils traversent, et, entassant mensonges et calomnies, exploitent la compassion publique en seuls survivants d'une action à laquelle ils n'ont même pas assisté; prétendant qu'ils ont manqué de munitions, quand ils n'ont pas tiré un seul coup de fusil, et qu'on ne leur a fait aucune distribution depuis trois jours. Le public se laisse attendrir par cette canaille dépenaillée, déguenillée, trouée aux coudes et aux genoux, hideuse à voir, écœurante à entendre...

« Dans cette armée qui devait renouveler la légende de 1792, et qui s'obstine à cacher ses Hoche et ses Marceau, l'artillerie s'est fait remarquer par sa consistance. Les bonnes traditions de l'armée s'y sont maintenues, et le devoir n'y est pas lettre morte. Mais c'est tout. »

Après avoir entendu la lecture de ce message, Gambetta se leva en disant :

« Il n'y a plus rien à faire, messieurs. Avant de me séparer de vous, permettez-moi de vous remercier du concours que vous n'avez cessé de me prêter. Pour moi, mon rôle est terminé; je n'ai plus qu'à me retirer. »

Le général Haca lui dit en recevant sa dernière poignée de main :

« Voyons, monsieur Gambetta, avec votre haute intelligence, vous devez apprécier à leur juste valeur ces gens qui vous entourent et qui vous poussent; empressez-vous donc de les jeter à l'eau! »

— « Mais, répondit Gambetta avec un fin et triste sourire, ces gens-là, comme vous les appelez, sont du lest de mon navire; si je les jette à l'eau, je serai submergé. »

Tels furent les adieux du dictateur à la délégation. Il avait déployé pendant les quatre derniers mois autant d'énergie que de patriotisme. Il avait touché au génie, sans avoir malheureusement l'intelligence réglée par une connaissance suffisante des rouages qu'il avait à faire mouvoir. Il a toujours parlé de la revanche de 1871, comme du but suprême de ses aspirations et de ses espérances.

Aussitôt le départ de Gambetta, le délégué résigna ses fonctions à son tour, et Emmanuel Arago fut nommé provisoirement ministre de la guerre. L'ère de la défense nationale était terminée. Le 4 février, on lisait dans l'*Officiel* :

« Le gouvement a reçu, par un pigeon arrivé hier au soir, des dépêches portant la date des 22 et 27 janvier. Elles nous font connaître la défaite du général Faidherbe à Saint-Quentin, le 19 janvier; celle du général Bourbaki, sur laquelle on ne donne que des renseignements fort incomplets, mais dont il nous est impossible de nous dissimuler aujourd'hui le caractère irrémédiable. »

Garibaldi, qui ne s'était nullement pressé d'aller porter secours à l'armée de l'Est, commença à s'agiter dès qu'il eut connaissance de la trève. Cette fièvre factice se manifesta surtout par la plume du chef d'état-major. Il éprouvait le besoin d'écrire le 31 janvier à une foule de directeurs de journaux :

« Pendant que la rage au cœur, nous ordonnions à nos troupes de suspendre les hostilités, nos ennemis continuaient leur marche. Signalez à vos concitoyens et au monde ce couronnement de toutes les infamies commises par nos ennemis du dedans et du dehors! »

Au gouvernement, il vantait son activité, et se répandait vis-à-vis de lui en fanfaronnades :

« J'agirai de manière à ne pas laisser faire mon armée prisonnière. J'ai concentré tout notre monde à Verdun, Chagny et Autun, sans laisser un canon ni un homme ni un char entre les mains de l'ennemi. En ce moment nous préparons un mouvement sur Pontarlier, pour dégager Clinchant. »

Comme l'écrivait de Moltke à Bismarck, le 1er février, Manteuffel n'avait employé d'abord, en face de Dijon, « que la quantité de troupes nécessaires pour se garder de ce côté contre toute tentative faite pour troubler ses opérations. » Cette phrase prouve bien, comme on l'a vu déjà, que, dans les combats du 22 et du 23 janvier, Garibaldi n'avait eu à faire qu'à un simple masque de troupes ennemies.

Cela réduisait beaucoup sa gloire. Cependant, lors de l'armistice, la présence du condottiere à Dijon inspirait encore quelques inquiétudes à l'état-major allemand. Il désirait le voir forcé de mettre bas les armes, mais il doutait qu'on pût réussir à lui infliger un échec définitif, « si Garibaldi se décidait à une prompte retraite. On ne pourrait compter sur ce résultat que dans le cas où il se maintiendrait encore quelques jours à Dijon (1). »

Ainsi, ce n'était pas l'offensive de l'armée des Vosges qui était redoutée par l'ennemi, mais plus exactement sa dérobade. De Moltke écrivait d'autre part à Manteuffel :

« Il est désirable que les opérations contre Garibaldi soient continuées assez longtemps et avec assez de vigueur pour que l'armistice ne lui soit accordé, si possible, qu'à condition de mettre bas les armes. »

Le 4 février, au grand désappointement de l'état-major allemand, on apprenait à Versailles la fuite du héros de Caprera sur Mâcon. Il n'y avait plus rien à faire contre l'armée des Vosges. Le 24ᵉ corps s'était replié sur Lyon ; le reste de l'armée de Bourbaki avait passé en Suisse. Manteuffel reçut ordre d'investir Langres et au besoin de l'assiéger, à l'aide de dix bataillons de landwehr et du détachement du colonel Krenski. Il ne fut pas donné suite à cette opération, le gouverneur de Langres ayant reconnu l'armistice.

Le 13 février, cette trêve fut étendue aux départements de l'est. Le Doubs, la Côte-d'Or, le Jura restèrent affectés aux troupes d'occupation allemandes, sauf la partie sud du Jura. Besançon eut une zone de dix kilomètres ; Auxonne et les petits forts du Jura, une zone de trois kilomètres chacun. La voie ferrée de Gray à Dijon restait à la disposition des Allemands. Les Français conservaient l'usage de la ligne Nevers-Chagny-Chalon-sur-Saône.

(1) De Moltke à Bismarck, 1ᵉʳ février 1871.

La reddition de Belfort faisait partie des stipulations du nouveau traité. Des conditions très honorables étaient accordées à la place et à sa vaillante garnison.

On devait rendre au général Treskow I, commandant de l'armée de siège, le matériel de guerre qui faisait partie de l'armement de la place. La garnison de Belfort sortirait avec les honneurs de la guerre, en conservant ses armes, ses équipages, son matériel, ses archives militaires.

De Moltke triomphait sur toute la ligne. Il exaltait Manteuffel, l'habile exécuteur de ses hautes œuvres.

« Que Votre Excellence me permette de lui adresser mes cordiales félicitations pour le résultat de l'opération hardie, habile et féconde en résultats, conduite par Elle, opération qui a fait disparaître du théâtre de la guerre toute une armée ennemie. Sa Majesté a de suite apprécié toute la grandeur de ce succès, ainsi que le montrent les salves tirées à Berlin à l'occasion de cette nouvelle... La capitulation si importante de Clinchant brillera d'un vif éclat dans l'histoire de la guerre. »

Le stratège prussien ne s'endormait pas d'ailleurs sur ses lauriers. Il se préoccupait à l'avance de la reprise des hostilités, si l'armistice ne se terminait pas à la fin du mois par un traité de paix. Il songeait à reprendre une offensive rapide vers le sud. « Le mouvement, écrivait-il, ne devrait pas être poussé plus loin que Mâcon ; car, aller jusqu'à Lyon, ce serait faire un nouveau siège, entreprise trop difficile. Si vous réussissiez à infliger une défaite à l'ennemi au nord de Lyon, je proposerais à Sa Majesté de laisser le général de Werder vers Chalon pour couvrir nos communications, et de diriger Votre Excellence vers Bourges, par Nevers ou Moulins. »

Et de Moltke ajoutait avec scepticisme : « J'espère que les Français en ont assez de répandre inutilement le sang. Mais qui peut répondre des grandes assemblées?... »

On verra bientôt que celle de Bordeaux ne désirait qu'une chose : la paix !

Pendant les pourparlers engagés entre les généraux opposés

bien inutilement, puisque dans l'esprit de nos ennemis, la cause était entendue, M. de Bismarck adressait le 31 janvier (1) à Gambetta, une communication où l'on sent combien l'audacieux diplomate savourait sa victoire. « Les forts ont été occupés aujourd'hui même par nos troupes, et je crois que les élections sont fixées au 8; la réunion de l'assemblée à Bordeaux, au 12. Il y a dans Paris épuisement absolu de vivres. La population en est réduite aux provisions de l'armée allemande. »

Et sur les plateaux du Jura, les troupes prussiennes continuaient d'avancer dans la direction de Pontarlier. « Nous les avons forcés à respecter l'armistice, écrivait-on d'Ornans. Dans les villages non occupés, ils se sont livrés à leur brigandage habituel (2). » Sur les montagnes du Doubs l'affolement était général.

Le 30 janvier, à la promulgation de l'armistice, l'ennemi n'occupait pas encore la zone qui s'étend de Besançon à Pontarlier. Les communications étaient libres entre ces deux places. Depuis lors, elles ont été interceptées, les commandants des forces prussiennes ayant cru devoir marcher en avant, malgré l'armistice. Le gouverneur de Besançon se vit forcé de « requérir les chefs prussiens de laisser circuler librement et de protéger les courriers civils établis entre Besançon et Pontarlier, dûment commissionnés par l'administration des postes françaises ». Mais il n'obtint pas gain de cause.

Il s'adressa vainement à la magnanimité personnelle de Manteuffel pour obtenir la réparation d'actes qu'il jugeait contraires au droit des gens : militaires français faits et retenus prisonniers depuis l'armistice, etc. « Un pareil abus de la force, ajoutait le vieux marin, devra paraître d'autant plus déloyal à ceux qui le jugeront un jour, qu'il est mis à profit par un adversaire déjà favorisé par la fortune au delà de ses espérances. »

(1) A minuit quinze.
(2) Lettre du commandant Ordinaire; Ornans, 1ᵉʳ février, 5 h. 25 du soir.

Vain langage! Manteuffel avait des instructions et les exécutait rigoureusement.

Dans certaines zones, un système régulier de pillage semblait avoir été organisé. L'arbitraire seul réglait les actes des Allemands. Des groupes de soldats prussiens faisaient des incursions dans tous les villages. Le pillage portait non seulement sur les denrées de consommation, sur les cartes, instruments, etc., mais encore sur une foule d'objets mobiliers étrangers au métier des armes.

Dans l'après-midi du 1er février, le commandant des forces prussiennes qui occupait Baume-les-Dames se refusait encore à publier et à afficher la dépêche promulguant l'armistice, sous prétexte qu'il n'en avait pas reçu notification de son gouvernement. Or, pendant ce temps-là, les réquisitions continuaient dans tout le pays occupé par l'ennemi, et pour celles qu'ils s'adjugeaient le 31, les Prussiens remettaient des reçus antidatés du 28. L'armistice n'était donc pas respecté. L'autorité locale protestait contre les enlèvements de denrées.

Pour donner un exemple de loyauté, le général Rolland fit mettre en liberté à Besançon les prisonniers allemands qu'avait faits la défense. L'ennemi ne lui rendit pas cette politesse.

CHAPITRE XIX

CONVENTION DES VERRIÈRES — INTERNEMENTS

Impressions en Suisse. — Mission suisse à Pontarlier. — Dispositif de précaution de l'armée fédérale. — Le général Herzog aux Verrières (30 janvier). — Mission Liber à Pontarlier. — Clinchant se présentera en Suisse en ami. — Première évacuation de matériel sur la frontière. — Renforcement des Verrières par les troupes suisses. — Arrivée du général Herzog (31 janvier-1er février). — Entrevue des Verrières. — Clinchant aux Verrières françaises. — Convention des Verrières (1er février). — Entrée des troupes françaises en Suisse. — Conseil de guerre de Pontarlier (31 janvier). — Clinchant a pleins pouvoirs pour négocier. — Il prend congé de ses troupes. — Clinchant reçoit la dépêche de Garibaldi en Suisse. — Lamentable état de l'armée. — Débandade. — Désarmement. — Lent écoulement des troupes au delà de la frontière. — Bivouac nocturne. — Ordres de Manteuffel pour le combat du 1er février. — Rencontre des soldats suisses et français. — Mauvais propos de nos soldats. — Ambulances suisses. — Internement des généraux et des troupes. — Rapatriement des troupes françaises. — Instructions du président de la Confédération suisse. — Refus de Bismarck d'adhérer au rapatriement. — Conventions entre la Suisse et l'Allemagne pour cette opération. — Effectifs des troupes rapatriées. — Règlement de comptes entre la France et la Suisse. — Excellents rapports des deux nations. — Décret de Bordeaux (reconnaissance envers la Suisse). — Convois des troupes internées. — Exemples de dévouement et exceptions d'indignité. — Affaissement des caractères. — Les Français à Vallorbe. — Aspect d'un temple de refuge. — Aspect des villes d'internement. — Comités de secours. — La Croix-Rouge.

Depuis plusieurs jours, des groupes toujours plus nombreux de déserteurs ou de trainards se présentaient aux avant-postes suisses, demandant à être recueillis. Les paysans français qui se réfugiaient dans les cantons, avec femmes, enfants et bestiaux, faisaient des récits lamentables de la condition désespérée à laquelle la première armée était réduite. On s'attendait en Suisse à une catastrophe devant Pontarlier, ou au passage de la frontière par un certain nombre de corps de troupes, dont on ne pouvait encore toutefois évaluer la force.

Le conseil fédéral et le général Herzog, commandant en chef de l'armée helvétique, entrevoyaient déjà l'éventualité d'un internement et s'y préparaient. On connaissait depuis le 27 janvier l'occupation de Salins par les troupes du général Fransecki. On suivait jour par jour et de près la retraite du 24ᵉ corps et des francs-tireurs de Blamont sur Vercel et Morteau. On savait dans quel état se trouvait le chemin de Mouthe, et l'impossibilité pour une armée de cent mille hommes de s'écouler par cet étroit chenal.

Le 28, deux officiers de l'état-major fédéral, le lieutenant-colonel Grandjean et le major de Guimps, s'étaient rendus à Pontarlier. Dans l'après-midi, ce dernier adressait, des Verrières, au général Herzog à Delémont et au département militaire fédéral à Berne, un rapport circonstancié sur ce qu'il avait vu et appris : le départ du 24ᵉ corps pour Lyon, par les Hôpitaux et Mouthe; toute l'armée française (cent mille hommes au moins) attendue à la frontière; la tentative de suicide de Bourbaki; son remplacement par Clinchant; l'arrivée de l'armée à Pontarlier. Tout porte à croire, disait-on, que les Français déposeront les armes en entrant en Suisse, sans faire de résistance.

Dans la nuit du 28 au 29, le lieutenant-colonel Grandjean mandait de son côté, par une dépêche des Verrières, l'occupation de Champagnole par les Allemands, l'arrivée de cent vingt mille hommes à Pontarlier, ainsi que l'intention clairement exprimée par le commandement des troupes de les faire ou de les laisser entrer en Suisse. La situation devenait grave. Il était clair que l'armée française avait toute retraite coupée. Dans la même nuit, le général Herzog ordonnait la concentration de ses brigades sur les points où, selon toute probabilité, les Français chercheraient à franchir la frontière.

Le 1ᵉʳ février, le général Herzog occupait la lisière du Jura, avec vingt et un mille trois cents hommes et cinquante-quatre bouches à feu, de Porrentruy à Sainte-Cergues. Le mouvement ordonné comportait une translation générale des troupes d'occupation du sud-est au sud-ouest, en suivant la montagne ; une évacuation à peu près complète de la frontière du canton de Berne, dorénavant la moins menacée ; enfin un renforcement des effectifs sur les frontières de Neufchâtel et de Vaud. Les routes des Verrières, de Sainte-Croix et de Vallorbe étaient les plus fortement occupées.

Le dimanche 29 janvier, comme son état-major s'installait à Neufchâtel, Herzog s'était rendu aux Verrières suisses, qu'occupaient des troupes de la 12e brigade. Il constata l'affluence des soldats français fuyards et déserteurs. Il était à prévoir qu'une telle débandade irait en s'accentuant.

Le 30 au matin, le lieutenant-colonel Liber, premier adjudant du général Herzog, allait à Pontarlier s'informer de l'exécution de l'armistice, auprès de l'officier supérieur commandant les troupes les plus rapprochées de la frontière. Au cas où serait intervenue une suspension des hostilités, le parlementaire devait déclarer que la Suisse ne permettrait plus à des hommes isolés ou à des groupes de passer la frontière, et traiterait en déserteurs tous ceux qui chercheraient à la franchir.

Dans la matinée, Liber eut, à la mairie de Pontarlier, une longue entrevue avec les généraux Clinchant et Borel. Le commandant en chef de l'armée l'informa du malentendu qui régnait entre le quartier général ennemi et lui, au sujet de l'armistice, puis accueillit avec empressement les ouvertures faites.

Il fut convenu que, dès le lendemain matin et pendant la durée de l'armistice, tous les isolés, tous les détachements qui se présenteraient, armés ou non, aux avant-postes suisses, seraient sommés de se retirer ; qu'en cas de refus, ils seraient arrêtés et livrés au poste français le plus voisin.

Pour la police sanitaire, on convint d'installer aux Verrières françaises une ambulance dirigée par un médecin français et un médecin suisse. Ceux-ci seraient chargés de visiter tous les trains et d'en faire descendre les hommes atteints d'une maladie contagieuse.

De ses entretiens à Pontarlier, Liber emporta l'impression d'un abattement profond et universel dans nos malheureuses troupes aux abois. Les généraux Clinchant et Borel avaient avoué sans détour que leurs hommes ne voulaient plus se battre, et que la proximité immédiate de la frontière exerçait sur les esprits une irrésistible attraction.

A ce moment d'ailleurs, on croyait encore au bénéfice de la convention signée l'avant-veille à Versailles. Clinchant se savait suivi de près par les Prussiens, qui essayaient de lui couper la retraite sur Lyon et même sur la Suisse. Depuis plusieurs jours déjà, la route de Lyon était fermée par l'occupation de Dole et des passages entre Champagnole et Morez. Cependant le général en chef repoussa énergiquement comme inadmissible l'extrémité qu'on lui laissait entrevoir. Le parlementaire insista sur la possibilité d'une continuation ou d'une reprise des hostilités. Clinchant finit alors par lui déclarer que si la nécessité l'obligeait à franchir la frontière, il s'y présenterait en ami.

M. Liber put au reste constater par lui-même, en traversant les rues de Pontarlier, la désorganisation et la misère des troupes.

C'était un spectacle étrange. Artilleurs assis ou couchés sur la neige près de leurs pièces, chevaux harnachés, mis au piquet; autour de la ville et bien en avant dans la plaine, soldats et conducteurs circulant comme dans une fourmilière, au milieu d'un dédale de voitures, de charrettes, de caissons, de chevaux et de parcs, d'animaux de boucherie. Des feux étaient allumés partout, et tout servait à les alimenter : palissades, piquets, branches d'arbres même, ce qui n'a pas empêché beaucoup d'hommes d'avoir pieds ou mains gelés. L'intérieur de la ville présentait un aspect encore plus triste. La neige congelée, foulée par tant de voitures et de piétons, était réduite en une couche de farine de quarante centimètres d'épaisseur, et rendait la marche très difficile. Partout des charrettes et des attelages, des chevaux morts de faim, ou se débattant sur la neige, au moment d'expirer; les autres, efflanqués, amaigris, l'œil morne, rongeant tout ce qui était autour d'eux. Des feux de bivouac partout, contre les maisons, sur les places, dans les cours; des voitures brisées, des lambeaux d'habillement, des caisses de biscuits, de riz, de café au pillage; des harnais abandonnés.

Le 31, les avant-postes suisses aperçurent, dès les premières heures, le débouché sur la route des Verrières de longues colonnes d'artillerie et de voitures. C'était l'exécution de l'ordre donné la veille au soir par Clinchant, d'évacuer sur la frontière les gros trains et les batteries qui n'étaient pas en position contre l'ennemi. L'affluence des isolés et des déserteurs allait grossissant. Comme la poursuite des hostilités pouvait faire craindre d'un moment à l'autre que des masses de troupes plus considérables fissent irruption sur le territoire helvétique, le commandant de la 4e division fédérale était venu de son quartier de Fleurier, aux Verrières, pour en renforcer l'occupation.

Dans la nuit suivante, seuls les avant-postes suisses veillaient aux Verrières, lorsque à minuit y arrive le général Herzog. Il vient de recevoir l'avis que l'armistice n'est pas observé entre les deux armées belligérantes, que le chemin de Mouthe est aux mains des Allemands, et qu'il ne reste plus par conséquent d'autre retraite à l'armée française que sur le sol helvétique.

A deux heures et demie du matin seulement, arrive à son tour aux Verrières le lieutenant-colonel Chevals. Il annonce de la part de Clinchant qu'il va traiter du passage de l'armée. Il est introduit auprès d'Herzog, qui lui demande ses pouvoirs. Chevals n'est porteur que d'ordres verbaux. Il n'a aucune condition à poser, déclare-t-il. Il vient simplement demander l'autorisation pour l'armée française de franchir la frontière. Le général suisse répond que la condition première est le désarmement des troupes, que pour le reste on avisera quand le parlementaire sera muni des pouvoirs nécessaires.

Cette première entrevue ne dura que quelques instants. Le lieutenant-colonel Chevals retourna aux Verrières françaises.

Les deux villages se touchent. Clinchant était déjà réfugié là avec son état-major, dans une petite maison située au bord de la route. Cette maison était bondée de soldats de toutes armes, débandés, entassés pour se garer du froid et attendant que la frontière fût ouverte.

A trois heures et demie, Chevals revint encore au village suisse, accompagné du comte de Drée, vice-consul de France à Neufchâtel. Cette fois il était porteur des ordres et pouvoirs nécessaires pour arrêter les bases d'une convention avec le général en chef des troupes fédérales, « convention destinée, disait l'ordre, à régler les conditions de l'entrée en Suisse de l'armée française, et à recevoir son exécution immédiate, dès qu'elle serait revêtue de la signature du général Clinchant. »

L'ordre était daté des Verrières françaises (1er février 1871 à trois heures et demie du matin). On se mit aussitôt à l'œuvre. Il n'y eut nulle délibération d'aucune sorte, sinon sur un seul point : la vente des chevaux de troupe.

Le général Herzog, debout, dictait, tandis que, assis à une table, le colonel Chevals, le colonel Liber et le major de Guimps écrivaient. On ne discuta que quelques points de forme. Quand le général Herzog eut arrêté l'article 4 de la convention, aux termes duquel les officiers de l'armée française gardaient leurs armes, leurs chevaux et leurs effets, Chevals, très ému, posa la plume, et, se levant, remercia Herzog de cette marque de courtoisie donnée à ses malheureux camarades.

Peu après quatre heures, tout était terminé : la convention écrite en triple expédition et signée par le général suisse, Chevals la porta aussitôt aux Verrières de Joux, accompagné par le lieutenant-colonel Liber. Clinchant, impatient d'en finir, lut d'un air distrait le document que lui présentait son aide de camp, prit une plume et signa sans faire d'objection. Il exhorta les commandants de l'artillerie à détruire ou à enterrer leurs pièces, et autorisa à ne pas entrer en Suisse tous ceux qui pourraient s'en dispenser. Dès la veille, en prévision du passage, il avait dirigé sur la route des Verrières ses parcs d'artillerie et ses gros convois.

Après le départ du parlementaire, Herzog avait fait alarmer ses troupes. Lui-même monta à cheval avec son état-major et se dirigea vers la frontière. A cinq heures du matin, l'entrée de l'armée commençait.

La convention, très bien conçue et dans l'esprit le plus bienveillant pour nos troupes, stipulait dix clauses.

En voici les principales : « 1° L'armée française, demandant à passer sur le territoire suisse, déposera en y pénétrant ses armes, équipements et munitions.

2° Ils seront restitués après la paix, et après le règlement définitif des dépenses occasionnées à la Suisse par le séjour des troupes françaises.

3° Il en sera de même pour le matériel d'artillerie et ses munitions.

4° Les chevaux, armes et effets des officiers seront laissés à leur disposition.

5° Les voitures de vivres et de bagages, après avoir déposé leur matériel, retourneront immédiatement en France avec leurs conducteurs et leurs chevaux.

6° Les voitures du trésor et des postes seront remises avec tout leur contenu à la Confédération helvétique, qui en tiendra compte lors du règlement des dépenses.

Et les deux signatures Clinchant et Herzog scellèrent ce pacte, emblème et gage de l'estime et de l'amitié qui liaient deux peuples voisins. Jamais ne s'était mieux réalisé pour la France le vers du poète :

On a souvent besoin d'un plus petit que soi.

Avant de prendre sa résolution suprême, Clinchant, à qui la perte des passages de Bonnevaux et des Planches était venue enlever ses dernières espérances, avait convoqué un conseil de guerre qui s'était réuni à Pontarlier, à huit heures du soir, le 31. La pénurie des vivres, l'épuisement des hommes, la difficulté de conserver sous la main à deux pas de la frontière, des soldats exaspérés ou découragés par les contradictions de l'armistice, toutes ces raisons, développées par les généraux, avaient déterminé le général en chef à accepter le refuge qui lui était offert. C'est à l'issue de ce conseil qu'il alla signer la convention des Verrières. Il avait pleins pouvoirs du gouvernement pour la négocier.

Les Prussiens étant résolus à ne nous accorder ni trêve ni repos, il ne restait plus qu'à protéger notre retraite. Le 18ᵉ corps et la réserve générale formaient l'arrière-garde de l'armée ; elles reçurent mission de tenir l'ennemi en respect et de lui défendre d'*insulter* notre entrée en Suisse. Mais, du côté des Allemands, rien ne ralentit la poursuite.

Autorisé par le ministère à se conduire comme un belligérant distinct et indépendant, à user de la force ou des négociations, au mieux des intérêts et de l'honneur de son armée, Clinchant, après la conférence de Pontarlier, donna tous ses ordres pour la traversée de la frontière. Il avisa le ministère de sa détermination et prit congé de ses troupes.

« Je passe en Suisse avec l'armée et le matériel, disait sa dépêche à Bordeaux... Les Allemands, malgré nos protestations, ont continué les hostilités ; ils ont menacé de nous couper la retraite, même sur la Suisse. Avec la démoralisation générale, un désastre entrainant la perte de l'armée et de son matériel était imminent. J'ai donc dû me résoudre à cette cruelle extrémité, préférant garder à la France des ressources qui lui seront précieuses (1). »

Puis il adressa mélancoliquement aux troupes son dernier ordre du jour :

« Soldats de l'armée de l'Est !

« Il y a peu d'heures encore, j'avais l'espoir, j'avais même la certitude de vous conserver à la défense nationale. Notre passage jusqu'à Lyon était assuré à travers les montagnes du Jura.

« Une fatale erreur nous a fait une situation dont je ne

---

(1) *Enquête*, t. III, p. 341.

veux pas vous laisser ignorer la gravité. Tandis que notre croyance en l'armistice, qui nous avait été notifié et confirmé à plusieurs reprises par notre gouvernement, nous commandait l'immobilité, les colonnes ennemies continuaient leur marche, s'emparaient des défilés déjà entre nos mains et coupaient ainsi nos lignes de retraite.

« Il est trop tard aujourd'hui pour accomplir l'œuvre interrompue. Nous sommes entourés par des forces supérieures ; mais je ne veux livrer à la Prusse ni un homme ni un canon ; nous irons mendier à la neutralité suisse l'abri de son pavillon. Je vous demande seulement un effort suprême dans cette retraite vers la frontière... »

Il ne jugea pas nécessaire d'aviser l'ennemi de la convention signée aux Verrières avec la Suisse. Les troupes allemandes allaient donc poursuivre leur marche le 1ᵉʳ février, conformément aux ordres donnés la veille à Villeneuve par Manteuffel, ignorant de ce qui venait de se passer :

« L'armée, disait l'ordre du général en chef des forces allemandes, marchera concentriquement vers Pontarlier pour refouler l'ennemi sur la frontière suisse, les troupes se formant derrière leurs avant-gardes. » Schmeling devait se joindre au mouvement général ; nous retrouverons toutes ces forces au combat de la Cluse.

Et la marche s'exécutait rapidement. Le 31 janvier, les colonnes françaises engagées sur la route de Mouthe avaient reçu l'ordre de rebrousser chemin et de passer en Suisse par Jougne ou par les Fourgs. La nuit suivante, les soldats de l'armée de l'Est, qui, depuis plusieurs heures, attendaient immobiles sur la route la ratification de la convention, se mirent à défiler et entrèrent des Verrières-France en Suisse.

L'opération commença dans une obscurité profonde, par l'état-major du général en chef, les équipages du quartier général, le trésor, dont les voitures contenaient 1,682,000 fr. ; la poste de campagne, les calèches appartenant aux généraux, puis la longue colonne d'artillerie qui avait stationné dans la neige, pendant toute la journée précédente et la nuit, sur la route de Pontarlier.

Clinchant était déjà au delà de la frontière, et plusieurs milliers de ses hommes l'avaient passée, quand parvint au quartier général la décisive dépêche de Garibaldi annonçant la démonstration que le vieux chef de bandes se *proposait* de faire sur les derrières de l'ennemi, vers Pontarlier! Il ne fut pas même répondu à une si fantaisiste ouverture. Du reste, il n'y avait plus d'information à donner. Clinchant avait pu, jusqu'au dernier moment, espérer une diversion, soit de Pélissier, soit de Garibaldi, sur les flancs ou les derrières de l'armée allemande : maintenant, il était trop tard! Garibaldi avait la veille au soir évacué Dijon sans combat. Sa retraite précipitée avait démontré qu'il n'était guère d'humeur à chercher de nouveaux contacts avec l'ennemi. Quant à Pélissier, les quelques milliers de gardes mobiles, incomplètement armés, équipés et instruits, qu'il avait sous ses ordres à Lons-le-Saunier, ne lui inspiraient pas assez de confiance pour qu'il osât entreprendre avec eux une opération en rase campagne.

Ce fut un spectacle navrant que celui de l'entrée de l'armée en Suisse (1). Dès qu'ils ne furent plus soutenus par la crainte du danger et la poursuite de l'ennemi, ni excités par leurs officiers; dès qu'ils se sentirent sur un sol hospitalier où des mains secourables se tendaient vers eux de toutes parts, les soldats s'affaissèrent complètement et perdirent le peu d'énergie qui leur restait encore.

Un très grand nombre s'avançaient les pieds nus, enveloppés de misérables chiffons gelés. Les uniformes s'en allaient en lambeaux. Les hommes s'étaient approprié tous les vêtements qu'ils avaient trouvés sur leur route. L'aspect général des troupes présentait d'invraisemblables bigarrures. Plusieurs portaient encore le pantalon de toile reçu à l'entrée en campagne et grelottaient à faire pitié. Une toux stridente et continue se faisait entendre de la tête à la queue

---

(1) Major Davall. *Les troupes françaises internées en Suisse.* Rapport officiel.

de la colonne. Quelques corps seulement avaient gardé leurs rangs; tantôt une ou deux compagnies; ici et là, un bataillon encore encadré, et ayant des chefs qui avaient eu l'énergie de maintenir quand même la discipline; enfin, trois ou quatre régiments du 18ᵉ corps surtout et de la réserve générale, complets ceux-là, et présentant un aspect aussi satisfaisant que le comportaient les circonstances.

La route venant de la frontière est presque impraticable. Les chevaux, les hommes, les voitures se pressent et se coudoient. C'est un pêle-mêle affreux. Infanterie de ligne, gardes mobiles, hussards, lanciers, zouaves, turcos, artilleurs, tous les grades et toutes les armes se confondent pour ne plus former qu'une foule compacte sans ordre et sans tenue. De temps en temps, rien qu'un petit intervalle : un général juché sur un cheval étique s'avance, la tête penchée. Quelques officiers supérieurs, enveloppés dans leurs longs manteaux, le suivent. Ils viennent, par une erreur d'interprétation des ordres, de remettre leurs épées aux officiers suisses. Des larmes de douleur coulent sur leurs figures bronzées.

Ils semblent abattus par l'excès du malheur. Une cabane est au bord de la route : c'est le corps de garde. Un peloton de chasseurs zurichois se tient debout devant la masure, l'arme au pied. Ses chefs sont là. Lorsqu'un officier français passe sur la route, l'un d'eux s'avance et lui demande son épée. Le Français se révolte d'abord et tente de résister à l'injonction. Mais la consigne est sévère; il faut céder devant elle :
« Tenez! dit un vieux capitaine en pleurant, respectez-la, lieutenant. Elle était à Inkermann, à Magenta et à Mexico! »

On avance entre deux haies de factionnaires. Un peu plus loin se fait le désarmement de la troupe. A mesure qu'une fraction se présente, l'officier commande halte! à ses hommes. — « Otez vos ceinturons; jetez vos armes et vos munitions! » Les soldats obéissent, et, tout en marchant, lancent leur fusil et leur sabre ou leur revolver à droite et à gauche de la route, dans la neige. Cela se fait en silence, sans un mot prononcé.

Les armes et les équipements s'accumulent. Bientôt il y en

CHAPITRE XIX

a d'énormes monceaux. Les dépouilles de l'armée française gisent là pêle-mêle sous la garde des milices suisses : fusils, carabines, sabres, gibernes, baïonnettes, pistolets, bordent la route, sur plusieurs centaines de pas.

Des bourgeois de Neuchâtel et des villes voisines arrivent avec des provisions de pain, de vin, de la soupe, du tabac, qu'ils distribuent aux soldats.

En deçà de la frontière, le reste de l'armée attend le passage. Officiers et soldats sont couchés autour des feux en rongeant leur biscuit. D'autres essaient de faire rôtir des tranches de viande gelée enlevées au cadavre du cheval qui gît là, à quelques pas, à demi dépecé.

Dès que le moindre arrêt se produisait dans la colonne, c'était de la queue à la tête une irrésistible poussée. Les premières troupes entrées durent marcher jusqu'au soir pour dégager les accès. Les hommes les plus exténués, tremblant de fièvre, s'accroupissaient ou tombaient au bord de la voie, insensibles à tout, incapables d'agir, à peine de parler. La charité publique relevait ces moribonds. On en remplissait les étables, les granges, et, plus bas, dans la plaine, les écoles, les églises, les infirmeries. Les populations s'échelonnaient à leur rencontre, sur le parcours.

Des milliers de chevaux et de voitures coupaient par intervalles ce flot humain qui s'écoulait comme celui d'un fleuve sortant de tous les bois, de tous les chemins, paraissant ne vouloir jamais tarir. Les chevaux tombaient par centaines. On se bornait à couper les traits, à traîner les pauvres bêtes hors de la chaussée et on les achevait d'un coup de fusil. Les abords en étaient jonchés. Privés de soins depuis longtemps, leurs corps n'étaient souvent qu'une plaie dégoûtante. A Yverdon, à Colombier, on dut faire entourer les parcs d'une forte chaîne de sentinelles, pour empêcher les soldats du train de s'échapper et les obliger à panser leurs chevaux. Plus d'armes : les officiers n'avaient même pas conservé le sabre. Le colonel fédéral de Buman leur en exprima ses excuses dans un touchant message :

« Nous avons aujourd'hui un sacrifice à vous demander. La haute autorité fédérale a désigné des lieux d'internement séparés, pour les officiers, pour les sous-officiers et soldats. C'est avec un profond regret que je vous porte cet ordre de séparation. »

La génération d'hommes qui, en Suisse, a assisté à ce lugubre épilogue d'une guerre cruelle, en a gardé, impérissable, le tragique souvenir. Nul n'avait vu, dans cet heureux pays neutre presque sans histoire, pareil désastre se dérouler ainsi, sous les yeux d'une population impuissante à y remédier, capable seulement d'en adoucir les terribles effets.

« Je n'oublierai jamais, dit un témoin oculaire, ni ces ceinturons défaits, ni la misère de cette humiliation! Les uniformes pendaient en loques; les sacs des soldats, qui leur étaient restés, et c'était le petit nombre, gisaient à terre. On entendait dans la colonne un sourd vagissement, comme une houle de souffrance qui montait et s'abaissait. Quelque chose de lourd pesait sur cette horde sans nom : c'était la faim, c'étaient les fatigues, les privations, les maladies. Le long des murs de la ville se tenaient accroupis dans la neige, courbés sur des charbons éteints, des hommes aux figures atones et sans regard, décharnées, les yeux enfoncés dans leurs orbites, respirant le désespoir. »

De tous côtés, arrivaient des « branties » de soupe, des paniers de vin. Chacun donnait ce qu'il avait; mais le pain manquait. Trente-deux mille hommes pesaient sur la ville et sur les campagnes. Les boulangeries, qui cuisaient nuit et jour, ne parvenaient qu'à fournir à chacun des bribes de pain, des miettes. La charité, qui se multipliait, l'administration prise au dépourvu, adoucissaient à peine les tourments qui ne se calmaient point. Chaque village était écrasé : on donnait de l'argent, c'était des vivres qu'il fallait. On disait un peu follement : Venez chez nous, nous vous abriterons, nous vous nourrirons! Des escouades partaient pour se rendre dans les localités désignées. Mais trente-deux mille hommes à recevoir!

Passe un corps de dragons suisses, beaux hommes, l'air martial, bien montés, graves, silencieux. Ils tournent lentement la tête et, du haut de leurs montures, regardent les dragons français désarmés. « Solides, nous l'étions comme vous! » dit un des nôtres. Seuls, les turcos criaient et gambadaient, avec leur insouciance habituelle. Deux jours après, les Suisses allaient, avec des chars à échelles, garnis de paille et de matelas, recueillir quelques malheureux échoués le long des routes, ou couchés dans les églises de village. De longues souffrances ont miné prématurément les tempéraments trop jeunes et trop frêles. Bien des hommes de vingt ans vont traîner dans les hameaux ou dans les faubourgs de France leurs infirmités, leur précoce décrépitude. Mais tous déclarent que « menés dur et accablés par les marches et contremarches, sans intimité avec leurs chefs, mal dirigés, mal vêtus, mal chaussés, mal nourris, ils ont été défaits avant même d'avoir combattu ».

Les ambulances suisses avaient été formées aussi bien que possible. Des mains féminines volontaires, soigneuses et douces, pansaient et lavaient les plaies sans répugnance. Le typhus noir qu'elles avaient à soigner était pour elles un danger continuel, plus grave que celui du champ de bataille pour ceux à qui elles prodiguaient leurs soins. Rien ne peut rendre les râlements et les agonies de ces malheureux jeunes gens (1).

Le matériel de guerre déposé en Suisse fut considérable. Trois cent huit bouches à feu environ, des différents modèles en service dans les armées de province; 72,000 fusils, 1,160 voitures, 12,000 chevaux de selle et de trait (2) : tout cela devant être restitué plus tard à la France. C'était toujours autant de sauvé dans la débâcle universelle.

En exécution de la convention des Verrières, les officiers généraux de l'armée de l'Est, au nombre de 70 environ, avaient

(1) *Liberté chrétienne suisse.*
(2) *Les troupes françaises internées en Suisse.* Rapport dressé sur les documents officiels par le major E. DAVALL, de l'armée fédérale.

été autorisés à choisir le lieu de leur séjour. Clinchant et son état-major s'installèrent à Berne. La plupart des autres ne voulurent pas se séparer de leurs camarades, et restèrent internés avec eux à Baden, Interlaken, Lucerne, Saint-Gall, Zurich et Fribourg.

Les troupes furent disloquées dans 188 villes et villages, entre tous les cantons de la Confédération. Chacun de ces dépôts était sous les ordres d'un commandant de place, chargé du maintien de l'ordre intérieur et de la surveillance. Les troupes internées touchaient une solde en plus de l'ordinaire des troupes fédérales. Elles étaient placées sous la discipline et la juridiction des officiers et des tribunaux militaires de la Confédération. Un dépôt spécial pour récalcitrants avait été installé au fort de Luziensteig. Cent cinquante hommes et trois officiers de la garde mobile y furent relégués pour actes d'indiscipline ou autres fautes graves.

Dès le 1er février, jour de l'entrée de l'armée en Suisse, M. Schenk, président de la Confédération, avait chargé le ministre de Suisse à Paris de demander au gouvernement de la Défense nationale et au chancelier de Bismarck, l'ouverture de négociations pour le rapatriement des troupes françaises.

« Il est un devoir imposé par la neutralité, disaient les instructions données au ministre suisse : c'est de ne favoriser d'aucune manière la position des belligérants, ce qui serait le cas en rendant une armée à la France, tout en conservant en gage les armes qu'elle a apportées avec elle; car elle pourrait de nouveau prendre part à la guerre.

« Il y a donc lieu d'exiger l'assurance positive du gouvernement français qu'aucun des soldats de l'armée de l'Est ne sera plus employé dans l'armée active, pendant la durée de la guerre.

« Cette assurance paraît devoir être facilement obtenue, puisque les préliminaires de paix sont déjà signés, et que la paix définitive semble devoir résulter des négociations engagées entre les deux puissances ennemies. Il faut aviser à ce que, par un moyen ou par un autre, les deux puissances s'arrangent pour laisser rentrer l'armée de l'Est en France. »

Le président de la Confédération rappelait qu'un arrangement de même nature avait été pris en 1859, pendant la guerre d'Italie, pour toutes les troupes obligées de se réfugier sur le sol suisse. Il réservait au surplus expressément la liberté d'action du gouvernement fédéral.

Jules Favre, au nom du gouvernement de la Défense nationale, se déclara prêt à entrer en pourparlers avec l'Allemagne, pour conclure une convention relative au rapatriement des troupes; mais le gouvernement impérial allemand opposa à cet ordre d'idées le refus le plus catégorique.

« Je comprends les embarras que l'événement doit causer en Suisse, répondit Bismarck à M. Kern, et si des considérations majeures ne m'en empêchaient, je n'aurais aucun motif de contrarier le vœu que vous venez de m'exprimer au nom de votre gouvernement. Je n'hésite pas à déclarer que la Suisse a très loyalement rempli ses obligations de pays neutre pendant cette guerre. Mais, malgré cela, il m'est impossible de donner les mains à une convention pour le rapatriement de l'armée. Le gouvernement français n'est nullement en état de nous fournir des garanties suffisantes empêchant que des militaires de l'armée du général Bourbaki, tant officiers que soldats, ne se laissent entraîner à participer aux hostilités, s'ils sont rendus à la France. Nous avons la preuve que des officiers français par centaines ne se gênent pas pour prendre de nouveau les armes contre nous, malgré leur parole donnée. Nous pourrions d'autant moins compter sur l'efficacité de pareilles assurances, que le gouvernement a cru pouvoir confier un nouveau commandement à des officiers qui ont manqué à leur parole, ayant réussi à s'évader du lieu où ils étaient internés en Allemagne, et quoiqu'il connût parfaitement le fait, entre autres plusieurs officiers de l'armée de l'Est. Plus le nombre de soldats à la charge du fisc français sera considérable, plus aussi il pourra se voir forcé d'accélérer la conclusion de la paix. »

Il n'y avait qu'à s'incliner devant la force. M. Kern revint cependant à la charge, mais sans plus de succès, le 24 février, dans un entretien ultérieur avec Bismarck.

Les préliminaires de la paix une fois signés, tout ce qu'on put obtenir des autorités allemandes, ce fut l'utilisation du chemin de fer de Pontarlier à Mouchard et à Bourg, pour le rapatriement et le passage des troupes sur certaines routes, à travers les départements occupés par le vainqueur.

Une convention fut signée à cet effet, le 6 mars, entre l'état-major de Manteuffel et le lieutenant-colonel Sinner, envoyé à Dijon par le département militaire fédéral. Aux termes de ce pacte, les colonnes ne devaient pas dépasser l'effectif de 1,000 hommes, ni le nombre de trois par jour. Les routes autorisées étaient seulement celles de Pontarlier à Saint-Laurent, par Mouthe et par Champagnole. Les troupes devaient s'abstenir de passer la nuit sur le territoire occupé par l'armée allemande. Aucun arrêt n'était permis à Pontarlier.

Le rapatriement de l'armée commença le 13 mars. Il était entièrement terminé le 24. On évacua 1,500 hommes par les Verrières, 65,000 par Genève, 1,600 par Évian et Thonon, 2,850 par Divonne, sans compter les colonnes de chevaux. Environ trois cents officiers rentrèrent isolément en France. Un millier de malades restèrent dans les hôpitaux. Plus de 5,000 y étaient entrés, 1,700 étaient morts en Suisse, le plus grand nombre du typhus, de la variole ou d'affections de poitrine.

Les comptes généraux de l'internement furent arrêtés à 12 millions de francs, dont 1,600,000 pour les 17,000 hommes des troupes de garde et de surveillance, soit trois francs par homme interné et par jour.

Le 12 août 1872, ces comptes étaient intégralement soldés par la France, qui, sur la demande du conseil fédéral, en avait fait constater l'exactitude par des commissaires spéciaux.

La République française avait exprimé à la Suisse ses sentiments de gratitude par un décret solennel de l'assemblée nationale siégeant à Bordeaux.

L'opération difficile et délicate du désarmement et de l'internement d'une armée de près de 90,000 hommes, le séjour de ces troupes pendant six semaines sur un sol étranger, événements uniques dans l'histoire des guerres, n'ont donné lieu à aucun incident pénible. Ils ont contribué, au contraire, à fortifier les relations de séculaire amitié qui lient la Suisse et la France. Le peuple suisse, bien que résolu à s'acquitter des devoirs de l'hospitalité, n'avait pas envisagé sans inquiétude la lourde tâche que lui imposaient les circonstances. Il lui restait toujours, « et ce n'était pas une bagatelle (1) », à loger, à nourrir et à garder 50,000 hommes au moins, dont il fallait répondre aux yeux de l'Europe.

Pendant toute la journée du samedi 1ᵉʳ et du dimanche 2 février, les routes du canton de Vaud, qui conduisent de la montagne au lac de Neuchâtel, ces belles routes que les touristes parcourent gaiement, lorsqu'elles sont illuminées par le soleil de juillet, étaient, sous la froidure morne et glacée, sillonnées de convois de troupes de toutes armes, marchant par étapes, sous la garde de quelques soldats suisses. On les acheminait sur Rolle, Nyon, Morges, Lausanne, Vevey, etc.

Les avant-postes prussiens étaient là tout près, au delà de la frontière. La voie était couverte de débris de tous genres, armes brisées, vêtements d'uniformes, lambeaux d'équipements, souliers, coiffures, loques innomables, restes de maigres victuailles, feux de bivouac éteints, fumants encore. Voici une tête de cheval gisant au milieu de la route. Plus loin, c'est le corps d'un poulain qui est né là et n'a pas vécu. La jument est crevée à dix pas : son sang rougit la neige (2). Beaucoup de cavaliers, des officiers, ont vendu leurs montures 20 francs, parfois même 10 ou 5 francs. Nombre de chevaux errants ont été volés et brocantés par les maraudeurs. Des bandes de corbeaux s'abattent sur les charognes.

Des émigrés venus de France, en résidence à Fleurier, prodiguent leurs soins aux militaires internés. De nobles

(1) *Journal de Genève*, du 7 février.
(2) *Estafette*.

exemples se présentent. La femme d'un capitaine a suivi l'armée. Elle a consacré toutes ses forces à soigner les blessés et les éclopés dans les ambulances improvisées. Un jeune lieutenant est appelé par ses hommes « le père des compagnies » ; et puis, il faut le dire aussi, car rien n'est à céler pour la leçon de l'avenir, d'autres officiers, surtout ceux qui ont poussé sur l'armée comme une génération spontanée, comprennent moins leur devoir.

« Il y a, dit un journal suisse, surtout parmi les lieutenants, de *jeunes petits crevés,* qui trouvent que c'est au-dessous de leur dignité de s'occuper des vulgaires soins de la propreté du soldat. » L'absence du commandement supérieur se fait naturellement sentir de grade en grade, jusqu'aux derniers échelons de la hiérarchie. A côté d'un désastre matériel, il y a toujours un désastre moral. Qu'est-ce que la discipline, cette force des armées? C'est la cohésion, c'est la crainte, qui est le commencement de la sagesse; c'est le respect, c'est l'amour du pays, c'est le culte du drapeau. Or, il n'y avait plus là ni patrie, ni étendards, ni chefs, ni rien qui fût encore de nature à inspirer un culte, un respect quelconque. Alors se déchaînèrent les bas instincts, sous l'aiguillon de la souffrance, et le caractère chevaleresque de la nation française s'effaça un instant, au souffle de la bourrasque. L'entrée des Français à Vallorbe fut particulièrement effroyable. De longues colonnes de chevaux du train d'artillerie et des équipages, puis de l'infanterie, se traînaient lentement d'une étape à l'autre, surveillés ou plutôt guidés par des soldats suisses, la baïonnette au bout du fusil. A la queue de la troupe, quelques blessés sur des fourgons remplis de paille.

La gare de Vallorbe était bondée. Des wagons vides allaient ramener des blessés et du matériel. Un train d'ambulance était tout prêt. Le drapeau de l'internationale flottait sur les voitures. Sur la plate-forme de la gare, s'étalait un nombreux matériel d'artillerie. Les pièces de tous genres et de tous calibres, les fourgons, les chars de guerre, étaient là pêle-mêle, les chevaux attachés aux rais. Il n'y avait, à Vallorbe, ni gîte ni fourrage pour eux. Les pauvres bêtes couchaient depuis trois jours dans la neige, sans rien manger. On en vit qui rongeaient l'écorce et les petites branches des haies, des débris, des couvertures, de la paille pourrie. De temps en temps, un cheval tombait sur les genoux, se couchait sur le flanc et crevait. La chaleur de son corps fondait la neige autour de lui et en marquait la silhouette. Les autres chevaux s'approchaient du cadavre et en rongeaient les crins.

Au bout de quelques jours, l'aspect avait bien changé. Un peu remis de leurs fatigues, accueillis partout avec bienveillance, nourris et habillés au compte des populations ou des comités de secours, les internés semblaient déjà résignés à leur sort, et pleins de gratitude pour les attentions de toute sorte qui les entouraient.

« En visitant les temples du canton de Vaud, on se croirait transporté, dit l'*Estafette de Lausanne* (1), au beau temps où les maisons de Dieu étaient des lieux d'asile, et où les malheureux venaient s'y réfugier. Une foule curieuse, à peine contenue par un factionnaire, se presse à la porte. A l'intérieur, des soldats entassés reçoivent une distribution de grogs chauds. Une épaisse couche de paille étendue à la place des bancs les invite au sommeil. On les entend se féliciter mutuellement d'être tombés dans un si bon pays. Les malades, ceux surtout qui souffrent des pieds, gémissent sur leurs lits de fortune. Ceux qui peuvent s'approcher d'un poêle cherchent à y réchauffer leurs membres endoloris. A tel soldat qui a les deux jambes gelées, chaque mouvement coûte une souffrance. Les dames de la ville, bonnes, hospitalières comme le sont les femmes de tous les pays civilisés, leur distribuent du bouillon, des gants-moufles, des vêtements chauds. »

Ce qui semblait dur aussi aux internés, c'était l'éloignement du pays et de la famille, car on ne savait combien il pourrait durer. Le 20 février, le bureau fédéral des renseignements suisses reçut dix quintaux de papier représentant cent cin-

---

(1) Journal du 10 février.

quante mille lettres pour les troupes françaises. C'était tout un stock de correspondances demeuré depuis le mois d'octobre entre les mains de notre administration des postes. Qu'on juge de la joie causée par cette distribution inespérée !

Le cœur saigne aux habitants, en songeant à l'énormité des besoins et à l'exiguïté de leurs ressources. Ils ont fait venir du dehors un grand nombre de traineaux chargés de pain en prévision de cette augmentation de population.

Les chirurgiens militaires français, pas plus que les flâneurs qui se promènent depuis huit jours dans les rues des villes suisses avec le brassard de l'internationale, n'ont l'air de se soucier de leurs malades ni de leurs blessés. Ce sont les médecins neuchâtellois qui les pansent et les soignent depuis le commencement, en passant les nuits auprès d'eux.

Les villes d'internement offrent des scènes pittoresques.

Toute la matinée, des convois de mille prisonniers partent pour les différentes directions de leurs centres de résidence. Le tohu-bohu du désastre se répercute jusqu'au delà de la frontière.

Divers comités de secours s'acquittent de leur généreuse mission. A toute heure du jour et de la nuit, on les trouve à leur poste, portant de leurs propres mains aux prisonniers, pain, viande, boissons fortifiantes, allant d'un wagon à l'autre, sans se préoccuper des dangers de la contagion, bien que parmi les convois de malades la petite vérole fasse de cruels ravages. Ces hommes de bien remplissent avec une abnégation d'autant plus touchante qu'elle est ignorée, la noble tâche qu'ils se sont imposée à eux-mêmes.

On sent déjà l'action de la Croix-Rouge de Genève, de cette société internationale de secours aux blessés due à l'inspiration humanitaire d'un Suisse, M. Dunant, et appelée à un si bienfaisant avenir !

CHAPITRE XX

LA CLUSE

Projets de la délégation pour gêner les communications de Manteuffel. — Négociations au sujet de Garibaldi. — Garibaldi se met enfin en mouvement (28-29 janvier 1871). — La brigade Degenfeld à Mirebeau (30 janvier). — Déplorable retraite de l'armée des Vosges. — Hann de Weyhern réoccupe la Côte-d'Or. — Expéditions de la place de Langres. — Diversion du général Pélissier (26 janvier). — L'armistice arrête le mouvement. — La Cluse et le caractère du combat du 1er février. — Forts de Joux et du Larmont. — Le commandant Ploton. — Dispositions de Billot pour le combat d'arrière-garde. — Attaque de Pallu par le régiment de Colberg. — Retour offensif de la brigade Robert. — Sanglant combat du 44e. — L'ennemi est contenu devant la Cluse. — Suspension du feu et reprise des hostilités. — Fin du combat de la Cluse. — Retraite nocturne aux Verrières sous la conduite de Billot. — Résumé de la journée du 1er février. — Billot s'échappe en longeant la frontière. — Corps ou détachements qui n'ont pas passé en Suisse. — Retraite de Pallu sur le Rhône. — Mission du lieutenant-colonel de l'Espée auprès de Manteuffel. — M. de l'Espée devant Zastrow. — Les divisions d'Ariès et Cremer s'échappent le 31 janvier. — Dernières manœuvres des Allemands. — Cantonnements de l'armée allemande le 1er février. — L'armée allemande organise l'occupation du pays. — Fin de la mission de Manteuffel. — Convention du 16 février au sujet de Belfort. — Extension de l'armistice aux trois départements exclus (13 février).

Tout en conjurant Bourbaki de ne pas s'engager dans une voie fatale, la délégation de Bordeaux avait préparé fébrilement trois diversions, de nature à compromettre les communications de Manteuffel : 1° d'Auxonne sur Dole; 2° de Seurre sur Dole; 3° de Lons-le-Saunier sur Poligny et Arbois.

A Garibaldi incombait la marche de Dijon sur Dole par Auxonne et Saint-Jean-de-Losne. Il était chargé de la défense du pays jusqu'à Dole, avec pouvoirs absolus sur toutes les forces et tous les détachements de la région. Cette décision fut notifiée au commandant de place d'Auxonne, qui n'avait pour les opinions de Garibaldi qu'une médiocre estime. M. de Freycinet accompagna la dépêche d'un commentaire de conciliation : « Contrairement à ce qui a été fait jusqu'ici, je vous prie, laissant de côté toute question personnelle, de vous mettre à la complète disposition du général Garibaldi. Des raisons de salut public l'exigent en ce moment. Nous vous tiendrons compte de votre abnégation. »

Pour tout homme de cœur, c'était en effet une grande abnégation que de se mettre à la remorque du condottiere. Il y avait contre lui un si universel sentiment de répulsion, que, dans le désir de ne rien compliquer, de ne rien envenimer, de ne pas risquer d'enlever une force à la défense du pays, si médiocre fût-elle, le gouvernement se voyait obligé de négocier presque avec ses subordonnés. Le résultat de cette politique de persuasion a peu répondu d'ailleurs à ses intentions.

Le 27 janvier au soir, il télégraphia à Garibaldi pour lui exposer la situation de l'armée de l'Est, et lui soumettre le plan suivant : « S'installer sur les derrières de l'ennemi dans la forêt de Chaux, après avoir enlevé Dole et s'y être solidement établi. »

Sur les instances de M. Freycinet, Garibaldi se décida enfin à se mettre à l'œuvre dans la nuit du 28 au 29.

Il espérait surprendre Dole le 30, lorsqu'il fut cloué sur place par l'armistice. Peut-être serait-il entré à Dole, mais il n'aurait pu s'y maintenir. S'il s'y fût pris plus tôt, il serait sans doute parvenu à arrêter la marche de Manteuffel; peut-être même eût-il donné à Clinchant le temps de s'échapper dans la région de l'Ain, de sauver tout ou partie de l'armée de l'Est.

Pour y coopérer, une brigade composée des 80e et 81e de marche d'infanterie et de douze pièces de canon, fut empruntée au 26e corps en formation à Poitiers. Cette brigade (général Hue de La Colombe) fut embarquée à Châtellerault pour Beaune. Au moment où fut proclamé l'armistice, son avant-garde arrivait à Seurre. Elle se disposait à diriger une attaque sur la ligne de Dole à Mouchard.

Dans la nuit du 29 au 30, une lettre de Bordone au commandant des forces prussiennes devant Dijon annonçait à celui-ci la conclusion de la trêve, demandait la suspension des hostilités et une entrevue pour le tracé d'une ligne de démarcation entre les deux armées.

Le général Hann de Weyhern répondit, comme les autres généraux allemands, qu'il n'avait reçu aucune nouvelle semblable; que, par conséquent, il ne suspendrait pas ses opérations, mais qu'il ferait son possible pour éviter des effusions de sang.

Le 30 janvier, en effet, la brigade de Degenfeld, très éprouvée par ses marches forcées des jours précédents, demeura dans ses cantonnements de Mirebeau, tandis que la brigade de Knesebecke les traversait et prenait position à Arc-sur-Tille.

Pendant la journée, Bordone se présenta en personne aux avant-postes, demandant à nouveau avec instance une suspension des hostilités, que le général allemand ne put lui accorder. Toutefois, afin de laisser à une communication de l'armée du Sud le temps de lui parvenir, Hann de Weyhern retarda l'heure du rassemblement de ses troupes pour le lendemain. Or, à minuit, un avis de Manteuffel ordonnait de poursuivre les hostilités. Hann de Weyhern en informa aussitôt l'état-major de Garibaldi. Le lendemain, à dix heures, ses troupes étaient en marche : la brigade de Kettler sur Varois ; la brigade Knesebecke sur Quetigny, tandis que les brigades de Degenfeld et Willisen restaient en seconde ligne.

Vers trois heures, les têtes de colonnes ennemies furent assaillies par un feu très vif de nos batteries retranchées à Saint-Apollinaire, tandis que l'infanterie française tiraillait de la lisière de Mirande.

Le canon tonnait à Quétigny et à Varois. C'était le moment pour le condottiere d'exécuter les promesses si souvent et si énergiquement données, de tenir Dijon à tout prix. La résolution prise par Garibaldi fut au contraire de l'évacuer. Le combat d'artillerie n'était pas encore terminé que Bordone donnait à toute l'armée un ordre de retraite. Le prétexte était de « conserver une armée à la République, comme il l'écrivait à M. de Freycinet, en rendant compte que des troupes ennemies considérables arrivaient par Châtillon, et qu'il venait d'être attaqué sans avoir perdu ses positions (1). »

Ce même jour, à quatre heures du soir, Gambetta autorisait Garibaldi, par télégramme de Bordeaux, à traiter d'un armistice avec Manteuffel. Mais l'ordre de retraite était déjà donné par Bordone, avant que cette dépêche ne pût lui parvenir.

Quant aux troupes ennemies venues du Châtillonnais, selon l'annonce du héros de Caprera, elles étaient absolument imaginaires : prétexte encore inventé pour se replier plus vite.

La retraite de l'armée des Vosges s'opéra pendant la nuit du 31 janvier au 1er février, dans les conditions les plus déplorables. Elle dura la nuit entière et la journée suivante, se poursuivant tout d'une traite jusqu'à Autun et Chagny.

« On ne peut se faire une idée, dit un témoin oculaire, du sauve qui peut, du pêle-mêle, du désordre qui régnaient dans les rangs (2) ! »

Le général Hann de Weyhern, qui avait rompu le combat devant Saint-Apollinaire, établit le jour même son quartier général à Dijon, dirigea Kettler sur Beaune, avec un détachement, pour occuper cette ville, ainsi que le passage de la Saône à Seurre ; chargea le lieutenant-colonel de Weyrach de purger de garibaldiens et de francs-tireurs l'ouest du département de la Côte-d'Or ; enfin expédia devant Auxonne le lieutenant-colonel Kraus, avec un autre parti de troupes mixtes, pour armer cette place.

Quand Bordone eut mis la frontière de la Côte-d'Or entre l'ennemi et lui, et couvert ses troupes de l'armistice en pénétrant dans la zone neutre, *ses ardeurs le reprirent.* « En ce moment, dit-il pompeusement, dans un télégramme à Bor-

---

(1) Télégramme du 31, 5 h. 5 du soir.
(2) MEYRAS, *Garibaldi en France* ; Général PÉLISSIER. *Les mobilisés de Saône-et Loire.*

deaux, le 1er février, nous préparons un mouvement sur Pontarlier pour dégager Clinchant (1). »

Il était temps ! C'était l'heure où l'armée de l'Est entrait en Suisse, et Garibaldi osait télégraphier à son chef : « Je me propose de faire une démonstration sur les derrières de l'ennemi vers Pontarlier. Tenez-moi informé. »

Le lendemain (2 février), Bordone adressait à ses troupes une proclamation sanguinaire, quoique inoffensive. Les cadets de Gascogne n'eussent pas dit mieux : une vraie tirade de comédie.

« Miliciens de l'armée des Vosges, sans perdre une minute, et après une marche de 55 kilomètres, vous étiez tout prêts à voler au secours de vos frères d'armes bloqués à Pontarlier ; il n'est déjà plus temps ; quatre-vingt mille d'entre eux viennent de passer en Suisse, et sont perdus pour la défense de notre chère patrie.

« Ranimez vos courages, nous resterons debout ; et quel que soit le sort que nous réserve la décision qui sortira d'une assemblée nommée dans de pareilles conditions, jurons de ne mettre bas les armes que lorsque le sol de la France sera purgé de cette mêlée de renards et de loups qu'on appelle l'armée de l'empereur Guillaume, et sur laquelle nous marcherons désormais comme sur des bêtes fauves, qu'on larde encore de coups de pieux et de fourches, quand elles gisent expirantes et la bave sanguinolente aux lèvres. Pas de quartier ! Vive la République (2) ! »

L'armée des Vosges ne revit pas l'ennemi. Elle comptait le 3 février, suivant les états fournis par le général Bordone, 44,950 hommes. Elle laissa derrière elle en France un sentiment de réprobation trop justifié par ses exactions et ses actes odieux d'indiscipline, mis en regard du peu de services rendus.

Pendant ce temps, la place de Langres faisait des expéditions hardies et heureuses. Le 23 et le 24, on surprenait les relais allemands de Germaine et de Prauthoy. Le 25, on déli-

(1) *Enquête*, t. II, p. 796 et 797. Dépêche à Freycinet, 1er février.
(2) Bordone, *récit officiel*.

vrait près de Prauthoy un convoi de prisonniers. Le 28, un détachement d'un millier d'hommes de la brigade Kettler était surpris par une colonne de Langres qui le mettait en déroute, après lui avoir tué ou blessé cinq officiers et soixante-dix-sept hommes.

A la même date, le commandant Bernard, avec ses francs-tireurs de la Marche, exécutait son magnifique coup de main de Fontenoy. Bref, nos détachements s'aguerrissaient, s'enhardissaient, et les pointes organisées par la défense nationale n'étaient pas sans offrir quelque contre-poids à nos revers.

La troisième diversion, préparée avec des corps en formation à Lyon, fut confiée au général Pélissier. Son organisation fut décidée le 26 janvier et notifiée au général Crouzat, commandant supérieur à Lyon, qui l'avait proposée. Le lendemain Pélissier recevait l'ordre de hâter son rassemblement et de faire sa concentration à Lons-le-Saunier. « Je vous donne tous pouvoirs sur les chemins de fer et tous autres moyens de transport que vous jugerez utile de réquisitionner. Au nom de la patrie, hâtez-vous ! »

La colonne Pélissier, formée de la quatrième légion du Rhône, du bataillon de volontaires du Jura, de quelques corps francs, des mobilisés de l'Ain, de l'Ardèche, des Hautes-Alpes, comptait 2,000 hommes accompagnés de trois batteries. Elle allait commencer son mouvement, lorsque l'armistice vint l'arrêter. Les malentendus habituels se produisirent aux avant-postes de Lons-le-Saunier. Le colonel Collas, commandant la subdivision du Jura, envoyé par Pélissier pour négocier une délimitation, se heurta à la fin de non-recevoir qui partout se dressait contre nous. Emporté par son irritation, ce brave soldat tint à Manteuffel un langage violent.

Après avoir occupé la scène pendant un mois, en étalant tristement ses 120,000 hommes dans les plaines neigeuses et sur les hauteurs glacées de la Franche-Comté, la pauvre armée de l'Est avait tout à coup disparu par une porte dérobée, la Cluse. Le nom semblait prédestiné ; on désigne ainsi, dans le pays, l'entrée des couloirs sinueux, généralement perpendiculaires

COMBAT DE LA CLUSE (23 Janvier 1871)

à la direction des plissements du Jura, qui livrent passage de France en Suisse, ou réciproquement, à travers les parties les plus élevées de la chaîne. Du moins cette cluse, qui s'était offerte au général Clinchant comme le seul point par où il pourrait faire échapper les restes de l'armée, allait lui fournir l'occasion et le moyen de sauver l'honneur, en livrant là un brillant combat d'arrière-garde. Chaque parti y essuiera des pertes sanglantes, et notre adversaire, trop habitué aux faciles succès, y retrouvera dans notre résistance acharnée quelqu'une des brillantes qualités de notre race. C'est pourquoi nous avons ajourné le récit du combat, qui fermera ce livre sur un coup de canon.

Le chemin de fer de Mouchard, comme la route venant de Paris, par Dole et Salins, mènent tous deux à Lausanne. Ils s'infléchissent brusquement vers le sud, en arrivant à Pontarlier, pour pénétrer dans la gorge de la Cluse. Les hauteurs des Argillis et de la côte Jeune commandent l'entrée du défilé. Vers le village de la Cluse, cet étroit couloir est commandé par le fort de Joux et l'ouvrage du Larmont, qui jouent là un rôle analogue à celui des forts Saint-André et Belin dans la passe de Salins.

Le village de la Cluse et son écart, le hameau de Saint-Pierre, sont assis à l'intérieur du défilé, presque à l'embranchement de la route et du chemin de fer qui se détachent l'un et l'autre de la ligne principale, vers le sud, pour gagner la Suisse par une autre voie, Jougne et Vallorbe. Le fort de Joux était de construction ancienne, celui du Larmont était à peine ébauché alors. Se dressant de chaque côté du défilé, l'un à gauche, en regardant Pontarlier, l'autre à droite, ils commandaient l'entrée de la vallée par leur artillerie. Le fort de Joux, admirablement situé comme clé de notre frontière, avait déjà joué un rôle lors de l'invasion de 1815. Il était surtout connu jusqu'alors comme prison d'État. Dans ses murs avaient été enfermés, à la fin du dix-huitième siècle et au commencement du dix-neuvième, Toussaint Louverture et Mirabeau.

Le 30 janvier, en prévision d'un engagement, un ordre du général en chef appelait le commandant Ploton, de l'artillerie, à prendre le commandement supérieur de la place et du fort de Joux ainsi que de son annexe, avec trois cents hommes de garnison seulement, dont cent mobilisés du Doubs, cent sapeurs du génie et quatre-vingt-dix pontonniers. Cet officier énergique et entreprenant avait été précédemment chargé de diriger l'équipage de ponts du 15ᵉ corps.

Ploton fit construire le 31 janvier au soir, à l'entrée extérieure du fort, une batterie de cinq pièces en neige damée; quatre d'entre elles dirigeaient leur feu sur le tournant de la route et du chemin de fer; la cinquième battait la route d'Oye. La batterie était armée à l'aube du 1ᵉʳ février, juste à temps pour recevoir l'attaque. Ce jour-là, à la même heure, le IIᵉ corps ennemi se déployait dans la plaine face à Pontarlier.

Fransecki nous suivait pas à pas depuis Besançon, profitant des difficultés qu'ajoutait à notre marche le grand nombre de voitures d'un convoi qui allait s'allongeant sur la route de la Cluse, et du temps d'arrêt produit dans notre mouvement par la fausse interprétation de l'armistice. La route de Pontarlier à la Cluse, constamment sillonnée par nos véhicules, finit par être encombrée de telle sorte que l'infanterie marchant en file pouvait seule la franchir. Cet encombrement, que les efforts de la gendarmerie n'avaient pu empêcher, devait tourner d'ailleurs à notre avantage.

C'est la libre retraite de ce matériel et celle de ses troupes elles-mêmes que Billot avait à protéger contre une attaque imminente des Prussiens.

Dès le début de l'action, vers dix heures du matin, des pièces d'artillerie ennemies, hissées à grand'peine sur les hauteurs par des chemins détournés, vinrent s'établir au-dessus du coude formé par la route de Pontarlier à Neuchâtel, près de la Cluse, et ouvrirent le feu contre les forts. La batterie de neige du fort de Joux répondit immédiatement. Au troisième coup de canon, l'une des pièces prussiennes fut démontée; les autres se retirèrent. Dès lors, et jusqu'à la fin de l'action, l'artillerie des forts aida puissamment notre infanterie. Encouragées par cet avantage, nos troupes en retraite se retournèrent face à l'ennemi. Au premier appel du canon, elles rebroussèrent chemin, prirent l'offensive, occupèrent des positions.

Tout en hâtant le mouvement de retraite de notre artillerie et du convoi dont la garde devait être nécessairement sacrifiée, Billot attendit l'attaque du corps prussien qui nous menaçait, et qu'il savait être celui de Fransecki.

La 2e division du 18e corps avait quitté ses positions au nord de Pontarlier dans la matinée.

Aussitôt arrivés au pied des forts, dès dix heures du matin, le 77e mobiles, le 92e de ligne, le 52e et le 42e de marche avaient déjà occupé les crêtes. A la même heure commença l'évacuation de la ville en présence des colonnes ennemies. La brigade de réserve (Pallu) était restée en position à Pontarlier.

Sur la route des Verrières circulaient plusieurs centaines de chariots de réquisition portant des vivres et munitions pour l'armée en retraite. Leur présence rendait très difficile aux Allemands l'abord des hauteurs, qui enserraient la route en tranchée tenue par nos troupes.

Parti avec sa brigade à onze heures, Pallu de La Barrière marcha en se repliant vers le col de la Cluse et occupa les deux versants latéraux, battus par le canon du fort de Joux. Des mitrailleuses furent installées sur la route, mais une fausse manœuvre les mit hors d'emploi.

Le 29e et le 42e de marche, des mobiles de l'Allier et du Tarn, occupèrent les forts et les crêtes attenantes, avec une partie du 92e, solide régiment dont le gros était déjà près des Verrières, mais avait rebroussé chemin. Une partie des troupes qui occupaient les hauteurs ayant plié, le 38e de ligne rétablit le combat sur ce point.

Telle est la position critique dans laquelle l'amiral Pallu fut attaqué. L'ennemi atteignit la queue de sa colonne vers une heure, à la sortie de Pontarlier, puis l'assaillit sur la chaussée du chemin de fer et sur la grande route.

La brigade allemande de Golberg, dont le feu était très violent, avait l'ordre de franchir le passage de vive force.

La panique s'empara des convoyeurs, de pauvres charretiers francs-comtois qui s'enfuirent en criant. Leur mouvement de recul entraîna nos troupes, qui furent un instant refoulées jusqu'aux premières maisons de la Cluse. L'ennemi fut vigoureusement repoussé à son tour par les bataillons du 44e de marche accourus de Saint-Pierre-de-la-Cluse, au bruit de la fusillade, sur l'ordre du général Billot.

Billot conduisit lui-même sur les crêtes du Larmont un autre bataillon du 44e avec le lieutenant-colonel Achilli, pour protéger la droite des compagnies du 42e et de la réserve générale, contre un dangereux mouvement tournant que les Prussiens tentaient de ce côté, avec sept bataillons. Le 44e arrive juste à point en avant du Larmont, pour renforcer un bataillon du 77e régiment de mobiles (Allier), et deux compagnies du 73e mobiles (Loiret) que l'amiral Penhoat avait envoyés là et qui commençaient à plier.

Une colonne prussienne, tournant le fort par les crêtes boisées du Crossat, avance inaperçue au-dessus de la route de Suisse et ouvre la fusillade sur le deuxième bataillon du 77e mobiles. Un moment de confusion se manifeste dans cette troupe surprise. Mais elle est aussitôt rappelée à son devoir par son brave commandant de Bourbon-Busset, aidé de bons officiers, par un courageux aumônier, l'abbé Rocagel, et surtout, dit la relation officielle, par le sang-froid du brave des braves, l'amiral Penhoat. Elle reprend l'offensive et contient l'ennemi. La résistance devient inébranlable à partir de l'entrée en ligne d'un renfort du 44e. Toutes les tentatives des Prussiens sont brisées.

Vers deux heures, la brigade Robert du 18e corps déploie ses tirailleurs et se reporte en avant. En tête de la colonne marche le lieutenant-colonel Achilli, avec deux bataillons du 44e de marche (500 hommes), commandés par MM. Lanteaume et de Gorincourt. Le général Billot en personne mène la colonne au-devant de l'ennemi.

Le commandant de Gorincourt est tué presque aussitôt. Les deux nouveaux bataillons défient les efforts de la brigade Golberg, dont 300 hommes sont tués en moins de deux heures. Le terrain en avant de la petite baraque du chemin de fer est semé de cadavres des deux partis.

Pendant cette action violente, Pallu, à la tête d'une colonne formée par des soldats d'infanterie de marine et du 29e de marche, se reporte en avant de la Cluse. Il essaye en vain, sous une fusillade violente, de gravir les pentes escarpées de droite et de gauche. Le commandant de Saint-Aulaire, de l'infanterie de marine, tombe mortellement atteint. L'intrépide colonel Achilli, aussi remarquable par sa bravoure que par son savoir militaire, allait au feu depuis un mois et demi, avec deux blessures ouvertes. Il est frappé à mort d'une balle dans le bas-ventre, en entraînant son régiment près du tournant de la route. Il expire en prononçant des paroles patriotiques qui grandissent sa mémoire. Un bataillon du 42e de marche amené par le lieutenant-colonel Couston est très maltraité. Dès que le corps Pallu a rejoint, le 29e et le 42e de marche vont occuper les forts et les crêtes.

Le 44e perd en combattant 7 officiers et 229 hommes. Il n'en continue pas moins un feu bien dirigé auquel les Prussiens ébranlés répondent plus faiblement. L'ennemi était contenu cette fois. Le génie avait barricadé l'entrée du village de la Cluse. Les bataillons du 44e se tenaient au pied des forts. Dans la vallée, se prolongeait une lutte acharnée, sur la route et sur les pentes. Cependant, vers quatre heures, elle se ralentit un peu. Croyant les Allemands en pleine retraite, le général de division Feillet-Pilatrie fait cesser le feu.

Un silence complet des deux côtés de l'action suit la sonnerie de notre clairon. On voit alors accourir des officiers et des soldats prussiens, agitant leurs mouchoirs blancs au bout de leurs épées et de leurs baïonnettes. Le général Robert se porte à leur rencontre. Il apprend d'eux que, trompés par la cessation de notre feu, ils nous croyaient disposés à nous rendre. Était-ce sincérité ou surprise ?

Un colonel allemand se détache en parlementaire. Le général Robert lui donne dix minutes pour se retirer. — « Vous vous êtes bien battus, mais vous êtes enveloppés, riposte le colonel. — Il me reste du moins à mourir honorablement, » réplique le général Robert. Puis il se fait mener devant le général de Golberg, qui commande une brigade prussienne. Là l'erreur est loyalement reconnue. Il n'y a trêve que par suite d'un malentendu. Cette entrevue de quelques minutes seulement se passe de façon courtoise. Le général de Golberg a le bon goût de reconnaître la bravoure des quelques centaines d'hommes qui ont arrêté sa tête de colonne.

Il est convenu entre les deux généraux que le feu recommencera dix minutes après l'entrevue et à la sonnerie de nos clairons. Le combat reprit en effet avec vivacité.

Billot convint avec les généraux Pilatrie et Robert qu'on occuperait fortement le village de la Cluse, en le barricadant jusqu'à la nuit complète. L'unique rue du village continua d'être enfilée par une fusillade des plus intenses, qui partait librement des hauteurs voisines. L'amiral Pallu avait conservé son fanion, pour assurer les communications avec les chefs de corps. Le feu se concentra en un moment sur ce lambeau d'étoffe. Le commandant de Maumigny, chef d'état-major, eut un cheval tué et fut blessé. Les deux bons régiments de la réserve générale (29ᵉ de marche et infanterie de marine) venaient de combattre sept heures de suite.

Une division du 18ᵉ corps, sous les ordres de Billot, se mit en marche vers minuit, se dirigeant sur les Verrières françaises, où elle fit une halte, avant de franchir en bon ordre la frontière suisse ; elle y resta toute la nuit en position suprême, sans que l'ennemi, qui avait rétrogradé sur Pontarlier, fît mine de l'inquiéter.

Un des derniers coups de feu tirés à la nuit tombante atteignit dans le village de la Cluse le lieutenant-colonel Couston, du 42ᵉ.

Une colonne ennemie se présenta par la route de Pontarlier aux Grands-Friars. Elle fut rejetée par la cavalerie de Brémond d'Ars et les troupes de la division Penhoat. A Friars, la brigade Leclaire lui opposa un régiment d'infanterie légère d'Afrique. Vers trois heures, l'ennemi lâche pied et s'enfuit, en laissant sur le carreau une cinquantaine d'hommes. C'étaient nos dernières cartouches ! La division de Brémond d'Ars et nos troupes placées à Oye furent ainsi dégagées. Le régiment d'Afrique regagna sa division sous le fort de Joux, vers huit heures du soir. En résumé, toutes les attaques tentées contre nos positions, dans la journée du 1er février, avaient été vigoureusement repoussées.

Du côté des hameaux des Allemands et des Fourgs, la sécurité de la retraite était assurée. La *Gazette de Cologne* elle-même ne put s'empêcher de rendre hommage à ce suprême effort de nos armes.

« Ce sanglant combat d'arrière-garde, dit-elle, fut conduit par les Français avec la plus grande énergie et beaucoup d'habileté, favorisé d'ailleurs par les avantages du terrain. » Il y avait eu, le 1er février, environ cinq mille hommes engagés de part et d'autre. Au seul régiment de Golberg, les Allemands perdirent quatre officiers tués, quatre cents morts et blessés. Les pertes des Français ont été de onze officiers et huit cent soixante hommes, dans la brigade Pallu; de cinq cents hommes environ dans le 18e corps. Le général en chef avait laissé aux soldats et même aux corps isolés la faculté de se retirer par les montagnes, sans entrer en Suisse ; cette difficile entreprise fut audacieusement tentée par plusieurs corps.

La division Bonnet tout entière effectua sa retraite par la route des Fourgs.

Le colonel du génie Goury, commandant une brigade, partit des Fourgs, dans la soirée du 1er février, à la tête du cadre des officiers du 4e régiment de zouaves de marche et de trois cents hommes d'élite restés de ce régiment. Il gagna le département de l'Ain, au prix de mille difficultés et de mille fatigues, par Mouthe, le mont Risoux, la Faucille.

Pallu, à la tête de soixante-dix hommes de sa brigade, suivant à peu près la même route, atteignit aussi, au bout de huit jours, la vallée du Rhône.

Les marches de ces corps à travers les montagnes furent exécutées en côtoyant constamment les éclaireurs ennemis, dans un pays sans ressources, par un froid glacial, et sur des routes recouvertes d'au moins un mètre de neige. Les hommes ont horriblement souffert. Ce n'est qu'à force d'énergie et de courage que ces expéditions ont pu être menées à bonne fin (1).

Pendant le combat de la Cluse, le fort de Joux n'avait cessé de tonner. Le lendemain matin, les Prussiens firent une nouvelle tentative pour l'emporter, mais aussi infructueuse que les précédentes. Les pièces allemandes, établies comme la veille au tournant de la route de la Cluse à Pontarlier, furent démontées et durent se retirer.

Tandis que se livrait le dernier engagement de la campagne, le lieutenant-colonel de L'Espée allait accomplir auprès de Manteuffel la mission dont l'avait chargé Clinchant, c'est-à-dire lui demander, en parlementaire, de nouvelles explications au sujet de la non-observation de l'armistice annoncé au général en chef de la première armée par la voie officielle française. Les péripéties de cette mission sont assez curieuses pour être rapportées. Elles feront connaître les procédés de l'état-major allemand.

Arrivé à Houtaud, M. de L'Espée fut invité par un officier prussien à laisser là son escorte et à poursuivre sa route, accompagné seulement du brigadier de dragons porteur du drapeau parlementaire. A Chaffois, le colonel français est présenté à un général de division qui l'envoie à Levier.

« A un kilomètre environ de Levier, dit M. de L'Espée, je rencontre le général de Manteuffel, qui m'accueille avec poli-

---

(1) Billot, le brillant commandant de l'arrière-garde, se tint aux Verrières jusqu'à ce que le dernier des hommes placés sous son commandement eût franchi la frontière. Puis, s'étant muni d'une autorisation écrite du général en chef, accompagné d'un aide de camp, le commandant Brugère, et de quelques autres officiers d'état-major, il suivit la route de Mouthe, sous un déguisement, pour gagner Gex et de là Bordeaux.

tesse. Il reçoit ma dépêche, mais se refuse à discuter l'objet de ma mission. Il était en marche vers Pontarlier. Je dus me ranger dans son état-major, pendant qu'il conférait avec les officiers de son entourage. Au bout d'un certain temps, je fus appelé auprès de lui. Il affecta de me parler allemand, en me faisant d'ailleurs un compliment affecté aussi sur ma connaissance de cette langue, et me remit une réponse au crayon dont voici la traduction :

« A la communication qui m'est apportée par l'intermé-
« diaire du lieutenant-colonel de L'Espée, sur la route de Levier
« à Pontarlier, je ne puis répondre qu'une chose, c'est que je
« maintiens les termes de ma première réponse aux ouvertures.
« *Je ne puis interrompre la marche des opérations*. Toutefois, je
« suis prêt à recevoir à tout moment des propositions qui
« soient en harmonie avec la situation militaire réciproque
« des deux armées. » Le sens de cette dernière phrase était si
tristement clair, que j'insistai seulement pour la forme sur le
désir que j'avais de rapporter une réponse plus satisfaisante. »

Après une discussion de quelques minutes, M. de L'Espée prit congé. Au moment où il allait s'éloigner, le général allemand adressa des reproches à l'officier qui l'avait accompagné pour n'avoir pas fait bander les yeux à un parlementaire. Le lieutenant-colonel de L'Espée crut devoir protester contre une telle rigueur.

Les hostilités furent reprises avant le retour du parlementaire. Le combat du 1ᵉʳ février dans la montagne donnait alors son plein. Le corps entier de Zastrow paraissait arriver par le sud. Des troupes allemandes débouchaient du sud et de l'ouest. Le corps de Fransecki, qui marchait avec Manteuffel, s'entassait sur la route contre la ville ; il y avait là au moins six divisions.

On prévenait en outre le parlementaire que, le soir, la retraite sur la Suisse allait être coupée aux Français par un nouveau corps marchant de Mouthe sur les Verrières. Le lieutenant-colonel de L'Espée et le capitaine Parisot, de l'état-major, qui l'avait rejoint à Pontarlier, obtinrent alors de s'éloigner pour regagner l'armée à leurs risques et périls. Faute de sentier praticable, il leur fallut se résigner à franchir la frontière gardée par les Allemands, accompagnés de leur brigadier porte-drapeau. En Suisse, ils eurent à décliner leur qualité de parlementaires, et ne furent pas désarmés.

Le lendemain matin, ils repartirent pour rejoindre leur poste. Arrivés aux Verrières suisses, ils tombèrent dans le défilé désordonné des troupes en retraite depuis le combat de la veille. Une quantité d'hommes de toutes armes avaient envahi tous les terrains, allant et venant près de la frontière.

A l'extrême aile gauche française, les troupes échelonnées sur la route entre Chaux-Neuve et Foncine-le-Bas n'avaient pas attendu le 1er février pour profiter du chemin de la Chapelle-des-Bois, le dernier qui fût encore ouvert à la retraite.

Dès le 31 janvier au matin, la division d'Ariès (cinq bataillons), environ 2,000 hommes, et deux régiments de cavalerie du 20e corps, ainsi que la cavalerie de la division Longuerue, gagnaient Morez par cette issue, suivis de quelques éléments de la division Cremer, dont le gros était déjà en Suisse. Le colonel Poullet avait abandonné le commandement et avait pu s'échapper en emmenant sa batterie Armstrong, montée sur des traineaux, et quelques officiers. Cette dernière colonne se fourvoya au Grand-Cernois, où elle quitta la route de Morez pour bifurquer à gauche et déboucha le 1er février dans la vallée du lac de Joux, après une longue et aventureuse marche de nuit à travers le Risoux.

Quant à Cremer, qui depuis le 29 janvier au soir avait stationné à Saint-Laurent avec sa cavalerie, coupé du reste de l'armée par le détachement du colonel Wedell, il avait gagné Morez dès le 31 au soir.

La division de cavalerie du 15e corps (Longuerue) resta aussi en partie en France.

Toutes ces troupes, dont on peut évaluer l'effectif à environ 10,000 hommes, traversèrent la montagne par les Rousses et les Faucilles, pour gagner Lyon.

Pendant cette dispersion extraordinaire et, l'on peut dire, cette disparition subite de nos forces, les Allemands avaient continué à manœuvrer avec une ténacité dans le succès et une inlassable suite dans les opérations qui seules peuvent procurer les grands résultats.

Le soir du 1ᵉʳ, toute l'armée était massée dans un court rayon autour de Pontarlier, dans la main de son chef. Elle prit pour la nuit des cantonnements plus larges; car, après l'engagement de la Cluse, Manteuffel n'avait plus rien à craindre :

La IVᵉ division de réserve, des deux côtés des routes de Morteau et Besançon. Le VIIᵉ corps, entre les routes de Pontarlier-Ornans et Pontarlier-Frasne. Le IIᵉ, dans les villages au midi de cette dernière route.

La brigade von der Goltz, à Levier. Pontarlier était occupé par des troupes des IIᵉ et VIIᵉ corps. Manteuffel, Zastrow et Fransecki y installèrent leurs quartiers généraux.

Dans la nuit du 1ᵉʳ au 2, Manteuffel apprit officiellement la nouvelle du passage de la première armée en Suisse. Le quartier général de Versailles lui fit tenir une dépêche de M. Schenk, président de la Confédération suisse, qui annonçait au colonel Hammer, ministre de Suisse à Berlin, la signature de la convention des Verrières. « Trois mille hommes, disait cette dépêche, ont déjà passé à Sainte-Croix, entre les Verrières et Jougne. Le nombre total peut se monter à 80,000 hommes. Nous avons décidé de les répartir entre les cantons, proportionnellement à leur population. L'artillerie française arrive aujourd'hui aux Verrières. »

Manteuffel avait donné ses ordres pour le 2. Le IIᵉ corps devait poursuivre les troupes françaises, qu'on supposait en retraite sur la route de Mouthe, et se diriger ensuite sur Lons-le-Saunier, où se trouvaient réunis les mobiles de Pélissier. La brigade von der Goltz devait marcher sur Poligny, et le VIIᵉ corps sur Arbois, de façon à couper la retraite à l'armée des Vosges concentrée à Dijon, tandis que le général Weyhern l'attaquerait dans la ville même. Soins superflus!

Le 2 au matin, arrivait à Pontarlier une dépêche de cet officier, annonçant que Garibaldi avait évacué Dijon la veille et que les troupes allemandes y étaient entrées après un court combat.

Pour élargir le rayon d'alimentation de son armée et la ramener dans une région plus tempérée, Manteuffel fit faire à ses troupes de courtes marches sur Arbois, Poligny et Lons-le-Saunier. La IVe division de réserve demeura à Pontarlier pour organiser les convois de prisonniers, garder le matériel conquis et observer la frontière suisse. Le fort de Joux restait aux Français, continuant son tir.

Peu à peu l'armée allemande rétrograda encore et organisa son occupation d'une manière permanente.

La mission de la IIe armée allemande était accomplie. L'armée de l'Est avait quitté le théâtre de la guerre. L'armée des Vosges s'était réfugiée dans un département compris dans le périmètre de l'armistice. Il ne restait dans les trois départements de la Bourgogne et de la Franche-Comté aucune armée tenant la campagne. Belfort et Besançon étaient étroitement bloqués. Le 2 février, à deux heures du soir, le général en chef de l'armée du Sud adressait de Pontarlier à ses troupes un ordre du jour qui était l'hosannah du triomphe.

En même temps que Manteuffel congratulait son armée, il lançait à l'empereur Guillaume, le maître incontesté désormais des destinées de l'Europe occidentale, un télégramme où le héros ne craignait pas de s'incliner devant la Providence, en reportant à l'Auteur de toutes choses la gloire des armes allemandes.

« Dieu, disait-il, a couronné de succès les opérations de l'armée du Sud. Je considère comme un devoir de recommander à la bienveillance de Votre Majesté impériale cette armée qui, après six mois de campagne, vient de marcher et de combattre pendant huit jours dans un mètre de neige. »

La situation nouvelle se prolongea jusqu'à la convention qui fut signée le 16 février, entre le colonel Denfert-Rochereau, avec l'autorisation du gouvernement français, et le général Treskow, pour mettre fin au siège glorieusement soutenu par la place de Belfort, pendant cent trois jours d'investissement et soixante-treize jours de canonnade. Les 17 et 18 février, les 12,500 hommes restants de la garnison sortirent avec armes et bagages, avec les honneurs de la guerre, évacuant ainsi la tête haute les ouvrages qu'ils avaient si vaillamment défendus.

Le 13 février déjà, l'armistice avait été étendu aux trois départements, Doubs, Côte-d'Or et Jura, qu'en avait si malencontreusement exclus la convention de Versailles. Manteuffel n'avait plus qu'à remettre l'épée au fourreau. Il communiqua l'événement à ses troupes par un ordre du jour triomphant daté de son quartier de Dijon.

Un général victorieux doit toujours exalter les vertus guerrières de ses soldats. C'est à leur entraînement et à leur subordination que Manteuffel devait une partie de son succès. Mais on sait, par les sévices dont souffrirent trop longtemps nos malheureuses populations de l'est, combien la discipline se relâchait dans les cantonnements ; quelles exactions, quelles violences, quelle âpreté au gain, quelles déprédations, et souvent quels pillages, soit ignorés des chefs, soit autorisés par eux sous prétexte de représailles. Les habitants de la Bourgogne et de la Franche-Comté, pressurés sous la botte de l'Allemand pendant l'occupation étrangère, savent surtout ce qu'il faut penser « de la vraie culture qui réside dans les peuples germaniques ». Cette culture nous a reportés d'un bond au temps des invasions barbares ; et les officiers eux-mêmes ont si souvent manqué de tact et de modération dans la conquête, que leurs chefs les plus dignes, comme Manteuffel, ne sont pas en droit de vanter leur modération.

La vraie culture appartient à la nation qui, n'ayant jamais désespéré de la victoire après une déclaration de guerre inconsidérée, a montré dans la seconde phase de cette guerre qu'elle savait se battre même uniquement pour l'honneur, puis a jeté à la tête de son ennemi victorieux les milliards qu'il réclamait.

CONCLUSION

Le voilà donc terminé, le récit de ce long calvaire, qui commence à Héricourt, pour finir en Suisse ! « La campagne de l'Est a été plus dure que celle de Crimée », disait Bourbaki. Certains corps d'armée y furent terriblement éprouvés, moins encore par le feu de l'ennemi que par le froid, les privations, les maladies. Le seul 18e corps fut réduit de trente-cinq mille hommes à vingt-cinq, et c'était le plus solide, le mieux commandé.

Billot pouvait se vanter ne n'avoir pas perdu un canon, de n'avoir essuyé ni une surprise ni une défaite. On s'était bien battu jusqu'au dernier moment, mais en vain.

Nos ennemis eux-mêmes ont déclaré que les résultats obtenus par la défense nationale, en 1870, ont été déjà suffisants pour qu'ils restent à l'honneur de la nation française. « Si jamais mon pays venait à traverser les épreuves qu'a traversées la France, écrivait de Goltz, je ne ferais qu'un vœu : qu'il se lève parmi nous un autre Gambetta! » Et de Moltke mandait à son frère, le 23 novembre :

« Toute l'armée française est prisonnière en Allemagne, et il y a aujourd'hui plus de belligérants contre nous qu'au début de la campagne! »

L'élan des volontaires a été admirable : on ne saurait le nier. Les mobiles ont valu en plus d'une rencontre nos vieux troupiers. L'armée, par ses glorieuses défaites, a expié les fautes du Second Empire. Par ses privations, par sa captivité, par son sang répandu, elle a obtenu le rachat de la France. Ce magnifique afflux de patriotisme s'est manifesté dans toutes les classes de la société. La noblesse en a donné le premier exemple. Elle a été la plus acharnée à faire voir qu'elle ne pouvait se résigner à la défaite. On trouve mêlés à la guerre, dans l'est, comme partout d'ailleurs, les plus beaux noms de nos provinces. Cette défense de la France *in extremis* a déconcerté les Allemands, qui avaient trop aisément qualifié de bandes, des troupes déterminées sinon à vaincre l'ennemi, au moins à lui créer beaucoup d'embarras.

L'idée de l'expédition dans l'est, de la grande diversion, comme on l'appelait, était sortie tout armée, telle Minerve, du cerveau des stratégistes de Tours. La conception qui consistait à se jeter sur les communications allemandes était juste. Sa tentative eût pu réussir, si elle avait été accomplie un mois plus tôt. Qui sait?... Peut-être même eût-elle réussi encore, si elle eût été menée au début avec moins de lenteur. Elle avait donné des illusions au gouvernement de la Défense nationale; elle avait donné des craintes au delà du Rhin.

Elle finissait par le coup de grâce, c'est-à-dire par le passage en Suisse de cette première armée, devenue, sous les atteintes du sort, une sorte de cohue, de horde inoffensive. L'étendue du désastre était proportionnée à l'immensité de l'effort. A quoi tenait une telle catastrophe? Les causes en sont multiples. Pour les connaître, il faut d'abord remonter à l'origine de l'expédition.

Le gouvernement, personnifié par les deux tenants les plus opiniâtres de la lutte à outrance, avait assumé une tâche au-dessus de nos forces. Bon organisateur, M. de Freycinet fut médiocre directeur d'armées.

L'une de ses premières erreurs fut de croire qu'on pouvait sans préparation transporter rapidement par voies ferrées une centaine de mille hommes, de Bourges à Besançon. C'est en vain que le général Thoumas le supplia de centraliser tout ce qui concernait les transports par chemin de fer dans les mains d'un seul directeur, investi de pouvoirs absolus, M. Jacqmin, par exemple, l'éminent directeur de la compagnie de l'Est. M. de Freycinet résista, et Gambetta lui-même ne se crut pas assez fort pour engager la responsabilité des puissantes compagnies. M. de Freycinet préféra diriger lui-même : on a vu comment il y réussit. Les fautes et les erreurs matérielles provinrent aussi, dès le début, de l'insuffisance technique de Bourbaki et de son état-major. Bourbaki n'était pas l'homme de la situation. Chanzy, dans l'ouest, avait pris une autre allure. Tous deux, certes, étaient d'une loyauté chevaleresque. Mais Bourbaki déclinait, et Chanzy se révélait d'un sang-froid mâle et lucide, d'une ténacité et d'une foi intactes, à la dernière minute comme au premier jour. Bourbaki se plaignait sans cesse de ses troupes, Chanzy ne cessait de glorifier son armée. L'un exagérait les forces prussiennes qu'il avait devant lui; l'autre les rabaissait aux yeux de ses lieutenants. Bourbaki gourmandait ceux qui voulaient se battre, Chanzy tenait tête à ceux qui se décourageaient.

A la guerre, présomption vaut encore mieux que circonspection. Il eût fallu du moins une action commune entre Bourbaki et Chanzy : une entente portant sur la délivrance de Paris, plutôt que sur une direction excentrique, aventurée, comme celle qui menait à la délivrance de Belfort. Belfort n'avait pas besoin de secours, et la levée du siège eût été sans influence décisive sur la suite générale des événements. Le plan de Chanzy, qui consistait à marcher concentriquement avec trois armées, pour sauver la capitale, était plus rationnel. Il eût convenu du moins que l'expédition dans l'est demeurât une simple variante de ce plan et ne dégénérât point en un mouvement tout à fait exagéré. La marche primitivement dirigée sur Vesoul était déjà plus rationnelle que la marche sur Belfort. C'est autour de Paris qu'il fallait chercher le vrai champ de bataille de la France envahie. Le transport rapide et secret de trois corps d'armée dans la vallée de la Saône devait rester un mouvement secondaire. On en a fait à tort une opération capitale.

En la réduisant à ses justes proportions, on disposait déjà vers la fin de décembre de forces suffisantes pour surprendre Werder en Bourgogne, où les siennes étaient éparpillées. La division Cremer pouvait enlever Dijon, après la bataille de Nuits, et refouler l'ennemi sur Vesoul. Le gros de l'armée de l'Est, suivant le mouvement de cette avant-garde, se serait porté vers le nord, par les plateaux de Langres et de Chaumont. On aurait fait, avec 90,000 hommes, une diversion bien suffisante, et on aurait pu laisser le 24ᵉ corps détaché sur la droite, du côté de Besançon, pour aller, de là, inquiéter Treskow et menacer les lignes d'investissement de Belfort. La délégation a voulu pousser trop loin les opérations, et les a fait échouer misérablement. En donnant Belfort comme objectif principal, elle a obligé l'armée à menacer l'ennemi dans cette direction ; elle lui a procuré une première rencontre trop tardive. La France a fêté Villersexel comme une victoire. C'était un succès tactique. Mais, dès le lendemain, l'armée de l'Est était irrémédiablement perdue. Elle avait subi, sans s'en douter, l'attraction d'une place forte, chose fatale. Les fautes commises au cours de la campagne ont toutes été la conséquence d'un plan trop grandiose.

Admettons-le toutefois, comme Bourbaki l'a admis, et partons de cette donnée. Peut-être, avec un autre général en chef, l'armée eût-elle réussi à utiliser ses premiers succès, à profiter de Villersexel, à pousser sur Belfort par Chenebier, à lâcher la bride à Cremer, à transformer Héricourt en deuxième victoire. En sacrifiant dix mille hommes pour les jeter au nord du Vaudois, il en eût sauvé cent mille. En donnant la main à Denfert, il eût changé la face des choses. Mais nous avons vu Bourbaki, comme étonné d'avoir gagné sa première bataille, s'arrêter, tâtonner, se décourager devant la résistance, battre en retraite, sous couleur de ravitaillement ; revenir à Besançon, y chercher des vivres, qui n'y étaient pas d'ailleurs et qui auraient aussi bien pu lui arriver par le nord ; s'entêter à attendre le débarquement de tout le 15ᵉ corps, lorsqu'il avait déjà une si lourde masse à remuer ; ne pas prendre son parti à temps sur la direction de sa ligne de retraite, se laisser devancer par Manteuffel, comme il s'était laissé distancer par Werder. A Héricourt, il fallait faire attaquer les lignes allemandes devant Belfort par le gros des masses françaises, et par la route de Lure, c'est-à-dire à Frahier et à Chenebier, puis ensuite à Chalonvillars. Gêné par le voisinage de Belfort, l'ennemi se fût trouvé pris entre deux lignes de feux rapprochées. Nos colonnes se seraient ouvert un passage, forçant les Prussiens à reculer sur les lignes d'investissement de la place. Pour cela, Billot et Cremer devaient être laissés libres d'accentuer le mouvement qu'ils avaient esquissé vers la gauche. Lancées par là, les réserves de Pallu de La Barrière auraient aidé à percer. On a préféré prendre le taureau par les cornes, s'acharner sur le Vaudois, et il a fallu ensuite lâcher prise.

Vainqueur à Héricourt, Bourbaki n'en eût pas moins, d'ailleurs, dû faire demi-tour et marcher contre Manteuffel qui était maître de la Saône, le 7 janvier. Mais il eût eu alors pour lui le réconfort que donne la victoire. Le général Borel a dit qu'il aurait fallu commencer le mouvement de retraite vingt-quatre heures plus tôt. En France, tous les regards étaient fixés sur la Lisaine. On lutta partout ailleurs, tant que Bourbaki y tint. La perte de son armée allait mettre un terme au dernier grand effort du pays.

A l'égard de son insuccès, Bourbaki eut trois excuses à alléguer : d'abord, la médiocre qualité de ses troupes ; ensuite, la pénurie des vivres ; en troisième lieu, le manque d'appui sur son flanc gauche et sur ses derrières. A part quelques régiments héroïques, que l'on pourrait appeler d'élite, par comparaison avec les autres, puisqu'ils ont encore fourni à la Cluse un combat très honorable, sinon glorieux, tout le reste de l'armée s'en allait « en charpie », selon le mot pittoresque du général en chef. Le temps avait manqué pour le façonnement de ses troupes. Vainement, leur nombre miroitait sur les états d'effectifs, dans les bulletins de Tours et de Bordeaux. Elles n'offraient pas plus de consistance que la bulle de savon crevant au premier souffle. Ce n'était pas leur faute, c'était celle de leur origine ; c'était le contre-coup de nos premiers revers. Ne sommes-nous pas toujours cette nation dont César disait :

« Si les Gaulois sont prompts à entreprendre la guerre, ils

perdent cœur au premier désavantage. Ils manquent de force et de résolution dans l'adversité... »?

Au début de la campagne, cependant, l'armée de l'Est, dans son ensemble, avait un esprit supérieur à celui du général en chef. L'ardeur des officiers et des soldats a été inutilisée, paralysée par d'inexplicables lenteurs, pendant un mois. Le moral s'est ensuite affaissé peu à peu, sous l'influence des événements et des circonstances. Tant qu'elles avaient entrevu une lueur d'espoir, le patriotisme n'avait pas fait défaut aux troupes. Ce qui leur avait manqué, c'était l'organisation première, l'instruction, l'expérience, les cadres, le matériel, tous ces facteurs essentiels qui constituent une armée, et qui ne s'improvisent pas, malgré les efforts d'un génie créateur!

Cette fantasmagorie d'hommes réunis à la hâte, mal commandés par des chefs de rencontre, et quelquefois par des officiers de pacotille, mal exercés, mal nourris, sans cohésion, sans discipline, ne pouvait, en somme, donner que ce qu'elle a donné : des efforts intermittents, sous la poussée de braves généraux, et c'était tout!

La faiblesse des troupes a porté à l'armée de l'Est le premier coup de grâce. Le second lui est venu de cette double déconvenue du général en chef, trouvant Besançon dénué de ressources, et ses derrières entièrement dégarnis de forces... Ne lui avait-on pas promis le contraire? Cette double garantie, ne l'avait-il pas posée tout d'abord comme la condition première de son acceptation du commandement? Et Besançon avait à peine des vivres pour huit jours! Et l'on sait comment Garibaldi et Pélissier ont soutenu le mouvement! Encore un coup de grâce, et celui-là asséné à l'armée de l'Est par l'homme de Caprera! Garibaldi n'était pas sous les ordres de Bourbaki. L'unité de commandement n'ayant pas été observée, le héros italien était resté un auxiliaire illusoire.

La fameuse défense de Dijon, qui lui a fait élever, dans la capitale de la Bourgogne, une statue si complaisante, ne fut qu'un leurre, un prétexte pour ne pas sortir de ses lignes. Louvoyant sans cesse pour le ménager, la délégation a usé vis-à-vis de lui d'une longanimité touchant à la faiblesse. Il a été jugé plus sévèrement par les Allemands eux-mêmes. Un maître critique, Wartensleben, lui a reproché de n'avoir pas agi plus énergiquement pour attirer sur lui le plus de forces possible. Malgré les pressantes dépêches et les supplications du gouvernement de Bordeaux, malgré l'appel désespéré de Bourbaki, Garibaldi s'est refusé à remplir le véritable rôle qui lui avait été assigné, c'est-à-dire à prendre en flanc la longue et audacieuse marche de Manteuffel, à l'arrêter dans les défilés du plateau de Langres, à le retarder, à permettre ainsi à la première armée d'entrer dans le Jura, en se glissant le long de la frontière, sans avoir à la franchir!

Cette armée, si elle eût été assez heureuse pour gagner Gex et Lyon, s'y serait refaite, y eût rallié ses traînards et ses fuyards. Une fois réorganisée, elle eût pu encore par sa masse, plus entraînée et exercée, plus familière avec le danger, plus habituée au contact de l'ennemi, rendre au pays quelques nouveaux services, prolonger l'agonie, donner à Chanzy le temps de reprendre sa marche sur Paris, et, qui sait? délivrer peut-être la capitale, en menaçant les lignes de communication de l'armée de siège.

Mais l'armée de l'Est avait à peine combattu qu'elle était déjà hors de combat! Seul, un homme supérieur eût pu la faire sortir des difficultés physiques et morales où elle allait sombrer.

Hélas! Bourbaki ne sentit que trop cette armée se fondre entre ses doigts! Ce divisionnaire dont la jeunesse avait été brillante sur les champs de bataille, ce héros d'Afrique et de Crimée, ce commandant d'armée entouré d'une légende comme d'un nuage, voilant la médiocrité des vues sous le prestige d'une intrépidité fameuse, cet homme, lui aussi, avait reçu le coup de grâce!

C'était la chute de l'Empire qui avait brisé Napoléon III, son idole. C'était l'affaire Regnier qui avait fait de l'ex-commandant de la garde impériale le jouet d'une aventureuse intrigue! C'était, comme résultante de tant de mécomptes, l'affaissement notoire de ses facultés, de son caractère, son manque de foi dans les autres et en lui-même, son absence d'initiative, son repliement progressif vers un désespoir qui, de plus en plus sombre, l'a amené à attenter à ses jours! Et à cette heure fatale du suicide de Besançon, où il n'a échappé à la mort que par miracle, le coup de grâce était bien définitivement donné à la première armée! Car un pareil acte de désespoir chez celui qui tenait la destinée de cent mille hommes entre ses mains ne pouvait avoir sur l'esprit des troupes qu'un terrible effet moral! Quel rideau déchiré devant les yeux des soldats! Quel démenti formel aux trompeurs encouragements du ministère!

Ces malheureux soldats s'étaient bravement battus, le 9, le 13, le 15, le 16, le 17, malgré la faim, malgré la température extrêmement rigoureuse. Enfin, le 18, quand le mouvement de retraite s'était opéré, les vivres avaient commencé à arriver. Mais les convois accumulés sur la route que devait suivre l'armée en sens contraire n'avaient été pour celle-ci qu'une cause de désordre.

Dès lors, ce n'était plus seulement la déroute, c'était la débâcle; la désagrégation s'accentuant de plus en plus pendant la retraite. A son tour, et malgré sa fermeté d'âme, Clinchant ne pourrait plus réagir. La dissolution des liens tactiques allait se faire sentir du haut en bas de la hiérarchie. Et il fallait qu'un dernier coup de grâce, un coup de massue, vînt tout achever, tout anéantir! Le fatal armistice, avec son incompréhensible exception pour l'armée de l'Est!

Et maintenant, comparons!

Qu'on mette en regard des cent vingt mille hommes de Bourbaki et de Clinchant: les quarante mille de Werder, les soixante mille de Manteuffel! Qu'on juge la résistance opposée par ces admirables troupes allemandes, mieux organisées, mieux encadrées, mieux outillées, mieux nourries, aux intempéries, aux longues marches, aux attaques d'arrière-garde, aux difficultés de ravitaillement!

Qu'on voie ces hommes comme les a vus de près un parlementaire des derniers jours de la campagne, le lieutenant-colonel de L'Espée : gais, bien en forme, disciplinés, dans la main, confiants, solides, inébranlables ! Et leurs officiers, ces gens de métier, même les landwehriens, ayant porté l'uniforme toute leur vie, sachant, comme par atavisme, ce qu'est le devoir du soldat, ayant fait de tout temps le sacrifice de l'existence, possédant l'entrain, l'élan que donne une sérieuse éducation militaire !

A la tête des armées allemandes, que trouve-t-on ? des hommes remarquables. Nous voyons Werder impassible devant la tempête qui le menace, se repliant tout d'abord, mais pour reprendre du champ et lutter avec la dernière énergie jusqu'à l'arrivée des renforts !

Nous voyons Manteuffel, concevant par une inspiration hardie et soudaine un mouvement si téméraire, que de Moltke lui-même n'a osé le conseiller, mais en même temps si heureux, si bien mené, que la marche sur Pontarlier sera la fin de Clinchant, comme la marche de Werder sur Belfort a été la fin de Bourbaki.

Et la direction supérieure ! Quel contraste entre celle de Versailles et celle de Tours ou de Bordeaux ! D'un côté, l'assurance dans le but à poursuivre, de l'autre, l'hésitation, la mobilité dans les conceptions. D'un côté, la netteté des instructions, la science des directives ; de l'autre, de longues élucubrations, ayant la prétention de donner des leçons de tactique impuissantes à convaincre des généraux, puisque, venant d'une source dénuée d'autorité, elles s'adressaient à des chefs militaires vieillis sous le harnais !

Que d'enseignements dans l'épilogue de cette guerre fatale !

C'est la leçon du passé qui m'a fait trouver le courage de poursuivre un récit constamment lugubre. Il m'a semblé qu'il y avait quelque profit pour les jeunes générations à mettre en lumière, même les fautes, même les défaillances, même les désastres, sans en rien voiler, à faire ressortir l'erreur de ceux qui ont pris des hommes pour des soldats, des états d'effectifs pour des éléments d'armées !

En 1870, plus peut-être que le souci des vrais intérêts du pays, ruiné et aux abois, la sauvegarde de l'honneur national fut le mobile mis en avant pour prolonger la guerre.

Là aussi, la nacelle de l'aérostat, ballotté par le souffle de l'invasion, eut d'étranges soubresauts, et l'honneur que portait ce frêle esquif ne demeura pas toujours sauf.

D'un côté, certes, chez le soldat, de beaux mouvements, d'honorables efforts; de l'autre, des défaillances et des désertions.

Comme l'a fait ressortir Clinchant devant la commission d'enquête, la démoralisation des troupes tenait à leurs fatigues, à leurs retraites, à l'excès de leurs souffrances. « Je ne crois pas, ajoutait-il, que jamais armée ait enduré des tortures pareilles à celles qui ont été subies devant Héricourt et devant Pontarlier. »

Dans la classe des officiers, les uns, gens de métier, tout à leur devoir, obéissaient aux ordres, se battaient sans conviction, mais se battaient bien; les autres, les auxiliaires, mobiles, francs-tireurs, garibaldiens, mobilisés, péchaient par l'inexpérience, l'absence de patriotisme ou de feu sacré; quelques-uns très bons, la plupart insuffisants, trop ignorants du métier, n'ayant pas assez de commandement pour électriser leurs hommes.

Et au-dessus de tous l'image de la patrie apparaissait sanglante, déchirée, à bout de forces, se tordant sur son lit de douleur, tenant le drapeau dans ses mains crispées, le présentant à ses légions comme un labarum sacré, demandant aux convulsions de l'agonie une résurrection inespérée, pour préparer la revanche!

Tous les symptômes de défaite et de mort, tous les déclins rehaussés par le lustre des héroïsmes individuels, se sont manifestés dans la seconde période de la guerre en province; mais peu à peu cette image de la patrie s'est effacée, et nulle part les découragements n'ont été plus grands que dans la campagne de l'Est; nulle part l'impression n'a été plus vive, qu'au lieu de toucher au port, on touchait à l'abîme!

Et cependant tel était encore le prestige de la France, tel était le sentiment de sa force et de sa vitalité, que, même après la ratification des préliminaires de paix par l'assemblée de Bordeaux, le 4 mars, M. de Moltke, avant de quitter Versailles, ne dissimule pas son inquiétude. Dans une dernière lettre à son frère, il lui écrit, avec ce sentiment religieux qui fait le fond de la nature allemande :

« Certes, je ne saurais assez remercier Dieu d'avoir vécu pour voir la fin de cette guerre; mais je n'oserai me réjouir du succès que lorsque tout sera absolument terminé. Combien de fois, au cours de cette campagne, a-t-on pu croire que le dernier mot était dit! Nous avons eu Sedan, nous avons eu Metz. Soudain un facteur nouveau faisait surgir une situation nouvelle et remettait tout en question. »

Il se trompait. Cette fois, la pierre n'était que trop scellée sur le tombeau de la France. Mais la Providence s'en est mêlée, et bientôt, comme Lazare, la France est ressuscitée. Elle a payé sa rançon du sang et de l'or de ses enfants. Et, si elle a dû s'amputer de deux provinces, elle brille encore de son ancien éclat au-dessus de la vieille Europe, comme ces phares qu'une brume passagère a éclipsés. Depuis longtemps l'ancienne armée a reconnu les erreurs de 1870 et la nouvelle s'est efforcée de les réparer.

L'avenir de l'année terrible est déjà le passé pour la génération présente. Pas un officier sérieux qui n'ait médité sur nos revers. La réorganisation de nos forces et de nos institutions militaires s'est faite lentement, mais sûrement. Notre mobilisation est aujourd'hui ciselée comme un instrument d'horlogerie. Chacune des exhibitions militaires qu'offre la France fait admirer aux officiers étrangers la belle ordonnance et les progrès constants de nos troupes; nous pouvons désormais mesurer avec fierté le chemin parcouru. Nous savons que pour être prêts la veille de la bataille, il faut être prêts... toujours!

FIN

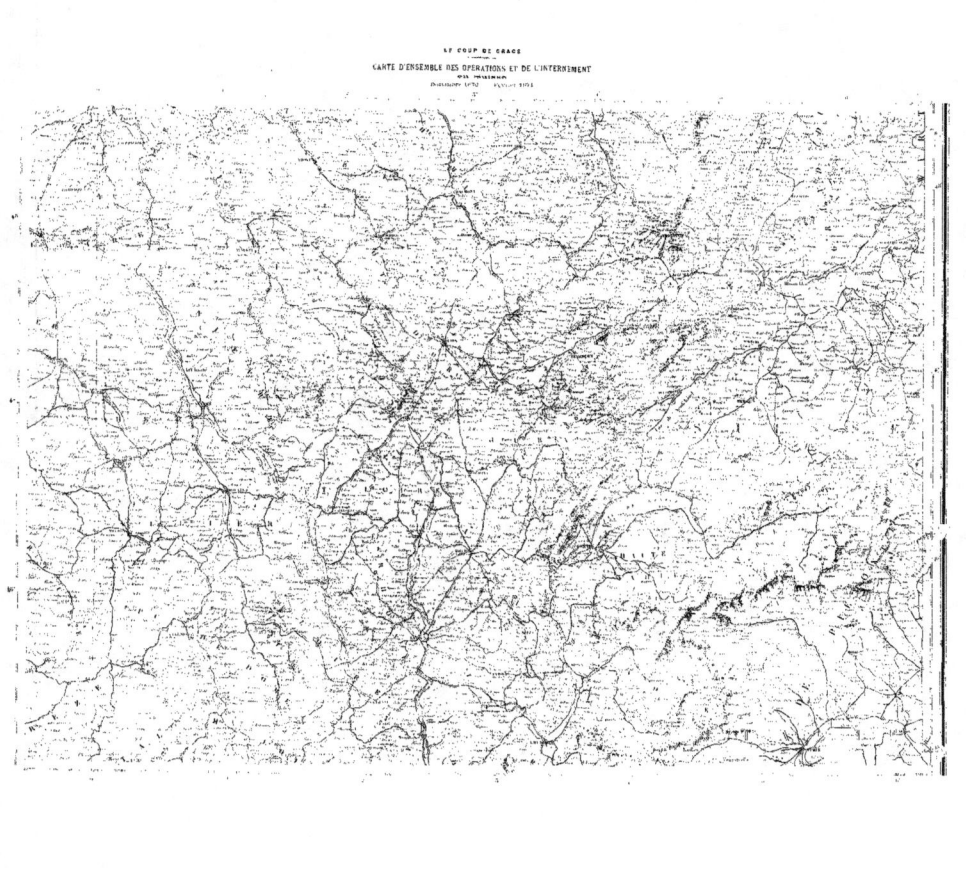

TABLE DES MATIÈRES

Préface..

CHAPITRE PREMIER
LA DÉLÉGATION DE BORDEAUX ET BOURBAKI

La patrie en danger. — Discussion sur l'opportunité de continuer la guerre après Sedan et Metz. — Opinion du maréchal de Moltke. — Levées en masse de la défense nationale. — Gambetta. — Son portrait, sa dictature. — Ses agents. — Son délégué, M. de Freycinet. — Réorganisation de l'armée de la Loire (5 décembre). — La première armée. — Bourbaki, son portrait et son passé militaire. — Son peu de confiance dans la poursuite des hostilités. — Nécessité de reprendre l'offensive après la retraite d'Orléans. — Contre-projet de M. de Freycinet. — Tâtonnements et hésitations dans la direction des armées. — Expéditions avortées sur Melun et sur Blois. — Rappel de la première armée en Berry. — Lamentable retraite de Gien sur Bourges. — Désorganisation du 15e et du 20e corps. — Chanzy abandonné à ses propres forces. — Bourbaki reçoit l'ordre de se tourner vers l'est (19 décembre)....................... 1

CHAPITRE II
PLAN DE CAMPAGNE — LES MOYENS D'ACTION

Première idée d'une campagne dans l'est. — Divergences de vues de Gambetta et de M. de Freycinet. — Menace des communications de l'ennemi. — Mission spéciale du 15e corps. — Analogie du plan de campagne avec celui de Napoléon en 1814. — Genèse du contre-projet de M. de Freycinet. — M. de Serres attaché à son cabinet. — Son arrivée à Bourges (19 décembre). — Gambetta hésite à accepter ce contre-projet. — M. de Serres en mission près de Bourbaki. — Conditions d'acceptation du général. — Félicitations de M. de Freycinet à M. de Serres. — Délégation de M. de Serres à l'état-major de la première armée. — Bonté de Bourbaki pour le jeune émissaire. — Chanzy n'est pas partisan de l'entreprise dans l'est. — Son insistance à faire marcher sur Paris. — Situation militaire déjà très compromise. — Positions des Allemands. — Pauvres éléments de l'armée de l'Est. — Fâcheux dualisme dans l'état-major. — Le général Borel et le colonel Leperche. — L'intendant général Friant. — Causes morales et matérielles d'affaiblissement de l'armée. — Désorganisation, effet des retraites désastreuses. — Situation des forces réparties entre Orléans et Belfort (20 décembre). — Examen des différents corps constitutifs de l'armée de l'Est. — Le 15ᵉ corps. — Le 18ᵉ corps. — Le général Billot. — Le 20ᵉ corps. — Le 24ᵉ corps. — Troupes indépendantes de l'armée de l'Est. — Division Cremer. — Réserve générale de l'armée. — Corps francs. — Ressources matérielles. — Effets de l'invasion du territoire. — Rentrée des évadés de Metz et de Sedan. — Aspect et attitude des francs-tireurs. — Werder dans les Vosges. — Werder en marche sur Vesoul et l'Ognon (16 octobre). — Werder a quatre places fortes ennemies dans le rayon de ses opérations. — Télégrammes de M. de Moltke à Werder (24 novembre, 8 et 14 décembre). — M. de Moltke avise Werder de l'ordre donné à Zastrow (26 décembre). — Il cherche à s'opposer à tout prix au déblocus de Paris. — Werder se résout à évacuer Dijon (27 décembre). — Sa concentration à Vesoul est terminée le 30   15

CHAPITRE III

TRANSPORT DE L'ARMÉE DE L'EST EN CHEMIN DE FER

Transport stratégique de l'armée de l'Est. — Insuffisance de préparation au début de la guerre. — Confusion et précipitation dans les ordres de la délégation de Bordeaux. — Importance du transport. — Embarquement du 18ᵉ et du 20ᵉ corps entre Saincaize et Nevers. — Bourbaki à Nevers. — Conférence de Bourges (20 décembre). — Opposition de l'intendant général Friant au transport. — Réunion du matériel technique. — Conditions défectueuses de l'opération. — Ralentissements et arrêts en cours de route. — Menaces de M. de Freycinet aux compagnies. — Situation désastreuse du 20ᵉ corps. — Retards du 18ᵉ corps. — Encombrement des lignes. — L'intendance le crée elle-même. — Pénurie des moyens de débarquement en pleine voie. — Intervention fâcheuse de M. de Serres. — M. de Freycinet presse le 24ᵉ corps. — Concentration de l'armée autour de Dole (1ᵉʳ janvier 1871). — Plan de campagne de Bourbaki. — Exigences de la délégation. — Inquiétude et agitation de Bourbaki. — M. de Freycinet écrit contre lui à Gambetta. — Bourbaki réclame aussi le 15ᵉ corps. — M. de Serres propose de maintenir le plan convenu ou de révoquer Bourbaki. — M. de Freycinet se décide à envoyer le 15ᵉ corps à l'armée de l'Est. — Situation et menaces des armées allemandes dans l'est. — Transport du 15ᵉ corps (31 décembre 1870). — Fâcheuse condition de la ligne Besançon-Clerval. — Question des débarquements. — M. de Freycinet prend la direction du transport. — Mouvement retardé de vingt-quatre heures. — A qui incombe la responsabilité du débarquement à Clerval. — Inexpérience des bureaux de la guerre en matière de transports. — Nouvelles misères des troupes en cours de route. — Obstruction des voies sur tout le parcours. — Transport des troupes de Garibaldi. — Transport des vivres. — Encombrement inouï de la gare de Clerval. — Durée du transport du 15ᵉ corps. — Résumé de l'opération. — Question du choix de Clerval. — Attitude et services des compagnies. — Résultats des retards et des mécomptes. — Emploi rationnel du chemin de fer pour les transports stratégiques   45

CHAPITRE IV

CREMER — COMBAT DE CHATEAUNEUF
BATAILLE DE NUITS

Nécessité de couvrir les flancs et les derrières de l'opération dans l'est. — Armée des Vosges et mobilisés de Saône-et-Loire. — Désaccord entre Garibaldi et

TABLE DES MATIÈRES 495

Pélissier. — Le général Cremer. — Corps de Crévisier. — Premier comba sous Nuits (20 novembre). — Cremer prend ses dispositions pour attaquer Dijon. — Bataillon de chasseurs du Rhône, commandant Marengo. — Keller à Sainte-Sabine et Vandenesse. — Combat de Châteauneuf (3 décembre 1870). — Keller contre Poullet. — Prises du colonel Ferrer. — Pertes des deux partis dans le combat du 3 décembre. — Désaccord entre Cremer et Garibaldi. — Attitude patriotique des Bourguignons. — Liaison du XIVe corps avec la 11e armée allemande. — Instructions de M. de Moltke à Werder (15 décembre). — Jugement sur M. de Moltke. — Instructions de Werder contre Cremer et Garibaldi. — Ordre de Werder pour une reconnaissance offensive sur Chagny (17 décembre). — Marche sur Nuits. — Reconnaissance de Cremer sur Gevrey. — Positions de Nuits et alentours. — Le commandant Camps. — Dissémination de l'artillerie de la défense. — Cremer à la bataille de Nuits. — Attaque de Boncourt par Willisen (11 heures et demie). — Prise d'Agencourt par les Badois (1 heure et demie). — Combat en avant d'Agencourt (2 heures). — Défense de la Berchère. — Carayon-Latour. — Action de l'artillerie française sur la plaine. — Évacuation de la Berchère. — Blessure du prince de Bade. — Ligne française trop mince. — Attaque de la tranchée (2 heures et demie). — Manque de munitions françaises. — Assaut à la tranchée. — Mort du colonel Keller. — Retraite des Français sur la ville. — Aspect du combat vu des hauteurs de Chaux. — Degenfeld à Villars-Fontaine. Sa blessure et sa retraite (2 heures). — Mouvement d'Arnold. — Victoire des Français dans la montagne. — Assaut de Nuits (5 heures). — Panique. — Allemands et Français pêle-mêle dans la ville. — Derniers coups de fusil. — Cremer charge l'épée à la main. — Bivouac des Allemands à Nuits. — Werder évacue la ville. — Retraite sur Beaune. — Tristes nouvelles de Paris. — Pertes des deux partis. — Cremer se retranche à Beaune.................... 76

CHAPITRE V

GARIBALDI

Rôle de Garibaldi dans la guerre de 1870-71. — Sa légende. — Ses exploits en Amérique. — Ses aventures. — Son retour en Europe (1848). — Garibaldi au siège de Rome (1849). — Garibaldi à Varèse (campagne d'Italie, 1859). — Garibaldi chef des Mille à Marsala (1860). — Garibaldi blessé à Aspromonte. — Garibaldi en Vénétie (1861). — Garibaldi à Mentana (1866). — Garibaldi offre son épée à la France après le 4 septembre 1870. — Ses trois fils. — Ses généraux. — Portrait de Garibaldi en 1870. — Bordone. — Garibaldi à Dole (17 octobre). — Composition de l'armée des Vosges. — Garibaldi à Autun. — Mouvements des Allemands pour couvrir leurs communications. — Projet de délivrance de Dijon. — Coup de main manqué par Garibaldi (26 novembre). — M. de Freycinet renonce à faire obéir Garibaldi. — Arrivée à Dijon de l'armée des Vosges (7 janvier 1871). — Véritable mission qu'aurait dû remplir le condottiere à Dijon. — Rôle de Pélissier concerté avec Cremer...... 109

CHAPITRE VI

MARCHE DE L'ARMÉE SUR BELFORT

Début de la campagne de l'est. — Sa similitude avec celle d'Augereau sur Poligny en 1814. — La division Cremer nécessaire pour assurer les flancs de Bourbaki.

496   LE COUP DE GRACE

— Occupation de Dijon par cette division, le 31 décembre. — Constitution de l'armée de l'Est à Chagny, Chalon et Beaune (29 décembre). — État hygiénique et moral de l'armée. — Lettre de Bourbaki à l'intendant Mallet (3 janvier). — Pas de magasins à Besançon. — Commencement du mouvement (31 décembre). — Lettre de M. de Freycinet à Bourbaki (28 décembre). — Gambetta envoie des renforts. — Passage de l'Ognon à Pesmes (2 janvier). — Inquiétudes sur Dijon. — Gambetta conseille à Bourbaki de coordonner ses mouvements. — Marche de l'armée vers Vesoul (4 janvier). — Dispositif d'ensemble. — Nouvelle discussion du plan de campagne. — Vastes conceptions du ministre. — Persistance de Chanzy à vouloir faire marcher l'armée sur Paris (2 janvier). — Conseil de guerre de Besançon (4 janvier). — Marche modifiée par Villersexel au lieu de Vesoul. — Bourbaki adopte la conception de M. de Freycinet. — Mouvement prévu par Cremer et Garibaldi. — Continuation de la marche de l'armée (3-5 janvier 1871). — Prise de contact à Echenoz. — Sévices des Prussiens autour de Vesoul. — Impatience de la délégation. — Retraite des Allemands sur Gray et Vesoul (28 décembre). — Bourbaki, évitant le combat, se dirige vers l'est. — Le 15ᵉ corps envoyé à Blamont. — Encombrement de la gare de Clerval. — Le Lomont et le plateau de Blamont. — De Vezet et Bousson. — Les Vengeurs. — Le pont de Clerval. Difficultés de ravitaillement. — Imperfection des convois. — Arrivages de Lyon. — Quartier général à Montbozon (6 janvier). — Dépêche de Chanzy avant la bataille du Mans. — Résumé. — Troupes de Werder au 8 janvier. — Reconnaissances allemandes, combats d'avant-garde. — Werder à Vesoul. — Capture d'otages. — Actes de l'autorité allemande. — Instructions du grand état-major à Werder (7 janvier). — Werder veut devancer Bourbaki vers Belfort... 129

CHAPITRE VII
BATAILLE DE VILLERSEXEL

Situation de l'armée de l'Est le 8 janvier. — Ordre de mouvement pour le 9. — Ordre d'attaque de Werder. — Insuffisance de l'occupation préalable de Villersexel par Bourbaki. — Champ de bataille de Villersexel. — Marche de la 1ʳᵉ brigade badoise sur Aillevans. — Attaque de Villersexel par la division Schmeling. — Enlèvement du parc et du château par surprise. — Prise du pont (10 heures et demie du matin). — Werder fait occuper Marast et Moimay. — Mouvement du 18ᵉ corps (10 heures du matin). — Dispositions de combat du général Billot. — Retard de la 2ᵉ division (Penhoat). — Envoi d'une colonne légère contre Villersexel. — Combats de Marast et Moimay (1 heure). — Violent engagement au bois des Brosses. — Werder fait réoccuper le château et le parc. — Reprise de Marast par les Allemands (5 heures du soir). — Balance égale entre les partis ennemis. — Arrivée de Bourbaki sur le champ de bataille (2 heures). — Déploiement de l'armée française en face de Villersexel (2 heures et demie). — Werder aux Breuleux (3 heures et demie). — Attaque de Villers-la-Ville et Villargent par le colonel Loos (2 heures et quart). — Reprise de Villers-la-Ville par la division Polignac. — Clinchant fait attaquer par l'amiral le quartier sud de Villersexel. — Werder se concentre à Villersexel. — Arrivée de la colonne légère du 18ᵉ corps (4 heures). — Effort décisif du 92ᵉ déterminé par Bourbaki. — Enlèvement du parc et du château. — Werder dispute aux Français la possession de Villersexel. — Violent combat et corps à corps dans la ville. — Le 25ᵉ allemand réoccupe Villersexel. —

Incendie des maisons de la ville. — Lutte acharnée dans le parc et le château. — Schmeling fait mettre le feu au château. — Lassitude des deux partis. — Fin de la bataille. — Pertes des deux armées. — Combat de nuit et incendies. — Comptes rendus. — Ruine de Villersexel. — Résultats de la bataille. — Fâcheuse inaction du 24ᵉ corps. — Succès tactique de Bourbaki. — Critique stratégique..... 164

CHAPITRE VIII
COMBAT D'ARCEY

Ordre du jour du général de Polignac. — Congratulations pour la victoire du 9. — Situation réciproque des deux partis le 10 janvier. — Difficultés de ravitaillement. — Butin et prises de Bourbaki. — Dispositions pour l'offensive. — Retards forcés. — Hésitation de Bourbaki. — Absence de renseignements. — C'est sur Lure qu'il eût fallu marcher. — Werder se dérobe (10 janvier). — Ses dispositions préparatoires pour la défense de la Lisaine. — Annonce de l'arrivée de Manteuffel à Châtillon-sur-Seine. — Idées de l'état-major de Versailles sur les conséquences de Villersexel. — Détachement Willisen. — Le 15ᵉ corps maintenu provisoirement dans ses positions du 11. — Télégrammes de la délégation de Bordeaux. — Lenteur de Bourbaki; colère de Gambetta. — Position d'Arcey. — Lettre de Bourbaki à Garibaldi. — Conversion de la première armée vers le nord-est. — Combats d'Arcey et Sainte-Marie. — Retraite des Allemands. — Journée du 14 janvier. — Escarmouches. — Retard de l'aile gauche de l'armée de l'Est. — Marche de Cremer. — Difficultés particulières au 18ᵉ corps. — Situation presque désespérée de l'armée prussienne le 14 au soir. — Danger pour l'armée de siège. — Espoir de la garnison de Belfort. — Sang-froid et résolution de Treskow..................... 195

CHAPITRE IX
BATAILLE D'HÉRICOURT — PREMIÈRE JOURNÉE (15 JANVIER)

Vallée de la Lisaine. — Le mont Vaudois. — Organisation défensive du champ de bataille d'Héricourt par les Allemands. — L'Allaine. — Attitude expectante de Werder. — Points faibles de sa ligne de défense. — Sa réserve générale. — Détachement Debschitz. — Ordre d'attaque de Bourbaki pour le 15. — Défaut de cet ordre. — Première journée d'Héricourt (15 janvier). — Mouvements du 15ᵉ et du 24ᵉ corps. — Prise du bois Bourgeois. — Échec devant le château de Montbéliard. — Les Français restent maîtres de la ville. — Attaque de Bethoncourt (brigade Minot du 20ᵉ corps). — Démonstration du 24ᵉ corps sur Bussurel. — Attaque du moulin de Bussurel. — Mouvement du 20ᵉ corps. — Position centrale de Werder. — Opérations du 18ᵉ corps et de la division Cremer. — Retard et marche de la division Cremer. — Retard du 18ᵉ corps. — Son déploiement. — Échecs successifs devant Chagey. — Cremer à Étobon. — Terrible nuit du 15 au 16. — Nouveau plan de M. de Freycinet.... 219

CHAPITRE X
BATAILLE D'HÉRICOURT — DEUXIÈME ET TROISIÈME JOURNÉES (16 ET 17 JANVIER)

Coup d'œil préliminaire sur la journée du 16. — Début des engagements. — Sommation au château de Montbéliard. — Attaque repoussée. — Trois atta-

498   LE COUP DE GRACE

ques de Bethoncourt (15ᵉ corps). — Débandade des mobiles. — Démonstration devant Bussurel. — Réserve générale. — Attaque du Mougnot (10 heures). — Immense duel d'artillerie. — Opérations du 18ᵉ corps. — Combats de Chenebier et Courchamp. — Dispositif d'attaque contre Chenebier. — La division Penhoat. — Billot fait récompenser et félicite les vainqueurs de Chenebier — Succès sans résultat. — Inertie de la cavalerie. — La confiance décroit dans la première armée. — Arrière-pensée de Bourbaki pour la retraite. — Le ravitaillement de l'armée aurait pu se faire par le nord et ultérieurement par la Suisse. — Projet de Bourbaki pour l'attaque de Chagey et du mont Vaudois le 17. — Télégrammes de Werder à Manteuffel. — Contre-attaque du général Keller. — Surprise de Courchamp (17 janvier, 4 heures et demie du matin.) — Surprise de Chenebier. — Retaite de Keller. — Prise du bois Serge par la division Cremer. — Défense de Keller à Frahier. — Télégramme de Bourbaki au ministre (16 au soir). — Ordre de l'armée pour le 17. — Vains essais de sortie de la garnison de Belfort (15, 16 et 17). — Reprise du combat sur toute la ligne le 17. — La réserve générale non engagée. — Miribel. — Difficultés d'attaque du mont Vaudois. — L'infanterie ne peut déboucher nulle part. — Rencontre de Bourbaki avec Billot. — Bourbaki consulte ses généraux. — Propos prêté à Bourbaki. — Ordre donné pour la retraite. — Fausse idée dans l'armée française au sujet de l'effectif de Werder. — Avantages de Werder compensant son infériorité numérique. — Souffrances de l'armée allemande. — Résumé et critique des trois journées d'Héricourt. — Degenfeld eût dû être poursuivi jusque devant Belfort............................. 241

CHAPITRE XI

RETRAITE DE BOURBAKI SUR BESANÇON

Gambetta annonce à la France l'échec de Bourbaki. — M. de Freycinet éclaire Bourbaki sur le danger qui le menace. — Bourbaki se replie sur Besançon. — Évacuation des blessés d'Héricourt. — Mouvement général de retraite (18 janvier). — Destruction des ponts de la Saône et de l'Ognon. — Défense du Lomont par le 24ᵉ corps. — Détail des ordres de mouvement. — Treskow reprend les opérations du siège (19 janvier). — Attitude expectante de Werder le 18. — Combats de Clairegoutte et Villers-la-Ville. — Le colonel de Willisen à Ronchamp. — Mission de Cremer. — Lenteur de la retraite de l'armée. — Nouvelle conception de M. de Freycinet. — Jugement des Allemands sur ce plan. — Dépêche du délégué à Bourbaki (19 janvier). — Passage de l'armée de Manteuffel à Gray le 18. — Projets d'embarquement pour Nevers. — L'armée de l'Est est coupée de la France. — Le 24ᵉ corps et la défense du Lomont. — Bourbaki aurait dû tenir la route de Besançon à Lons-le-Saunier. — Envoi d'un détachement à Mouchard (21 janvier). — Quartier général à Roche (22 janvier). — Bourbaki suspend autour de Besançon la marche en retraite de la première armée. — Arrivée de l'armée autour de Besançon (22-24 janvier). — Dangers de l'approche de Manteuffel. — Injonctions de M. de Freycinet. — Promesses fallacieuses qui avaient été faites à Garibaldi. — L'armée n'est plus qu'une horde affamée et grelottante. — Aspect des ambulances de Besançon. — Le 23, il ne reste à l'armée que les lignes de Bourg et Mâcon. — Bourbaki perd son avance et ses dernières chances de salut.. 271

CHAPITRE XII

LE GÉNÉRAL ROLLAND

Le général Rolland. — Création du camp retranché de Besançon. — Le capitaine Huot. — Soulèvement des populations dans l'est. — Combats sur les plateaux de Croix et de Blamont. — Les colonels de Vezet et Bousson. — Affaire de Voujaucourt (23 novembre). — Expéditions des corps francs. — Les Vengeurs. — Rôle du 24ᵉ corps. — Occupation du plateau de Blamont. — Second combat de Voujaucourt (13 janvier 1871). — Combat de Croix. — Prise de Thulay et Bondeval (18 janvier). — Rappel à Besançon de Vezet et Bousson. — Faiblesse de la défense de Besançon. — Lettre affolée du gouverneur à Bourbaki. — Le colonel Perrin à Baume. — Passage du Doubs par les Allemands. — Rappel à Besançon du 24ᵉ corps (24 janvier 1871). — Confusion dans les ordres donnés au général Bressolles. — Abandon des positions. —Contre-ordre donné le 25 à Bressolles. — Retraite de Comagny sur Pontarlier. — Les colonels Bourras et Bousson seuls au Lomont. — Ambulances de Besançon. — Position précaire de la place. — Démission du préfet du Doubs M. Ordinaire.. **294**

CHAPITRE XIII

GARIBALDI A DIJON

Garibaldi en 1870. — Rôle assigné à l'armée des Vosges pendant la campagne de l'est. — Nécessité de l'unité d'action. — Transport de l'armée des Vosges à Dijon par voie ferrée. — Conflit entre Garibaldi et Pélissier. — Bordone est nommé général. — Expédition de Ricciotti entre Montbard et Grancey. — Ricciotti lâche les défilés de la Côte-d'Or. — Renseignements sur l'ennemi adressés à Garibaldi. — Quiétude de Garibaldi. — Démonstration des garibaldiens sur Messigny. — Dépêches comminatoires de M. de Freycinet à Bordone (19 janvier). — Mise en état de défense de Dijon. — L'armée des Vosges. — Les mobilisés. — Combats de Kettler contre Dijon (21 janvier). — Affaire du 22 janvier. — M. de Freycinet se réconcilie avec Bordone. — Rentrée triomphale de Garibaldi à Dijon. — Troisième attaque de Kettler (23 janvier 1871). — Combat de Pouilly. — Belle défense de Ricciotti dans l'usine de noir animal. — Episode du drapeau. — Pertes allemandes dans la journée du 23 janvier. — Kettler est battu, mais sa mission a réussi. — Résultats des trois journées de Dijon. — Erreur de M. de Freycinet au sujet de Garibaldi. — La délégation fait venir une brigade de Châtellerault..................... **313**

CHAPITRE XIV

MANTEUFFEL

Manteuffel et l'armée du Sud. — Directives du grand état-major de Versailles. — Les projets de Bourbaki n'ont pas encore transpiré le 8 janvier. — Le VIIᵉ corps (Zastrow) balloté entre Auxerre et Montbard. — Le rideau se déchire. — Composition de l'armée du Sud. — Mouvement de l'armée du Sud à travers le plateau de Langres. — Corps francs opposés. — Les trois colonnes allemandes franchissent les défilés. — Dépêche de Manteuffel (17 janvier). — Combats de

500   LE COUP DE GRACE

flanqueurs. — Manteuffel est rassuré sur le sort de Werder. — Nouveau plan de Manteuffel. — Son seul objectif : l'armée de l'Est. — Il prend le commandement supérieur des deux armées (19 janvier). — Appréciation de M. de Moltke sur ce plan. — L'armée du Sud franchit l'Ognon et le Doubs. — Prise de Dole (21 janvier). — Prise de Mouchard par Manteuffel. — Ses instructions à Werder (22). — Ordre de Werder pour le 23. — Manteuffel et Wartensleben discutent la situation de Bourbaki. — Hypothèses probables. — Directives de Manteuffel (25 janvier). — Werder a perdu le contact. — Prise par l'ennemi d'Arbois, Poligny, Quingey, Byans............................ 337

CHAPITRE XV

CHATEAU-FARINE

Nouvel échiquier stratégique. — Fortifications de Besançon. — Alternatives de Bourbaki. — Sa dépêche au ministre (22 janvier). — Nouvelles conceptions de M. de Freycinet. — Ordre de mouvement pour le 23 janvier. — Envoi de la division Cremer à Chemaudin et Dannemarie. — Fâcheux effet sur l'armée de l'abandon de Dannemarie. — Épisode du lieutenant-colonel Reynaud. — Combat de Byans. — Perte de Quingey. — Abandon de Mouchard. — Appel de M. de Freycinet à Gambetta. — Échange de paroles amères entre la délégation et Bourbaki. — Affectation d'opposer l'héroïsme de Garibaldi à l'inertie de Bourbaki. — Repli des 20ᵉ et 18ᵉ corps sur une deuxième ligne de défense. — Évacuation du Lomont par le 24ᵉ corps. — Conseil de guerre de Château-Farine. — Avis du général en chef et de ses généraux. — Le général Billot conseille seul l'offensive. — Colloque entre Bourbaki et Billot. — Seré de Rivière appuie le projet d'offensive. — La retraite est décidée. — Opposition de M. de Freycinet à ce mouvement (25 janvier).................... 357

CHAPITRE XVI

LE SUICIDE

Dépêche de M. de Freycinet (25 janvier). — Bourbaki refuse de retourner à Nevers. — Situation de l'armée au moment de la retraite par les plateaux. — Bressolles déclare ne pouvoir reprendre le Lomont. — La gauche du 24ᵉ corps à Passavant, le 20ᵉ à Besançon, le 15ᵉ à Busy. — Cremer a l'ordre d'aller à Salins. — Attaque de Salins. — L'ennemi envahit le faubourg Saint-Pierre. — Pourparlers de la population salinoise avec l'ennemi. — Sommation des forts. — Défilé de la colonne ennemie à travers la ville. — Évacuation de Salins par les Allemands (27 au matin). — Attaque de Vorges et Busy (25 et 26). — La division Rebillard. — Opérations du général Schmeling (du 24 au 25), à Pont-des-Moulins. — Découragement du général d'Ariès. — Vains efforts de Bressolles pour arrêter la retraite (26). — Dernière chance de Bourbaki. — Dernière dépêche de M. de Freycinet au général en chef (25-26 janvier). — Désespoir de Bourbaki au reçu de ces nouvelles. — Dernière chevauchée de Bourbaki (26). — Colloque de Bourbaki et de Billot. — Billot refuse le commandement pour la troisième fois. — Arrivée du 18ᵉ corps sur les plateaux. — Rentrée de Bourbaki à Besançon. — Sa tentative de suicide. Jugement sur cet acte. — Bourbaki échappe à la mort. — Fin de la carrière de Bourbaki.. 377

CHAPITRE XVII
RETRAITE SUR PONTARLIER

Réponse du gouvernement à l'offre de démission de Bourbaki (26 janvier). — Le général Clinchant remplace Bourbaki. — Choix entre trois partis à prendre. — Mission de Clinchant : ramener l'armée. — M. de Freycinet veut combiner une diversion sur Lons-le-Saunier. — Son appel pressant à Garibaldi. — Il tente en vain d'amener Clinchant à percer les lignes ennemies. — Clinchant espère trouver des vivres à Pontarlier. — Nécessité du rationnement pour l'armée en retraite. — Pontarlier, seule direction de retraite possible. — Clinchant espère prévenir l'ennemi sur ce point. — Marche du 18ᵉ corps (27 janvier). — Misères de la retraite. — Bivouacs dans la neige. — Episode du général Durieu. — Allégement des convois. — Reconnaissance allemande sur Pontarlier. — Marche des Allemands le 28 janvier. — Surprise de Sombacourt. — Dastughe et Minot. — Jugement sur l'affaire de Sombacourt. — Version de la commission d'enquête. — Combat de Chaffois (29 janvier). — Mouvements de l'armée allemande le 29. — Manteuffel reçoit l'avis de l'armistice et de l'exception de l'armée de l'Est. — Position de l'armée française, le 30 janvier. — Manteuffel poursuit sa marche sur Pontarlier. — Ordre pour la marche de l'armée française le 31. — Nuit du 30 au 31. — Tactique de la poursuite allemande. — Lignes permettant aux troupes françaises de se dérober. — Hospitalisations à Besançon. — Déception de Clinchant à Pontarlier. — Indifférence de certains officiers pour leurs hommes. — Maladies et misères du soldat. — Désordre inexplicable à Pontarlier. — Clinchant fait un suprême appel à Garibaldi. — Cremer s'échappe de Morez. — Marchés passés en Suisse. — Capture par l'ennemi du grand convoi de l'armée. — Entrée des uhlans à Pontarlier (1ᵉʳ février)... 397

CHAPITRE XVIII
L'ARMISTICE

L'armistice excepte l'armée de l'Est. — Fureur de Gambetta. — Divergence entre les textes des communications allemande et française. — Déclaration de Jules Favre au gouvernement de Paris (23 janvier). — Avis de Trochu. — Revirement dans la résolution du gouvernement de l'Hôtel de Ville de Paris. — Départ de Jules Favre pour Versailles (24 janvier). — Bismarck ouvre les yeux à Jules Favre sur l'état de Bourbaki. — Funeste condescendance de Jules Favre. — Il se fait assister d'un général. — Choix et mécontentement de Beaufort d'Hautpoul. — Discussion des détails militaires de la convention. — Objections du général de Moltke. — D'Hautpoul refuse de retourner à Versailles. — L'affaire de l'armée de l'Est portée devant le conseil des ministres. — Le général de Valdan remplace Beaufort. — L'armée de l'Est oubliée dans la dernière discussion. — Signature de l'armistice (28 janvier). — Excuses de Jules Favre au sujet de l'exclusion de l'armée de l'Est. — Véritable mobile du négociateur français. — Explication donnée par Jules Favre. — Envoi de télégrammes à Clinchant et à Manteuffel. — Circonstances atténuantes en faveur de Jules Favre. — Opinion des généraux sur l'effet de la dépêche à l'armée de l'Est. — Déclaration de Bourbaki. — Indignation de Challemel-Lacour. — L'armée de l'Est acculée et cernée le 29 janvier. —

502 LE COUP DE GRACE

Effet du fatal malentendu. — Lettre du général Rolland. — Gambetta incité à continuer la guerre à outrance. — Lettre désespérée d'un colonel de l'armée de l'Est. — Réduction des effectifs. — Démission de Gambetta. — Fanfaronnades de Bordone. — Extension de l'armistice aux départements de l'est (13 février). — Reddition de Belfort. — Plan du général de Moltke pour la reprise des hostilités 418

CHAPITRE XIX

CONVENTION DES VERRIÈRES — INTERNEMENTS

Impressions en Suisse. — Mission suisse à Pontarlier. — Dispositif de précaution de l'armée fédérale. — Le général Herzog aux Verrières (30 janvier). — Mission Liber à Pontarlier. — Clinchant se présentera en Suisse en ami. — Première évacuation de matériel sur la frontière. — Renforcement des Verrières par les troupes suisses. — Arrivée du général Herzog (31 janvier-1er février). — Entrevue des Verrières. — Clinchant aux Verrières françaises. — Convention des Verrières (1er février). — Entrée des troupes françaises en Suisse. — Conseil de guerre de Pontarlier (31 janvier). — Clinchant a pleins pouvoirs pour négocier. — Il prend congé de ses troupes. — Clinchant reçoit la dépêche de Garibaldi en Suisse. — Lamentable état de l'armée. — Débandade. — Désarmement. — Lent écoulement des troupes au delà de la frontière. — Bivouac nocturne. — Ordres de Manteuffel pour le combat du 1er février. — Rencontre des soldats suisses et français. — Mauvais propos de nos soldats. — Ambulances suisses. — Internement des généraux et des troupes. — Rapatriement des troupes françaises. — Instructions du président de la Confédération suisse. — Refus de Bismarck d'adhérer au rapatriement. — Convention entre la Suisse et l'Allemagne pour cette opération. — Effectifs des troupes rapatriées. — Règlement de comptes entre la France et la Suisse. — Excellents rapports des deux nations. — Décret de Bordeaux (reconnaissance envers la Suisse). — Convois des troupes internées. — Exemples de dévouement et exceptions d'indignité. — Affaissement des caractères. — Les Français à Vallorbe. — Aspect d'un temple de refuge. — Aspect des villes d'internement. — Comité de secours. — La Croix-Rouge 442

CHAPITRE XX

LA CLUSE

Projets de la délégation pour gêner les communications de Manteuffel. — Négociations au sujet de Garibaldi. — Garibaldi se met enfin en mouvement (28-29 janvier 1871). — La brigade Degenfeld à Mirebeau (30 janvier). — Déplorable retraite de l'armée des Vosges. — Hann de Weyhern réoccupe la Côte-d'Or. — Expéditions de la place de Langres. — Diversion du général Pélissier (26 janvier). — L'armistice arrête le mouvement. — La Cluse et le caractère du combat du 1er février. — Forts de Joux et du Larmont. — Le commandant Ploton. — Dispositions de Billot pour le combat d'arrière-garde. — Attaque de Pallu par le régiment de Colberg. — Retour offensif de la brigade Robert. — Sanglant combat du 44e. — L'ennemi est contenu devant la Cluse. — Suspension du feu et reprise des hostilités. — Fin du combat de la Cluse. — Retraite nocturne aux Verrières sous la conduite de Billot. — Résumé de la journée du 1er février. — Billot s'échappe en longeant la frontière. — Corps ou détachements qui n'ont pas passé en Suisse. — Retraite de Pallu sur le Rhône. — Mission du lieutenant-colonel de L'Espée auprès de Manteuffel. — M. de L'Espée devant Zastrow. — Les divisions d'Ariès et Cremer s'échappent le 31 janvier. — Dernières manœuvres des Allemands. — Cantonnements de l'armée allemande le 1er février. — L'armée allemande organise l'occupation du pays. — Fin de la mission de Manteuffel. — Convention du 16 février au sujet de Belfort. — Extension de l'armistice aux trois départements exclus (13 février)... 463

CONCLUSION... 482